KB216020

그리스도교문헌총서 001

# 오리게네스
# 기도론

장로회신학대학교 기독교사상과문화연구원 편찬

이두희 번역 | 장용재 주해

# Origenes
# De Oratione

Holy WavePlus

# 차례

# 발간에 즈음하여

그리스도교문헌총서가 나오게 된 것을 진심으로 기쁘게 생각한다. 이 총서는 지난 몇 년간 기독교사상과문화연구원을 중심으로 진행된 동·서양 그리스도교 문헌 강독 모임의 자그마한 결실이다. 그리스어, 라틴어, 한자어로 쓰인 문헌을 지속적으로 강독하면서 연구진이 절실히 깨닫게 된 사실은, 교회사 연구가 일차문헌에 의존해야 함에도 우리 글로 번역, 소개된 그리스도교 문헌이 일천하다는 것이다. 이에 본 연구원은 고대로부터 현대에 이르기까지, 동·서양을 망라하여 중요한 그리스도교 문헌을 원문 대역본으로 출판하는 야심찬 계획을 세우고 그리스도교문헌총서 편찬위원회를 구성했다.

총서를 계획하면서 "가장 좋은 본문을 가장 좋은 번역으로 한국인에게 소개하자"라는 구호가 떠올랐다. 이전에도 그리스도교 문헌 번역본들이 있었고, 일부는 원문 대역본으로 소개되기도 하였지만, 문제점이 없지 않았다. 비평본문에 대한 최근의 연구 성과가 반영되지 않았을 뿐만 아니라 그 분야에 정통한 연구자들이 많지 않아 신학 전문용어를 포함하여 인명, 지명 및 역사적 사건을 표기하는 방식에 많은 혼선이 있었던 것도 사실이다.

이러한 점을 고려하여 그리스도교문헌총서 편찬위원회에서는 크게 두 가지 원칙을 세웠다. 우선 원문 대역본으로 간행하되, 활용할 수 있는 가장 좋은 본문을 원문으로 소개하고 이를 저본으로 삼아 충실하게 번역하고 독자를 위한 주해를 덧붙이는 것이다. 다음으로 해당 작품과 관련된 기존 번역 및 연구를 참조하고 재해석하여, 작품의 구조와 중심 사상, 오늘날 우리에게 주는 교훈 등을 역자 서문 혹은 주해자의 해제에 담아 독자의 이해를 돕는다는 것이다.

이 두 원칙만 제대로 지킨다면 이 그리스도교문헌총서의 발간은 그 자체로 큰 의의가 있으리라고 생각한다. 아직 우리 학문 풍토가 일천하고, 원문 대역본의 편찬과 발행 경험이 부족하기 때문에 본래 계획했던 성과를 다 거둘 수 있을지 걱정되기도 한다. 따라서 편찬위원회는 학계와 독자들의 지적과 비판을 늘 열린 마음으로 수용하며, 여러 연구자와 후학들의 조언과 질책을 겸허히 받아들일 것이다.

이 그리스도교문헌총서의 발간을 위해 여러 난관을 무릅쓰고 심사숙고 번역·주해해 주시는 필자들에게 감사드리고, 또한 어려운 여건 가운데도 흔쾌히 출간해주는 새물결플러스 출판사와 편집진 그리고 대표이사 김요한 목사님에게 깊이 감사드린다.

아차산 기슭에서
편찬위원회를 대표하여
임희국

# 역자서문

오랜 산고를 거쳐 마침내 원고가 완성되어 출간된다니 그 기쁨을 말로 다 표현할 수 없다. 오리게네스의 『기도론』 번역은 2010년 8월 1일에 출발한 강독 모임에서 출발했다. 이 모임은 서원모 교수의 제안으로 장시은 박사의 집에서 시작되었다. 서양 고전 강독 모임은 많이 있는데 그리스도교 고전을 원어로 읽고 공부하는 모임이 필요하다는 사명감 아래 출발하였고, 처음에는 서원모, 이두희, 장시은, 곽문석, 네 사람이 참여하였다. 시간이 흐르면서 지금은 하나님 곁에 있는 도진해 선생을 비롯해서 장로회신학대학교에 재학 중이던 우경윤, 심에스더 학생이 함께 강독에 참여하였다. 모임 장소는 장시은 박사의 집에서 용산의 정선심리치료연구소를 거쳐 새문안교회로 옮겨졌다.

오리게네스의 『기도론』을 첫 강독 자료로 삼은 이유는 세 가지 정도다. 『기도론』은 오리게네스의 작품 중 그리스어로 남아 있는 몇 안 되는 작품이고, 그리스도교 역사에서 주님의 기도를 학문적으로 해설한 최초의 작품이며, 기도와 경건과 영성에서 한국교회에 큰 울림을 줄 수 있을 것으로 기대되는 작품이기 때문이다. 초반부에는 오리게네스의 사상이나 표현이 낯설어 해독하는 데 많은 시간이 걸렸다. 한 단어와 표현을 두고 오랜 시간 토론을 갖고, 더 분명하게 이해할 때까지 잠정적으로 넘어간 부분도 많이 있었다. 하지만 오리게네스의 사상에 친숙해지면서, 비록 그가 주장한 모든 내용에 다 동의할 수는 없을지라도, 그의 깊은 영성과 해박한 지식과 철저한 신학에 점점 더 매료되었다.

이렇게 시작한 그리스도교 고전 강독 모임은 안타깝게도 다른 작품의 강독으로 이어지지 못하고, 참여자들의 개인 사정으로 중단되었다. 하지만 2013년 2학기부터 장로회신학대학교에서 학생들을 위한 강독 모임으로 발전하였다. 이때부터 라틴어로는 아우구스티누스의 『창세기 문자적 해설』, 그리스어로는 니사의 그레고리오스의 『모세의 생애』를 강독하기 시작하였다. 동양의 그리스도교 고전 연구도 병행하기 위해 김석주 교수가 이끄는 한문 그리스도교 문헌 강독반도 개설하였다. 특별히 감사한 것은 당시 햇불트리니티 신학대학원에 재직 중이던 조재천 교수(현 전주대학교 교수)가 강독 모임에 참여하여 큰 힘을 실어주었다는 것이다. 조재천 교수는 연중 끊이지 않고 계속된 강독 모임에 적극적으로 참여해주었고, 그리스어반을 주도적으로 이끌었으며, 방학 때 개설된 특별 강좌도 주관하여 강독반 발전에 크게 기여하였다.

이렇게 고전 강독을 해나가면서 서원모 교수를 비롯한 강독 팀은 강독에서 읽은 고전 문헌을 원문 대역본으로 출판하는 것이 좋겠다는 꿈을 가지게 되었다. 그리하여 장로회신학대학교 기독교사상과문화연구원 교회사연구부와 협의하여 "그리스도교문헌총서"를 기획하여 추진하였다. 이 과정에서 서원모 교수와 김석주 교수가 많은 노력을 해주셨고, 총서의 첫 번째 책으로 오리게네스의 『기도론』을 출판하는 것으로 결정되었다.

오리게네스의 『기도론』 초역은 완성되어 있었지만, 출판 원고를 만들기 위해서는 원문을 다시 보며 재번역하는 작업을 거쳐야 했다. 그런 다음에는 성경 본문을 새번역성경 본문에 맞춰 고치면서, 다시 원문과 대조하며 일일이 교정 작업을 했다. 해설과 주해 작업을 하신 장용재 박사는 오리게네스의 『기도론』으로 독일에서 박사학위를 받으신 분이다. 이 분야에서는 최고의 권위자라고 할 수 있다. 장용재 박사는 본서의 출판에 공감해주시고 흔쾌히 번역을 다듬어주었다. 한 가지 아쉬운 점은 장용재 박사가 독일에 거주하기 때문에 번역이나 해설과 관련된 토론을 마주 앉아서 할 수 없었다는 것이다. 다른 사람이 번역한 어투나 표현이 낯설게 느껴지기도 했을 텐데 번역 초고를 읽어주고 원문과 대조해서 개선할 내용을 제안해주고 독자를 위한 해설과 주해를 제공한 것에 대해 깊은 감사를 드린다.

오리게네스의 『기도론』은 하나의 필사본으로 존재하며, 1899년에 출판된 쾻샤우(P. Koetschau)의 비평본이 가장 널리 사용되고 있다(*Origenes Werke, Zweiter Band: Buch V-VIII gegen Celsus. Die Schrift vom Gebet*, Die griechischen christlichen Schriftsteller der ersten Jahrhunderte 3=Orig. 2 [Leipzig: Hinrichs, 1899], 297-403). 본서에서도 쾻샤우의 본문을 저본으로 삼았으며, 최근에 나온 스트리츠키(Maria-Barbara von Stritzky, *Origenes Werke mit deutscher*

*Übersetzung, Band 21: Über das Gebet* [Berlin: de Gruyter, 2014])
의 원문 부분을 참조하였다. 스트리츠키의 본문은 쾻샤우의 독일
어 번역(*Origenes: Über das Gebet.*, Bibliothek der Kirchenväter² 48
[München, 1926]) 각주에 나오는 본문 개선 제안을 모두 받아들여
그리스어 본문에 반영시켰다는 점에서 개선된 본문이라고 말할 수
있지만, 논란의 여지가 있는 것도 사실이다. 이 역본에서는 가능한
한 쾻샤우의 비평 본문을 그대로 제시하고 번역에서 이 본문을 그
대로 사용하기 어려운 경우에 개선된 본문 제안을 참조하여 번역에
반영하고 각주로 해설을 달았다.

오리게네스가 성경 본문을 인용한 경우, 신약성경은 대한성서공
회에서 편집한 『(네스틀레 알란트) 그리스어 신약성서: 한국어 서
문판』(28판, 2014), 구약성경은 A. Rahlfs, *Septuaginta*, 9th edn.
(Stuttgart: Württembergische Bibelanstalt, 1935 [repr. 1971])와 대
조하여 어형을 포함해서 완전히 단어가 일치하는 경우에만 따옴표
로 표기하였다. 그 외에도 성경 본문을 참조했다고 생각되는 부분
은 모두 밝혀주고자 노력하였다. 오리게네스는 70인역을 사용했기
때문에, 구약성경 장절은 70인역을 기준으로 제시했고 히브리 본
문과 다른 경우에는 괄호로 표기했으며 시편 이외의 책에 대해서는
"70인역"이라고 표기하였다.

이렇게 여러 과정과 여러 사람의 수고를 거쳐 번역과 주해가 완
성되었고, 마침내 원문 대조본으로 출판할 수 있게 된 것을 진심으
로 기쁘게 생각한다. 번역문을 살펴볼 때마다 어색한 말이나 표현
이 발견되고, 좀 더 좋은 번역과 주해를 제공하고픈 욕심도 든다.

하지만 더 완성된 작품은 훗날로 미루기로 하고, 일단 지난 8년간 의 노력의 결실로서 본서를 출판하고자 한다.

이 책이 완성되기까지 참여했던 모든 분들, 특히 꼼꼼한 주해를 통해 오리게네스의 깊은 사상을 이해하도록 도와주신 장용재 박사 께 다시 한번 깊은 감사를 드린다. 마지막으로 서원모 교수께 진심 으로 감사를 드린다. 강독의 시작에서 초역의 완성까지, 초역을 놓 고 출판을 위해 원고를 다듬기까지, 그리고 장용재 박사와 연락하 면서 번역과 주해를 함께 묶는 과정에서도 서원모 교수는 총감독 역할을 해주셨다. 서원모 교수는 이 책이 준비되기까지 전 과정에 서 말로 다 할 수 없는 수고를 감당해주셨다. 초역이 준비되기까지 처음부터 끝까지 강독 모임을 이끌어주시면서 많은 가르침과 격려 로 함께해주셨고, 초역을 다듬을 때에는 초역을 다시 원문과 대조 하며 검토하는 작업, 쾻샤우 본문과 스트리츠키 본문의 차이를 꼼 꼼히 대조하는 작업, 오리게네스의 성경 인용부분을 성경 본문과 꼼꼼히 대조하는 어려운 작업에도 모든 수고를 감당해주셨다. 서원 모 교수의 헌신과 수고가 없었다면 이 책은 지금도 빛을 보지 못한 채 묻혀 있었을 것이다.

이 책의 출판을 기꺼이 허락해주시고, 편집과 교정의 힘든 과정 에 수고해 주신 새물결플러스 김요한 대표께 깊은 감사의 마음을 전한다. 아직도 그리스도교 고전 문헌 연구의 토대가 척박한 우리 의 현실에서 이 책의 출판이 새로운 도전과 발전의 밑거름이 될 수 있기를 기대해본다. 하나님께서 이 책을 통해 한국교회의 기도와 영성에 깊은 울림을 주시기를 기원한다.

# 일러두기

1. 번역에는 1899년에 출판된 쾻샤우(P. Koetschau)의 본문 (*Origenes Werke, Zweiter Band: Buch V-VIII gegen Celsus. Die Schrift vom Gebet*, Die griechischen christlichen Schriftsteller der ersten Jahrhunderte 3=Orig. 2 [Leipzig: Hinrichs, 1899], 297-403)을 저본 으로 삼았으며, 최근에 나온 스트리츠키(Maria-Barbara von Stritzky, *Origenes Werke mit deutscher Übersetzung, Band 21: Über das Gebet* [Berlin: de Gruyter, 2014])의 원문 부분을 참조하였다. 이 역본에서 는 가능한 한 쾻샤우의 비평 본문을 그대로 제시하고 번역에서 이 본문을 그대로 사용하기 어려운 경우에 개선된 본문 제안을 참조하 여 번역에 반영하고 각주에 해설을 달았다.

2. 오리게네스가 성경 본문을 인용한 경우, 신약은 대한성서 공회에서 편집한『(네스틀레 알란트) 그리스어 신약성서: 한국어 서문판』(28판, 2014), 구약은 A. Rahlfs, *Septuaginta*, 9th edn. (Stuttgart: Württembergische Bibelanstalt, 1935 [repr. 1971])와 대조 하여 큰따옴표로 표기하였으며 완전히 일치하지 않는 단어는 큰따

옴표 내에서 ⌐ ⌐로 표시하였다.

　3. 오리게네스는 70인역을 사용했기 때문에, 구약성경 장절은 70인역을 기준으로 제시했고 히브리어 본문과 다른 경우에는 괄호로 표기했으며 시편 이외의 책에 대해서는 "70인역"이라고 표기하였다.

제1부

# 작품 해제

# 오리게네스의 기도 이해

장용재

## I. 들어가는 말

기도는 인간이 신에게 접근할 수 있는 가장 중요한 도구 중 하나다. 외형적으로는 정적이면서도, 그 내용 면에서는 역동적인 성격을 지닌 것이 바로 기도다. 특히 유대-기독교 전통에서는 기도가 중심적인 위치를 차지해왔다. 성경의 지도적인 인물은 모두 기도의 사람이었으며, 성경에는 다양한 기도문이 소개된다. 교회사에 등장하는 구름 떼와 같은 증인들은 기도의 능력과 비밀을 알고 있었으며, 기도를 통해 하나님의 역사에 참여하였다. 20세기에 가장 눈부신 부흥을 자랑했던 한국교회 성장도 새벽기도와 통성기도로 대표되는 그 역동적인 기도 전통에 힘 입은 바 크다.

고대 기독교는 다양한 종류의 기도문을 남겼으며, 현대 전례갱신운동에도 많은 영감을 주고 있다. 뿐만 아니라 고대 교회는 기도가 무엇이고 어떻게 해야 하는지를 신학적으로 해설하고 풀이하려고 노력했다. 3세기의 대표적인 교부 오리게네스의『기도론』은 기도를 학문적으로 규명한 최초의 기독교 신학서라고 말할 수 있다. 물론 오리게네스 이전에도 기도에 관하여 저술한 교부들이 있었다. 라틴 교부 중 테르툴리아누스는『기도론』(De oratione)을 저술하였고, 오리네게스와 동시대인인 키프리아누스는『주님의 기도』(De dominica oratione)를 남겼다. 또 그리스 교부로 오리게네스 이전에 활동한 알렉산드리아의 클레멘스는 자신이 쓴『양탄자』(Stromata)의 곳곳에 진정한 기독교인의 기도에 대해서 언급했다. 하지만 오리게네스의『기도론』은 기도의 용어, 정의, 형태, 필요성, 유익 등을 이론적으로 고찰하는 한편, 주님의 기도에 대한 세밀한 주해를 제시하며, 기도자의 마음가짐, 몸의 자세, 장소, 주제 등에 대한 실천적인 지침까지 제공한다는 점에서 기도의 이론과 실천을 총망라한, 기독교 공인 이전 시기 기도 신학의 결정판이라고 말할 수 있다.

오리게네스의『기도론』은 3세기 기독교인이 기도를 어떻게 이해하고 어떻게 실천했는지, 즉 당시의 기도의 이론과 실천을 들여다볼 수 있는 중요한 자료가 된다. 뿐만 아니라『기도론』은 많은 언어로 번역되어 오늘날까지 영향을 미치고 있다.[1] 그의 기도에 관한 외침은 당대뿐만 아니라 오늘날까지 기독교인의 기도 생활에 관한 이론적이고 실질적인 기반으로 독자들에게 신선한 자극과 영감을 준다.

그럼에도 불구하고 오리게네스 연구에서『기도론』은 그렇게 큰

---

1    『기도론』의 현대어 역본에 대해서는 참고문헌을 참조하라.

비중을 차지하지 못했다. 그의 『원리론』과 성경 주해와 관련된 연구는 그리스어 원본이 아니라 라틴어 역본을 중심으로 진행될 수밖에 없지만, 그럼에도 많은 진척이 이루어졌다. 하지만 그리스어로 남아 있는 『기도론』이 지금까지 별로 주목받지 못했고 거의 연구되지 않았다는 것은 매우 역설적이다. 앞으로 『기도론』에 대한 연구가 더욱 활발하게 일어나고, 고대 교회뿐만 아니라 교회사 전 분야에서 전례와 개인 경건생활의 핵심으로서의 기도의 이론과 실천이 학문적으로 규명되기를 기대한다.[2]

이 글의 목적은 『기도론』의 내용과 구조를 간략히 소개하고 오리게네스가 『기도론』에서 기도라는 주제를 방법론적으로 어떻게 다루고, 기도에 관한 이론을 어떻게 발전시키는지를 소개하는 것이다. 오리게네스의 『기도론』을 다루기 전에 우선 오리게네스에 대해 간략하게 살펴보는 것이 좋겠다.

---

2　『기도론』에 나타난 주님의 기도의 "필요한 양식"에 대한 오리게네스의 해석은 신약정경형성사와 본문비평작업에서 중요하게 다루어졌지만, 정작 『기도론』 자체를 주제로 삼아 연구한 것은 매우 드물다. 대표적인 연구로는 프랑스에서 D. Genet의 저서인 *L'enseignement d'Origène sur la prière* (Cahors: impr. De A. Coueslant, 1903), 이탈리아에서 N. Antoniono에 의해 박사논문으로 제출되었으나 출판되지 않아 일반인들이 접할 수 없는 "Il 'De oratione' di Origene" (1955), 그리고 독일에서 W. Gessel의 Die Theologie des Gebetes nach 'De Oratione' von Origenes (Paderbon u. a.: Schöningh, 1975)이 있다. 졸고(Y. J. Chang, "Origenes. Über das Gebet. Studien zur Theologie und Frömmigkeit in der frühen Kirche," [Philipps-Universität Marburg, diss., 2011])와 최근에 출판된 Maria-Barbara von Stitzky, *Origenes Werke mit deutscher Übersetzung*, Band 21: *Über das Gebet* (Berlin: de Gruyter, 2014) 가 『기도론』 연구에 불을 붙일 수 있기를 소망한다.

# II. 오리게네스

기독교의 탄생 이후 가장 중요한 기독교 저술가 중 한 사람인 오리게네스('Ωριγένης, 184/185-253/254)는 184/5년경 알렉산드리아에서 한 이집트인 가정의 맏아들로 태어났다. 그의 이름은 "호로스로부터 태어난 자"라는 의미를 갖고 있지만,[3] 이 이름 자체가 그의 비기독교적인 가족 배경을 언급하는 것은 아니다.[4] 그는 알렉산드리아와 카이사레아에서 저술가와 설교가로 활동하였는데, 수많은 저서를 통하여 기독교 신학의 체계를 세워갔던 최초의 교부들 중한 사람이다.[5]

---

3    호로스('Ωρος, 이집트어로 *Hrw* '미지의 세계' 또는 '요원한 곳')는 고대이집트의 신 오시리스와 그의 남매이자 아내인 여신 이시스의 아들이다. S. Brashear, "Horos," in *Reallexikon für Antike und Christentum* XVI (Stuttgart: A. Hiersemann: 1994), 574-597.

4    참조. Brashear, "Horos," 595; R. D. Williams, "Origenes/Origenismus," in *Theologische Realenzyclopädie* XXV (Berlin/New York: de Gruyter, 1995), 397-420, 특히 397; H. Koch "Origenes," in *Paulys Real-Encyclopädie der classischen Alterthumswissenschaft* XVIII/1(35) (Stuttgart: Metzler, 1939). 1033-1059, 특히 1037.

5    현존하는 작품 전체에 대하여 쾻샤우(P. Koetschau), 하르낙(A. von Harnack), 코흐(H. Koch), 그리고 윌리엄스(R. D. Williams) 등이 열거하고는 있으나 저서량의 방대함으로 인하여 통일된 저서 목록이 존재하지는 않는다. 그 이유는 발견된 단편들과 필사본을 세는 방식이 누가 그 자료들을 작업했는지에 따라 다르기 때문이다. 현존하는 작품들에 관하여는 Corpus Patrum Graecorum(=CPG) I (Turnhout: Brepols, 1974), 141-186을 참조하라.

   살라미스의 감독 에피파니오스는 오리게네스의 저서를 6000개로 기록하고 있다(에피파니오스, 『약상자』[Panarion Haeresium] 64, 63, 8). 히에로니무스는 그의 저서가 2000개를 넘지 않는다고 말하며(『루피누스 반박』[Contra Rufinum] 2.22.), 『파울라에게 보내는 편지』에서는 거의 800개에 가까운 숫자를 기록하고 있다. 히에로니무스의 목록은 팜필로스가 카이사레아의 도서관과 『오리게네스를 위한 변론』(*Apologia*

오리게네스의 삶과 저서에 대해 알려주는 가장 중요한 원천자료로는 에우세비오스의 『교회사』(Historia ecclesiastica. VI.1 - 39)와 그가 스승인 카이사레아의 팜필로스와 공저한 『오리게네스를 위한 변론』(Apologia pro Origene)이 있다.[6] 히에로니무스의 『명인록』(De viris Illustribus) 54와 『파울라에게 보내는 편지』(Ep. 33)에도 오리게네스의 삶과 저서가 언급되며, 특히 후자는 유실된 에우세비오스의 책 『팜필로스의 생애』에 수록된 자료를 이용하였다. 그 외에도 루피누스의 글과 포티오스의 단편,[7] 그리고 팔라디오스의 『라우소스 이야기』(Historia Lausiaca) 64 등의 자료가 있다. 하지만 마치 오리게네스가 고자였는지 아니었는지를 증명하는 것처럼, 이러한 사료의 역사적 가치를 증명하는 것은 이들 가운데 공통된 교차적 내용이 언급되지 않는 이상 어려운 일이다.[8]

---

pro Origene) 제2권에서 언급한 목록에 근원을 둔다(참조. 에우세비오스, 『교회사』 [Historia ecclesiastica] VI. 32.3.)

6 그리스어로 쓰인 이 여섯 권 중에서 제1권만이 아퀼레이아의 루피누스가 번역한 라틴어본(397년)으로 현존한다. CPG 1, 1715; Apologia pro Origene, übers. und eingel. Georg Röwekamp, (Fontes Christiani 80) (Turnhout: Brepols, 2005).

7 Photius, 『장서 편람』(Bibliotheca) 118; Photius, Bibliothèque, ed. R. Henry, vol. 3 (Paris: Les Belles Lettres, 1962), 395-400

8 고자에 관한 이야기는 에우세비오스의 『교회사』 제6권에서 언급되는데, 그 역사적 사실을 증명할 수 없다. 오리게네스가 몸담고 있던 알렉산드리아 교회의 감독이었던 데메트리오스가 오리게네스가 팔레스티나 교회로부터 초대받아 설교를 한 후에 장로로 피택받은 사실에 대하여 230년대에 다른 감독들에게 불만을 표시하면서 오리게네스를 비난한 것을 에우세비우스가 『교회사』에서 언급한 것(VI.8.4)이 유일하다. 그러므로 이 사건을 스스로 고자된 것에 대한 역사적 사실로 볼 결정적 이유로 볼 수 없다(참조. 에우세비오스, 『교회사』 VI.6.8.) 하르낙, 클로스터만(Klostermann), 채드윅(H. Chadwick), 윌리엄스, 마크쉬스(C. Markschies) 대부분의 학자들이 이에 동의한다. 고대사회의 고자에 대한 연구는 마크쉬스, 가마우프(R. Gamauf), 그리고 히치히(H. F. Hitzig)의 연구

에우세비오스의 『교회사』(VI1.39)에 의하면, 그의 아버지 레오니데스가 201/2년 셉티미우스 세베루스(Septimius Severus, 통치기간 193-211년)의 이집트와 동방국가 박해 당시 순교를 당한 것은 오리게네스가 17세가 되기 전이었다.[9] 에우세비오스의 이 진술은 오리게네스가 이미 18세에 알렉산드리아 주교 데메트리오스의 위임을 받아 기독교 세례학교의 교장이 되었다는 진술과 일치한다.[10] 확실치 않은 것은 오리게네스가 그때까지의 문법교사로서의 직업을 그만두고 기독교 학교의 교장이 되었는지, 아니면 일정 기간 동안 문법교사인 동시에 기독교 세례학교 교사로 활동했는지 하는 점이다. 분명한 것은 그 나이에 문법교사가 되는 것은 특별한 것이 아니지만, 18세에 기독교 학교의 교장이 된다는 것은 교회사를 통틀어 찾아보기 어렵다는 것이다.[11]

그는 232년까지 알렉산드리아에서 활동하였는데, 215/6-218/9년 사이에 팔레스티나의 카이사레아를 방문하고 카이사레아의 주교 테옥티스토스와 예루살렘의 알렉산드로스의 요청으로 설교와 강연을 하였다.[12] 그 후 어느 시점에 오리게네스는 카이사레아에서 장로(사제)로 안수를 받았다. 이 일로 알렉산드리아의 주교 데

---

를 보라(참고문헌 참조). 교부 중에서는 유스티누스 『호교론』(*Apologia*) I.29를 보라.

9   에우세비오스, 『교회사』 VI.2.12.

10  에우세비오스, 『교회사』 VI.3.3.

11  W. A. Bienert, *Dionysius von Alexandrien. Zur Frage des Origenismus im dritten Jahrhundert* (Patristische Texte und Studien 21). (Berlin/NewYork: de Gruyter, 1978), 91.

12  팔라디오스, 『라우소스 이야기』 147; 참조. Williams, "Origenes/Origenismus," 399.

메트리오스는 그를 알렉산드리아로 소환하였고,[13] 두 사람은 긴장 관계로 지내게 된다.

이때부터 오리게네스는 집필활동에 전념하여 수많은 역작을 남겼다. 오리게네스의 저서들은 크게 알렉산드리아 체류기간인 218/9-231/2년과 사망전 카이사레아에서의 두번째 체류 및 이주 기간인 231/2-253/4로 나눠질 수 있다. 6개 본문을 대조한『육중 역본』(*Hexapla*)(218-245년)을 비롯하여『부활』(*De resurrectione*) 2권,『원리론』(*De principiis*) 4권(220-225년 사이),『요한복음 주해』5권,『창세기 주해』8권(230년 이전에 시작),『시편 주해』25권 (230년 이전에 시작),『양탄자』(*Stromateis*) 10권이 알렉산드리아에 서 쓰여졌다. 카이사레아로 이주한 231/2년부터는『기도론』(*De oration*, 233/4년),『켈수스 반박』(*Contra Celsum*),『헤라클레이데 스와의 대화』(*Dialogus cum Heracleide*),『순교 권면』(*Exhortatio ad martyrium*)과 아가서를 비롯한 거의 전 성경에 관한 주해와 강해 설교를 남겼다. 에우세비오스의『교회사』(VI.23)에 의하면 오리게 네스는 후원자였던 암브로시우스로부터 7명 이상의 속기사를 후원 받았고, 속기를 필사하는 필사자들은 훨씬 많았다고 전해진다.

오리게네스는 데키우스 황제 박해 때 투옥되어 고문을 받았으며, 박해가 지난 후 석방되었다가 얼마 후에 사망한 것으로 알려져 있 다. 오리게네스의 풍부한 철학적 지식과 신학적 사고는 후대에 지

---

13  M. Hornschuh, "Das Leben des Origenes und die Entstehung der alexandrinischen Schule," *Zeitschrit für Kirchengeschichte* 71 (1960): 1-25; 193-214, 여기선 198.

대한 영향을 주었고, 정통신학자뿐만 아니라 이단자들도 그의 사상을 즐겨 활용했다. 오리게네스가 세상을 떠난 지 오랜 후에 교권 싸움과 주도권 쟁탈의 희생양이 되어 결국 공식적인 정죄를 받았다는 것은 참으로 안타까운 일이다. 오리게네스의 일부 사상이 후대 정통신학의 기준으로 볼 때 치우친 점이 있는 것도 사실이지만, 그가 활동했던 시기에는 기독교 신학이 정립 단계에 있었고 여러 신앙 조항에 대한 합의가 아직 이루어지지 않았으며, 오리게네스 자신은 신학적 사변을 발전시키면서 교회에서 전승된 신앙고백에서 벗어나려는 의도를 조금도 지니지 않았다는 것을 기억해야 할 것이다.

첫 번째 오리게네스주의 논쟁(390-403)은 알렉산드리아의 테오필로스에 의해 시작되었고, 두 번째 오리게네스주의 논쟁에서는 유스티니아누스 황제의 칙령(543)에서 9가지 조항으로 '이미 죽은 오리게네스'와 그의 추종자들을 정죄하였으며, 553년 콘스탄티노플 공의회에서는 15개 조항으로 오리게네스주의를 다시 한번 정죄하였다.[14] 그 결과 오리게네스의 저작은 극히 일부를 제외하고 모두

---

14  오리게네스가 후대에 오리게네스주의자들과 함께 정죄를 받은 것에 관하여는 정치적인 이유와 교권 쟁탈을 위한 수도원간의 분쟁이 복잡하게 얽혀있다. 황제 유스티니아누스의 칙령(543)에서는 오리게네스의 이름이 언급되지만 553년 콘스탄티노플 공의회에서는 오리게네스의 이름이 생략되고, 오리게네스주의자들만 정죄되고 있다. 유스티니아누스 황제의 칙령에서 언급된 사항 가운데 마귀들을 위한 그리스도의 십자가 희생이나 육신이 영혼을 벌주기 위한 장소라는 언급은 삭제되었다. 또한 오리게네스의 신학 중에서 창조신화(2에서 5항)나 만인구원에 대한 언급(14항, 15항)은 새로이 추가되고, 오리게네스주의자들 중 단성론적 경향을 지닌 Isochristen과, 삼위가 아닌 그리스도의 이성을 4번째 위격으로 주장하는 protoktisten의 신학을 더욱 세분화하여 정죄하였다. 이것은 오리게네스의 모든 사상과 신학이 정죄받을 필요가 없다는 것을 인식하여 교회 공의회의 결정이 더욱 세밀하게 규정된 것을 보여준다.

폐기되었으며, 오늘날 대부분의 작품은 라틴어나 다른 역본으로 전해지고 있다.


## III. 『기도론』(περὶ εὐχῆς)의 구조와 내용

### 1. 기록 시기, 수신자, 사본 및 진정성

『기도론』(περὶ εὐχῆς)이라는 제목은 오리게네스 스스로 이 글 초반부에 밝히고 있다.[15] 오리게네스의 『기도론』이 카이사레아 이주 기간 초창기에(233/4년) 쓰였다는 것은 『기도론』을 편집한 쾻샤우(Paul Koetschau)와 더불어 거의 대부분의 학자들에 의해 받아들여지고 있다. 그가 『기도론』을 저술하게 된 동기는 그의 후원자였던 암브로시우스와 타티아나가 자신들이 접한 기도에 대한 잘못된 가르침에 대해 서면으로 답변해주기를 원했기 때문이었다.[16] 에우세비오스는 암브로시우스가 이전에 발렌티노스파였고, 부유하고

---

15 『기도론』 II.1; L. Perrone, "Prayer in Origen's Contra Celsum: The Knowledge of God and the Truth of Christianity," *Vigiliae Chrisianae* 55/1 (2001): 1-19, 여기선 18.

16 에우세비우스의 『교회사』 VI.18.1에 의하면 암브로시우스는 개종 이전 발렌티노스파였고, 히에로니무스에 의하면 원래 마르키온파였다(히에로니무스, 『명인전』 56; 61). 참조. Harnack, *Geschichte der altchristlichen Literatur bis Eusebius*, Teil I (2 Bde.): *Die Überlieferung und der Bestand der altchristlichen Literatur bis Eusebius* (Leipzig: Hinrichs, 1958), 328-330.

교양이 있는 가정에서 자라났다고 기록한다.[17] 반면 히에로니무스는 암브로시우스가 원래 마르키온파였다고 전한다.[18] 암브로시우스는 오리게네스의 측근일 뿐만 아니라, 오리게네스가 저술활동을 할 수 있도록 속기사와 필사자 및 필요한 모든 것을 제공했으며,[19] 오리게네스의 주석 작업에도 깊이 관여했다. 오리게네스의 많은 저작은 암브로시우스에게 헌정되었는데,『순교 권면』은 암브로시우스와 프로테토스에게 헌정되었고,『켈수스 반박』(*Contra Celsum*)과 『요한복음 주해』도 암브로시우스에게 헌정되었다.[20]

암브로시우스와 타티아나는 『기도론』의 수신자로 앞부분과 뒷부분(II, XXXIV)에 언급되는데, 그들은 오리게네스에게 편지를 보내어 기도가 필요 없다고 말하는 사람들의 주장을 알렸고, 오리게네스는 이 편지를 직접 인용의 형태로 두 가지 내용으로 정리하였다.

> 이제 당신이 내게 보낸 편지에서 표현한 대로 여기에 써보겠습니다. 첫째, 하나님이 일어날 일들을 미리 아시고 그것들이 일어나야 한다면, 기도는 헛됩니다. 둘째, 모든 일이 하나님의 뜻대로 일어나며 그분이 뜻하는 일이 확고하며 그분이 원하는 일을 전혀 돌이킬 수 없다면, 기도는 헛됩니다.[21]

---

17  에우세비오스, 『교회사』 VI.18.1.
18  히에로니무스, 『명인록』 56; 61.
19  에우세비오스, 『교회사』 VI.23.
20  에우세비오스, 『교회사』 VI.28. 하르낙(A. von Harnack)은 암브로시우스에 대하여 종합적으로 정리하였다(Harnack, *Geschichte der altchristlichen Literatur*, 328-330).

오리게네스의 『기도론』은 그리스어로 보존된 거의 유일한 사본이며, 단 하나의 필사본(Codex Cantabrig. Colleg. S. Trinitatis B. 8. 10 saec. XIV)으로 존재한다. 필사자도 다른 필사본을 가지고 있지 않기 때문에, 이 글의 초반부에 나타난 공백을 메울 수가 없었다. 하지만 이 글은 후대에 상당한 영향을 주었다. 니사의 그레고리오스, 크리소스토모스, 알렉산드리아의 키릴로스, 고백자 막시모스, 그리고 라오디케아의 페트로스 등은 오리게네스의 주님의 기도 해석 전통을 충분히 인지하고 있었다.[22]

『기도론』의 진정성은 신뢰할 만한 것으로 여겨진다. 진정성에 대한 증거들은 특히 언어의 내적 통일성에서 지지될 수 있다.[23] "당신의 이름이 거룩하게 하소서"(XXIV.5)에 대한 해석은, 오리게네스의 다른 저서 『켈수스 반박』(Contra Celsum) VI.51에 나타나는 해석과 정확히 일치한다. 또한 어떻게 기도하여야 하는지에 대한 핵심적인 생각과 관련하여 『켈수스 반박』과 『기도론』에 나타난 생각이 사고뿐만 아니라 언어적으로도 일치한다.[24] 특히 독특한 기도 공식인 "그리스도를 통하여 성령 안에서 하나님께 드리는 기도"는 의심할

---

21  『기도론』 V.6

22  G. Walther, *Untersuchungen zur Geschichte der griechischen Vaterunser-Exegese* (Texte und Untersuchungen zur Geschichte der altchristlichen Literatur 40, 3) (Leipzig: Hinrichs, 1914); A. Meredit, "Origen and Gregory of Nyssa on The Lord's Prayer," *Heythrop Journal* 43/3 (2002): 344-356.

23  B. Neuschäfer, *Origenes als Philologe*, 2 vols. (Schweizerische Beiträge zur Altertumswissenschaft 18) (Basel: Reinhardt, 1987), 109-110.

24  오리게네스, 『켈수스 반박』 (*Contra Celsum*) IV.1.1; III.34. 21-26; 『기도론』 VII.1.5-8.

여지없이 오리게네스적이다. 만일 누군가가 오리게네스와 비슷한 생각을 발전시키고자 했다 하더라도 오리게네스의 정확한 단어 조합을 그대로 사용하는 것은 오리게네스의 저서를 앞에 놓고 그대로 복사하지 않고서는 불가능하다. 오리게네스의 표현방식과 단어들의 조합된 형태, 그리고 문장의 구문론적 구조들을 살펴볼 때 이 글의 진정성을 의심할 수가 없다.

## 2. 『기도론』의 구성과 내용

『기도론』은 크게 4부분, 즉 도입(I-II), 기도에 대한 이론적 고찰(III-XVII), 주님의 기도 주해(XVIII-XXX), 후기(XXXI-XXXIV)로 나누어지는데, 그 내용을 크게 정리하면 다음과 같다.

### 도입(I-II)

1. 하나님의 은혜로 불가능한 것이 가능하게 됨(I)
2. 기도의 내용과 방식은 성령의 도움으로 알 수 있음(II)

### 기도에 대한 이론적 고찰(III-XVII)

1. εὐχή와 προσευχή 의 개념 정립(III-IV)
2. 기도에 대한 반론 논박: 기도와 섭리(V-VII)
3. 기도의 유익(VIII-XIII)
   1) 올바른 기도의 유익: 하나님과의 교제와 옳은 행위(VIII-X.1)
   2) 그리스도와 천사와 성인들의 도움(X.2-XI).

9. 우리를 시험에 빠지지 않게 하시고 우리를 악한 자로부터 구
하소서(XXIX-XXX)

1) 우리를 시험에 빠지지 않게 하소서(XXIX)

2) 우리를 악한 자로부터 구하소서(XXX)

**후기(XXXI-XXXIV)**

1. 기도의 마음가짐과 몸의 자세(XXXI.1-3).

2. 기도의 장소(XXXI.4)

3. 신자들의 집회(XXXI.5-7)

4. 기도의 방향(XXXII)

5. 공중 기도의 네 주제: 영광송, 감사, 고백, 간구(XXXIII)

6. 나가는 말(XXXIV).

『기도론』을 시작하면서 오리게네스는 우리 인간의 약함을 고려
할 때 하나님의 은혜 없이는 기도에 대한 해설이 불가능하다고 설
명한다. 그는 로마서 8:26을 통해 사람은 스스로 어떻게 기도해야
하고(기도 방식), 기도할 때 어떤 말을 하나님께 해야 할지를(기도 내
용) 모르기 때문에 성령의 도움이 있어야 올바른 기도가 가능해진
다고 말한다.

이어서 오리게네스는 전반부에서는 기도에 대해 이론적으로 고
찰하고(III-XVII) 후반부에서는 주님의 기도를 상세하게 주해한다
(XVIII-XXX). 오리게네스는 전반부와 후반부를 통틀어 먼저 스스로
질문을 던지고, 그 후 질문을 통해 던져진 개념을 설명하고 난 후,

원래 문장의 더 깊은 의미를 밝히는 방법을 사용하는데, 이러한 방법은 『기도론』 전체를 통하여 이어지고 있다. 또한 오리게네스는 자신의 주장을 성경을 통해 입증하려고 했다. 따라서 『기도론』은 성경 구절의 인용, 암시, 풀이로 가득 차 있다. 이방 문헌에서도 로고스의 목소리를 발견한 알렉산드리아의 클레멘스와 달리, 오리게네스는 자신의 신학을 오직 성경에 기초시키려고 노력했고, 성경을 통해 확인하지 않고서는 자신의 주장을 펼치지 않았다.

기도에 대해 이론적으로 고찰하는 전반부에서는 하나님의 섭리, 인간의 자유의지, 다양한 기도의 원칙과 내용이 다뤄진다.[25] 그는 우선 일반적으로 기도를 나타내는 단어인 εὐχή와 προσευχή의 개념 차이를 설명하고, 이를 통해 전반부 후반(XIV, XV, XVI)에서 자신의 신학적 사고를 구축하는 발판으로 삼는다. 오리게네스는 기도에 대한 잘못된 견해를 비판하는 동시에 신학적 기본지식, 예를 들면 하나님의 섭리, 예정, 계획, 불변성, 인간의 자유의지와 자율성 등을 기도와 관련시켜 설명한다.[26] 오리게네스는 기도자를 위한 기도의 유익을 설명하고 기도의 바른 자세에 대한 수많은 사례를 성경에서 찾는다.[27] 또한 천사와 세상을 떠난 성도들의 역할도 빼놓지 않고 언급한다.[28] 이어서 오리게네스는 예수의 기도 생활을 본보기로 보

---

25 『기도론』 III.1 – XVII.2.
26 『기도론』 V.1 – VII.2.
27 『기도론』 VIII.1 – X.2.
28 『기도론』 XI.1 – XII 2. 오늘날 개신교의 천사와 성도에 대한 이해와는 상당한 차이를 보인다.

여준다.[29] 예수의 기도 생활은 항상 기도하는 자는 항상 응답받는다는 것을 우리에게 알려준다. 또 그는 구약 성도들의 기도는 영적인 의미로 해석해야 한다고 제안한다.

전반부의 마지막 부분(XIV-XVII)에서는 땅에 속한 것과 작은 것을 구하는 대신 하늘에 속한 것과 큰 것을 구해야 한다는 것을 강조한다. 이러한 맥락에서 그는 디모데전서 2:1에 나오는 기도의 4가지 형태—"간구(δεήσις)"와 "기도(προσευχή)"와 "중보 기도(ἔντευξις)"와 "감사 기도(εὐχαριστία)"—를 여러 예들을 통하여 설명한다:[30] 이 중에 "기도(προσευχή)"는 오직 아버지 하나님께만 드릴 수 있고, 어떤 다른 창조물에게도, 심지어 그리스도에게도 드릴 수 없는 것으로 설명한다.[31] 이 생각이 오리게네스 기도 신학의 특징적인 부분이라 할 수 있다. 그 후에 오리게네스는 구약성경에 나타난 많은 기도의 예들을 설명하며, 하늘에 속한 것과 큰 것을 구해야 함을 강조한다.[32]

후반부에서는 주님의 기도에 대한 상세한 주해가 이루어진다. 그러나 그의 주석방법은 오늘날의 성경 본문이 주석되는 방식과는 많은 차이가 있다. 오리게네스는 성경의 본문을 문자적으로 받아들여 성경의 예들을 들어 그 의미를 분명히 한다.[33] 성경을 주석할 때

---

29  『기도론』 XIII.1.

30  『기도론』 XIV.1 – XVII.2.

31  『기도론』 XV.1.

32  『기도론』 XVI.2 – XVII.2.

33  흔히 오리게네스의 해석을 풍유적 해석(알레고리)이라고 단정짓는 경우들이 있으나, 오리게네스 자신은 이러한 해석방법을 ἀναγωγή 라고 한다. 당시 대부분의 철학자들 역시 언어의 의미를 설명하기 위한 방법으로 풍유적 해석방법을 이용했는데, 오리게네스는 기독교만의 고유한 해석방법으로 영적 해석(ἀναγωγή)을 제시하여 이방 철학의 본

오리게네스는 자신의 풍부한 철학적 지식을 사용하기 때문에 때로는 주님의 기도 주해 자체가 철학적 사변인 듯한 느낌을 가지게 된다. 그러나 이것은 오리게네스가 세계와 자연, 신과 영혼, 이성에 관한 그리스 학문과 지식을 바탕으로 사고하는 당대의 독자들에게 기독교적 해석을 제공하려는 시도임을 인식하면 너무나 당연하다.

"하늘에 계신 우리 아버지여"에서 오리게네스는 인간이 성부 하나님을 우리의 아버지라고 부를 수 있는 것은 기독교인들의 특권이라고 설명한다. 첫 번째 간구인 "당신의 이름이 거룩하게 하소서"에서는 하나님의 이름을 설명하는데, 하나님의 이름 ὁ ὤν(존재자)이[34] 하나님의 불변의 속성을 보여주는 것이라 하였고, 두 번째 간구인 "당신의 나라가 오게 하소서"에서는 하나님 나라를 정의하되, 악한 세상의 해방이 그리스도를 통하여 가능하므로 그리스도의 나라라고 정의한다. 세 번째 간구인 "하늘에서와 같이 땅에서도 당신의 뜻이 이루어지게 하소서"는 그리스도의 죽음과 부활이 없이는 이 땅에서 실현불가능함을 설명한다. 즉, 그리스도가 세번째 간구의 중심에 서 있다. 네 번째 간구인 "오늘 우리에게 필요한 양식을 주소서"에서는 여기서 말하는 빵은 문자적인 의미로 받아들일 수 없고, 바로 그리스도가 하늘로부터 내려진 살아 있는 빵이라고 강조한다. 바로 이 부분에서 오리게네스는 자기 저서 중 가장 많은 지면을 할애하고 있다. "필요한 양식"을 설명하기 위해 ἐπιούσιος(필요한)라는

문 해석 방법과의 차별성을 강조했다.
34　『기도론』XXIV.2.

단어의 수용사를 언급하며, 마태와 누가의 주님의 기도에 나타난 시간개념인 σήμερον(오늘), καθ' ἡμέραν(날마다)을 심도 있게 연구하였다. 오리게네스는 사람이 오늘만 기도할 것이 아니라 날마다 기도할 때 "필요한 양식"이 아버지로부터 제공된다고 해석한다. 다섯 번째 간구인 "우리가 우리에게 빚진 자를 용서하여 준 것 같이 우리의 빚도 용서하여 주소서"에서는 우리가 다른 사람을 용서하는 것은 성령을 통해서만이 가능하다고 설명한다. 마지막 간구인 "우리를 시험에 빠지지 않게 하시고 우리를 악한 자로부터 구하소서"에서는 성부 하나님이 인간을 시험에 빠지게 하는 것이 아니라 인간이 스스로 시험에 빠져드는 것이므로, 이를 피하기 위하여 하나님의 도움이 필요하다고 설명한다.

『기도론』의 후기 부분에서는 기도 장소와 시간, 자세 등을 간단히 언급한다. 여기서 오리게네스는 기도의 준비작업과 외형적인 기도 자세와 신도들의 집회 등과 같은 주제를 다룬다. 그리하여 여기서는 지금까지 설명하지 않은 신앙 공동체의 집회에서의 4가지 기도를 제시한다. 그는 공동체 기도의 요소로 송영(δοξολογία), 감사(εὐχαριστία), 고백/회개(ἐξομολόγησις), 간구(αἴτησις)가 있다고 설명하고, 신앙 공동체에서 기도할 때에는 송영(δοξολογία)으로 시작하여, 감사(εὐχαριστία), 고백/회개(ἐξομολόγησις), 그리고 간구(αἴτησις) 순으로 기도한 다음, 다시 송영으로 기도를 마치되, "아버지께 예수 그리스도를 통하여 성령 안에서" 송영을 드려야 한다고 조언한다.

# IV. 『기도론』에 나타난 오리게네스의 기도 이해

## 1. 기도의 개념 이해: εὐχή와 προσευχή

방법론적으로 볼 때, 오리게네스는 자신의 주제를 마치 성경주석 작업을 하듯이 주석한다. 이것은 고대에는 주석의 일반적인 방법으로 언어적이고도 성경적인 연관성을 규명하는 것이다. 오리게네스는 "기도란 무엇인가?", "εὐχή는 어떤 의미를 가지고 있는가?", "구약성경과 신약성경에서의 εὐχή의 의미의 차이는 무엇인가?" 그리고 "εὐχή와 προσευχή간에 차이가 있는가?" 등등의 질문을 던진 후에, 주석에 선행하여 먼저 기도를 나타내는 일반적인 용어인 εὐχή와 προσευχή의 개념을 정립한다.

### 1) εὐχή

εὐχή는 일반적으로 기도를 가리킬 때 사용되지만, 서원이라는 의미도 가지고 있다. εὐχή가 서원의 의미를 지닐 때 이는 히브리어 성경에서 נָדַר *nāḏar*(נֶדֶר *næḏær*)와 נזר *nzr*(נֵזֶר *nezær*, נָזִיר *nāzîr*)라는 두 가지 단어를 표현한다. "나다르" 동사는 "성직에 임명하다", "맹세하다"라는 의미를 가지고, "나지르" 역시 "서원하다"라는 의미를 지닌다. 따라서 나지르(נָזִיר)라는 명사는 나실인의 맹세와 밀접하게 연결된다. 이 두 단어는 『70인역』에서 대부분 εὐχή로 번역된다.[35]

---

[35] 통계적으로 볼 때, 70인역에서 נָדַר는 εὔχεσθαι로 28번 번역되고, εὐχή로는 2번, נֶדֶר

이 단어들은 부분적으로는 음역이 되어 $\nu\alpha\zeta\iota\rho$(사사기 13:5), $\nu\alpha\zeta\iota\rho\alpha\tilde{\iota}o\varsigma$(사사기 16:17),[36] $\nu\varepsilon\zeta\varepsilon\rho$(열왕기하 11:12)로 번역되고, 어떤 부분에서는 의미에 따라 번역되었다.[37] 또한 음역과 의미 상의 번역 외에도 이 두 단어는 접두어 $\dot{\alpha}\gamma\iota$-와 결합되기도 하고,[38] 또는 접두어 $\varepsilon\dot{\upsilon}\chi$-와 결합되어 번역되었다.[39] 특이한 점은 $\varepsilon\dot{\upsilon}\chi\dot{\eta}$가 서원의 의미를 나타낼 때는 언제나 "Figura etymologica", 즉 동족목적어를 취하여 $\varepsilon\ddot{\upsilon}\chi o\mu\alpha\iota$ $\varepsilon\dot{\upsilon}\chi\dot{\eta}\nu$ 형태로 사용된다는 것이다.[40] 오리게네스

---

는 $\varepsilon\dot{\upsilon}\chi\dot{\eta}$로 52번, $\varepsilon\dot{\upsilon}\chi\varepsilon\sigma\theta\alpha\iota$로 1번만 번역된다(참조. O. Kaiser, "נָדַר" in Theologisches Wörterbuch zum Alten Testament V[Stuttgart: W. Kohlhammer, 1986], 261-274, 여기선 274). נזר 동사는 니팔형태로 4번, 히필형태로 6번 사용되었으며, 명사 נֵזֶר는 '헌신'과 '장식'이라는 의미로 24회 사용되었고, 나실인(נָזִיר)의 형태로는 16회 사용되었다(참조. G. Mayer "נזר" in Theologisches Wörterbuch zum Alten Testament V [Stuttgart: W. Kohlhammer, 1986], 329-334).

36  이는 특히 『70인역』의 Codex Alexandrinus 사본에서 많이 나타난다.

37  그에 대한 예로 신명기 33:16을 들 수 있다. "וּלְקָדְקֹד נְזִיר אֶחָיו" (그 형제들 가운데 헌신자의 정수리 위에)는 그리스어로 "$\dot{\varepsilon}\pi\dot{\iota}$ $\kappa o\rho\upsilon\phi\tilde{\eta}\varsigma$ $\delta o\xi\alpha\sigma\theta\varepsilon\dot{\iota}\varsigma$ $\dot{\varepsilon}\nu$ $\dot{\alpha}\delta\varepsilon\lambda\phi o\tilde{\iota}\varsigma$"(정수리 위에 [내려올 것이라], 그가 그 형제들 가운데 칭송 받았기 때문이다)로 번역되었다. 따라서 히브리어 본문과 70인역 사이에 다음과 같은 번역상의 차이가 발생한다. 히브리어 본문: "וּמִמֶּגֶד אֶרֶץ וּמְלֹאָהּ וּרְצוֹן שֹׁכְנִי סְנֶה תָּבוֹאתָה לְרֹאשׁ יוֹסֵף וּלְקָדְקֹד נְזִיר אֶחָיו"(그리고 땅의 가장 맛있는 것과 그 충만함으로 [가득할 것이다]. 떨기 가운데 계셨던 분의 은혜가 요셉의 머리에, 그 형제들 가운데 헌신자의 정수리 위에 내려올 것이라);『70인역』번역: "$\kappa\alpha\theta$' $\ddot{\omega}\rho\alpha\nu$ $\gamma\tilde{\eta}\varsigma$ $\pi\lambda\eta\rho\dot{\omega}\sigma\varepsilon\omega\varsigma.$ $\kappa\alpha\dot{\iota}$ $\tau\dot{\alpha}$ $\delta\varepsilon\kappa\tau\dot{\alpha}$ $\tau\tilde{\omega}$ $\dot{o}\phi\theta\dot{\varepsilon}\nu\tau\iota$ $\dot{\varepsilon}\nu$ $\tau\tilde{\omega}$ $\beta\dot{\alpha}\tau\omega$ $\ddot{\varepsilon}\lambda\theta o\iota\sigma\alpha\nu$ $\dot{\varepsilon}\pi\dot{\iota}$ $\kappa\varepsilon\phi\alpha\lambda\dot{\eta}\nu$ $I\omega\sigma\eta\phi,$ $\kappa\alpha\dot{\iota}$ $\dot{\varepsilon}\pi\dot{\iota}$ $\kappa o\rho\upsilon\phi\tilde{\eta}\varsigma$ $\delta o\xi\alpha\sigma\theta\varepsilon\dot{\iota}\varsigma$ $\dot{\varepsilon}\nu$ $\dot{\alpha}\delta\varepsilon\lambda\phi o\tilde{\iota}\varsigma.$" (땅의 전성기와 그 충만함으로 가득할 것이다. 떨기에서 보여진 분의 은혜로운 일들이 요셉의 머리와 정수리 위에 내려올 것이라. 왜냐하면 그가 그 형제들 가운데 칭송 받았기 때문이다.)

38  민 6:12에서는 히브리어 본문은 "וְהִזִּיר לַיהוָה אֶת-יְמֵי נִזְרוֹ" (그는 서원한 기간 동안 야훼께 헌신해야 한다)로 나와있지만, 『70인역』에선 "$\ddot{\eta}$ $\dot{\eta}\gamma\iota\dot{\alpha}\sigma\theta\eta$ $\kappa\upsilon\rho\dot{\iota}\omega$ $\tau\dot{\alpha}\varsigma$ $\dot{\eta}\mu\dot{\varepsilon}\rho\alpha\varsigma$ $\tau\tilde{\eta}\varsigma$ $\varepsilon\dot{\upsilon}\chi\tilde{\eta}\varsigma$"(그가 서원의 기간 동안 주께 거룩하게 된 [날에])로 나와있다.

39  민 6장에는 여러 파생형태가 나타난다: $\eta\ddot{\upsilon}\xi\alpha\tau o$(민 6:5); $\varepsilon\dot{\upsilon}\xi\alpha\mu\dot{\varepsilon}\nu o\upsilon$(민 6:13, 21); $\eta\dot{\upsilon}\gamma\mu\dot{\varepsilon}\nu o\upsilon$(민 6:19-20); $\varepsilon\dot{\upsilon}\chi\tilde{\eta}\varsigma$(민 6:4, 6, 8, 9, 12, 13, 18, 21; $\varepsilon\dot{\upsilon}\chi\dot{\eta}$ 6:7; $\varepsilon\dot{\upsilon}\chi\dot{\eta}\nu$ 6:19). Mayer 1986, 329-334.

40  그리스어에서 의미를 강조하기 위해 사용되는 용법으로, 목적어를 가질 수 없는 자

는 이렇게 εὐχή가 "서원"의 의미로 사용된 예를 레위기, 민수가, 잠언, 예레미아 애가와 사도행전에서 찾는다.[41]

εὔχομαι가 일반적인 기도의 의미로 사용될 때, 『70인역』에서는 πρός τινα와 함께 사용되고, εὔχομαί τινι 형태로는 대부분의 경우 "서원"의 의미로 사용된다.[42] 오리게네스는 서원으로 사용하는 경우, εὐχή는 본래적인 의미의 기도를 나타내는 προσευχή와부터 구별된다고 말한다[43].

## 2) προσευχή:

εὐχή와 προσευχή의 상이한 의미는 오리게네스가 나중에 『기도론』 IV, XIV, XV에서 자신의 기독론을 발전시키기 위한 중요한 출발점이다. προσευχή는 『70인역』에서 "הַתְּפִלָּה"의 번역어로 69번 사용되었다. 알렉산드리아의 필론은 προσεύχεσθαι를 일반적인 기도의 의미로 사용한다.[44] 이 단어 자체에 어근 πρός가 포함되어 "하나님을 부름"이라는 의미가 원 의미속에 포함된 것을 한눈에 알 수 있다. 이에 근거하여 오리게네스는 προσευχή를 "하나님께 드리는 기도"로 정의한다. 그럼에도 불구하고 그의 기도의 예를 살펴보면 εὐχή와

동사가 동족목적어를 가지는 형태로 표현된다.
41  창 28:20: "야곱은 이렇게 서원하여" (ηὔξατο Ἰακὼβ εὐχήν); 레 27:1-3; 민 6:1-3; 민 30:2-5; 잠 20:25; 행 21:23.
42  H. Greeven, "εὔχομαι, εὐχή, προσεύχομαι, προσευχή," in *Theologisches Wörterbuch Neuen Testament* II, (Stuttgart: W. Kohlhammer, 1960), 774-808, 여기선 774-775.
43  『기도론』 III.2.
44  필론『꿈』(*De Somniis*) II. 139: προσευξώμεθα.

προσευχή가 내용적으로 연결되어 있다는 것은 부인할 수 없다.[45]

## 2. 기도의 네 가지 형태: 간구(δεήσις), 기도(προσευχή), 중보 기도(ἔντευξις), 감사 기도(εὐχαριστία)

기도의 유익에 대해 설명한 후(VIII-XIII), 오리게네스는 땅에 속한 것과 작은 것이 아니라 하늘에 속한 것과 큰 것을 구하라는 맥락에서 디모데전서 2:1에 나타난 네 가지 형태의 기도를 다룬다: 간구(δεήσις), 기도(προσευχή), 중보 기도(ἔντευξις)와 감사 기도(εὐχαριστία).

### 1) 간구(δεήσις)

오리게네스는 "간구(δεήσις)"를 "어떤 이에게 부족한 것을 얻기 위해 간청함으로(μεθ᾽ ἱκεσίας) 올려지는 기원"이라고 정의한다.[46] 간구(δεήσις)와 "간청함으로"(μεθ᾽ ἱκεσίας)는 고대교회에서 뗄 수 없는 단어로 함께 사용되었다. 실제로 오리게네스뿐만 아니라, 로마의 클레멘스에게서도 이 용례가 나타난다.[47] 오리게네스에 의하면 간구는 절망 가운데서 하나님께 드리는 기도라는 의미를 포함하고 있어, 하나님의 도우심을 급히 구하는 기도이다.

---

45 『기도론』 III .2.
46 『기도론』 XIV.2..
47 W. Bauer, *Griechisch-deutsches Wörterbuch zu den Schriften des Neuen Testaments und der frühchristlichen Literatur*, 6. völlig neu bearb. Aufl. (Berlin/New York: de Gruyter, 1988), 761(ἱκεσία).

## 2) 기도(προσευχή)

두 번째 기도의 형태는 기도(προσευχή)이다. 오리게네스는 기도 (προσευχή)를 정의하기를, "누군가가 찬양을 드리며 더 큰 것에 대해서 더 고귀하게 올리는 것"이라고 정의한다.[48] 신약에서는 이 단어가 "기도하다", "간구하다" 등으로 사용된다.[49] 기도(προσευχή)는 송영(δοξολογία)을 포함한다.[50] 이 점에서 송영은 고대 기독교에서 기도의 한 종류로 여겨진 것으로 이해될 수 있다.[51] 오리게네스는 III, IV, XV에서 기도(προσευχή)를 자세히 다루고 있는데, 경우에 따라서는 설명보다는 실제 기도의 예를 많이 열거한다.[52] 다니엘의 세 친구 중 하나인 아사랴(아벳느고)가 불 가운데 하나님께 기도하는 예를 들어[53] 오리게네스는 이러한 급한 상황에서 자신의 생명을 구해달라는 기도를 하지 않고 하나님께 송영을 드리는 것을 아사랴의 기도(προσευχή)로 설명한다. 한나가 하나님께 기도하는 모습(προσηύξατο πρός κύριον)은 하나님께 기도하는 동시에 서

---

48 『기도론』 XIV. 2.
49 H. Greeven, "εὔχομαι, εὐχή, προσεύχομαι, προσευχή," in *Theologisches Wörterbuch Neuen Testament II* (Stuttgart: W. Kohlhammer, 1960), 774-808, 여기 선 806.
50 『기도론』 XXXIII.1; XXXIII.2. 오리게네스는 송영(δοξολογία)을 공동체 기도의 네 종류 중 하나로 언급한다: 송영(δοξολογία), 감사(εὐχαριστία), 고백/회개(ἐξομολόγησις), 간구(αἴτησις).
51 G. W. H. Lampe, *A Patristic Greek Lexixicon* (Oxford: Clarendon, 1961), 382-383; W. Bauer, *Griechisch-deutsches Wörterbuch*, 411.
52 『기도론』 XIV.4.
53 단 3:25(70인역).

원(ηὔξατο εὐχὴν)하는 모습까지 보여주는 좋은 예이다.[54] 또한 토비아스의 기도도 언급된다.[55] 토비아스는 사람들에게 자선을 베풀고, 자기 민족 중 죽은 자들을 묻어주곤 했는데, 아시리아 왕이 이 일로 인하여 그를 죽이도록 명령했음에도 그는 자신의 일을 멈추지 않았다. 어느 날 토비아스가 성벽 옆에서 죽은 사람을 묻은 후에 자는 동안 제비똥이 떨어져 장님이 되었다. 그래서 토비아스의 아내가 일을 해야 했고, 어느 날 그의 아내가 염소 한 마리를 집으로 데리고 왔다. 토비아스가 아내에게 만일에 훔쳐왔으면 가서 돌려주라고 말하자, 아내는 토비아스에게 분노한다. 이에 토비아스가 탄식하며 기도하며(προσηύξαμην) 하나님을 찬양하는데, 이 기도에도 송영(δοξολογία)이 포함되는 것을 볼 수 있다.

요나 역시 물고기 뱃속에서 주께 기도하는데(προσηύξατο πρός κύριον), 여기서 요나는 자신을 구해달라는 기도를 하지 않고 하나님께 송영을 드린다.[56] 이러한 예들을 통하여 오리게네스는 προσευχή가 "누군가가 찬양을 드리며 더 큰 것에 대해서 더 고귀하게 올리는 것"이라는 자신의 정의를 특별한 설명 없이 증명하고자 하였다는 것을 알 수 있다. 요약하면 προσευχή는 송영을 포함할 수 있으며, 이때 기도자가 긴급한 상황에 처했는지 아닌지, 또는 그가 순수한 송영을 표현하는지는 중요하지 않다. 또한 προσευχή는 간구나 서원을 포함할 수 있다.

---

54  삼상 1:10-11(70인역).
55  토빗기 3:1, 2.
56  욘 2:2-4.

## 3) 중보 기도(ἔντευξις)

세 번째 기도의 종류는 중보 기도(ἔντευξις)이다. 오리게네스는 중보 기도를 "보다 담대한 누군가가 다른 누군가에 관해 하나님께 드리는 청원"이라고 정의한다.[57] 동사 형태인 ἐντυγχάνω는 일반적으로는 "하나님 앞에 나타나다" 또는 "누군가에게 간구하다"라는 뜻을 지니는데, 신약에서는 기독교적인 의미로 "누군가를 대신하다"라는 특별한 의미를 지닌다. 특히 로마서 8:26, 27, 38에 사용된 ὑπερἐντυγχάνω와 ἐντυγχάνω는 그리스도의 역할과 아주 밀접하게 연관된다. 로마서 8:26-27의 주어가 영이고, 로마서 8:34에서는 주어가 분명히 그리스도인 것을 볼 때, ἐντυγχάνω는 성령과도 연관시킬 수 있고, 그리스도의 영과도 연관시킬 수 있다.[58]

오리게네스는 이 구절에서 인간은 기도(προσευχή)하고 영은 중보 기도(ἔντευξις)로 하나님 앞에서 우리를 위하여 간구하신다고 설명한다.[59] 오리게네스는 이 구절을 통하여 기도(προσευχή)는 인간에게 허락된 것이고, 중보 기도는 영이 우리를 위하여 하나님 앞에서 간구하시는 것으로 이해하기를 원한다. 즉, 인간이 하나님께 기도하는 동안에 영은 우리를 대변해주시는 것이다(ὑπερεντυγχάνει γὰρ καὶ ἐντυγχάνει τὸ πνεῦμα, ἡμεῖς δὲ προσευχόμεθα).[60]

---

57 『기도론』 XIV. 2.
58 O. Bauernfeind, "τυγχάνω, ἐντυγχάνω, ὑπερἐντυγχάνω, ἔντευξις," in *Theologisches Wörterbuch Neuen Testament VIII* (Stuttgart: W. Kohlhammer, 1969), 238-245, 여기선 244.
59 오리게네스는 이를 그리스도의 영으로 이해한다(『기도론』 XIV.5).
60 『기도론』 XIV.5.

하지만 중보 기도(ἔντευξις)는 영만이 할 수 있는 것이 아니다. 여호수아가 기브온에서 해를 멈출 때, 삼손이 다곤 신전에서 아모리 사람들을 멸망시킬 때와 같이, 특별한 목적을 위해서는 사람들도 중보 기도를 드릴 수 있다. 오리게네스는 이 기도를 중보 기도라고 보지만 여호수아가 하나님께 도움을 구한다는 점에서는 간구 기도라고도 볼 수 있을 것 같다. 하지만 여호수아가 자기 자신을 위해서 기도하는 것이 아니라 이스라엘 민족을 위해서 기도했다는 것을 감안하면 간구 기도와 중보 기도는 아주 밀접한 관계를 가지고 있다. 간구 기도와 중보 기도의 차이점은 단지 자신을 위해서 기도하느냐 다른 사람을 위해 기도하느냐에서만 나타난다. 삼손이 자기를 희생하여 적들의 신전을 무너뜨려 자신의 민족을 구하는 것으로 볼 때, 이것이 중보 기도였다는 표현은 없지만 중보 기도(ἔντευξις)라고 볼 수 있으며 기도(προσευχή)와는 분명히 구분된다.[61]

## 4) 감사 기도(εὐχαριστία)

오리게네스는 감사 기도를 "하나님으로부터 좋은 것을 응답 받았기 때문에 기원하며 고백하는 것"이라고 정의한다.[62] 감사 기도에 대한 예로 오리게네스는 "하늘과 땅의 주님이신 아버지, 이 일을 지혜 있고 똑똑한 사람들에게는 감추시고 어린아이들에게는 드러내어 주신 것을 찬양합니다"는 그리스도의 기도를 인용한다.[63] 그리스도가

---

61  『기도론』 XIV.5
62  『기도론』 XIV.2..
63  눅 10:21; 마 11:25.『기도론』XIV.5.

기도에서 ἐξομολογέω(고백하다, 찬양하다)라는 단어를 사용하는 것은 ἐξομολογέω가 εὐχαριστέω(감사하다)와 같은 뜻이라는 것을 보여준다.[64] 오리게네스는 이 두 가지 단어를 동일한 의미로 생각하지만,[65] ἐξομολογέω가 '죄 고백'에 대한 용어로 사용되는 것을 아주 잘 알고 있었다.[66] 원시교회의 "감사(εὐχαριστία)" 개념의 이해를 위해 오리게네스는 또다시 언어학적인 연구를 하고 있는데, 그 연구의 결과로 "감사(εὐχαριστία)"는 개인기도와 공동체적 기도에 모두 속하는 것으로 이해한다.

오리게네스는 기도의 종류에 대한 연구에서 마지막으로 어떤 기도를 누구에게 할 수 있는지를 언급한다. 오리게네스는 δεήσις(간구), ἔντευξις(중보 기도), εὐχαριστία(감사 기도)는 일반 사람들과 성인들에게도 할 수 있다고 언급한다.[67] 하지만 이 중에서 중보 기도와 감사 기도는 오히려 그리스도에게 해야 한다고 말한다. 왜냐하면 그리스도는 우리에게 아버지의 뜻대로 은혜를 표명했기 때문이다. 또한 스데반의 예를 들어 오리게네스는 성인들이 그리스도에게 중보기도를 드린 것을 보여주고자 했다.[68] 다른 3종류의 기도와는 달리 προσευχή(기도)는 그리스도 스스로도 성부 하나님께 기도를 드렸으므로 성부 하나님께만 드려야 하며, 어떤 피조물에게도, 더욱이 그

---

64 『기도론』 XIV.5.
65 『기도론』 XIV 5
66 『기도론』 XXXIII.1 이하; 『기도론』 XXXIII.4.
67 『기도론』 XIV.6.
68 『기도론』 XIV.6. 구약에서는 여호수아와 삼손의 예를 중보 기도의 예로 든 바가 있다.

리스도에게도 드려서는 안 된다고 강조한다.[69] 중요한 것은 하나님께 기도할 때는 제사장이신 그리스도를 통하여서만 기도해야 한다는 것이다. 디모데전서 2:1에 따른 네 가지 기도는 모두 하나님께 드릴 수 있다.

또한 오리게네스는 네 종류의 기도를 자신의 방식으로 정의하고 그 예를 든다. 요약하자면, 인간은 수많은 곤경에서 빠져나오기 위하여 간구($\delta\epsilon\eta\sigma\iota\varsigma$)하고, 어떤 사람들은 하나님을 찬양하기 위하여 더 고귀하게 기도($\pi\rho\sigma\epsilon\upsilon\chi\eta$)한다. 이는 기도자가 곤경에 처해 있거나, 죽음에 가까웠거나 또는 예배 중에 찬송을 하거나 상관이 없다. 삼손이나 여호수아와 같은 사람들은 다른 사람들을 돕기 위해 중보 기도를 드렸다. 그는 천사들과 세상을 떠난 성도들도 기도자들과 함께 기도하는 것으로 믿었다. 중보 기도($\epsilon\nu\tau\epsilon\upsilon\xi\iota\varsigma$)의 가장 큰 예는 우리를 위하여 하나님께 대언하시는 그리스도이다. 그리스도는 하나님 앞에서 대제사장으로서 믿는 자들을 대변한다. 오리게네스는 중보 기도를 인간과 사람을 연결하기 위한 그리스도의 본질적인 과제로 이해한다. 감사 기도($\epsilon\upsilon\chi\alpha\rho\iota\sigma\tau\iota\alpha$)를 하는 것은 하나님의 선물을 받은 것에 대한 확인이다. 인간은 여러가지 이유와 상황에 따라 적절한 기도를 드릴 수 있으며, 그리스도가 우리를 위한 모범이시고, 우리를 위하여 기도하시는 분이다.

---

69 『기도론』 XV.1.

## 3. 기도에 관한 오리게네스의 신학적 입장

### 1) 구약에서의 기도

XIV에서 오리게네스는 "큰 것과 하늘에 속한 것"을 "작은 것과 땅에 속한 것"과 대조하면서, "상징적이고 모형적인 모든 것"(πάντα γε τὰ συμβολικὰ καὶ τυπικὰ)은 영적인 것과 비교할 때 "작은 것이며 땅의 것"이라고 말한다.[70] 여기서 주의해야 할 것은 일반적으로 상징적인 것을 영적인 것이라고 생각하기 쉽다는 것이다. 그러나 오리게네스는 앞에 나온(XIII) 구약 기도의 예들을 "상징적이고 모형적인 것"이라고 말한다. 이로써 오리게네스는 이 기도들이 외형적으로는 작은 것, 세상적인 것을 구하는 기도로 보이지만, 실제로는 영적 해석(ἀναγωγή) 방법을 통하여 얻어진 보다 깊은 의미를 지니고 있다고 역설한다.[71] 오리게네스는 한나, 히스기야, 모르드개, 에스더, 유딧, 다니엘, 아나니아, 아사랴, 미사엘, 요나의 기도 등 구약성경의 모범적인 기도들을 근거로 독자들이 먹고, 마시고, 입을 것에 대해서만 기도하는 것을 경계한다.[72] 오리게네스는 이 구약 성도들의 기도를 모방할 뿐만 아니라, "땅의 것, 작은 것을 통해 지시된 하늘의 것과 큰 것을" 구해야 한다고 말한다.[73] 아마도 그는 거룩한 자들에게 땅에 속한 것이 기도를 통하여 주어졌으므로, 세속적

---

70 『기도론』 XIV.1.
71 『기도론』 XIII. 오리게네스의 성경 해석적 방법으로서 일반 철학의 풍유적 해석과 구분되어 기독교적인 성경해석을 유도하는 그의 기독교적인 성경해석의 대안이다.
72 『기도론』 XIII.4. 비교. 마 6:33.
73 『기도론』 XIV.1.

인 것들을 구해도 된다고 얘기하는 사람들을 염두에 두고 있었을 것이다. 그는 이들의 기도를 "영적인 해석으로"(ἀπὸ τῆς ἀναγωγῆς) 깨달아,[74] 그들의 기도가 "땅에 속한 것과 작은 것"을 구하는 듯하지만 실제로는 "하늘에 속한 것과 큰 것"을 구하는 것임을 독자들에게 설명하고 있다.[75] 한나는 자신의 영혼의 영적인 불임 상태에서 사무엘을 낳은 것보다 더 많은 것을 얻었다(사무엘상 1:19-20).

오리게네스는 땅에 속한 것, 작은 것에만 관심 있는 자들에게 하나님은 "땅에 속한 것과 작은 것을 주실 줄" 모른다고 대답한다.[76] 하지만 동시에 그는 하늘에 속한 것과 큰 것을 구하면 결국 땅에 속한 것과 작은 것도 얻게 된다는 것을 강조한다. 이를 설명하기 위하여 오리게네스는 "물체와 그림자"의 예를 보여준다. 하나님이 기도자에게 하늘에 속한 것(물체)을 선물하면, 마치 어떤 물체가 태양빛을 통하여 필연적으로 그림자를 남기듯이, 땅에 속한 것(그림자)은 동시에 따라나온다. 오리게네스에 의하면, 이 세상의 것은 큰 것과 하늘에 속한 영적인 은혜의 선물에 따라나오는 것으로서 "믿음의 정도에 맞게," "주시는 분이 원하시는 대로" 주어진다.[77] 인간은 어떤 세상적인 것이 하나님으로부터 주어지는지에 대해서는 영향을 줄 수 없으므로, 단 한 가지의 가능성만이 인간에게 존재한다. 바로 하늘에 속한 것과 큰 것을 구하는 기도이다.

---

74 『기도론』 XIII.4.
75 『기도론』 XIV.1.
76 『기도론』 XVI.2.
77 『기도론』 XVI.2.

한나, 히스기야, 모르드개, 에스더, 유딧, 다니엘, 아나니아, 아사랴, 미사엘, 요나의 기도에서 오리게네스가 생각하는 이러한 본질적 내용을 이해하지 못하면, 마치 이 구약의 성도들이 이 땅의 것을 구한 것으로 이해할 수 있다. 이러한 오해를 넘어서기 위해 오리게네스는 "물건-그림자"의 예를 통하여 이들의 기도를 영적으로 해석하였다. 한편으로는 한나가 육적인 해방을 얻었지만, 다른 한편으로 그녀는 영적인 해방을 누렸다. 히스기야가 기도를 통해 므낫세를 얻었을 때(열왕기하 20:21), 정신에서는 신성한 자녀를 더 많이 얻었다. 에스더와 모르드개는 실제의 적보다는 영적인 적들로부터 해방되었고(에스더 6:1), 다니엘의 기도는 실제의 사자보다는(다니엘 6:16-23) 영적인 사자들로부터 더 많이 둘러싸여 있는 것을 보여준다.[78] 그리하여 오리게네스는 이러한 자들이 땅에 속한 것보다 훨씬 더 많이 하늘에 속한 것을 구했다는 것을 강조했다. 하나님의 의도는 하늘에 속한 것을 주는 것이며, 부수적으로 이 땅에 속한 것 역시 주어진다. 여기서 오리게네스의 영적 해석이 분명하게 드러난다. 이 성도들의 기도는 영적으로 이해되어야 하며, 그 영적인 의미가 사라져서는 안 된다.

아울러 오리게네스는 이 세상에 속한 것(그림자)이 인간에게 다양한 모습으로 주어지는 이유를 해시계를 통해 설명한다. 해시계는 시간에 따라서 어떤 때는 그림자가 없을 때도 있고, 어떤 때는 짧고, 어떤 때는 긴 그림자가 생길 때도 있다. 만일에 하늘에 속한 것

---

78  『기도론』 XVI.3.

(빛)을 얻었으면, 그림자가 있는지 없는지, 길고 짧은지는 더 이상 중요하지 않다.[79] 땅에 속한 것은 우리가 구하기 이전에 하나님께서 알고 계시므로 지나가는 육체의 것을 구하지 말고 하늘에 속한 것을 구하라고 촉구한다.

## 2) 기도의 모범이 되신 그리스도

여기서는 예수의 기도에 대한 가르침과 몸소 실천한 기도에 대해서 오리게네스가 기술한 것을 살펴보고자 한다. 오리게네스는 다양한 복음서 본문을 언급하는데, 그 대부분이 기도의 내용과 바르게 기도하는 방법, 또는 기도의 태도에 관한 것이다. 복음서에 나타나는 기도의 가르침은 대부분 "너희는 기도하라", "간구하라" 또는 "너희가 기도하면" 등의 요청으로 시작된다. 예수의 기도에 관한 가르침은 오리게네스가 『기도론』 서두에 나열한다:[80] "큰 것을 구하십시오. 그러면 작은 것도 당신들에게 더하여질 것입니다";[81] "하늘에 속

---

79 『기도론』 XVII.1.
80 『기도론』 II.2. 하늘에 속한 것을 구하는 기도는 『기도론』 XIV.1; XVI.2; XVII.2; XXVII.1; 큰 것을 구하는 기도는 『기도론』 XIV.1; 땅에 속한 것을 구하는 기도는 『기도론』 VIII.1; XIV.1; 빈말을 되풀이하지 않는 기도는 『기도론』 VII; XIX.1; XX.1; XXI.1-2.
81 오리게네스에게서만 나타나는 구절이다. 『기도론』 II.2; XIV.1; XXVII.1; Selecta in Psalmos 12, 1141, 41. 비교. J/ H. Ropes, Die Sprüche Jesu, die in den kanonischen Evangelien nicht überliefert sind….(Texte und Untersuchungen zur Geschichte der altchristlichen Literatur 14,2) (Leipzig: Hinrichs, 1896), Nr. 143; A. Resch hg., Agrapha. Aussercanonische Schriftfragmente. Gesammelt u. untersucht u. in zweiter, völlig neu bearbeiteter durch alttestamentliche Agrapha vermehrter Auflage. (Texte und Untersuchungen zur Geschichte der altchristlichen Literatur 30,3/4) (Darmstadt: Wiss. Buchges 1967; Leipzig: Hinrichs, 1906), Agraphon 86 (L 41), 111.

한 것을 구하십시오. 그러면 땅에 속한 것도 당신들에게 더하여질 것입니다";[82] "너희를 모욕하는 사람들을 위하여 기도하여라"(누가복음 6:28); "너희는 추수하는 주인에게 일꾼들을 그의 추수밭으로 보내시라고 청하여라"(마태복음 9:28); "시험에 빠지지 않도록 기도하여라"(누가복음 22:40); "너희가 도망하는 일이 겨울이나 안식일에 일어나지 않도록 기도하여라"(마태복음 24:20); "기도할 때에, 빈 말을 되풀이하지 말아라"(마태복음 6:7).

여기서 주목할 만한 사실은 "큰 것을 구하십시오. 그러면 작은 것도 당신들에게 더하여질 것입니다"라는 말씀은 이른바 "기록되지 않은 예수의 말씀"(Agrapha)에 해당한다는 것이다. "기록되지 않은 예수의 말씀"은 고대기독교 문헌에 나오는 예수의 말씀의 단편으로서 신약의 정경에서는 찾아볼 수 없는 어록인데, 그 기원과 가치는 상당히 다양하게 이해된다.[83] 이러한 "기록되지 않은 말씀"은 이레나이오스, 알렉산드리아의 클레멘스, 오리게네스, 에우세비오스, 에

---

82  참조. 마 6:33.
83  호피우스(O. Hofius)는 Agrapha를 "예수로부터 전승되었으나", "정경의 사복음서에는 기록되어 있지 않은" 것으로 정의한다("Agrapha," in *Theologische Realenzyclopädie II* [Berlin/New York: de Gruyter, 1978], 103-110 [여기선 103-104]). 이렇게 볼 때 『히브리 복음서』 또는 『이집트 복음서』와 같이 외경에서 유래하는 단편들도 이 범주에 포함시킬 수 있긴 하다. 하지만 레쉬(A. Resch)는 ἀπόκρυφα와 ἄγραφα를 구분할 것을 제안하는데, 전자를 외경에서 파생된 단편이라고 정의하고, 그 외의 전승에서 나온 모든 단편들을 ἄγραφα로 정의한다. 레쉬는 단편들이 구전 전승으로부터 파생된 단편인지, 문서자료로부터 나온 단편인지를 구분하기 위해 처음부터 일관적으로 ἄγραφον, ἄγραφα를 외경에서 파생된 단편(ἀπόκρυφα)과 구분하기를 추천한다. 왜냐하면 문서자료에서 나온 단편일 경우, 얼마나 가치가 있는 출처인지를 살피는 것이 중요하기 때문이다(Resch, *Agrapha. Aussercanonische Schriftfragmente*, 2).

피파니오스에게서 나타난다.

또한 오리게네스는 기도의 유익을 말하면서 신약성경에 나타난 예수의 기도생활을 본보기로 제시한다:[84] "아주 이른 새벽에, [예수께서] 일어나서 외딴 곳으로 나가셔서, 거기에서 기도하고 계셨다"(마가복음 1:35); "[예수께서] 어떤 곳에서 기도하고 계셨는데, 기도를 마치셨을 때에 그의 제자들 가운데 한 사람이 그에게 말하였다"(누가복음 11:1); "밤을 새우면서" "하나님께 기도하셨다"(누가복음 6:12); "예수께서 이 말씀을 마치시고, 눈을 들어 하늘을 우러러보시고 말씀하셨다. '아버지, 때가 왔습니다. 아버지의 아들을 영광되게 하셔서, 아들이 아버지께 영광을 돌리게 하여 주십시오.'"(요한복음 17:1); "아버지께서는 언제나 내 말을 들어주신다는 것을 압니다."(요한복음 11:42). 그리고는 예수께서 이렇게 기도하셨는데, 어찌 우리가 기도하지 않을 수 있겠느냐고 묻고, 예수의 기도 생활은 항상 기도하는 자는 항상 응답받는다는 것을 가르쳐준다고 강조한다.

더 나아가 오리게네스는 예수를 본보기로 삼아 기도의 중요성을 역설한다. 한편으로 예수는 하나님과 인간 사이의 중재자로서 자신의 아버지에게 인간을 위하여 가장 효과적으로 기도하였다. 다른 한편으로 예수는 인간으로서 다른 인간들과 다름없이 기도하였고, 또한 예수의 기도는 응답받았다. 오리게네스의 다양한 예들은 예수는 항상 기도하였고, 특정 장소와 특정 시간 곧 밤이나 새벽에 상관없이 기도하였다는 것을 보여준다. 오리게네스는 예수의 모범을 따

---

84 『기도론』 XIII.1

라 지치지 않고 기도하기를 독자들에게 요청한다. 하나님의 아들은 하나님 앞에서 대제사장으로서(히브리서 5:5-10), 기도자들을 변호해주시는 분으로서(요한1서 2:1) 함께 기도하고, 함께 하나님의 이름을 부른다.[85]

이어서 오리게네스는 지치지 않는 기도에 대하여 가르쳐주는 두 가지 비유를 언급한다. 불의한 재판관과 과부의 비유(누가복음 18:1-8)는 우리가 늘 기도하고 낙심하지 말아야 한다는 것을 보여준다. 또한 밤중에 찾아온 친구의 비유(11:5-8)를 통해서 예수는 자신의 가르침에 순종하는 자에게 변호하시는 분이 된다고 말한다.[86] 하나님은 지치지 않고 기도하는 자에게 살아 있는 빵(요한복음 6:51)과 좋은 선물을 주신다.[87] 인간은 이를 통하여 이 땅에 속한 것을 얻는 것이 아니라 영적인 것, 하늘에 속한 것을 선물로 받는다.[88]

주님의 기도를 주해하기 전에 오리게네스는 기도할 때의 마음가짐과 태도에 대해 가르치신 예수의 말씀(마태복음 6:5-9)을 상세히 주해한다.[89] 우선 그는 위선자들에 대한 비판을 설명한다. 사람의 영광과 칭찬은 진정한 것이 아니며, 이 칭찬은 오직 하나님에 의하여 인간에게 적합한 방식으로 주어진다.[90] 그러므로 영광과 칭찬을 스스로 찾는 것은 의미가 없으며, 이는 회당과 큰길 모퉁이에서

---

85 『기도론』 X.2.
86 『기도론』 X.2.
87 『기도론』 X.2.
88 『기도론』 II.2; XIII.4; XIV.1; XVI.2; XVI.3; XVII.1; XVII.2; XXVII.1.
89 『기도론』 XIX-XXI.
90 『기도론』 XIX.2.

기도하는 위선자들과 같다. 위선자들은 영생을 얻지 못하는 자들이며, 멸망으로 이어지는 크고 널찍한 길을 가는 자들이다.[91] 그들은 굽은 곳도 없고 전혀 모퉁이가 없지만 좁고 험한 길인 예수 그리스도로부터 떨어져 나가 완전히 굽어 있고 모퉁이가 있으며, 한 길이 아니라 여러 갈래 큰길에 있게 된다.[92]

오리게네스는 자신의 주해에서 자주 두 가지 개념, 예를 들면 인간의 영광과 참된 영광, 썩을 것을 거두는 것과 영생을 거두는 것, 육체에다 심는 것과 성령에다 심는 것, 넓은 길과 좁은 길 등을 대조적으로 언급한다. 또한 그는 교회와 회당의 차이를 언급하며, 진실한 교회는 흠이 없고 거룩한 반면, 회당은 사람들 앞에서 자신을 보여주고 관습에 따라 기도하는 장소라고 언급한다.[93] 오리게네스에게 회당은 위선을 행하는 장소로 인식된다. 그들은 연극 배우와 같이, 의를 연기하지만 의로운 자는 아니다. 의로운 자는 모든 것을 내려두고 골방으로 들어간다(마태복음 6:6). 자신의 문을 닫음과 동시에 외부세계를 쳐다보지 않고, 하나님께 기도를 드릴 수 있게 된다. 기도는 이러한 방식을 통해서만 가능하고, 기도자는 유일하신 아들의 임재를(συμπαρόντος αὐτῷ καὶ τοῦ μονογενοῦς) 경험할 수 있다.[94]

오리게네스는 빈말을 되풀이하는 기도는 하나님의 것과는 거리가 멀기 때문에 거절한다.[95] 기도 중에 허튼 소리를 하는 자는 이교

91 『기도론』 XIX.3.
92 『기도론』 XIX.3; 비교. 마 7:13-14.
93 『기도론』 XX.1.
94 『기도론』 XX.2.
95 『기도론』 XXI.1.

도와 같다. 주께로부터 땅에 속한 것과 작은 것을 구하는 자는 허튼 소리를 하는 이교도와 같다. 왜냐하면 이들은 큰 것과 하늘에 속한 것을 구하는 기도에 대한 최소한의 생각도 없으며, 인간의 것만을 구하기 때문이다.[96] 빈말을 되풀이하는 기도는 말을 많이 하는 것이고, 말을 많이 하는 것(πολυλογεῖν)은 분열을 의미한다. 물질과 몸에 속한 것은 어떤 것도 하나가 될 수 없으며, 분열되고, 잘라지고, 분리되어 하나됨을 잃는다. 바로 여기에 참된 기도와 빈말을 되풀이하는 기도의 차이가 있다. 하나됨(ἓν)은 선과 진리와 참된 의와 하나님의 지혜와 하나님의 말씀이며, 많은 것(πολλὰ)은 악과 거짓, 위선, 이 세상의 지식과 하나님으로부터 멀어진 말이다.

오리게네스에 따르면 우리의 아버지께서는 자녀들의 요구를 다 아시므로, 기도의 응답을 위해 많은 말을 할 필요가 없다(마태복음 6:8). 많은 말이 인간을 죄 앞에서 보호하지 못한다.[97] 오리게네스는 "하나님을 알지 못한다면, 그는 하나님에게 속한 것도 알지 못합니다. 한편 그는 자기가 '필요한 것'이 무엇인지도 알지 못합니다"라고 말한다. 반면 "자기가 필요로 하는 더 좋은 것과 더 신성한 것을 숙고한 사람은 자신이 숙고하여 하나님께 고하여 알린 것과 함께 구하기 전에 이미 아버지께서 아신 것도 얻게 될 것입니다."[98]

예수의 기도에 대한 가르침은 바울의 기도에 대한 가르침과 직접적으로 연결되는데, 이는 바울도 예수처럼, "끊임없는" 기도의 실

---

96 『기도론』 XXI.1.
97 비교. 잠 10:19.
98 『기도론』 XXI.2.

질적이고 이론적인 가르침(데살로니가전서 5:17), 내면적인 기도의
자세, 그리고 기도의 유익을 다루기 때문이다.

## 3) 바울이 가르친 기도

오리게네스는 바울의 기도에 관한 가르침을 인용하되, 이들을 한
가지 주제나, 한 곳에 조직적으로 수집하지 않고, 여기저기에서 언
급한다. 이에 대해 쾻샤우는 『기도론』 본문비평 작업에서, 이 점에
서 오리게네스는 분명하고도 엄격하게 정리된 통일성이 부족하다
고 지적한다.[99] 하지만 『기도론』에서 중요한 성경 구절이 여러 번
인용되는 것은 오리게네스 기도 신학의 고유한 논리적 특징이라고
이해할 수도 있다. 자주 반복되는 성경 인용은 오리게네스가 한 성
경 구절을 다양한 관점에서 새롭게 해석한다는 것을 잘 보여준다.[100]
오리게네스가 인용한 바울의 구절을 살펴보면 특별한 공통점이
발견된다. 대부분의 경우 이러한 인용문은 기도의 방법과 연관되어
있다. 바울은 목회적인 이유로 다양한 교회에게 실질적인 가르침을
준다. 이 글의 서두 부분에 나오는 오리게네스의 기본 질문, 즉 어
떠한 방법으로 무엇을 기도해야 하는지는 로마서 8:26-27에서 그
이론적인 근거를 찾을 수 있다.[101] 이 구절을 풀이하면서 오리게네

---

99 *Origenes Werke, Zweiter Band: Buch V-VIII gegen Celsus. Die Schrift vom
Gebet.* Hg. P. Koetschau. (Die griechischen christlichen Schriftsteller der ersten
Jahrhunderte 3=Orig. 2) (Leipzig: Hinrichs, 1899), 297-403 [서론 lxxxi].
100 다음 예들을 참조하라. 롬 8:26-27은 II.3, II.4, XIV.5과 XVI.1; 딤전 2:8-9은
VIII.1, VIII.2, IX.1, XXXI.1과 XXXI.4; 살전 5:17은 XII.1, XII.2, XXII.5과 XXV.2.
101 『기도론』 II.1.

스는 인간이 어떻게 그리고 무엇에 대해 기도해야 하는지 알 수 있는 능력을 가지지 못한다고 설명한다.

특히 오리게네스에게 중요한 의미를 지니는 바울의 가르침은 "끊임없이 기도하십시오"(데살로니가전서 5:17)다. 이것은 예수의 가르침과도 일치한다. 끊임없이 기도하는 것은 자신의 행위와 기도를 연결시키는 자에게만 가능하다.[102] 오리게네스는 하루에 세 번 기도하는 것은 이러한 본래적인 의미의 기도의 작은 부분에 불과하다고 설명한다. 하루 세 번 드리는 기도에 대하여 오리게네스는 구약성경과 사도행전을 예로 든다. 아침기도는 다윗의 기도를 예로 들고,[103] 두 번째 기도는 베드로의 기도를 언급하며,[104] 마지막으로 세 번째 기도는 다시금 다윗의 기도를 언급한다.[105] 오리게네스는 다니엘이 큰 위험에도 불구하고 하루 세 번 기도한 것을 언급한다. 그 외에도 다윗과 베드로가 밤중에 기도한 것도 언급한다.[106] 이것으로 오리게네스는 성도들이 단지 하루에 세 번만 기도한 것이 아니라, 한밤중에도 기도했음을 보여주고자 한다. 이는 그들의 기도가 삶에 속해 있다는 것을 보여준다. 이렇게 오리게네스는 성도들의 삶은 "함께 결합된 하나의 큰 기도"라고 정의한다.[107]

오리게네스는 필연적인 기도의 내용과 관련하여서는 복음서를

---

102 『기도론』 XII.2.
103 시 5:3.
104 행 10:9-11.
105 시 140:2(70인역).
106 『기도론』 XII.2.
107 『기도론』 XII.2.

인용하고, 바른 기도와 기도자의 상태에 관하여는 바울의 구절을 인용한다. 남녀의 기도의 바른 방식에 관하여는 디모데전서 2:8-10을 언급하고, 부부관계에서의 바른 기도에 관하여는 고린도전서 7:5을 언급하며, 바른 기도에 관한 서론으로 고린도전서 11:4-5를 언급한다.

기도자는 다른 사람을 용서함으로 "거룩한 손"을 높이 들 수 있으며, 이때 기도자는 기도 외에 모든 것을 잊어버리고 영이 다른 생각을 통하여 방해 받지 않도록 해야 한다. 이렇게 기도하는 자가 가장 행복한 상태에 있다고 오리게네스는 말한다.[108] 여자들의 기도자세에 관하여 오리게네스는 다음과 같이 서술한다:[109]

> 기도하는 여자는 영혼과 몸에 단정함과 정숙함을 지녀야 합니다. 무엇보다도 기도할 때에는 하나님을 공경하고 모든 고삐 풀린 여성적인 기억을 영혼의 주도적 능력으로부터 추방하고, "머리를 어지럽게 꾸미거나 금붙이나 진주나 값비싼 옷으로 치장하지 말고"(디모데전서 2:9-10) 하나님을 공경한다고 고백하는 여자에게 어울리는 것으로 치장해야 합니다.

바른 자세와 기도의 준비가 된 사람들은 외부적으로 "거룩한 손"을 드는 것이 아니라, 그들의 눈과 영혼을 하나님께 올려야 한다고

---

108 『기도론』 IX.1.
109 『기도론』 IX.1.

오리게네스는 말한다. 이 상태에서 자신의 영혼을 하나님께 올려드리는 것이 바로 기도의 가장 큰 유익이다. 기도의 유익이 가장 클 때는 바른 방법으로 기도하고, 기도할 때 하나님께서 현재 그를 보고 듣고 계시다는 생각으로 기도를 할 때다.[110] 하나님에 관해 생각하는 것은, 영혼이 기도하는 적절한 분위기에 들어가게 하는 것에 많은 도움이 된다고 오리게네스는 가르친다.

## 4. 기도에 대한 실제적 가르침

오리게네스는 『기도론』의 대부분을 기도에 대한 이론적인 고찰과 주님의 기도 주해에 할당하고 있지만, 기도의 실제 역시 중요하다고 강조한다. 그는 후기 부분(XXXI-XXXIV)에서 기도의 준비와 몸가짐 및 공동체의 예배 모임을 다룬다. 이에 대하여 쾻샤우는 오리게네스가 자기 글의 부족한 부분을 마지막에 알아챘기 때문에 끝부분에 기도에 대한 실제적인 권면을 써넣었다고 주장한다.[111]

오리게네스는 기도의 분위기는 마음에 새기고, 기도의 자세는 몸에 새겨야 한다고 언급하면서 디모데전서 2:8을 언급한다. 또한 기도할 때는 분노로부터 자유로워야 하며, 모든 장소에서 기도할 수 있으며, 기도를 준비할 때는 손을 뻗어들고, 눈을 약간 높이 들어야 한다고 가르친다. 이렇게 오리게네스는 영혼의 자세뿐만 아니

---

110 『기도론』 VIII.2.
111 *Origenes Werke, Zweiter Band: Buch V-VIII gegen Celsus. Die Schrift vom Gebet*, 서론 lxxx.

라 몸의 자세 역시 강조한다.[112] 하지만 외적인 기도 자세보다는 내적인 기도 자세에 더 무게를 두고, 기도를 방해하는 모든 것을 내려놓고, 하나님을 생각하고 기도해야 한다고 강조한다.[113] 손을 높이 드는 것은 특별한 경우에는 생략할 수 있고, 경우에 따라서는 앉거나 누워서 하는 기도 역시 허락된다고 가르친다. 죄 용서를 위하여 기도할 때에는 무릎을 꿇어야 하는데, 이는 무릎을 꿇는 것이 자신을 낮추는 것을 상징하기 때문이다.[114]

오리게네스는 개인적 기도 장소와 회중 기도 장소를 구분한다. 개인적 기도 장소로는 바르게 기도하면 모든 장소가 적합하지만, 조용히 기도할 수 있는 장소를 찾으라고 말한다. 이를 위해 자신의 집에서는 가장 거룩한 장소를 찾아야 한다고 말한다.[115] 이때 기도 장소가 이전에 율법에 반하여 사용되지 않았는지를 살피는 것이 중요하다. 회중을 위한 기도 장소는 천사들과 그리스도, 성인들의 힘에 의해 둘러싸여 있기에 적합한 장소를 찾는 것이 중요하다. 기도의 방향은 가능하면 해가 뜨는 방향인 동쪽으로 하고, 집에서도 문쪽으로 기도하지 않고 벽을 보고 기도한다 하더라도 동쪽을 선택하라고 권한다.

공동체의 모임에서 기도의 처음과 서두에 하나님에 대한 송영을 "함께 영광 받으시는 그리스도를 통해, 함께 찬미를 받으시는 성

---

112 『기도론』 XXXI.2.
113 『기도론』 XXXI.2.
114 『기도론』 XXXI.3; 비교. 엡 3:14-15.
115 『기도론』 XXXI.4.

령 안에서" 드리라고 조언한다.[116] 이것은 오리게네스가 기도는 "그리스도를 통하여 성령 안에서 하나님께 드리는 것"이라고 곳곳에서 정의하고 있는 바와 다르지 않다. 이를 통하여 오리게네스는 기도는 하나님께 자신의 간구를 표현하는 방법일 뿐만 아니라, 동시에 하나님을 하나님으로서 증명하는 방법이라고 역설한다. 찬양과 죄 고백, 그리고 하늘의 것을 구하는 기도와 가족과 이웃을 위하여 기도한 다음에는 다시 "만유의 아버지를 예수 그리스도로 말미암아 성령 안에서 찬송하며" 기도를 마치기를 조언한다.[117]

## V. 나오는 말

오리게네스에게서 기도는 자신의 간구를 하나님께 드리는 것 이상의 의미를 가진다. 우리는 기도 가운데 하나님을 찬양하고 그리스도와 성령에 대하여 떠올려야 한다. 기도는 우리가 중재자이신 그리스도를 통하여 성령 안에서 하나님을 만나는 올바른 길이다. 그리스도는 우리 인간에게 하나님을 아버지로 부를 수 있도록 하신다. 하나님 나라는 우리를 위하여 인간으로 죽으시고 스스로 죽음을 부활로 이겨내신 그리스도를 통하지 않고서는 실현될 수가 없다. 오리게네스는 그리스도에게 "하늘에서 내려오는 살아 있는 빵",

---

116 『기도론』 XXXIII.1; 참조. Lampe, *A Patristic Greek Lexicon*, 1344(συνυμνέω).
117 『기도론』 XXXIII.6.

불멸의 말씀, "생명 나무" 그리고 "하나님의 지혜"와 같은 수많은 수식어를 붙인다. 이렇게 그리스도는 인간이 하나님 앞에 서기 위한 본보기요, 중재자다.

오리게네스가 도입 부분에서 역설했듯이, 기도해야 하는 이유는 인간의 연약함에 있다. 아울러 기도가 가능한 것은 성령의 도움과 하나님의 은혜 덕분이다. 때문에 오리게네스는 독자에게 쉬지 말고 하늘에 속한 것을 구하며, 주님의 기도에 따라 기도하도록 요청한다. 그리스도의 중보 기도와 성령의 도움 없이는 하나님께 드리는 기도가 아무런 유익과 효력이 없다. 하나님, 그리스도, 그리고 성령을 바로 알지 못하면 바른 기도를 할 수 없다. 기도는 하나님의 이름을 부르는 것이다. 그러나 오리게네스는 기도를 선한 행위와 연결하는 것만이 진정한 기도라고 말한다. 내면적인 기도준비, 세속으로부터의 방향전환, 그리고 악한 생각을 잊어버림이 바로 기도의 전면에 나와야 한다. 오리게네스가 그리스도인의 전 인생을 "함께 결합된 하나의 큰 기도"라고 정의한다면,[118] 기도는 확실히 진정한 그리스도인의 본질적인 과제라고 할 수 있다. 오리게네스는 기도는 인간이 하나님께 드리는 선물일 뿐만 아니라, 하나님의 은혜와 성자와 성령의 중보 기도 없이는 받을 수 없는, 하나님이 인간에게 주시는 큰 은혜요 선물이라는 것을 분명히 가르쳐준다.

어떠한 고대 교부도 오리게네스와 같이 기도에 관하여 이렇게 상세하게 기술한 사람이 없다는 것은 오리게네스가 경건과 영성에

---

118 『기도론』 XII.2.

대해 아주 중요한 가치를 두었다는 증거이기도 하다. 그는 성경의 깊은 영적인 의미를 찾아서 그리스 문화권의 독자들에게 기독교적인 답변을 주고자 노력했다. 그의 기도에 대한 가르침은 오늘날에도 많은 반향을 일으키고 있다. 그의 성경 해석과 기도에 대한 가르침에 모두 동의하지는 않더라도, 그의 『기도론』이 신앙인들에게 기도란 무엇이고, 또 어떻게 기도해야 하는지에 대한 영원한 고전이라는 것은 누구나 인정할 수 있을 것이다. 『기도론』이 영성과 경건에 목말라하고 있는 한국 교회에도 큰 도전을 주고 교회 갱신과 개혁에 디딤돌이 되기를 간절히 바란다.

# 기도와 섭리
장용재

## I. 들어가는 말

오리게네스가 살던 당시의 그리스-로마 사회에서 다신교들은 기도의 이론과 실천을 어떻게 이해하고 또 이는 기독교인과 어떠한 공통점과 차이점이 있는지 살펴보는 일은 유익한 일이 될 것이다. 여기서는 기원후 2세기의 중기 플라톤주의자인 티로스의 막시모스(Maximos)와 기원후 1세기의 스토아주의 철학자인 세네카를 중심으로 다신교도의 기도에 대한 이해를 살펴보고, 그 맥락에 비추어 오리게네스의 기도에 대한 가르침을 특히 기도와 섭리의 관계에 초점을 두고 규명하고자 한다.[1]

이러한 비교 연구가 흥미로운 이유는 오리게네스가 『기도론』에서 기도가 필요 없다고 말하는 자들을 언급하며, 그 논리를 소개하기 때문이다.[2] 오리게네스가 그들의 이름을 직접적으로 밝히지 않기 때문에 이들이 누구인지는 명확하게 말할 수 없다. 하지만 당대에 기도가 필요한가에 대한 철학적 담론이 있었다는 것을 생각해보

---

1 　이 글은 본인의 박사학위 논문의 일부를 보다 발전시킨 것이다.
2 　오리게네스, 『기도론』 V.

면, 이러한 기도 담론의 맥락에서 오리게네스가 어떻게 기도의 필요성을 주장하는지 아는 것은 당시의 기독교인과 다신교도의 신앙과 관행을 비교할 수 있는 좋은 자료가 될 것이다.

그러나 여기서 주의할 것은 오리게네스가 본인이 암시한 철학자들에게 직접적인 대답을 준 것이 아니라는 것이다. 오리게네스가 『기도론』에서 티로스의 막시모스나 세네카의 견해에 대해 직접적으로 반박하거나 기도의 필요성을 옹호하지는 않았다. 오히려 오리게네스는 기도가 필요 없고 무익하다고 주장하는 기독교 안의 이단적 집단을 염두에 두고 있었을 수 있다. 『기도론』의 수신자인 암브로시우스와 타티아나는 오리게네스에게 편지를 써서 이러한 문제에 대한 답변을 요구했고, 이것이 그가 『기도론』을 저술하는 계기가 되었기 때문이다.

따라서 당시 철학자들의 기도 담론 및 또 기독교 내의 집단의 기도 무용론을 규명하고 오리게네스의 기도에 대한 가르침을 이러한 사상적 조류에 비추어 고찰한다면, 기원후 3세기 그리스-로마 사회의 다신교와 기독교 및 이단적 기독교의 종파가 어떤 방식으로 상호작용했는지, 또한 오리게네스가 당대의 철학 사상과 기독교 신앙을 어떻게 연관시키고, 기도에 대한 기독교 고유의 사상을 전개했는지를 보다 깊이 이해할 수 있을 것이다.

## II. 그리스-로마 사회의 기도 이해:
## 티로스의 막시모스와 세네카

고대 그리스 사회에서는 "기도"라는 개념을 주로 신께 드리는 구체적인 간구로 이해하며, 이 개념은 찬가, 맹세 또는 저주를 포함한다. 이 중에 찬가는 감사나 찬양이 제의화된 형태로서 신이 행한 업적과 연결될 수도 있고, 전형적으로 반복되는 상황에 대하여 축복 간구와 연결될 수도 있었다. 또는 저주로 재난을 부를 수도 있고, 맹세를 통해 특정상황에서 맹세하는 자에게 재난이 임할 수도 있었다. 이러한 기도의 형태들은 제물을 바치는 것이나 춤 또는 행진과 같은 제의적 행위와 연결된다.

기도라는 단어는 그리스어로 "εὔχομαι, αἰτέω, λίσσομαι, δέομαι, ἱκετεύω, προσκυνέω, ὄμνυνι, ἀράομαι"로 표시할 수 있다. 이 단어들 중 기도를 표현하는 가장 중요한 단어는 εὔχομαι이다. εὔχομαι로부터 파생되는 단어는 εὐχή 뿐만 아니라 시적인 형태인 εὐχωλή도 있는데, εὐχή 또는 εὐχωλή는 주로 그리스 종교에서는 "맹세"의 의미로 사용되었다.[3] 호메로스의 『일리아스』(1.93)와 『오디세이아』(I.3.357), 그리고 비문들에도 εὐχωλή가 나타난다.[4] 호메로스에서는 εὐχή가 기도라는 의미로는 단 한 번 사용되고(『오디세이아』 10.526), 그 외에는 εὐχωλή가 사용된다. 또한 이 단어들의 의미가 "서원"이나 "간구"

---

3    호메로스, 『일리아스』 1.93.
4    H. G., R Liddell, R. Scott, H. S. Jones, and R. McKenzie, *A Greek-English Lexicon. Revised Supplement* (Oxford: Clarendon, 91996), 739.

중 어떤 뜻으로 사용됐는지 구분하기는 쉽지 않다.[5] 『일리아스』 9. 499/501에서는 간구 기도가 λίσσομαι나 λιταί라는 단어로 사용되는 것을 볼 수 있고, 이 단어들은 그리스어 신약성경에서는 나타나지 않는 단어이며, 칭송이나 감사를 표시하는 단어로는 드물게 사용된다. μέλπω, μέλπομαι(춤과 노래로 축하하다)라는 단어 역시 드물게 사용되고, 결국 이 단어는 사라지게 된다(『일리아스』 1.474). 기도할 때의 중요한 몸짓으로는 손을 높이 올리거나 무릎을 꿇거나,[6] 땅을 치거나 발을 구르는 것이 있다(『일리아스』 9.568).

고대 그리스 사회에서는 자유로운 형식의 기도가 언제나 허락된 것은 아니었는데, 왜냐하면 특정상황에 맞는 정확한 단어의 사용만이 인간이 신으로부터 기대했던 반응을 일으킬 수 있다고 믿었기 때문이다. 잘못된 태도나 잘못된 언어의 사용은 기도의 목적에 맞지 않을 뿐만 아니라 기도자를 위험에 처하게 할 수도 있다. 로마인들은 자유로운 형식으로 기도했던 반면에, 고대 그리스인들은 자유로운 기도형식을 드물게 사용하였다.[7] 그리스 종교에서 일반적으로 기도자는 해당 신의 정확한 이름을 부르고 특정 표현을 사용해야 한다. 오디세우스와 같은 호메로스의 영웅들은 특정 신에게 아주 개인적으로 기도한다. 고대 그리스 시대 기도의 또 하나의 특징

---

5   E. von Severus, "Gebet I," in *Reallexikon für Antike und Christentum* VIII (Stuttgart: A. Hiersemann, 1972), 1134-1258 [여기선 1141]; 예. 호메로스 『일리아스』 1.65.93; 『오디세이아』 11.34; 13.357.
6   비교. 호메로스, 『일리아스』 1.450; 3.318; 5.174; 19.254; 『오디세이아』 11.34; 13.357
7   Severus, "Gebet I," 1136.

은 신과 인간 사이의 상호관계성이다. 기도자는 자신의 간구에 응답하는 것으로 제물을 약속한다.[8]

기도할 때 덕스럽지 못한 것은 신들에게 구해서는 안 되며, 기도자는 제의적인 순결함을 지녀야 하고, 덕을 지니고 있어야 한다. 헤로도토스가 기록한 클레오비스와 비톤의 델포이의 신탁 이야기에서는 헤라 여신의 여제사장이 등장한다. 헤라의 여제사장 키디페가 헤라에게 희생제물을 바치는 제의를 집행하기 위하여 아르고스의 성전으로 가야 했을 때, 제의에서 사용될 큰 마차를 끌어야 할 황소들이 아직 돌아오지 않자, 전사였던 자신의 아들 클레오비스와 비톤이 자진하여 200여 미터 정도 마차를 끌게 된다. 그 후 이들이 기진맥진하여 성전에서 평온히 잠이 들었을 때, 이 여제사장 키디페는 여신 헤라에게 인간이 가질 수 있는 가장 좋은 것을 자신의 자랑스러운 아들들을 위해 간구한다. 그러나 키디페가 성전을 떠날 때 자신의 아들들을 깨우려고 했으나 그들은 이미 피곤함으로 인해 죽어버려 영원히 잠든 상태로 그 어머니 키디페에게 발견된다. 아르고스 사람들은 클레오비스와 비톤의 입상을 세워 그들을 최고의 덕의 상징으로 삼아 기념하였는데, 여기서 덕을 소유한 클레오비스와 비톤의 행동에 대한 신의 반응이 바로 키디페의 기도에 대한 응답으로 이해된다.[9] 즉 인간이 가질 수 있는 가장 좋은 것은 평온한 죽

---

8  호메로스, 『일리아스』 1.40-41.
9  호메로스, 『일리아스』 1.5; 21.99/113; 호메로스, 『일리아스』 22.167/85. 그러나 한편으로 호메로스는 결정론적인 상황 하에서는 제물이나 기도는 비교적 영향력이 없는 것으로 표현한다.

음이며, 어머니의 기도가 그 아들들에게 응답되었다는 것이다.

호메로스의 서사시에서는 εὔχεσθαι θεοῖς(『일리아스』 3.296)가 기도를 표현하는 일반적인 단어이며, 급한 상황에서의 간구 기도로 이해된다. 자신의 어린 아이를 위한 헥토르의 기도는(『일리아스』 6.476-481) 호메로스 기도문의 최고 정점으로 볼 수 있다. 또한 호메로스에서는 εἰ δή ποτε, "내가 언젠가 당신에게… 하면", τόδε μοι κρήηνον, "그러면 나에게 이것을 허락하소서"(『일리아스』 1.40-41), 또는 "당신이 이전에 나의 기도를 들은 것 같이, 지금은 나에게 이것 역시 허락하소서"(『일리아스』 1.453/5) 같은 문구가 등장한다. 이외에도 조용히 드리는 기도뿐만 아니라 소리 높여 드리는 기도도 호메로스의 서사시에 등장한다(『일리아스』 7.194/6). 제의적 규정으로는 기도자는 자신의 손을 정결하게 씻어야 하며, 범죄하거나 피를 흘려서는 안 되며(『오디세이아』 14.406), 신 앞에 복종해야 하는 것으로 언급된다.[10]

대부분의 고대 다신론적인 또는 일신론적인 종교들에서는 기도가 예배와 제의, 그리고 제물을 포함하여 종교적 삶의 일부로 이해된다. 기도가 고대 철학에서 어떻게 이해되었는지는 몇몇 곳에서 확인할 수 있다. 고대 그리스 철학에서도 기도를 사용했다는 것은 쉽게 찾아낼 수 있지만 그중에서도 고대 철학이 어느 정도 기도를 허용하고, 기도를 통하여 신에게 도달할 수 있는 길을 인간에게 가르쳐주는지, 그리고 인간의 운명에 영향을 미칠 수 있는지를 다음

---

10  호메로스, 『일리아스』 1.218: "신들은 자신들에게 복종하는 자를 즐겨이 들으신다."

두 가지 학파의 기도 이해를 통하여 조명해보고자 한다. 그중에서 중기 플라톤주의자인 티로스의 막시모스의 기도 이해를 먼저 살펴본다. 플라톤은 기도와 제물을 인간의 가장 고상한 의무로 이해하였는데,[11] 중기 플라톤주의자인 티로스의 막시모스의 기도 이해는 이후 신플라톤주의자인 플로티노스와 그의 제자인 포르피리오스에게서 좀 더 종교적인 형태로 발전한다. 스토아 학자 중에서는 세네카의 기도 이해를 다루고자 한다.

## 1. 중기 플라톤주의자 티로스의 막시모스

티로스의 막시모스는 기도에 관한 생각에 대해 플라톤 철학에서 선구자적 역할을 한 사람이다.[12] 막시모스는 자신의 41가지 철학적 담화를 모은 『강연집』(Philosophumena-Dialexeis)에서 기도의 의미를 설명하고자 했다.[13] 『강연집』 제5장의 제목은 다음과 같다: "기도할 필요가 있는가(Εἰ δεῖ εὔχεσθαι)". 막시모스는 프리기아

---

11  플라톤, 『법률』 716d.

12  티로스의 막시모스(125-185)의 전승기를 에우세비우스는 자신의 연대기에서 152년을 시작으로 본다. 그는 디온과 루키아노스와 같이 방랑설교자로서 살았기에 소피스트로도 이해되고, 철학자로도 이해된다.

13  총 강연이 35개로 한 필사본에서 유래하는데, 그중 몇 편이 여러 부분으로 구성되어 있어 보통 41 강연이라고 얘기한다. 필사본은 크게 두 부분으로 나누어진다: τῶν ἐν ῥώμῃ διαλέξεων τῆς πρώτης ἐπιδημίας α'- δ' φιλοσοφούμενα: W. Kroll, "Maximos von Tyrios." In Paulys Real-Encyclopädie der classischen Alterthumswissenschaft XIV/2(28) (Stuttgart: Metzler, 1930), 2555-2562; M. Trapp, . "Maximos von Tyrios." In Der Neue Pauly. Enzyklopädie der Antike VII (Stuttgart – Weimar: Metzelr, 1999), 1074-1075.

의 왕 미다스(Midas)가 사티로스(Satyr)를 포획하고서(5.1),[14] 땅
과 나무와 씨앗과 풀과 꽃들이 금으로 바뀌도록 기도했다(εὔχεται
δὲ εὐχήν)는 것을 언급한다. 사티로스는 모든 것이 금으로 바뀌도록
했고 프리기아에는 즉시 기근이 오게 된다. 이에 미다스는 자신의
간구를 철회하고 사티로스에게는 더 이상 기도하지 않고, 신들에
게 옛날의 풍성한 상태가 다시 돌아오도록 기도하고, 금이 자신의
적들에게 차고 넘치도록 해달라고 간절히 기도한다(ταῦτα εὔχετο
ποτνιώμενος). 이를 설명한 후에 막시모스는 신은 아무런 해로운 것
도 선사하지 않으므로, 물질적인 것에 대한 기도로는 아무것도 이
룰 수 없다고 말한다.[15] 물질적인 것을 막시모스는 "해로운 것"으로
규정하는데, 물질은 이성과는 관련이 없는 행운의 선물이기 때문에
이를 구하는 기도는 무의미하다는 것이다. 그다음에는(5.2) 어떤
기도가 응답을 받고, 어떤 기도가 응답 받지 못하는가를 보여 준다.

리디아의 왕 크로이소스는 아폴론에게 페르시아 제국을 정복하
게 해달라고 기도했다.[16] 크로이소스는 아폴론에게 제물로 많은 금
을 바친다. 그에 대해 크로이소스는 델포이로부터 아폴론의 신탁을
듣게 되는데, 크로이소스가 할리스를 정복하면 어떤 큰 나라를 멸
망시키게 된다는 내용이다. 크로이소스는 그 신탁을 자의적으로 해

---

14  사티로스는 반은 인간, 반은 말의 모양으로 표현되는 동물로서 와인을 좋아한다. 제
우스의 아들이자 수확의 신인 디오니소스를 따르는 반신반인이다.
15  티로스의 막시모스, 『강연집』 5.1.16.
16  크로이소스는 큰 정복자로 기원전 560-547 리디아를 통치했다. 그는 자신의 영토
를 할리스까지 확장했지만 기원전 546 또는 547년에 페르시아 왕 키로스 II세에게 정복
당했다. 그는 첫 번째로 금화를 주조한 왕으로서 그의 부는 유명하다.

석하여 자신의 군대에 의하여 페르시아가 멸망할 것으로 믿었으나, 결국은 크로이소스가 기도 응답을 받지 못하고 자신의 제국 리디아가 멸망하게 된다.

또한 트로이아 왕 프리아모스도 자신의 고국을 위해서 매일 소와 양을 바치며 기도했으나 기도가 응답되지 못했다. 그러나 미케네의 왕이자 그리스 군대 장관이었던 아가멤논의 기도는 응답을 받아 일리온을 멸망시키고 돌아갈 것이라는 신탁이 이루어진다. 마지막으로 막시모스는 크리세스의 기도를 언급한다. 아폴론은 부당한 일을 당한 크리세스를 처음에는 돕지 않는다. 그러나 크리세스가 용기 있게 기도하고 제물을 드렸을 때 아폴론이 그리스 군대를 공격하여 9일 동안 병사들과 가축들을 죽여 전쟁에서 승리하게 된다.

이 수많은 기도의 예를 든 후에 막시모스는 언제 신들이 인간의 기도를 듣고, 언제 듣지 않는지를 설명한다. 막시모스는 이어서 (5.3)에서 다음과 같은 질문을 던진다: "신들이 기도를 응답하는가? 아니면 신은 기도에도 불구하고 대답하지 않는가?"[17] 막시모스는 설명하기를, 기도자가 구한 것을 받을 가치가 있다면, 기도 없이도 구한 것을 받고, 기도자가 구한 것을 받을 만한 가치가 없다면, 기도를 한다 해도 구하는 것을 받을 수 없다는 것이다. 그러므로 막시모스는 기도한 것을 받을 만한 가치가 있는 자가 기도를 하지 않는다고 해서 기도한 것을 받을 가치가 없는 사람이 되는 것은 아니라고 얘기한다. 결론적으로 그는 "무언가를 받을 만한 가치가 있는 자

---

17  티로스의 막시모스, 『강연집』 5.3.51-54.

가 성가시게 요청하지 않으면, 그를 통하여 더더욱 가치가 있게 되고, 무언가를 받을 만한 가치가 없는 자가 성가시게 요청하면, 그는 아직까지 무언가를 받을 가치가 없는 사람이다"라고 말한다.[18]

이렇게 응답 받는 기도와 응답 받지 못하는 기도를 설명한 후에, 막시모스는 인간의 삶을 결정하는 네 가지 큰 원리를 언급하고, 기도가 이 네 가지 원리와 어떤 관계가 있는지를 보여준다. 그 네 가지 원리는 신의 업적으로서의 섭리(πρόνοια), 필연성의 업적으로서의 운명(εἱμαρμένη), 우연의 작용으로서의 행운(τύχη), 그리고 인간의 업적으로서의 처세술(τέχνη)이다. 막시모스에 의하면, 인간의 삶에서 발생할 수 있는 것은 언제나 이 네 원리 중 하나에 속한다.[19]

그에 따르면 신의 섭리(πρόνοια)에 속해 있는 모든 것은 기도가 필요하지 않다. 이것을 막시모스는 의사의 절단수술에 비유하는데, 몸 전체를 구하기 위해서는 의사가 몸의 일부를 필연적으로 절단해야 하는 것과 같이, 신 역시 인류 전체를 구하기 위하여 개개인의 기도에는 신경 쓰지 않는다고 말한다. 때문에 막시모스는 신의 섭리 아래 놓여 있는 그 어떤 것도 구하거나 요구할 필요가 없고, 설령 구하거나 사정을 해도 기도로는 아무것도 얻을 수 없다고 말한다.

두 번째 원리는 운명(εἱμαρμένη)이다. 막시모스는 첫 번째 원리인 섭리를 왕에 비유한다면, 운명은 폭군에 비유하여, 시라쿠사 사람들에게는 디오니시오스, 아테네 사람들에게는 페이시스트라토스,

---

18  티로스의 막시모스, 『강연집』 5.3.61-66.
19  티로스의 막시모스, 『강연집』 5.4.84-85.

코린토스 사람들에게는 페리안데르, 그리고 밀레토스 사람들에게는 트라시불로스와 같은 폭군이 바로 운명이라고 말한다. 이 운명은 변경불가능하며, 인간을 폭력으로 짓이기며, 자신을 따르도록 만든다.[20] 이 운명 앞에서 인간의 간구나 애원은 완전히 무효이며, 금과 제물과 기도로도 인간은 운명을 바꿀 수 없다고 말한다. 그는 제우스 역시 운명에 반대되는 것은 아무것도 할 수 없다고 말한다.[21]

세 번째 원리는 행운(τύχη)이다. 막시모스는 행운과 연관이 된 것은 기도하지 말아야 한다고 말한다. 행운은 도저히 이해할 수 없는 통치자와 같아서 충고나 지혜로운 판단을 전혀 듣지 않는다며, 행운을 분노, 격렬함에 비유했다. 행운은 기도자에게 그가 구하는 아무것도 주지 않으며, 이성 없이 통치하며, 예지가 없으며, 아무것도 이해하지 못한다고 말한다. 때문에 행운 아래 놓여 있는 것을 구하는 것은 의미가 없다.[22]

마지막 네 번째 원리로 막시모스는 인간의 처세술(τέχνη)을 언급하며, 기도가 장인에게는 쓸모 없는 것이라고 말한다:[23]

어떤 장인이 스스로 수공일을 이해하고 있는데, 쟁기를 만들기 위해 기도하는가? 어떤 직조자가 직조기술이 있는데, 예복을 만들어달라고 기도하는가? 어떤 대장장이가 방패를 만들어달라고 기도하는가?

20  티로스의 막시모스, 『강연집』 5.5.101 이하.
21  티로스의 막시모스, 『강연집』 5.5.114-115. 이에 대해 막시모스는 제우스의 한 탄식을 언급한다.
22  티로스의 막시모스, 『강연집』 5.6.125이하
23  티로스의 막시모스, 『강연집』 5.6.129이하

어떤 영웅이 용감함을 지니고 있는데, 용감하게 해달라고 기도하는가? 또는 어떤 덕 있는 사람이 행운을 위하여 기도하는가?

막시모스에 의하면, 전쟁에서 승리하고자 하면 전사가 되어야 하고, 돈을 벌고자 하면 해상 상인이 되어 물건을 시장에 팔아야 한다. 때문에 신은 아무 간구도 듣지 않는 존재이다. 신들은 인간이 인간으로서 획득할 수 없는 것은 그 어떤 것도 주지 않는다. 그들은 감독관으로 인간의 소망과 기도를 살피므로, 인간은 자신의 소망을 표현하거나, 탄식하거나, 징징거리며 구하거나 재를 머리 위에 뿌릴 필요가 없다. 기도를 위해서는 하나의 전제조건만이 필요한데, 무언가를 구하고자 하면 "기도자가 그에 합당한 사람"이어야 한다는 것이다. 막시모스는 기도의 내용에 대해서는 언급하지 않는데, 기도에 합당한 사람이라면 어차피 기도할 필요가 없기 때문이다. 기도자는 그 구하는 것을 기도할 필요 없이 얻을 수 있다.[24]

막시모스는 『강연집』에서 소크라테스의 삶을 언급하며 그의 삶은 피타고라스와 플라톤의 삶처럼 기도로 가득 차 있었다고 말한다.[25] 그는 언급하기를 소크라테스는 돈을 구하거나 아테네를 통치하기를 구하지 않았다. "그는 신들에게 기도는 했지만, 자신의 힘과 신들의 좋은 뜻으로 영혼과 육체의 안식을 얻었고, 나무랄 데 없는 삶을 살았고, 희망 가운데 죽었다". 따라서 막시모스는 기도를 "사

24  티로스의 막시모스, 『강연집』 5.7.160-161.
25  정작 소크라테스의 기도 이해는 막시모스의 기도 이해와는 다르다.

람이 가지지 않은 것에 대한 요구"라고 정의하지 않고, 기도는 "이미 존재하는 것에 대하여 신들과 가지는 교제이자 대화(ὁμιλίαν καὶ διάλεκτον πρὸς τοὺς θεοὺς περὶ τῶν παρόντων)"이며, "덕의 논증(ἐπίδειξιν τῆς ἀρετῆς)"이라고 정의한다.[26] 막시모스에 의하면 기도로는 아무것도 이룰 수 없고, 누군가가 기도를 한다면 그것은 그 사람이 덕을 가지고 있다는 것과 이 땅의 것은 원하지 않는다는 것을 증명하는 것이다.

마지막으로 막시모스는 제우스와 아테나 그리고 아폴론과 같은 신들은 최우선으로 철학자들을 자신의 제자로 가지길 원할 것이라는 말을 하면서, "그들은 자신들의 가르침의 씨앗을 가슴에 뿌리고, 아름답고도 행복한 삶을 수확한다"고 언급한다. 철학은 막시모스에게 있어서 우리 육체에 빛이나 섬광과도 같은 것으로 소개된다. 이는 우리의 본성에 속한 것이 아니다. 그러나 철학이 인류 전체를 구할 수 있고, 철학이 없는 삶은 호흡이 없는 삶과도 같다고 얘기한다. 때문에 막시모스에 의하면 인간이 기도해야 할 단 한 가지 것은 "철학과 함께하는 참된 삶"이다.

## 2. 스토아 철학자 세네카

스토아라는 이름은 제논이 수업했던 장소(στοὰ ποικίλη, 색칠된 기둥회당)에 따라 붙여졌다. 소크라테스에 깊이 뿌리를 둔 이 학파는

---

26  티로스의 막시모스, 『강연집』 5.8, 166-167.

견유학파, 플라톤학파, 아리스토텔레스학파로부터 자극을 받았다. 초기 스토아 철학은 제논, 아소스의 클레안테스, 솔로이의 크리시 포스를 통하여 전개되었다. 로도스의 파나이토스와 아파메이아의 포세이도니오스는 중기 스토아주의자다. 에픽테토스와 황제 마르 쿠스 아우렐리우스를 포함하여 이전 노예 신분에서 해방된 세네카 는 후기 스토아 저술가들에 속한다.

스토아 철학자들은 자신들의 철학이론인 논리학, 물리학, 윤리 학과 관련하여, 어떻게 인간이 욕구와 격정을 극복하고 행복하게 살 수 있을 지, 어떻게 자연과 조화롭게 살 수 있을 지에 대한 대답 을 찾고자 하였다. 스토아의 중요한 기본 개념은 "자연"과 "이성(로 고스)"이다. 그들의 신념은 이 두 가지가 일치하는 것이다. 자연은 본질적으로 이성적이고, 설명될 수 있고, 목적에 부합하는데, 인간 을 위한 행복의 열쇠는 "자연에 적합한 삶(τὸ ἀκολούθως τῇ φύσει ζῆν)" 을 사는 것이다.[27] 소크라테스 전통에 따른 그들의 목표는 행복의 상태이며, 그 속에서 인간은 자신의 원래의 자연적 목적을 달성한 다.[28] 이성의 이상적 상태는 덕(ἀρετή)이라 불린다. "자연에 적합한 삶"은 최고의 형태에서 "이성에 적합한 삶" 즉 덕과 일치한다. 소크 라테스와 같이 스토아 철학자들은 덕을 진정한 선으로 여긴다.

스토아의 자연학은 전통적인 그리스 종교와 밀접한 관계가 있 다. 즉 제우스가 세계의 중심을 상징한다는 것이다. 스토아 철학

---

27  디오게네스 라에르티오스 7.87.
28  디오게네스 라에르티오스 7.89

자는 플라톤의 대화 『티마이오스』의 영향을 받아, 세계를 이성적인 신으로부터 창조된 '살아 있는 존재'로 받아들인다. 스토아 철학자들에게 세계의 창조자(데미우르고스)는 철저히 이 세계에 내재적인 존재이다. 즉 그는 이 세계의 경험의 한계를 넘지 않는다. 세계의 생성은 쉬지 않고 반복된다. 스토아 철학자들은 헤라클레이토스로부터 그 개념을 넘겨받아 세계의 시작과 종말을 순수한 불로 이해한다. 세계의 구성은 이 불이 이성적인 씨앗들(σπέρματα, λόγοι σπερματικοί)을 포함하는 물로 완전히 변환되는 것으로 시작된다. 이 이성적 씨앗들이 땅과 공기, 불, 물을 구성한다.[29] 세계는 모든 요소들로 단 하나의 완성된 독립적인 전체를 이루고 진공상태로 둘러싸여 있다. 스토아 철학자들은 그들의 물질적인 세계 이해에서 두 가지 원칙, 즉 능동적 원리(τὸ ποιοῦν)와 수동적 원리(τὸ πάσχον)를 가지고 있다. 능동적 원리는 제우스와 동일시되고 수동적 원리는 물질과 동일시된다. 영혼은 완전히 이성적이고 또한 완전히 육체적이다. 영혼은 온 몸을 관통하지만 그로부터는 구별된다. 그 때문에 스토아주의의 물질관에는 영혼과 육체의 이원론이 존재한다. 이 세계에서 일어나는 모든 사건들은 전체를 관통하는 인과 관계를 통하여 서로 연결되어 있다. 신적인 섭리와 그의 숙명적 결정론 때문에 스토아 철학자들은 도덕적 책임을 회피하는 것으로 비난 받는다.

스토아 철학자들은 올림피아의 신들도 자연 또는 신성의 일부

---

29  디오게네스 라에르티오스 7.135.

로 여겼다.[30] 바로 이 때문에 일반적인 다신론이 스토아 철학자들의 범신론적 체계에 자리를 잡게 된다. 신은 스토아 철학에서 이성(λόγος), 영(πνεῦμα),[31] 본성(φύσις), 운명(εἱμαρμένη), 또는 섭리(πρόνοια) 등으로 불릴 수 있다. 클레안테스가 제우스 찬양시에서 신을 "여러 이름을 가진 자(πολυώνυμος)"로 부르는 것은 바로 이런 맥락에서 이해될 수 있다. 문학적으로 그리스의 종교적 형태를 취하고 있는 이 찬양시는 충분히 "기도"로 이해될 수 있다.[32] 하나님은 모든 존재하는 것에 대한 제일원인(causa causarum)이다.[33] 세네카는 신을 세상의 창조자,[34] 세상의 영혼, 세상의 이성적 질서, 숙명, 제일원인, 섭리로 이해한다.[35]

세네카에 의하면 신은 인간 속에 이성으로 내재한다. 지혜자의 목표는 "신을 닮는 것"(ὁμοίωσις θεῷ)인데 이것은 플라톤적 윤리에서 유래한다. 모든 인간 속에는 신적인 씨앗들이 존재한다.[36] 세네카가

---

30  『초기 스토아 철학자 단편집』 1, 168; 169, 2; SVF 2, 1076에서 "신들"과 "신", 이 두 가지 개념이 혼용될 수 있다는 것을 볼 수 있다.

31  크리시포스(Chrysippos)는 고대 스토아 세계의 근원인 원시적 불(πῦρ τεχνικόν 또는 πῦρ νοερὸν)을 πνεῦμα로 대체시킨다. 이 점이 크리시포스가 고대 스토아주의와는 다른 점이다. 그에 따르면 πνεῦμα는 공기와 불로 구성되어 있고, 모든 것을 살리고 결합시키는 역할을 한다 (『초기 스토아 철학자 단편집』(SVF) 2, 441. 473). 원시적 불, 그리고 크리시포스의 πνεῦμα는 일반적으로 신성과 동일시된다.

32  M. Kiley, *Prayer from Alexander to Constantine: A Critical Anthology* (London/NewYork: Routledge , 1997), 133-138.

33  세네카, 『자연학 질문』 7.30; quid sit hoc sine quo nihil est".

34  세네카, 『서간집』 16.5; 58.27-28; 62.9; 71.12-14; 73.6; 『대화』 1; 1.2.

35  S. E. Fischer, *Seneca als Theologe* (Beiträge zur Altertumskunde 259) (Berlin: de Gruyter, 2008), 13.

36  세네카, 『서간집』 73.16.

"신은 너에게 가까이 있고, 너와 함께 있고, 네 안에 있다"라고 말한 것은[37] 에베소서 4:6에서 표현된 기독교적 언어와도 상당히 유사하다. 이미 테르툴리아누스는 세네카의 생각이 자주 기독교적인 생각과 일치한다고 보았다.[38] 이 때문에 기도 응답을 받기 위하여 손을 하늘로 들고 성전 문지기에게 신전으로 가게 해 달라고 빌어야 할 필요가 없다. 왜냐하면 "신은 우리와 함께 있고, 우리 안에 있기" 때문이다.[39] 그러므로 세네카는 우선 기도를 거부한다. 그는 성전을 돌로 지을 필요도 없다고 말한다.[40] 왜냐하면 신들로부터 통치되는 이 세계가 하나의 신전이기 때문이다. 행복을 얻기 위해 기도하는 것은 스토아 철학자들에게는 모순된 일이다. 왜냐하면 행복은 스스로 얻을 수 있기 때문이다.[41] 운명은 기도를 통해서는 바꿀 수 없다. 그러나 세네카는 어떻게 운명이 기도와 함께 공존할 수 있는지를 이렇게 이해한다. 즉, 어떤 기도가 응답을 받을지 아닌지는 기도가 말해지기 전에 이미 사전에 결정되어 있다.[42] 그에 대하여 세네카는 신들이 세계 전체를 배려하기 위해 작고 개별적인 것은 신경 쓰지 않는다고 말한다.[43]

---

37  세네카, 『서간집』 41.1.
38  테르툴리아누스, 『영혼론』 20.1.
39  세네카, 『서간집』 41.1. 비교 J. N. Sevenster, *Paul and Seneca* (Novum Testamentum. Supplements 4) (Leiden: Brill, 1961), 43; 49.
40  세네카, 『단편집』 123; M. -B. Stritzky, *Studien zur Überlieferung und Interpretation des Vaterunsers in der frühchristlichen Literatur* (Münsterische Beiträge zur Theologie 57) (Münster: Aschendorff, 1989), 73.
41  세네카, 『서간집』 41.1.
42  Fischer, *Seneca als Theologe*, 22ff.
43  키케로, 『신들의 본성』 II.167. 플라톤은 이 견해를 반대한다.

세네카의 비극『오이디푸스』에는 스토아 철학자가 해결할 수 없는 상황이 등장한다. 즉 오이디푸스는 숙명(Fatum)에 의해 범죄를 저지르도록 결정되어 있었다. 만일 그가 숙명을 따르게 되면 그는 의도적으로 범죄하게 되는 것이고, 만일 숙명을 따르지 않으면 그는 숙명에 반하게 되는 것이다. 운명은 섭리(Providentia)와 동일시되므로, 신적 예정은 불가피하게 스토아 철학자들을 난관에 부딪히게 한다. 즉 신의 예정과 필요악의 공존이 문제가 된다. 플라톤 철학자들은 이 세상의 필요악을 이원론적으로 이해함으로 문제를 해결한 반면, 스토아 철학자들은 그러한 해결책을 가지고 있지 않았다.[44] 세네카는 필요악의 원인은 신들의 책임이 아니라 오로지 인간의 책임이라고 언급한다. 신들의 자선이 선에 사용되느냐, 악에 사용되느냐는 인간의 손에 달려 있다는 것이다. 이 경우 스토아 철학자들은 또다시 새로운 문제에 봉착하게 된다. 필요악의 문제 외에 인간의 자유의지가 결정론적 체계에서도 보장되지 않는다는 것이 바로 스토아 철학의 두 번째 큰 문제였다. 포세이도니오스가 악의 씨앗은 인간 안에 내재한다고 주장한 반면,[45] 크리시포스와 세네카는 인간은 본성적으로 선하며, 고결한 성향을 자연적으로 지니고 있다고 말한다.[46]

세네카는『티에스테스』라는 자신의 비극 작품 초반에 티에스테스의 기도를 언급한다.[47] 미케네의 왕 티에스테스는 펠롭스의 아들

---

44   Fischer, *Seneca als Theologe*, 22ff.
45   포세이도니오스,『단편』423: εἶναι γὰρ καὶ τῆς κακίας ἐν ἡμῖν αὐτοῖς σπέρμα.
46   세네카,『서간집』108,8; 120,4.
47   티에스테스 드라마들 중에 세네카의 것을 제외하고 소포클레스, 유리피데스, 플레이스테네스와 크레사이의 작품들은 모두 사라졌다(Fischer, *Seneca als Theologe*, 131).

이자 아트레우스의 형제로, 아트레우스의 부인과 정사를 가졌고 추방을 당했다. 그 뒤 아트레우스는 티에스테스를 다시 불러들여, 복수를 위해 티에스테스의 아들을 요리하여 그에게 식사로 제공한다. 식사 후 아트레우스가 어떻게 자신이 티에스테스의 아들을 죽이고 요리했는지를 이야기하자 티에스테스는 이를 탄식하며 긴 기도를 신들에게 드린다. 후에 티에스테스는 신탁에 따라 펠로피아라는 딸과 아이기스토스라는 아들을 얻고, 아이기스토스는 복수를 위해 아트레우스를 죽인다. 드라마의 후반부에서는 티에스테스가 신들의 존재를 믿지만 그들의 정의는 의심하게 되는 상황을 보여준다. 그럼에도 불구하고 그는 자신의 신들을 부르고 그들에게 기도한다. 하지만 자신의 신들이 도망친 상황에서 그의 기도는 전혀 응답을 받을 수가 없었다. 결국 그는 유피테르 신을 부르고 자신과 아트로이스 모두가 벌을 받도록 기도하지만 소용없었다. 이 드라마는 기도에 대한 결과 없이 끝나게 된다.

이 예는 스토아 철학에서 기도는 아무런 효력을 가지지 못하며, 위로나 심적인 안정을 목적으로 사용된다는 것을 보여준다. 운명은 변경할 수 없으며, 어떠한 기도로도 운명을 바꾸거나, 그 진로에서 벗어나게 할 수가 없다. 세네카 자신도 신들이 자신의 조카 마르쿠스 안나이우스 루카누스를 죽음에서 해방시켜주도록 기도했지만,[48] 그는 이미 기도가 신들에게 무언가를 요청하는 목적을 가지고 있지 않고, 인간의 간청을 그들에게 알리는 역할만을 하는 것으로 인지

---

48  세네카, 『어머니 헬비아에게 보낸 위로에 대한 편지』 18.6.

하고 있었다.[49]


## III. 기독교적 기도이해:
## 기도와 섭리에 관한 오리게네스의 답변

오리게네스는 『기도론』 V에서 하나님의 섭리와 질서, 예정, 불변성, 그리고 인간의 자유의지와 같은 개념 등을 종합적으로 다룬다. 여기서 오리게네스는 암브로시우스와 타티아나에게 기도에 대하여 광범위하게 응답하는데, 이것은 암브로시우스와 타티아나가 왜 기도가 필요한지에 대하여 기독교적인 답변을 오리게네스에게 부탁했기 때문이다. 오리게네스는 잘못된 기도에 대한 암브로시우스의 편지를 인용하고 있다:[50]

> 이제 당신이 내게 보낸 편지에서 표현한 대로 여기에 써보겠습니다. 첫째, 하나님이 일어날 일들을 미리 아시고 그것들이 일어나야 한다면, 기도는 헛됩니다. 둘째, 모든 일이 하나님의 뜻대로 일어나며 그분이 뜻하는 일이 확고하며 그분이 원하는 일을 전혀 돌이킬 수 없다면, 기도는 헛됩니다.

---

49 Stritzky, *Studien zur Überlieferung und Interpretation des Vaterunsers*, 72ff.
50 오리게네스, 『기도론』 V.6.

오리게네스는 암브로시우스의 글을 인용하여 잘못된 기도 이해로부터 시작하여 기도에 관한 기독교적 가르침을 전반적으로 제시한다. 아마도 기도에 관한 잘못된 가르침을 바로잡기 위하여 알렉산드리아 교회의 기독교인들에게 기독교 입장에서 기도를 급히 설명하는 것이 반드시 필요했던 것으로 보인다. 그러나 오리게네스는 자신의 글에서 기도를 무용지물로 이해하는 세 무리를 언급하지만 그들이 누군지는 밝히지 않는다. 또한 오리게네스의 저서 『기도론』을 연구했던 어느 누구도 지금까지 이 세 무리가 누구인지를 밝히지 않았다. 하지만 이 세 무리를 정의하고, 그들의 주장과 그들의 정체를 밝히는 것이 완전히 불가능하지는 않다고 본다.

첫 번째 무리는 하나님의 섭리를 인정하고, 하나님을 우주의 정점에 두며, 기도를 거부하지 않는다. 오리게네스의 글을 인용하면 다음과 같다:[51]

이러한 주장은 너무도 터무니 없고, 어떤 주목할 만한 사람도 그것을 지지하지 않을 것입니다. 따라서 섭리를 받아들이고 하나님께서 만물 위에 계시다고 생각하면서도 기도하지 않는 자는 한 사람도 없으리라.

첫 번째 무리에 대한 이 불충분한 묘사만으로 한 무리를 정의하는 것은 무리가 있지만 그 성격에 있어서는 알렉산드리아의 클레멘스가 언급한 피타고라스학파와 관련된다고 볼 수 있다. 피타고라

---

51  오리게네스, 『기도론』 V.1.

스학파는 순결한 자만이 신적인 것에 대한 지식에로 접근할 수 있다고 생각한다.[52] 그들의 금욕적인 수행은 신 인식을 증대시키기 위한 의미를 가진다.[53] 그들은 많은 사람들 앞에서 소리 내어 기도하는데,[54] 이는 자신들의 기도가 정의롭다고 생각하기 때문이다. 클레멘스는 『양탄자』(Stromata)에서 피타고라스학파의 기도를 비판하면서 진정한 기독교인은 오히려 자신의 행위로써 기도해야 한다고 기록한다. 누군가 입술을 열지 않고 침묵하여 기도하거나, 속삭이듯이 기도한다고 해도, 하나님은 마음 속의 내적 목소리를 쉬지 않고 들으시기 때문이다. 클레멘스에 따르면 인간이 자신을 하나님께로 향하면, "입으로 표현된 말 없이도 하나님께 기도 드릴 수 있다"고 말한다.[55]

기도를 잘못 이해하는 두 번째 무리는 또다시 두 집단으로 나누어진다. 첫째 집단은 무신론자들로서 하나님의 존재를 완전히 부인하는 자들이다. 둘째 집단에는 하나님의 이름은 인정하지만 그 섭리는 부인하는 자들이 속한다.[56] 오리게네스는 이 두 번째 무리를 "완전한 무신론자들"이라고 말하면서 이들이 이미 교회 내부에서 몇몇 사람들을 기도할 필요가 없다고 설득할 수 있었다고 보고

---

52 이러한 지식이 때로는 "영지"라는 말로도 표현되는 데, 이는 "신을 인식하는 방법, 또는 지식"이라는 의미 외에 더 많은 의미를 함축하지는 않는다.
53 H. Dörrie, "Pythagoreismus." In *Paulys Real-Encyclopädie der classischen Alterthumswissenschaft* XXIV/1(47) (Stuttgart: Alfred Druckenmüller, 1963), 263-277 [여기서 274].
54 클레멘스, 『양탄자』 IV.171.
55 클레멘스, 『양탄자』 VII.43.
56 오리게네스, 『기도론』 VI.13-14.

한다.[57] 하지만 오리게네스가 두 번째 무리의 하위 두 집단 중에서 어떤 집단이 기도가 필요 없다고 기독교인들을 설득했는지는 언급하지 않는다. 이 두 번째 무리(완전 무신론자와 하나님의 이름만 인정하고 섭리는 부인하는 자들)는 "감각적인 것들을 완전히 부정하고", 세례나 성찬을 전혀 인정하지 않는다. 더더군다나 그들은 성경의 의미를 왜곡시켜 마치 성경이 기도하는 것이 필요 없다고 가르친 것처럼 주장했다. 그들은 그리스도와 그의 아들 됨을 실제로 인정하지 않는다.[58]

두 번째 무리의 첫째 집단, 즉 완전한 무신론자들은 하나님을 어차피 인정하지 않으므로 그들에게는 기도가 의미 없다. 오리게네스는 여기서 그들의 주장을 점검하는 것은 자신의 과제가 아니라고 얘기한다. 왜냐하면 "감각적인 것"이 그들에게는 아무런 의미도 없기 때문이다.[59]

여기서 두 번째 무리의 둘째 집단이 에피쿠로스학파와 동일시될 수 있는데, 그들은 "섭리를 부인하기" 때문이다. 알렉산드리아의 디오니시오스는 이러한 이유로 『본성. 에피쿠로스파 반박』을 썼다.[60]

---

57  이 보고를 볼 때, 암브로시우스와 타티아나가 속한 교회 내에 이미 이러한 무신론자들이 신앙인들을 설득하여 교회에 위협이 되고 있었다는 것을 알 수 있다.
58  오리게네스, 『기도론』 V.1.
59  오리게네스, 『기도론』 VI.13-14.
60  에우세비오스, 『복음의 준비』 XIV.23 (참조. *Dionysius von Alexandrien. Das erhaltene Werk* [Bibliothek der griechischen Literatur 2: Abteilung Patristik] [Stuttgart: Hiersemann, 1972], 64. 에우세비오스는 단편으로 전승된 알렉산드리아의 디오니시오스의 저서 『본성. 에피쿠로스파 반박』을 언급한다. 디오니시오스에 의하면 에피쿠로스학파는 원자가 이 세상을 구성했다고 주장한다.

또한 이 무리들은 스토아학파와도 동일시될 수 있다. 스토아학파는 물질세계에 대한 이해에서 섭리(πρόνοια)를 능동적인 원리로 받아들인다. 오리게네스에 따르면 기독교적인 섭리는 그리스 세계에서 이해되는 신의 섭리와는 구분된다. 스토아학파는 제우스, 이성(λόγος), 영(πνεῦμα), 본성(φύσις), 운명(είμαρμένη), 그리고 섭리(πρόνοια)를 동의어로 이해한다. 하지만 올림피아의 신들이 자연의 일부로서 완전히 이성적이고도 육체적이라는 것을 감안하면,[61] 그리고 인간의 삶이 운명(Fatum)에 의해 결정되어 있다는 것을 감안하면, 인간은 행위의 결과에 대해 조금의 여지도 가지고 있지 않다. 앞에서 살펴본 바와 같이, 운명은 어떠한 기도를 통해서도 바뀔 수 없다. 스토아학파의 사상에 따르면 기도는 절대적 숙명주의 앞에서 전적으로 무력한 것이다. 기도가 응답 받도록 기도로써 신들을 강요할 수 없는 것은, 운명(Fatum)은 기도할 수 있는 것이 아니며, 기도를 통해서 변화될 수도 없는 것이기 때문이다.

오리게네스가 말하는 기도를 잘못 이해하는 세 번째 무리는 첫 번째 무리와 같이 하나님을 우주의 정점에 위치시키고 그 섭리를 인정한다. 하지만 이 세 번째 무리는 결국 기도를 비난한다. 그 이유를 오리게네스는 다음과 같이 추측한다:[62]

"하나님께서는""만물을 그 생성 이전에" 아십니다.[63] 그분이 어떤 것

---

61  세네카, 『편지』 16.5; 58.27-28; 62.9; 71.12-14; 73.6; 『대화록』 1; 1.2.
62  오리게네스, 『기도론』 V.2.

을 지으실 때, 마치 이전에는 알지 못하셨던 것처럼, 지어진 후에 비로소 아시지는 않습니다. 그렇다면 우리가 기도하기 전에도 우리에게 필요한 것을 아시는 분에게 기도를 올려야 할 이유가 있습니까?

그들의 논증을 오리게네스는 거부하지는 않는다. 왜냐하면 오리게네스는 이 잘못된 가르침의 대표자들이 분명히 사전에 기독교적 지식을 갖고 있음을 알기 때문이다. 더욱이 그들은 자신들의 주장을 뒷받침하기 위해 마태복음 6:8을 이용한다.[64] 기도하지 말아야 한다는 생각은, 클레멘스에 의하면 프로디코스의 제자들에게서 나타난다.[65] 하지만 클레멘스는 이 가르침이 프로디코스파에게서 나온 것이 아니라 키레네 철학자들에게서 발견되고, 특히 프로디코스파가 영지주의자로 잘못 불린다고 주장한다.[66]

오리게네스는 "하나님이 이미 다 알고 계시면 기도할 필요가 있는가?"라는 질문을 시작으로 하나님의 예정, 선견, 선택, 인간의 자유의지와 같은 기본적인 신학적 주제를 다룬다. 하나님은 "일어날 일들을 미리 아실 뿐만 아니라 미리 정하시고, 미리 정하신 일 외에는 아무것도 행하지 않으시는 듯하다.[67] 하나님의 계획은 예정 문제와 연결되어 있다. 그에 대한 예로 오리게네스는 에서와 야곱의 예를 들어 그들의 운명은 이미 출생 이전부터 결정되어 있었다는 것

---

63  비교. 수산나(70인역) 1:35b.
64  마 6:8.
65  클레멘스, 『양탄자』 VII.41.
66  딤전 6:20.
67  오리게네스, 『기도론』 V.3.

을 보여준다.[68] 에베소서 1:3-5 구절처럼 하나님이 그리스도 안에서 세상을 창조하기 이전에 인간을 선택한 것이 효력을 지닌다면,[69] 인간은 자신의 기도로 하나님의 의지를 바꿀 수 없다.[70]

오리게네스는 인간이 어디까지 결정의 자유를 가지고 있으며, 하나님이 사전에 이미 결정한 것과 우주의 질서와 기도가 어떻게 연관되어 있는지를 스스로 질문하면서, "그분은 예지(豫知)를 통해 일어나게 될 일뿐만 아니라, 일어난 일의 결과에 따라 일어날 일을 자유의지 하나하나의 움직임에 합당하게(κατ' ἀξίαν) 미리 정해 놓았습니다"라고 답변한다. 오리게네스에 의하면, 인간의 자유의지는 "하나하나의 움직임에 합당하게" 하나님의 질서 아래 존재한다. 하나님은 자유의지로 결정된 모든 행위를 미리 아신다. 하지만 "하나님의 예지"는 미래에 "일어날 일의 원인이" 아니라고 밝히고 있으며, "우리의 충동에 따라"(κατὰ τὴν ὁρμὴν ἡμῶν) 자유의지로 일어날 일의 원인도 아니다. 하나님의 질서와 인간의 자유의지가 불가분의 관계에 있음에도 불구하고 오리게네스는 이 두 가지를 구분한다.[71]

하나님은 "각자의 자유의지를 아시고" 예지를 통해 모든 자에게 "합당하게" 행하신다. 하나님은 어떤 사람이 "그러저러한 성향을 가지고 이러저러하게 확신하며 무엇을 기도할 것인지" "무슨 일이 일어나기를 원하는지를" 미리 아시고 이에 기초하여 일을 적절하게

---

68  비교. 창 25:23; 롬 9:11-12.
69  엡 1:3-5.
70  하나님의 예정과 관련되어 오리게네스는 롬 8:29-30을 인용한다.
71  오리게네스, 『기도론』 VI.3.

처리하신다. 인간의 자유의지는 우주 체계의 구성 요소로서, 하나님은 그 하나하나를 미리 알고 그에 합당하게 세계를 운행하며 기도에 응답하기도 하고 응답하지 않기도 하신다. 어떤 사람이 "슬기롭게 기도"한다면, 하나님이 그 기도에 응답하는 것이 하나님의 질서 가운데 정해져 있다. 마찬가지로 기도자가 기도 응답에 합당하지 않으면, 기도자가 무언가를 구해도 얻지 못하는 것이 하나님의 질서에 결정되어 있다고 오리게네스는 주장한다.[72]

이어서 오리게네스는 인간이 하나님의 섭리 아래에 있고, 하나님은 자신의 섭리로 실수하지 않으므로, 자유의지를 가지고 있음에도 불구하고 인간은 무언가를 하도록 강요당하는가라는 질문을 던진다. 오리게네스는 인간에게 기도를 위한 어느 정도의 자유공간을 허용한다. "기도와 섭리"의 문제를 오리게네스는 이렇게 해결한다. 즉 인간이 칭찬받을 만한 기도를 자유의지로 하나님께 드리면, 그는 하나님의 섭리와 질서 아래에서 인간이 구한 것을 받을 수 있다. 하나님은 선이 인간에게 강제적으로 주어지길 원하지 않고, 사람의 자유의지에 따라 주어지길 원한다.[73] 하나님은 인간의 자유를 훼손하지 않는다. 더 분명히 얘기하면 하나님은 인간이 선에 이르도록 강요받지 않고, 자유의지에 따라 죄로부터 돌아서는 것을 스스로 결정하도록 보장해준다. 하나님이 모든 사건의 원인이라면 인간의 죄에 대한 책임도 하나님께 있다고 비난하는 자들을 오리게네스는

---

72  오리게네스, 『기도론』 VI.4. 이는 중기 플라톤주의자인 막시모스의 주장과도 일맥상통한다.
73  오리게네스, 『기도론』 XXIX.15.

전적으로 부정하는 것이다.


## IV. 나가는 말

하나님의 섭리가 인간의 삶에 어느 정도 영향을 미치는지는 수많은
철학자들과 신학자들에 의해 논의되어왔다. 그중 중기 플라톤주의
자인 티로스의 막시모스와 후기 스토아철학자였던 세네카의 기도
이해를 통하여 이 두 철학자들이 보는 신의 섭리와 인간의 기도는
기독교의 기도 이해와는 확연히 다르다는 것을 살펴보았다. 물론
신플라톤주의자인 플로티노스와 포르피리오스에게 와서는 철학의
기도가 점점 더 종교적 성격을 지니게 되어, 그들의 사상체계에서
기도는 "하나(신)"에게 도달하는 방법 중의 하나로 이용되지만, 기
도를 일반적으로 효력이 없는 것으로 보는 것은 플라톤 철학자뿐만
아니라 스토아 철학자들도 동일하다.
　시기적으로 막시모스가 활동한 시대는 오리게네스보다 약간 앞
서며, 그가 팔레스티나 지방의 티로스에서 활동했던 플라톤주의자
라는 것을 감안할 때, 같은 그리스 문화권에 속해 있던 알렉산드리
아 지방에도 틀림없이 영향을 미쳤을 것이고, 또한 오리게네스가
『기도론』을 카이사레아에서 기술했으므로 막시모스의 기도에 관한
가르침을 잘 알고 있었을 것이라고 추측할 수 있다.
　막시모스는 인간의 삶이 네 가지 원리인 섭리와 운명과 행운과
처세술에 종속되어 있는 것으로 보았기 때문에 기도로는 아무것도

이룰 수 없다고 주장하였다. 또한 기도는 덕을 가진 자와 이 세상의 것을 희망하지 않는 소수에게만 허락된 것이며, 단 한 가지만을 위해, 즉 "철학과 함께 하는 진정한 삶"을 위해서만 기도해야 한다. 막시모스는 신의 섭리를 인정하고, 신을 자신의 플라톤적 세계관의 최고 정점에 위치시킨다.

스토아 철학자인 세네카 역시 기도와 신의 섭리를 대립적인 관계로 보았는데, 스토아 철학의 세계관에서 이 대립 관계는 필연적일 수 밖에 없다. 왜냐하면 신들 역시 자연의 일부이며, 이 자연이 이성적인 존재이고, 그들의 세계는 신의 섭리에 종속되어 있어 기도로써는 운명과 신의 섭리에 속한 그 어떤 것도 바꿀 수 없기 때문이다. 더욱이 싸움에서 패배할 때, 혹은 전략을 위해서 신들조차도 도망치는 다신교 신관에서 인간들이 기도하는 것은 아무런 효력을 가지지 못하며, 인간의 간청을 신에게 알리는 기능만 가지고 있다는 것을 세네카의 비극작품에 나오는 티에스테스의 기도가 잘 보여주고 있다.

이 두 철학자가 기도를 무의미하게 여기거나 극히 제한된 소수에게만 허락하는 반면에, 기독교에서 기도는 모든 사람에게 하나님과 대화하기 위한 가장 중요한 도구가 된다. 철학자들이 구원 역시도 스스로의 힘으로 획득할 수 있다고 주장하는 반면, 기독교에서는 오직 그리스도만이 인간을 하나님께로 이끄는 구원자로 작용한다.

오리게네스는 하나님의 섭리와 인간의 자유의지가 어떻게 조화를 이루는지를 보여주었고, 이 부분에서 오리게네스는 하나님의 섭리를 "섭리"와 "질서"로 세분하여 하나님의 질서에 속한 것은 기도 없이도 발생한다고 말한다(예, 해가 뜨고 지는 것). 오리게네스는 에서와 야곱의 예, 그리고 예수의 제자인 유다의 예를 통하여 인간의 기도로 하나님의 의지를 바꿀 수 없다는 점을 보여주는 반면, 하나님의 사전 결정이 유효하지만 그럼에도 기도 응답을 받은 요시야의 예도 보여줌으로써 하나님의 섭리와 인간의 기도가 모순으로 보이는 것 같지만 실제로는 하나님의 섭리와 인간의 자유가 상호 연관되어 조화를 이루고 있음을 독자들에게 보여주고, 기도에 대한 잘못된 이해를 수용하지 말도록 경고한다.

인간이 어떤 행위를 미래에 행하거나, 행하고자 하는 능력을 잃어버리지 않는다는 것은 인간이 자유의지를 지속적으로 소유하고 있다는 것에 대한 표식이다. 인간의 자유의지가 하나님의 예지에 예속되어 있으며, 사람이 자유의지를 어떻게 사용할지 하나님이 미리 아신다는 것은 기도와 하나님의 섭리 사이의 유기적인 관계를 표시한다.[74] 인간이 기도하는 내용은 인간의 자유의지에 따라 하나님께 드릴 수 있으나, 그 기도가 응답받기에 합당한 기도인지, 아닌지에 따라 기도응답의 여부가 결정된다고 오리게네스는 말한다.

특히, 막시모스와 세네카가 언급한 신의 섭리와 기독교적 신의 섭리는 그 본질에서 차이가 난다는 것이 중요하다. 막시모스와 세네카가 이해하는 신의 섭리는 자연의 일부로서 변경할 수 없는 운명과도 동일시될 수 있으나, 기독교에서 말하는 신의 섭리는 창조 세계와는 철저히 구분된 초월적 섭리이다. 이 점에서 철학에서의

---

74 오리게네스, 『기도론』 VI.3.

섭리와 기독교에서의 섭리가 구분된다. 결론적으로 오리게네스에게 있어 인간의 기도와 하나님의 섭리는 모순이 아닌 조화이다. 인간의 자유의지는 하나님의 섭리 가운데 인간에게 주어졌고, 하나님이 미리 아신다. 또한 하나님의 섭리는 인간이 기도한다는 것을 포함하고 있다.

오리게네스에 의하면 참된 기도는 말이 많은(πολυλογεῖν) 이방인의 기도나 그리스도가 배제된 기도가 아니라, "예수 그리스도의 이름으로 성령을 통하여 하나님께 드리는 기도"이다. 기도 중 가장 위대한 기도는 그리스도인의 전체 삶 자체이며 유기적으로 연결된 하나의 큰 기도다. 우리의 입으로 말하는 기도는 이 큰 기도 중 일부이다. 기도는 육체에 속한 인간이 하나님께로 경계를 넘어가는 필수불가결한 통로이며, 아버지와 아들과 성령의 도움을 통해서만이 이해될 수 있는 하나님의 선물이다.

제2부

# 오리게네스 기도론
# 원문–번역

# ΩΡΙΓΕΝΟΥΣ ΠΕΡΙ ΕΥΧΗΣ.

## I. 1.

Τὰ διὰ τὸ εἶναι μέγιστα καὶ ὑπὲρ ἄνθρωπον τυγχάνειν εἰς ὑπερβολήν τε ὑπεράνω τῆς ἐπικήρου φύσεως ἡμῶν ἀδύνατα τῷ λογικῷ καὶ θνητῷ γένει καταλαβεῖν ἐν πολλῇ δὲ καὶ ἀμετρήτῳ ἐκχεομένη ἀπὸ θεοῦ εἰς ἀνθρώπους χάριτι θεοῦ διὰ τοῦ τῆς ἀνυπερβλήτου εἰς ἡμᾶς χάριτος ὑπηρέτου Ἰησοῦ Χριστοῦ καὶ τοῦ συνεργοῦ πνεύματος[a] βουλήσει θεοῦ δυνατὰ γίνεται. ἀδύνατον γοῦν τῇ ἀνθρωπίνῃ φύσει ὑπάρχον σοφίας κτῆσις, ᾗ τὰ πάντα κατεσκεύασται ("πάντα" γὰρ κατὰ τὸν Δαυῒδ ὁ θεὸς "ἐν σοφίᾳ" ἐποίησε)[b], δυνατὸν ἐξ ἀδυνάτου γίνεται διὰ τοῦ κυρίου ἡμῶν Ἰησοῦ Χριστοῦ, "ὃς ἐγενήθη σοφία ἡμῖν ἀπὸ θεοῦ δικαιοσύνη τε καὶ ἁγιασμὸς καὶ ἀπολύτρωσις."[c] "τίς γὰρ ἄνθρωπος γνώσεται βουλὴν θεοῦ; ἢ τίς ἐνθυμηθήσεται τί θέλει ὁ κύριος; ⸢ἐπεὶ⸣ λογισμοὶ θνητῶν δειλοὶ, καὶ ἐπισφαλεῖς αἱ ἐπίνοιαι ἡμῶν· φθαρτὸν γὰρ σῶμα βαρύνει ψυχὴν, καὶ βρίθει τὸ γεῶδες σκῆνος νοῦν πολυφροντίδα. καὶ ⸢μόγις⸣ εἰκάζομεν τὰ

---

a  참조. 딛 3:6  
b  시 103:24(104:24).  
c  고전 1:30.

# 도입: I-II

## I. 1.[1]

이성적이고 죽을 존재인 우리가 파악하기에 불가능한 것들이 있습니다. 그것들은 비할 데 없이 위대하고 인간의 능력을 넘어서며 우리의 죽을 본성 위에 있기 때문입니다. 그런데 그것들이 하나님의 뜻에 따라 파악 가능한 것들이 됩니다. 하나님이 인간들에게 부어주신 측량할 수 없는 풍성한 하나님의 은혜로, 우리를 위한 더할 수 없는 은혜의 일꾼이신 예수 그리스도와 동역자 성령을 통해서 말입니다.[2a]

그러므로 만물을 지은 그 지혜를 인간의 본성이 얻는 것은 불가능합니다. (다윗에 따르면, 하나님께서는 "모든 것을 지혜로" 만드셨기 때문입니다.)[3b] 그런데 그것이 "우리에게 하나님으로부터 오는 지혜가 되시며, 의와 거룩함과 구원이 되신"[c] 우리 주 예수 그리스도를 통해 불가능한 것에서 가능한 것이 됩니다. "어떠한 인간이 하나님의 뜻을 알 수 있겠습니까? 누가 주님께서 바라시는 것을 헤아릴 수 있겠습니까? 죽어야 할 인간의 생각은 보잘것없고, 저희의 속마음은 변덕스럽습니다. 썩어 없어질 육신이 영혼을 무겁게 하고, 흙으로 된 이 천막이 시름겨운 정신을 짓누릅니다. 저희는 세상 것도 거의 짐작하지 못하는데, 하늘의 것을 밝혀낸 자가 어디 있겠

---

1   기도란 주제를 다루는 것이 인간의 능력을 넘어서는 것임을 고백하고 인간의 연약함으로 불가능한 것이 하나님의 은혜로 가능하게 되었다고 말한다.

2   참조. II.6

3   창조의 원리로 이해되는 지혜에 대해서는 『원리론』 I.2; 『요한복음 주해』 I.19를 보라.

ἐπὶ γῆς, τὰ δὲ ἐν οὐρανοῖς τίς ἐξιχνίασε;"ᵃ τίς δ' οὐκ ἂν εἴποι

ἀδύνατον εἶναι ἀνθρώπῳ ἐξιχνιάσαι "τὰ ἐν οὐρανοῖς;" ἀλλ'

ὅμως τοῦτο τὸ ἀδύνατον τῇ ὑπερβαλλούσῃ χάριτιᵇ τοῦ θεοῦ

δυνατὸν γίνεται· ὁ γὰρ ἁρπαγεὶς εἰς τρίτον οὐρανὸνᶜ ἐξιχνίασε

τάχα τὰ ἐν τοῖς τρισὶν οὐρανοῖς διὰ τὸ ἀκηκοέναι "ἄρρητα

ῥήματα, ἃ ⸢μὴ⸣ ἐξὸν ἀνθρώπῳ λαλῆσαι"ᵈ ἦν. τίς δὲ δύναται

εἰπεῖν ὅτι δυνατὸν ἀν- θρώπῳ γνωσθῆναι τὸν τοῦ κυρίου νοῦν;ᵉ

ἀλλὰ καὶ τοῦτο ὁ θεὸς διὰ Χριστοῦ χαρίζεται.···

[원문소실]

···τὸ θέλημα τοῦ κυρίου ἑαυτῶν οὐκέτι, ὅτε διδάσκει

αὐτοὺς τὸ θέλημα τοῦ κυρίου εἶναι θέλοντος ἀλλὰ εἰς φίλον

μεταβάλλοντος τούτοις, ὧν κύριος πρότερον ἦν.ᶠ ἀλλὰ καὶ ὡς

οὐδεὶς "οἶδεν ἀνθρώπων τὰ τοῦ ἀνθρώπου εἰ μὴ τὸ πνεῦμα τοῦ

ἀνθρώπου τὸ ἐν αὐτῷ, ⸢οὕτω⸣ καὶ τὰ τοῦ θεοῦ οὐδεὶς" οἶδεν

a  지혜서 9:13-16.
b  참조. 고후 9:14.
c  참조. 고후 12:2
d  고후 12:4

e  참조. 롬 11:34; 고전 2:16
   (사 40:13[70인역]).
f  참조. 요 15:14-15.

습니까?"[4a] 하늘의 것을 밝혀내는 일이 인간에게는 불가능한 것이라고 말하지 않는 자가 어디 있겠습니까? 그럼에도 불구하고 이 불가능한 것이 하나님의 넘치는 은혜[b]로 가능한 것이 됩니다. 셋째 하늘[c]로 이끌려 간 자는 "말로 표현할 수도 없고 사람이 말할 수도 없는 말씀"[d]을 들었기 때문에, 세 하늘에 있는 것을 밝혀냈습니다.[5] 한편, 주님의 생각을 아는 것이 인간에게 가능하다고 말할 수 있는 자가 어디 있겠습니까?[e] 그러나 하나님께서 그리스도를 통해서 은혜로 이것도 가능하게 하십니다. …

[원문소실][6]

… 그들에게 주님의 뜻을 가르치실 때에, 더 이상 그들의 주인이 되기를 원하지 않고,[7] 이전에는 그들의 주인이셨지만 그들에게 친구가 되셔서 그 뜻을 [알리셨습니다.][f] 그러나 사람 가운데 어느 누

---

4 참조. 『순교 권면』 3; 47.
5 오리게네스는 바울과 마찬가지로 당대의 하늘 개념을 공유했다. 참조. 『원리론』 II.11.6-7; 키케로 『국가』 VI.17-20.
6 편지 형식으로 쓰인 이 글의 그리스어 본문은 몇 군데 빈 공백을 제외하고 거의 완전하게 전승되었다. 이 글의 본문은 여러 개의 사본이 존재하지 않고, 단 하나의 유일한 필사본으로 전승(Codex Cantabrig. Colleg. S. Trinitatis B. 8. 10 saec. XIV) 되었다. 본문의 공백은 이 글을 필사한 사람이 이 공백을 메울 수 있는 두 번째 사본을 가지고 있지 않았다는 것을 반증해 준다.
7 번역은 다음과 같은 Stritzky의 본문에 기초한다: [τὸ θέλημα τοῦ κυρίου ἑαυτῶν οὐκέτι], ὅτε διδάσκει αὐτοὺς τὸ θέλημα τοῦ κυρίου ⟨ ἑαυτῶν οὐκέτικυρίου⟩ εἶναι θέλοντος. Koetschau는 T의 필사자가 여백주인 τὸ θέλημα τοῦ κυρίου ἑαυτῶν οὐκέτι를 본문으로 삽입했다고 생각한다. Leo는 이 부분을 제외하고 ἑαυτῶν οὐκέτικυρίου를 삽입하여 본문을 개선했으며, Stritzky는 Leo의 개선된 본문을 받아들였다(Maria-Barbara von Stritzky, Origenes Über das Gebet [Berlin et al.: De Gruyter, 2014], 98 n. 7).

"εἰ μὴ τὸ πνεῦμα τοῦ θεοῦ."[a] εἰ δὲ μηδεὶς "οἶδε" "τὰ τοῦ θεοῦ"
"εἰ μὴ τὸ πνεῦμα τοῦ θεοῦ," ἀδύνατον εἰδέναι ἄνθρωπον "τὰ
τοῦ θεοῦ." καὶ τοῦτο δὲ κατανόησον, πῶς δυνατὸν γίνεται·
"ἡμεῖς δὲ," φησὶν, "οὐ τὸ πνεῦμα τοῦ κόσμου ἐλάβομεν ἀλλὰ τὸ
πνεῦμα τὸ ἐκ τοῦ θεοῦ, ἵνα εἰδῶμεν τὰ ὑπὸ τοῦ θεοῦ χαρισθέντα
ἡμῖν, ἃ καὶ λαλοῦμεν οὐκ ἐν διδακτοῖς ἀνθρωπίνης σοφίας λόγοις
ἀλλ᾽ ἐν διδακτοῖς"[b] τοῦ πνεύματος.


II. 1.

Ἀλλ᾽ εἰκός, Ἀμβρόσιε θεοσεβέστατε καὶ φιλοπονώτατε καὶ
Τατιανὴ κοσμιωτάτη καὶ ἀνδρειοτάτη (ἀφ᾽ ἧς ἐκλελοιπέναι
"τὰ γυναικεῖα" ὃν τρόπον ἐκλελοίπει τῇ Σάρρᾳ[c] ἤδη εὔχομαι),

a   고전 2:11.          c   참조. 창 18:11.
b   고전 2:12-13

구도 "사람 속에 있는 사람의 영이 아니고서야, 그 사람의 생각을 알 수" 없듯이, "하나님의 영이 아니고서는, 아무도 하나님의 것을 알지 못합니다".[a] 하나님의 영이 아니고서는 하나님의 것을 그 누구도 알지 못한다면, 하나님의 것을 사람이 아는 것은 불가능합니다. 그러나 어떻게 이것이 가능하게 되는지를 숙고해보십시오. 그는[8] 말합니다. "우리는 세상의 영을 받은 것이 아니라, 하나님께로부터 온 영을 받았습니다. 그것은 우리로 하여금, 하나님께서 우리에게 주신 은혜의 선물들을 깨달아 알게 하시려는 것입니다. 우리가 이 선물들을 말하되, 사람의 지혜에서 배운 말로 하지 않고 성령이 가르쳐주시는 말로 합니다."[b]

## II.1.[9]

지극히 경건하고 근면한 암브로시우스와[10] 지극히 신중하고 용감한 타티아나여,[11] (당신에게는 사라에게 그쳤던 것과 마찬가지로[c] 생리가

---

8  사도를 가리키며, 이 글 전체에서 "사도"는 바울을 가리킨다.

9  기도와 관련된 질문(기도 방식, 기도 내용, 기도 시간 등)을 던지며 기도 방식과 내용을 알지 못한다는 바울의 고백을 떠올린다.

10  에우세비오스는 암브로시우스가 이전에 발렌티노스파였고, 부유하고 교양이 있는 가정에서 자라났다고 기록한다(『교회사』 VI.18.1). 하지만 히에로니무스는 암브로시우스가 원래 마르키온파였다고 전한다(『명인록』 56; 61). 암브로시우스는 오리게네스의 측근일 뿐만 아니라 오리게네스가 저술활동을 할 수 있도록 7명의 속기사, 훨씬 더 많은 숫자의 필사자와 필요한 것들을 제공하였다(에우세비오스, 『교회사』 VI.23). 특히 암브로시우스는 오리게네스의 주석 작업에도 깊이 관여한 것으로 보이는데, 많은 저작이 그에게 헌정된 것으로 이를 알 수 있다.

11  오리게네스는 이러한 표현으로 인간에게 불가능한 것이 하나님의 은혜로 가능하

ὑμᾶς ἀπορεῖν τί δή ποτε, περὶ εὐχῆς προκειμένου ἡμῖν τοῦ λόγου, ταῦτα ἐν προοιμίοις περὶ τῶν ἀδυνάτων ἀνθρώποις δυνατῶν χάριτι θεοῦ γινομένων εἴρηται. ἓν τῶν ἀδυνάτων ὅσον ἐπὶ τῇ ἀσθενείᾳ ἡμῶν πείθομαι τυγχάνειν τρανῶσαι τὸν περὶ τῆς εὐχῆς ἀκριβῶς καὶ θεοπρεπῶς πάντα λόγον καὶ τὸν περὶ τοῦ, τίνα τρόπον εὔχεσθαι δεῖ, καὶ τίνα ἐπὶ τῆς εὐχῆς λέγειν πρὸς θεὸν, καὶ ποῖοι καιροὶ ποίων καιρῶν πρὸς τὴν εὐχήν εἰσιν ἐπιτηδειότεροι · · ·

[원문소실]

· · · τὸν διὰ τὴν ὑπερβολὴν "τῶν ἀποκαλύψεων"[a] εὐλαβούμενον, "μή τις" εἰς αὐτὸν "λογίσηται ὑπὲρ ὃ βλέπει" "ἢ ἀκούει ἐξ" αὐτοῦ,[b] ὁμολογεῖν "καθὸ δεῖ" προσεύχεσθαι μὴ εἰδέναι· ὃ γὰρ δεῖ προσεύξασθαι, φησὶ, "καθὸ δεῖ οὐκ

a    고후 12:7.            b    고후 12:6.

그쳤다고 나는 확언합니다), 우리 앞에 놓인 주제가 "기도론"인데,[12] 도대체 왜 서문에서 불가능한 것이 하나님의 은혜로 가능하게 되었다고 말하는지에 대해 당신들은 어리둥절할 수도 있겠습니다. 우리가 연약함에 있는 한,[13] 기도에 대해 정확하고 경건하게 모든 것을 밝히는 것, 즉 어떤 방식으로 기도해야 하는지, 기도할 때에 하나님께 무엇을 말해야 하는지, 또 어떤 시간이 다른 시간보다 더 기도에 적합한지를 밝히는 것은 불가능한 일 중 하나라고 나는 생각합니다.…

[원문소실]

…"엄청난 계시들"[a] 때문에 "사람들이" 그에게서 "보고 들은 것 이상으로" 그를 "평가하지 않도록 하려고"[b] 주의했던 그[바울]는 "마땅히 [기도]해야 하는 바대로" 기도하는 것을 모른다고 고백했습니다. "마땅히 해야 하는 바대로", 무엇을 기도해야 하는지를 알

---

게 된다는 말로 타티아나를 위로한다. 『기도론』은 오리게네스가 언급하는 것처럼 암브로시우스와 타티아나에게 헌정된 것이다. 암브로시우스와 타티아나는 이 글의 마지막에서(XXXIV) 다시 한번 언급된다. 여기서 오리게네스는 이 글을 주의 깊게 읽을 것을 당부하며 그들을 "배우기를 너무나 좋아하고 경건에 있어서 가장 진실한 오누이"라고 부른다. 오리게네스는 이 두 사람을 "오누이(δελφοί)"로 표현하는데, 정말로 이 두 사람이 오누이였는지는 알 수 없다. 아마도 "형제자매"라는 표현은 당시의 교회에서 사용하는 표현이었을 뿐 아니라, 세례 받은 자들을 가리키는 말이었을 것이다. 이 두 사람이 이 편지를 받았을 당시에 어디에 머물렀는지는 글 중에 나타나지 않는다.

12　이 글의 제목은 바로 이곳에서 언급된다(περὶ εὐχῆς). 문자적으로는 "기도에 관하여"이지만 본서에서는 "기도론"이라고 표기한다. 사람은 어떻게 기도하여야 하는지를 알지 못하나(참조. 롬 8:26) 하나님의 은혜가 바른 기도를 가능하게 하는 기초가 된다.
13　인간의 특징으로서 연약함에 대해서는 II.4; XI.2; XV.2; XXIX.18, 19를 보라.

οἴδαμεν.”ᵃ ἀναγκαῖον δὲ οὐ τὸ προσεύχεσθαι μόνον ἀλλὰ καὶ τὸ προσεύχεσθαι “καθὸ δεῖ” καὶ προσεύχεσθαι ὃ δεῖ. ἵνα γὰρ καὶ ὃ δεῖ προσεύχεσθαι δυνηθῶμεν καταλαβεῖν, ἐλλιπές ἐστι τοῦτο, ἐὰν μὴ καὶ τὸ “καθὸ δεῖ” προσλάβωμεν. τί δὲ ἡμῖν ὄφελος τοῦ “καθὸ δεῖ,” μὴ εἰδόσιν εὔχεσθαι ὃ δεῖ;

II. 2.

τὸ μὲν οὖν ἕτερον τούτων, λέγω δὴ τὸ ὃ δεῖ, οἱ λόγοι εἰσὶ τῆς εὐχῆς, τὸ δὲ “καθὸ δεῖ” ἡ κατάστασις τοῦ εὐχομένου· οἷον ὡς ἐπὶ παραδείγματος τὸ μὲν ὃ δεῖ· “αἰτεῖτε τὰ μεγάλα, καὶ τὰ μικρὰ ὑμῖν προστεθήσεται,” καὶ “αἰτεῖτε τὰ ἐπουράνια, καὶ τὰ ἐπίγεια ὑμῖν προστεθήσεται,” καὶ “προσεύχεσθε ὑπὲρ τῶν ἐπηρεαζόντων ὑμᾶς,”ᵇ καὶ “δεήθητε οὖν τοῦ κυρίου τοῦ

a    롬 8:26.              b    눅 6:28; 참조. 마 5:44.

지 못한다고 그는 말하기 때문입니다.[14a] 기도할 뿐만 아니라 "마땅히 해야 하는 바대로" 기도하고, 마땅한 것을 기도하는 것이 필수적입니다. 우리가 마땅히 기도할 것을 파악할 수 있더라도, 마땅한 기도의 방식까지 알지 못한다면 부족합니다. 반면, 우리가 마땅히 기도할 것을 모른다면, 마땅한 기도의 방식을 [아는 것이] 우리에게 무슨 유익이 되겠습니까?

## II. 2.[15]

이 둘 중의 하나, 즉 마땅한 기도 내용은 기도의 말들과 관련되고, 다른 한편 "마땅한 기도 방식"은 기도자의 마음가짐과 관련됩니다. 예를 들면, 다음과 같은 내용이 마땅한 기도 내용의 예가 될 수 있습니다: "큰 것을 구하십시오. 그러면 작은 것도 당신들에게 더하여질 것입니다". 또한 "하늘에 속한 것을 구하십시오. 그러면 땅에 속한 것도 당신들에게 더하여질 것입니다".[16] 그리고 "너희를 모욕하는 사람들을 위하여 기도하여라."[b] 또한 "너희는 추수하는 주인에게

---

14  참조. II.3; XIV.5. 롬 8:26을 한글성경에는 "어떻게 기도해야 할 것도 알지 못하지만"(새번역), "우리는 마땅히 기도할 바를 알지 못하나"(개역개정)로 나와 있지만, 원문을 직역하면 "우리는 마땅히 해야 하는 바대로 무엇을 기도할지를 알지 못한다"가 되어 바울이 기도의 내용과 방식을 모두 말하고 있다고 볼 수 있다.

15  기도 내용 및 기도 방식과 관련된 성경 구절을 예시한다.

16  이는 "기록되지 않은 예수의 말씀"(*Agrapha*)에 해당한다. 해설 부분을 참조하라.

θερισμοῦ, ⌜ἵνα⌝ ἐκβάλῃ ἐργάτας εἰς τὸν θερισμὸν αὐτοῦ,"[a] καὶ "προσεύχεσθε μὴ εἰσελθεῖν εἰς πειρασμόν,"[b] καὶ "προσεύχεσθε, ἵνα μὴ γένηται ὑμῶν ἡ φυγὴ χειμῶνι μηδὲ σαββάτῳ,"[c] καὶ "προσευχόμενοι δὲ μὴ βαττολογήσητε,"[d] καὶ εἴ τι τούτοις ἐστὶ παραπλήσιον· τὸ δὲ "καθὸ δεῖ"· "βούλομαι οὖν προσεύχεσθαι τοὺς ἄνδρας ἐν παντὶ τόπῳ, ἐπαίροντας ⌜ὁσίας⌝ χεῖρας χωρὶς ὀργῆς καὶ διαλογισμοῦ· ὡσαύτως καὶ γυναῖκας ἐν καταστολῇ κοσμίῳ, μετὰ αἰδοῦς καὶ σωφροσύνης κοσμεῖν ἑαυτάς, μὴ ἐν πλέγμασιν ἢ χρυσῷ ἢ μαργαρίταις ἢ ἱματισμῷ πολυτελεῖ ἀλλ', ὃ πρέπει γυναιξὶν ἐπαγγελλομέναις θεοσέβειαν, δι' ἔργων ἀγαθῶν."[e] τοῦ δὲ "καθὸ δεῖ" διδασκαλικόν ἐστι καὶ τό· "ἐὰν οὖν προσφέρῃς τὸ δῶρόν σου ἐπὶ τὸ θυσιαστήριον κἀκεῖ μνησθῇς ὅτι ὁ ἀδελφός σου ἔχει τι κατὰ σοῦ, ἄφες ἐκεῖ τὸ δῶρόν σου ἔμπροσθεν τοῦ θυσιαστηρίου καὶ ὕπαγε πρῶτον διαλλάγηθι τῷ ἀδελφῷ σου, καὶ τότε ἐλθὼν πρόσφερε τὸ δῶρόν σου."[f] ποῖον γὰρ θεῷ δῶρον ἀπὸ τοῦ λογικοῦ μεῖζον ἀναπέμπεσθαι δύναται εὐώδους λόγου εὐχῆς, προσφερομένης ἀπὸ συνειδότος μὴ ἔχοντος δυσῶδες ἀπὸ τῆς ἁμαρτίας; ἔτι δὲ τοῦ "καθὸ δεῖ" τό· "μὴ ἀποστερεῖτε ἀλλήλους, ἐὰν μή τι ἐκ συμφωνίας πρὸς καιρὸν, ἵνα σχολάσητε τῇ προσευχῇ καὶ πάλιν ἐπὶ τὸ αὐτὸ ἦτε, ἵνα μὴ

a  마 9:38; 참조. 눅 10:2.
b  눅 22:40; 참조. 마 26:41; 막 14:38.
c  마 24:20; 참조. 막 13:18.
d  마 6:7.
e  딤전 2:8-10.
f  마 5:23-24.

일꾼들을 그의 추수밭으로 보내시라고 청하여라."ᵃ 그리고 "시험에 빠지지 않도록 기도하여라."ᵇ 그리고 "너희가 도망하는 일이 겨울이나 안식일에 일어나지 않도록 기도하여라."ᶜ 그리고 "기도할 때에 빈 말을 되풀이하지 말아라"ᵈ 등등입니다. 한편 마땅한 기도 방식의 예는 다음과 같습니다. "그러므로 나는 남자들이 화를 내거나 말다툼을 하는 일이 없이, 모든 곳에서 거룩한 손을 들고 기도하기를 바랍니다. 이와 같이 여자들도 소박하고 정숙하게, 단정한 옷차림으로 자기를 단장하십시오. 머리를 지나치게 꾸미지 말며, 금붙이나 진주나 값비싼 옷으로 치장하지 말고, 하나님을 공경하는 여자에게 어울리게, 착한 행실로 치장하기를 바랍니다."ᵉ 다음도 "마땅한 기도 방식"에 관한 가르침입니다. "그러므로 네가 제단에 제물을 드리려고 하다가 네 형제나 자매가 네게 어떤 원한을 품고 있다는 생각이 나거든, 너는 그 제물을 제단 앞에 놓아 두고, 먼저 가서 네 형제나 자매와 화해하여라. 그런 다음에 돌아와서 제물을 드려라."ᶠ 죄로 말미암은 악취를 내지 않고, 이성적인 사람이 선한 양심으로 드리는 기도의 향기로운[17] 말보다 어떤 더 좋은 예물을 드릴 수 있겠습니까? 다음도 "마땅한 기도 방식"에 관련됩니다: "서로 물리치지 마십시오. 여러분이 기도에 전념하려고 하여, 얼마 동안 떨어져 있기로 합의한 경우에는 예외입니다. 그러나 그 뒤에 다시 합하십시오. 여러분이 절제하지 못하는 틈을 타서 사탄이 여러분에

---

17  참조. 고후 2:14-16(출 29:18; 엡 5:2).

ἐπιχαρῇ ὑμῖν ὁ σατανᾶς διὰ τὴν ἀκρασίαν ὑμῶν."ᵃ διὰ τούτων

γὰρ ἐμποδίζεται τὸ "καθὸ δεῖ," ἐὰν μὴ καὶ τῶν κατὰ τὸν γάμον

σιωπᾶσθαι ἀξίων μυστηρίων τὸ ἔργον σεμνότερον καὶ βραδύτερον

καὶ ἀπαθέστερον γίνηται, τῆς λεγομένης ἐνταυθοῖ "συμφωνίας"

τὸ ἀσύμφωνον τοῦ πάθους ἀφανιζούσης καὶ τὴν ἀκρασίαν

ἀναλισκούσης τοῦ τε σατανᾶ τὸ ἐπιχαιρησίκακον κωλυούσης.

πρὸς τούτοις τοῦ "καθὸ δεῖ" ἐστι διδασκαλικὸν τό· "ἐὰν στήκητε

προσευχόμενοι, ἀφίετε, εἴ τι ⸢ἄν ἔχητε⸣ κατά τινος."ᵇ καὶ τὸ παρὰ τῷ

Παύλῳ δέ· "πᾶς ἀνὴρ ⸢εὐχόμενος⸣ ἢ προφητεύων κατὰ κεφαλῆς

ἔχων καταισχύνει τὴν κεφαλὴν αὐτοῦ, πᾶσα δὲ γυνὴ προσευχομένη

ἢ προφητεύουσα ἀκατακαλύπτῳ τῇ κεφαλῇ καταισχύνει

τὴν κεφαλὴν ⸢ἑαυτῆς⸣"ᶜ τοῦ "καθὸ δεῖ" ἐστι παραστατικόν.


II. 3.

ἀλλὰ ταῦτα πάντα ἐπιστάμενος Παῦλος καὶ τούτων πολλα-

πλασίονα ἀπὸ νόμου καὶ προφητῶν τοῦ τε εὐαγγελικοῦ

πληρώματος παραθέσθαι δυνάμενος μετὰ ποικιλότητος τῆς

εἰς ἕκαστον διηγήσεως, ἀπὸ διαθέσεως οὐ μετριαζούσης μόνον

ἀλλὰ καὶ ἀληθευούσης φησίν (ὁρῶν δὲ καὶ μετὰ ταῦτα πάντα

ὅσον ἀπολείπεται τοῦ εἰδέναι προσεύξασθαι τί δεῖ "καθὸ δεῖ")·

τὸ δὲ ὅ τι προσεύξασθαι δεῖ "καθὸ δεῖ οὐκ οἴδαμεν"ᵈ καὶ τοῦτο

a    고전 7:5.                          c    고전 11:4-5.
b    막 11:25.                          d    롬 8:26.

대해 기뻐 떨까[18] 염려되기 때문입니다."[a] 이런 연유로, 만약 결혼생활에서 묵인될 만한 신비로운 일들이[19] 더 거룩하고 더 신중하며 더 격정 없이 행해지지 않는다면, "마땅한 기도 방식"에 관한 일이 방해를 받기 때문입니다. 여기서 말하는 합의는 격정의 불화를 없애고, 무절제를 파괴하고, 사탄이 악을 기뻐하는 일을 막습니다. 이것에 더하여 다음도 "마땅한 기도 방식"에 관한 가르침입니다: "너희가 서서 기도하려면,[20] 어떤 사람과 서로 등진 일이 있으면, 용서하여라."[b] 한편 "남자가 머리에 무엇을 쓰고 기도하거나 예언하면, 그는 자기 머리를 부끄럽게 하는 것입니다. 그러나 여자가 머리에 무엇을 쓰지 않은 채로 기도하거나 예언하면, 그는 자기 머리를 부끄럽게 하는 것입니다."[c]라는 바울의 말도 "마땅한 기도 방식"에 어울립니다:

## II. 3.[21]

게다가 이 모든 것을 알고 있는 바울은 율법과 예언서와 그 성취인 복음서로부터 이보다 더 많은 것을 각각에 대해 더욱 다양한 설명으로 제시할 수 있었습니다. 그러나 절제되고 진실한 자세로 "우리는 마땅히 기도해야 하는 대로 무엇을 기도해야 하는지를 알지 못한다"고만 말합니다.[d] 이 모든 통찰에도 불구하고 그는 마땅히 기도해

---

18  성경에는 "유혹할까"로 나와 있는데 오리게네스는 "기뻐 떨까"로 쓰고 있다.
19  결혼생활의 성적 연합.
20  성경에는 "할 때에"로 나와 있다.
21  인간은 연약하여 기도의 내용과 방식을 알 수 없지만 성령의 말할 수 없는 탄식의 기도를 통해 연약함이 채워진다.

τῷ λόγῳ προστίθησιν, ὅθεν ἀναπληροῦται τὸ ἐλλεῖπον τῷ μὴ

εἰδότι μὲν ἑαυτὸν δὲ ἄξιον τοῦ ἀναπληρωθῆναι ἐν αὐτῷ τὸ

ἐλλεῖπον παρασκευάσαντι, λέγει γὰρ ὅτι "αὐτὸ τὸ πνεῦμα

στεναγμοῖς ἀλαλήτοις ὑπερεντυγχάνει ⌜τῷ θεῷ⌝[a] ὁ δὲ ἐρευνῶν

τὰς καρδίας οἶδε τί τὸ φρόνημα τοῦ πνεύματος, ὅτι κατὰ θεὸν

ἐντυγχάνει ὑπὲρ ἁγίων."[b] τὸ δὲ ἐν ταῖς καρδίαις τῶν μακαρίων

κρᾶζον "ἀββὰ ὁ πατὴρ" "πνεῦμα,"[c] ἐπιστάμενον ἐπιμελῶς τοὺς

ἐν τῷ σκήνει στεναγμοὺς, ἀξίους τυγχάνοντας εἰς τὸ βαρῦναι[d]

τοὺς πεπτωκότας ἢ παραβεβηκότας, "στεναγμοῖς ἀλαλήτοις

ὑπερεντυγχάνει ⌜τῷ θεῷ,⌝"[e] τοὺς ἡμετέρους διὰ τὴν πολλὴν

φιλανθρωπίαν καὶ συμπάθειαν ἀναδεχόμενον στεναγμούς·

κατὰ δὲ τὴν ἐν αὐτῷ σοφίαν ὁρῶν τὴν ταπεινωθεῖσαν "εἰς χοῦν"[f]

ψυχὴν ἡμῶν καὶ ἐν τῷ σώματι "τῆς ταπεινώσεως"[g] καθειργμένην,

οὐ τοῖς τυχοῦσι "στεναγμοῖς" χρώμενον "ὑπερεντυγχάνει

⌜τῷ θεῷ⌝" ἀλλά τισιν "ἀλαλήτοις,"[h] ἐχομένοις τῶν ἀρρήτων

λόγων, ὧν οὐκ ἔστιν "ἀνθρώπῳ" λαλεῖν.[i] τοῦτο δὴ τὸ πνεῦμα,

οὐκ ἀρκούμενον τῷ ἐντυγχάνειν τῷ θεῷ,[j] ἐπιτεῖνον τὴν ἔντευξιν

"ὑπερεντυγχάνει,"[k] ἐγὼ οἶμαι ὅτι περὶ τῶν ὑπερνικώντων,

ὁποῖος Παῦλος ἦν λέγων· "ἀλλ᾽ ἐν τούτοις πᾶσιν ὑπερνικῶμεν."[l]

| | | | |
|---|---|---|---|
| a | 롬 8:26. | g | 빌 3:21. |
| b | 롬 8:27. | h | 롬 8:26. |
| c | 롬 8:15; 갈 4:6. | i | 고후 12:4. |
| d | 참조. 지혜서 9:15. | j | 롬 8:27. |
| e | 롬 8:26. | k | 롬 8:26. |
| f | 시 43:26(44:25). | l | 롬 8:37. |

야 하는 바대로 무엇을 기도해야 하는지를 아는 것에서 자신이 얼마나 부족한지를 보았기 때문입니다. 여기에 덧붙여서 그는 비록 스스로는 알지 못하지만, 부족한 것이 채워질 수 있도록 준비한 사람에게 어디로부터 부족한 것이 채워지는지를 알려줍니다. 그는 "성령께서 친히 이루 다 말할 수 없는 탄식으로 하나님께 간절히 기도하십니다"라고 말하기 때문입니다.[a] "사람의 마음을 꿰뚫어 보시는 하나님께서는, 성령의 생각이 어떠하신지를 아십니다. 성령께서 하나님의 뜻을 따라, 성도를 대신하여 간절히 기도하시기 때문입니다."[b] 복된 자들의 마음 안에서 "아빠, 아버지"[c]라고 부르는 "성령"은 넘어지거나 빗나간 자들을 무겁게 할 만한[d] 이 장막[육체] 안에서의 탄식을 세심하게 알고서, 풍성한 자비와 긍휼 때문에 우리들의 탄식을 받아들이면서, "이루 다 말할 수 없는 탄식으로 하나님께 간절히 기도하십니다."[e] 그분은 자신 안에 있는 지혜를 따라서, 우리의 영혼이 "먼지 속에"[f] 파묻히고 "비천한"[g] 몸 안에 갇힌 것을 보면서, 보통의 탄식이 아니라 "이루 말할 수 없는", 즉 "사람이" 말하기에 불가능하며 표현될 수 없는[i] "탄식으로" 하나님께 "간절히 기도합니다."[h] 이 성령은 하나님께 구하는 것으로[j] 만족하지 않고, 이 중보 기도의 강도를 더하여 "간절히 기도합니다."[k] 내가 생각하기에 이것은 바울이 "우리는 이 모든 일에서 이기고도 남습니다"[l]라고 말하는 대로, 이기고도 남는 자들을 위한 것입니다. 이기고도 남을 정도로 위대하지는 않고 패배할 정도는 아닌, 이기는 자들을 위해서는 그분은 "기도하는" 듯합니다.[22]

---

22  오리게네스는 "간절히 기도한다"(ὑπερεντυγχάνειν)와 "기도한다"(ἐντυγχάνειν)를 "이

εἰκὸς δ' ὅτι "ἐντυγχάνει" μόνον περὶ τῶν οὐ τηλικούτων μὲν, ὡς ὑπερνικᾶν, οὐ τοιούτων δὲ πάλιν, ὥστε νικᾶσθαι, ἀλλὰ νικώντων.

## II. 4.

ἐχόμενον δὲ τοῦ τί δὲ δεῖ προσεύξασθαι "καθὸ δεῖ οὐκ οἴδαμεν, ἀλλὰ τὸ πνεῦμα στεναγμοῖς ἀλαλήτοις ὑπερεντυγχάνει ⌜τῷ θεῷ⌝"[a] τὸ "προσεύξομαι τῷ πνεύματι, προσεύξομαι δὲ καὶ τῷ νοΐ· ψαλῶ ⌜τῷ⌝ πνεύματι, ψαλῶ ⌜<δὲ>⌝ καὶ τῷ νοΐ."[b] οὐδὲ γὰρ δύναται ἡμῶν ὁ νοῦς προσεύξασθαι, ἐὰν μὴ πρὸ αὐτοῦ τὸ πνεῦμα προσεύξηται οἱονεὶ ἐν ὑπηκόῳ αὐτοῦ, ὥσπερ οὐδὲ ψᾶλαι καὶ εὐρύθμως καὶ ἐμμελῶς καὶ ἐμμέτρως καὶ συμφώνως ὑμνῆσαι τὸν πατέρα ἐν Χριστῷ, ἐὰν μὴ "τὸ πνεῦμα" τὸ "πάντα" ἐρευνῶν, "καὶ τὰ βάθη τοῦ θεοῦ,"[c] πρότερον αἰνέσῃ καὶ ὑμνήσῃ τοῦτον, οὗ "τὰ βάθη" ἠρεύνηκε καὶ, ὡς ἐξίσχυσε, κατείληφεν. ἐγὼ δὲ οἴομαι συναισθόμενόν τινα τῶν τοῦ Ἰησοῦ μαθητῶν τῆς ἀνθρωπίνης ἀσθενείας, ἀπολειπομένης τοῦ ὃν τρόπον εὔχεσθαι δεῖ, καὶ μάλιστα τοῦτ' ἐγνωκότα, ὅτε ἐπιστημόνων καὶ μεγάλων λόγων ἤκουεν ἀπαγγελλομένων ὑπὸ τοῦ σωτῆρος

a  롬 8:26.　　　　c　고전 2:10.
b  고전 14:15.

## II. 4.[23]

"나는 영으로 기도하고 또 이성으로도 기도하겠습니다. 내가 영으로 찬미하고 또 이성으로도 찬미하겠습니다"[b]는 구절은 "우리는 마땅히 기도해야 하는 대로 무엇을 기도해야 하는지를 알지 못하지만, 성령께서 이루 다 말할 수 없는 탄식으로 하나님에게 간절히 기도하십니다"[a]는 구절과 관련이 있습니다. 왜냐하면 이성이 듣고 따라 하는 경우처럼,[24] 성령이 이성에 앞서 기도하지 않으면, 우리의 이성은 기도할 수 없기 때문입니다. 이는 "모든 것" 곧 "하나님의 깊은 것"까지도 살피시는 "성령"이 그분의 "깊은 것을"[c] 할 수 있는 한 최대로 살피시고 깨달으셔서 그분을 먼저 찬양하고 찬송하지 않는다면, 그리스도 안에서 아버지를 알맞은 리듬과 멜로디와 박자와 음률로 찬미하고 찬송할 수 없는 것과 마찬가지입니다. 또한 나는 예수의 제자 중 하나가, 구주께서 아버지에게 기도하실 때 하신 사려 깊고 위대한 말씀을 들었을 때에, 기도하는 방식을 모르는 인간

---

기고도 남는다"(ὑπερνιχᾶν)와 "이긴다"(νιχᾶν)와 짝을 이루어, 성령께서 이기고도 남는 자들을 위해서는 간절히 기도하고, 이기는 자들을 위해서는 기도하신다고 설명하는 듯하다. 하지만 주해자 장용재 박사는 이 문장을 "당연하게도 이것이 그가 승리할 수 있는 자들을 위해서 대신하여 간구한다는 것인데, 그들이 승리하는 형태나, 또는 반대로 패배하는 형태와는 전혀 상관이 없다는 것이다"라고 번역하고, 그리스도는 당연히 그리스도인을 위해서 기도하는데, 그 그리스도인이 어떻게 승리를 하건, 또는 패배를 하건 상관 없이, 즉 그리스도가 그리스도인을 위해서 기도하는 것은 그리스도인의 승리와 패배의 형태와 상관없이 당연하다는 뜻이라고 제안한다.

23  고전 14:15를 토대로 이성이 기도하기 전에 성령이 앞서 기도해야 한다고 강조한다. 제자 중 하나가 예수께 기도에 대해서 질문한 것은 유대인의 관습에 따라 기도를 해왔지만, 기도와 관련되어 더 큰 지식이 필요하다는 것을 알았기 때문이다.

24  Bentley는 ὑπηκόῳ 대신 ἐπηκόῳ를 제안했고, 이 경우에는 "이성이 들을 수 있는 거리 범위 안에서처럼"으로 옮길 수 있다(Stritzky, *Origenes Über das Gebet*, 104 n. 23).

ἐν τῇ πρὸς τὸν πατέρα εὐχῇ, παυσαμένῳ τοῦ προσεύχεσθαι τῷ κυρίῳ εἰρηκέναι· "κύριε, δίδαξον ἡμᾶς προσεύχεσθαι, καθὼς καὶ Ἰωάννης ἐδίδαξε τοὺς μαθητὰς αὐτοῦ."[a] ὅλος δὲ ὁ εἱρμὸς τοῦ ῥητοῦ οὕτως ἔχει· "καὶ ἐγένετο ἐν τῷ εἶναι αὐτὸν προσευχόμενον ἐν τόπῳ τινί, ὡς ἐπαύσατο, εἶπέ τις τῶν μαθητῶν αὐτοῦ πρὸς αὐτόν· κύριε, δίδαξον ἡμᾶς προσεύχεσθαι, καθὼς καὶ Ἰωάννης ἐδίδαξε προσεύχεσθαι τοὺς μαθητὰς αὐτοῦ"[b] · · ·

[원문소실]

· · ·ἆρα γὰρ ἄνθρωπος, ἐντεθραμμένος τῇ νομικῇ κατηχήσει καὶ τῇ ἀκροάσει τῶν προφητικῶν λόγων τῶν τε συναγωγῶν μὴ ἀπολειπόμενος, οὐκ ἠπίστατο ὁπωσδήποτε εὔχεσθαι, μέχρις οὗ ἴδῃ τὸν κύριον εὐχόμενον "ἐν τόπῳ τινί;" ἀλλὰ τοῦτο ἄτοπον φάσκειν· ηὔχετο μὲν γὰρ κατὰ τὰ Ἰουδαίων ἔθη, ἑώρα δὲ μείζονος ἐπιστήμης ἑαυτὸν δεόμενον εἰς τὸν περὶ τῆς εὐχῆς τόπον. τί δὲ καὶ ὁ "Ἰωάννης ἐδίδασκε τοὺς μαθητὰς" περὶ τῆς εὐχῆς, ἀπὸ Ἱεροσολύμων καὶ πάσης τῆς Ἰουδαίας καὶ τῆς περιχώρου ἐρχομένους βαπτίζεσθαι "πρὸς αὐτόν,"[c] εἰ μή τινα κατὰ τὸ "περισσότερον" εἶναι "προφήτου"[d] ἔβλεπε περὶ τῆς εὐχῆς, ἅπερ εἰκὸς ὅτι οὐ πᾶσι τοῖς βαπτιζομένοις ἀλλὰ τοῖς πρὸς τὸ βαπτίζεσθαι μαθητευομένοις ἐν ἀπορρήτῳ παρεδίδου;

a  눅 11:1.              c  마 3:5-6.
b  눅 11:1.              d  마 11:9.

의 연약함을 깨달아 알고서, 주님이 기도를 마치시자 주님께 이렇게 말했다고 생각합니다. "주님, 요한이 자기 제자들에게 기도하는 것을 가르쳐준 것과 같이 우리에게도 그것을 가르쳐주십시오." 이 말씀의 전체 흐름은 이렇습니다. "예수께서 어떤 곳에서 기도하고 계셨는데, 기도하기를 마치셨을 때에 제자들 가운데 하나가 말하였다. '주님, 요한이 자기 제자들에게 기도하는 것을 가르쳐준 것과 같이 우리에게도 그것을 가르쳐주십시오.'[a] …

[원문소실]

… 그렇다면 사람이 율법의 가르침을 받고 예언자의 말씀을 들으면서 자랐고 회당에 빠지지 않았는데, 주님이 "어떤 곳에서" 기도하는 것을 보기 전에는[b] 전혀 기도를 알지 못했단 말입니까? 하지만 이렇게 말하는 것은 맞지 않습니다. 왜냐하면 그는 유대인들의 관습대로 기도해오긴 했지만, 기도와 관련된 주제에 대해 더 큰 지식이 필요하다는 것을 알았기 때문입니다. 또한 요한은 "예언자보다" 훨씬 "더 훌륭한" 자로서[d] 기도에 대해 무언가를 알지 않았다면, 제자들이 예루살렘과 온 유대와 사방에서 세례 받으러 "자기에게" 올 때[e] "그들에게" 기도에 대해 "무엇을 가르쳤겠습니까?" 그는 세례 받은 모든 자들이 아니라 세례에 더하여 제자가 된 자들에게 은밀히 이것을 전해주었던 것 같습니다.[25]

---

25  단순히 세례를 받은 자들과 제자가 된 자들을 구분한다. 이는 세례 이후에 일부 수세자에게 행해졌던 교육을 암시한다. 후대에는 세례 후 모든 수세자에게 입문교육 (*Mystagogia*)이 행해졌다(참조. 밀라노의 암브로시우스, 요안네스 크리소스토모스, 몹

## II. 5.

αἱ τοιαῦται δὲ εὐχαὶ αἱ ὄντως πνευματικαὶ, προσευχομένου ἐν τῇ καρδίᾳ τῶν ἁγίων τοῦ πνεύματος, ἀνεγράφησαν, πεπληρωμέναι ἀπορρήτων καὶ θαυμασίων δογμάτων· ἐν μὲν γὰρ τῇ πρώτῃ τῶν Βασιλειῶν ἐκ μέρους ἡ τῆς Ἄννης (ὅλη γὰρ, "ὅτε ἐπλήθυνε προσευχομένη ἐνώπιον κυρίου," λαλοῦσα "ἐν τῇ καρδίᾳ αὐτῆς,"ᵃ οὐκ † ἐχάρη γραφῇ), ἐν δὲ ψαλμοῖς ὁ ἑκκαιδέκατος ψαλμὸς "προσευχὴ τοῦ Δαυῒδ"ᵇ ἐπιγέγραπται, καὶ ὁ ἔνατος καὶ ὀγδοηκοστὸς "προσευχὴ ⸢τῷ Μωϋσεῖ, ἀνθρώπῳ⸣ τοῦ θεοῦ,"ᶜ καὶ ὁ πρῶτος καὶ ἑκατοστὸς "προσευχὴ τῷ πτωχῷ, ὅταν ἀκηδιάσῃ καὶ ἐναντίον κυρίου ἐκχέῃ τὴν δέησιν αὐτοῦ"·ᵈ αἵτινες προσευχαὶ, ἐπεὶ ἀληθῶς ἦσαν προσευχαὶ γινόμεναι πνεύματι λεγόμεναί τε, καὶ τῶν δογμάτων τῆς τοῦ θεοῦ σοφίας πεπλήρωνται, ὥστε εἰπεῖν ἄν τινα περὶ τῶν ἐν αὐταῖς ἐπαγγελλομένων· "τίς σοφὸς, καὶ συνήσει ⸢ταύτας; καὶ⸣ συνετός, καὶ ἐπιγνώσεται αὐτάς;"ᵉ

a  삼상 1:12-13.
b  시 16:1(시 17편 표제).
c  시 89:1(시 90편 표제).
d  시 101:1(시 102편 표제).
e  호 14:10(70인역; 호 14:9).

## II. 5.[26]

이러한 기도들이 기록되었는데, 성령께서 성도들의 마음 안에서 기도하고 계시므로 이 기도들은 참으로 영적인 기도들이고, 은밀하고 놀라운 가르침들로 가득 차 있습니다. 제1왕국기[27]에 한나의 기도가 부분적으로 나옵니다. 그녀가 주님 앞에서 계속해서 기도하고 있을 때, 마음으로 말하고 있었으므로, 전체 기도가 기록되지는 않았기 때문입니다.[a] 한편, 시편 16편에는 "다윗의 기도"[b]라는 표제가 붙어 있고, 89편에는 "하나님의 사람 모세의 기도"[c]라는 표제가 있습니다. 시편 101편에는 "가련한 사람이 고난을 받을 때에, 자신의 고민을 주님께 토로하는 기도"[d]라는 표제가 붙어 있습니다. 이 기도들은, 참으로 성령에 의해 이루어지고 말해졌으므로, 하나님의 지혜의 가르침으로 가득 차 있습니다. 그래서 누군가가 그 기도 안에서 선포된 것에 대해 이렇게 말할 수 있었습니다: "누가 지혜가 있어 이것들을 이해하겠는가? 누가 총명이 있어 그것들을 알겠는가?"[e]

---

수에스티아의 테오도로스).

26  성령에 의해 이루어진 기도를 구약성경에서 찾을 수 있다(한나의 기도, 시 16[17]편, 89[90]편, 101[102]편).

27  70인역의 책이름으로 사무엘상서를 말한다.

## II. 6.

ἐπεὶ τοίνυν τηλικοῦτόν ἐστι τὸ περὶ τῆς εὐχῆς διαλαβεῖν, ὡς δεῖσθαι τοῦ καὶ εἰς τοῦτο φωτίζοντος πατρὸς καὶ αὐτοῦ τοῦ πρωτοτόκου[a] λόγου διδάσκοντος τοῦ τε πνεύματος ἐνεργοῦντος εἰς τὸ νοεῖν καὶ λέγειν ἀξίως τοῦ τηλικούτου προβλήματος, εὐξάμενος ὡς ἄνθρωπος (οὐ γάρ που ἐμαυτῷ δίδωμι χωρεῖν τὴν προσευχὴν) τοῦ πνεύματος πρὸ τοῦ λόγου τυχεῖν τῆς εὐχῆς ἀξιῶ, ἵνα λόγος πληρέστατος καὶ πνευματικὸς ἡμῖν δωρηθῇ, καὶ αἱ ἐν τοῖς εὐαγγελίοις ἀναγεγραμμέναι σαφηνισθῶσιν εὐχαί. ἀρκτέον οὖν ἤδη τοῦ περὶ τῆς εὐχῆς λόγου.

a  참조. 롬 8:29; 골 1:15; 히 1:6.

## II. 6.[28]

기도에 대해 다루는 것은 그렇게도 큰 일이므로 이것에 대해 조명해주시는 아버지와, 그분의 처음 난 자인[a] 가르치는 말씀과, 그렇게 위대한 과제에 합당하게 생각하고 말하도록 활동하시는 성령을 필요로 합니다.[29] 그러므로, 나는 인간에 불과하므로 기도에 대한 논의를 시작하기에 앞서 지극히 충만하고 영적인 말씀을 우리에게 베풀어주시고 복음서들에 쓰여 있는 기도들을 명확하게 해주시도록 성령을 받기 위하여 기도하는 것이 마땅하다고 생각합니다. 왜냐하면 나는 스스로는 조금도 기도를 다룰 수 없기 때문입니다. 이제 기도에 대한 논의를 시작해야 합니다.

28  기도는 하나님의 도움 없이 인간의 힘만으로는 불가능한 것임을 고백하면서 기도에 대해 말하기 전에 성령을 받도록 기도를 부탁한다.
29  아버지와 로고스와 영의 조화인 삼위일체론적 신론은 오리게네스 기도론의 근간이다.

III. 1.

Πρῶτον δὴ τὸ ὄνομα τῆς εὐχῆς ὅσον ἐπὶ παρατηρήσει τῇ ἐμῇ εὑρίσκω κείμενον, ἡνίκα ὁ Ἰακὼβ, φυγὰς γενόμενος τῆς ὀργῆς "τοῦ ἀδελφοῦ" ἑαυτοῦ Ἡσαῦ, ἀπήει "εἰς τὴν Μεσοποταμίαν" κατὰ τὰς ὑποθήκας Ἰσαὰκ καὶ Ῥεβέκκας.ᵃ οὕτω δὲ ἔχει ἡ λέξις· "καὶ ηὔξατο Ἰακὼβ εὐχὴν, λέγων· ἐὰν ᾖ κύριος ὁ θεὸς μετ' ἐμοῦ καὶ διαφυλάξῃ με ἐν τῇ ὁδῷ ταύτῃ, ᾗ ἐγὼ πορεύομαι, καὶ ⸢δώῃ⸣ μοι ἄρτον φαγεῖν καὶ ἱμάτιον περιβαλέσθαι καὶ ἀποστρέψῃ με μετὰ σωτηρίας εἰς τὸν οἶκον τοῦ πατρός μου· καὶ ἔσται κύριός μοι εἰς θεὸν, καὶ ὁ λίθος οὗτος, ὃν ἔστησα στήλην, ἔσται μοι οἶκος θεοῦ, καὶ πάντων ὧν ἐάν μοι δῷς δεκάτην ἀποδεκατώσω αὐτά σοι."ᵇ ···

[원문소실]

a   창 27:41-45.          b   창 28:20-22.

# 기도에 대한 이론적인 고찰: III-XVII

## εὐχή와 προσευχή의 개념정립(III-IV)

### III. 1.[1]

내가 관찰한 바에 따르면, 기도[εὐχή]라는 용어는 야곱이 형 에서의 화를 피해 이삭과 리브가의 충고에 따라[a] 메소포타미아로 떠날 때 처음으로 발견됩니다. 성경 내용은 다음과 같습니다. "야곱은 이렇게 서원하여 말했다.[2] '주 하나님께서 저와 함께 계시고, 제가 가는 이 길에서 저를 지켜주시고, 먹을 것과 입을 것을 주시고, 제가 안전하게 저의 아버지 집으로 돌아가게 해주시면, 주님이 저의 하나님이 되실 것이며, 제가 기둥으로 세운 이 돌이 하나님의 집이 될 것이며, 하나님께서 저에게 주신 모든 것에서 열의 하나를 하나님께 드리겠습니다.'"[3b] …

[원문소실]

---

1   εὐχή라는 단어를 살펴보면 일반적으로 두 가지 의미, 즉 기도와 서원의 의미를 가지고 있다는 것을 보여준다. 이 두 가지 의미는 서로 명확하게 나눌 수 없지만, 기도의 의미와 개념을 정확하게 정의하고자 한다. εὐχή가 서원으로 사용되는 예로 에서에게서 도망하는 야곱의 이야기를 보여준다(창 28:20-22).
2   III.4의 주해를 보라.
3   서원 또는 맹세의 조건부를 표시하는 부문장은 히브리어로 אם으로 접속법과 함께 사용되며, 그 기능에 있어 그리스어로 번역된 "ἐάν"과도 동일하게 사용된다. 단지 차이는 "ἐάν" 부문장은 현재나 Aorist(단순과거, 부정과거)형태이지만, 주문장은 미래형태로 사용된다.

III. 2.

ἔνθα καὶ σημειωτέον ἐστὶν ὅτι τὸ ὄνομα τῆς εὐχῆς παρελήφθη
(πολλαχοῦ ἑτέρας οὔσης παρὰ τὴν προσευχὴν) ἐπὶ τοῦ μετὰ
εὐχῆς ἐπαγγελλομένου τάδε τινὰ ποιήσειν, εἰ τύχοι ἀπὸ θεοῦ
τῶνδε. τάσσεται μέντοι καὶ ἐπὶ τοῖς κατὰ συνήθειαν ἡμῶν
λεγομένοις ἡ ὀνομασία· ὥσπερ ἐν Ἐξόδῳ εὕρομεν οὕτως μετὰ
τὴν ἐπὶ τοῖς βατράχοις μάστιγα, τῇ τάξει τῶν δέκα οὖσαν
δευτέραν, · · ·

[원문소실]

· · · "ἐκάλεσε Φαραὼ ⌜Μωϋσέα⌝ καὶ Ἀαρὼν καὶ εἶπεν
⌜αὐτοῖς·⌝ εὔξασθε περὶ ἐμοῦ πρὸς κύριον, καὶ περιελέτω τοὺς
βατράχους ἀπ᾽ ἐμοῦ καὶ τοῦ λαοῦ μου· καὶ ἐξαποστελῶ τὸν
λαόν, καὶ θύσωσι κυρίῳ."[a] ἐὰν δὲ δυσπειθῶς τις ἔχῃ διὰ τὸ τοῦ
Φαραὼ εἶναι φωνὴν τὴν "εὔξασθε" πρὸς τὸ σημαίνεσθαι ἀπὸ
τῆς εὐχῆς πρὸς τῷ προτέρῳ καὶ τὸ σύνηθες, παρατηρητέον
καὶ τὸ ἑξῆς οὕτως ἔχον· "εἶπε δὲ Μωϋσῆς πρὸς Φαραώ· τάξαι
πρός με, πότε ⌜εὔξομαι⌝ περὶ σοῦ καὶ περὶ τῶν θεραπόντων σου
καὶ τοῦ λαοῦ σου, ἀφανίσαι τοὺς βατράχους ἀπὸ σοῦ καὶ ἀπὸ
τοῦ λαοῦ σου καὶ ἐκ τῶν οἰκιῶν ὑμῶν· πλὴν ἐν τῷ ποταμῷ
ὑπολειφθήσονται."[b]

a   출 8:4(70인역; 출 8:8).          b   출 8:5(70인역; 출 8:9).

III. 2.[4]

여기서 "기도[εὐχή]"는 여러 경우에 그 의미에서 "본래적인 의미의 기도[προσευχή]"와 다르며, 서원자가 무언가를 하나님께로부터 얻으면 어떤 일을 행할 것이라고 약속하는 경우에 사용된다는 것을 주목해야 합니다.[5] 하지만 이 용어는 우리가 관용적 용법대로 표현하는 것들에 대해서도 사용됩니다. 예를 들면, 우리는 출애굽기에서 열 가지 재앙 중 둘째인 개구리 재앙 뒤에 그런 표현을 발견합니다.⋯

[원문소실]

⋯"바로는 모세와 아론을 불러들여 부탁하였다. '너희는 나를 위해 주께 기도하여 개구리들이 나와 나의 백성에게서 물러가게 하여라. 그러면 내가, 너희 백성이 주께 제사를 드릴 수 있게, 너희를 보내주겠다.'"[a] 파라오가 "기도하라(εὔξασθε)"는 말을 쓰고 있으므로 기도(εὐχή)라는 말은 이전에 언급된 의미(서원) 외에 일반적인 의미(기도)를 가지고 있다고 하겠습니다. 그런데 만약 누군가가 이것을 믿으려고 하지 않는다면, 뒤따라 나오는 말에 주목해야 합니다. "모세가 바로에게 대답하였다. '제가 언제쯤 이 개구리들이 임금님과 임금님의 백성과 그 집들에서 물러가서 오로지 강에만 남아 있도록 임금님과 임금님의 신하들과 임금님의 백성을 위해 기도해야 할지 명하십시오.'"[6b]

---

4    εὐχή의 일반적이고 관용적인 뜻은 기도인데, 출 8:4-5(8:8-9)에서 찾을 수 있다.
5    『70인역』에서 εὐχή가 서원으로 사용되는 용법에 대해서는 해설 부분을 참조하라.
6    여기서 모세의 εὔξομαι는 "기도하다"라는 의미로 사용되었다.

III. 3.

παρετηρήσαμεν δὲ ὅτι ἐπὶ ταῖς σκνιψὶ, τῇ τρίτῃ μάστιγι, οὔτε Φαραὼ εὐχὴν γενέσθαι ἀξιοῖ οὔτε Μωϋσῆς εὔχεται.ᵃ καὶ ἐπὶ τῇ κυνομυίᾳ δὲ, οὔσῃ τετάρτῃ, λέγει· "εὔξασθε οὖν περὶ ἐμοῦ πρὸς κύριον,"ᵇ ὅτε καὶ εἶπε Μωϋσῆς ὅτι "ἐγὼ ἐξελεύσομαι ἀπὸ σοῦ καὶ εὔξομαι πρὸς τὸν θεόν, καὶ ἀπελεύσεται ἡ κυνόμυια ἀπὸ Φαραὼ καὶ τῶν θεραπόντων ⸢αὐτοῦ καὶ⸣ τοῦ λαοῦ ⸢αὐτοῦ⸣ αὔριον"ᶜ καὶ μετ᾽ ὀλίγα· "ἐξῆλθε δὲ Μωϋσῆς ἀπὸ Φαραὼ καὶ ηὔξατο πρὸς τὸν θεόν."ᵈ πάλιν δὲ ἐπὶ τῆς πέμπτης καὶ ἕκτης μάστιγος οὔτε Φαραὼ ἀξιώσαντος εὐχὴν γενέσθαι οὔτε ⸢Μωϋσέως⸣ εὐξαμένου, ἐπὶ τῆς ἑβδόμης "ἀποστείλας Φαραὼ ἐκάλεσε Μωϋσέα καὶ Ἀαρὼν καὶ εἶπεν αὐτοῖς· ἡμάρτηκα τὸ νῦν· ὁ κύριος δίκαιος, ἐγὼ δὲ καὶ ὁ λαός μου ἀσεβής. εὔξασθε οὖν πρὸς κύριον, καὶ παυσάσθω τοῦ γενηθῆναι φωνὰς θεοῦ καὶ χάλαζαν καὶ πῦρ"ᵉ καὶ μετ᾽ ὀλίγα· "ἐξῆλθε Μωϋσῆς ἀπὸ Φαραὼ ἐκτὸς τῆς πόλεως καὶ ἐξεπέτασε τὰς χεῖρας πρὸς κύριον, καὶ αἱ φωναὶ ἐπαύσαντο."ᶠ διὰ τί δὲ οὐκ εἴρηται "καὶ ηὔξατο" ὡς ἐπὶ τῶν προτέρων ἀλλ᾽ "ἐξεπέτασε τὰς χεῖρας πρὸς κύριον," εὐκαιρότερον ἐν ἄλλοις ἐξεταστέον. καὶ ἐπὶ τῆς ὀγδόης δὲ

a  참조. 출 8:13-14(70인역; 출 8:17-18).      d  출 8:26(70인역; 출 8:30).
b  출 8:24(70인역; 출 8:28)                    e  출 9:27-28.
c  출 8:25(70인역; 출 8:29).                    f  출 9:33.

## III. 3.[7]

셋째 재앙인 이에 관해서는 바로도 기도가 있어야 마땅하다고 생각지 않았고, 모세도 기도하지 않았다는 것을 우리는 관찰합니다.[a] 그리고 넷째 재앙인 파리에 대해서 바로는 말했습니다. "나를 위해 주께 기도하여라."[b] 모세가 말했습니다. "제가 임금님 앞에서 물러가서 주께 기도하겠습니다. 내일이면, 파리떼가 바로 임금님과 신하들과 백성들에게서 떠나갈 것입니다.'"[c] 조금 후에 "모세가 바로 앞에서 물러나와 주께 기도했다."[d] 또다시 다섯째와 여섯째 재앙에 대해서 바로는 기도가 있어야 마땅하다고 생각지 않았고 모세도 기도하지 않았습니다. 일곱째 재앙에 대해서 바로는 사람을 보내 모세와 아론을 불러 말했습니다. "이번에는 내가 죄를 지었다. 주께서 옳으셨고, 나와 나의 백성이 불경했다. 너희는 주께 기도하여, 하나님이 나게 하신 이 천둥소리와 하나님이 내리신 이 우박과 불을 그치게 하여다오."[e] 뒤에 가면 "모세가 바로의 앞을 떠나서 성 바깥으로 나갔다. 그가 주께 손을 드니 천둥소리가 그쳤다."[f] 왜 앞에서와 같이 "그리고 그가 기도했다"라고 나오지 않고 주께 "손을 드니"라고 나오는지는 다른 기회에 더 적절한 때에 살펴보겠습니다.[8]

---

7 εὐχή와 연관된 단어들이 기도의 뜻으로 사용되는 용례를 출애굽기에서 찾는다.
8 『출애굽기 주석』을 말하는 것이라 추측할 수 있다.

μάστιγός φησιν ὁ Φαραώ· "καὶ προσεύξασθε πρὸς κύριον τὸν θεὸν ὑμῶν, καὶ περιελέτω ἀπ᾽ ἐμοῦ τὸν θάνατον τοῦτον. ἐξῆλθε δὲ Μωϋσῆς ἀπὸ Φαραὼ καὶ ηὔξατο πρὸς τὸν θεόν."[a]


III. 4.

πολλαχοῦ δὲ εἴπομεν τὸ ὄνομα τῆς εὐχῆς μὴ κατὰ τὸ σύνηθες τετάχθαι ὥσπερ ἐπὶ τοῦ Ἰακώβ·[b] ἀλλὰ καὶ ἐν Λευϊτικῷ· "ἐλάλησε κύριος πρὸς ⌐Μωϋσέα⌐ λέγων· λάλησον τοῖς υἱοῖς Ἰσραὴλ, καὶ ἐρεῖς ⌐πρὸς αὐτούς·⌐ ὃς <ἐὰν> εὔξηται εὐχὴν ὥστε τιμὴν τῆς ψυχῆς αὐτοῦ τῷ κυρίῳ, ἔσται ἡ τιμὴ τοῦ ἄρρενος, ἀπὸ εἰκοσαετοῦς ἕως ἑξηκονταετοῦς ἔσται αὐτοῦ ἡ τιμὴ πεντήκοντα δίδραχμα ἀργυρίου τῷ σταθμίῳ τῷ ἁγίῳ"[c]· καὶ ἐν Ἀριθμοῖς· "καὶ ἐλάλησε κύριος πρὸς ⌐Μωϋσέα⌐ λέγων· λάλησον τοῖς υἱοῖς Ἰσραὴλ, καὶ ἐρεῖς πρὸς αὐτούς· ἀνὴρ ἢ γυνή, ὃς ἐὰν μεγάλως εὔξηται εὐχὴν ἀφαγνίσασθαι ἁγνείαν κυρίῳ, ἀπὸ οἴνου καὶ

a  출 10:17-18.                    c  레 27:1-3.
b  참조 창 28:20-22.

또한 여덟째 재앙에 대해서 바로는 말했습니다. "주 너희의 하나님께 기도하여($\pi\rho\sigma\epsilon\acute{u}\xi\alpha\sigma\theta\epsilon$), 이 죽음만은 나에게서 떠나게 하여라. 모세가 바로 앞에서 물러나와 주께 기도를 드렸다($\eta\check{u}\xi\alpha\tau\sigma$)."[a]

## III. 4.[9]

이미 언급한 것처럼,[10] 기도($\epsilon\acute{u}\chi\acute{\eta}$)라는 용어는 여러 곳에서 관용적인 용법을 따르지 않았습니다.[11] 예컨대 야곱의 경우나[12b] 레위기가 그렇습니다. "주께서 모세에게 말씀하셨다. '너는 이스라엘 자손에게 말하여라. 그들에게 다음과 같이 일러라. 어느 누구든지, 주께 사람을 드리기로 서원하고, 그 사람에 해당되는 값을 돈으로 환산하여 드리기로 하였으면, 그 값은 다음과 같다. 스무 살로부터 예순 살까지의 남자의 값은, 성소에서 사용되는 세겔로 쳐서 은 오십 세겔이다.'"[13c] 그리고 민수기에는 이렇게 쓰여 있습니다. "주께서 모

---

9  $\epsilon\acute{u}\chi\acute{\eta}$가 서원의 의미로 사용된 구약의 많은 예들을 보여준다(레 27:1-3; 민 6:1-3; 6:20-21; 30:2-5; 잠 20:25). $\epsilon\acute{u}\chi\acute{\eta}$라는 단어는 서원의 의미로 사용될 때 동족목적어가 되어 $\epsilon\check{u}\chi\sigma\mu\alpha\iota$ $\epsilon\acute{u}\chi\acute{\eta}\nu$으로 쓰이는 경우가 많다(예외적으로 단 6:13에서는 "기도하다"는 뜻이다). 이렇게 동족목적어를 사용하여 의미를 강화하는 어법은 신약성경에서도 찾아볼 수 있다: "선한 싸움을 싸우고"($\sigma\tau\rho\alpha\tau\epsilon\acute{u}\eta$ ... $\tau\grave{\eta}\nu$ $\kappa\alpha\lambda\grave{\eta}\nu$ $\sigma\tau\rho\alpha\tau\epsilon\acute{\iota}\alpha\nu$; 딤전 1:18: $\dot{\alpha}\gamma\omega\nu\acute{\iota}\zeta\sigma\upsilon$ $\tau\grave{\sigma}\nu$ $\kappa\alpha\lambda\grave{\sigma}\nu$ $\dot{\alpha}\gamma\grave{\omega}\nu\alpha$; 딤전 6:12; $\tau\grave{\sigma}\nu$ $\kappa\alpha\lambda\grave{\sigma}\nu$ $\dot{\alpha}\gamma\grave{\omega}\nu\alpha$ $\dot{\eta}\gamma\acute{\omega}\nu\iota\sigma\mu\alpha\iota$ 딤후 4:7)이다.

10  참조. III.2.

11  관용적인 용법이란 기도란 뜻을 나타낼 때를 말한다.

12  참조. III.1.

13  이 글에서 구약성경본문은 히브리어 성경이 아닌 70인역이라는 것을 화폐 단위에서도 볼 수 있다. 여기서는 세겔이 아닌 드라크마(실제로는 2드라크마)를 뜻하는 $\delta\acute{\iota}\delta\rho\alpha\chi\mu\alpha$로 나온다.

σίκερα ἁγνισθήσεται"ᵃ καὶ τὰ ἑξῆς περὶ τοῦ καλουμένου

Ναζιραίου, εἶτα μετ᾽ ὀλίγα· "καὶ ἁγιάσει τὴν κεφαλὴν αὐτοῦ ἐν

ἐκείνῃ τῇ ἡμέρᾳ, ᾗ ἡγιάσθη κυρίῳ τὰς ἡμέρας τῆς εὐχῆς,"ᵇ καὶ

πάλιν μετ᾽ ὀλίγα· "οὗτος ὁ νόμος τοῦ εὐξαμένου· ᾗ ἂν ἡμέρᾳ

πληρώσῃ ⌜ἡμέραν⌝ εὐχῆς αὐτοῦ,"ᶜ καὶ πάλιν μετ᾽ ὀλίγον·

"καὶ μετὰ ταῦτα πίεται ὁ ἠυγμένος οἶνον. οὗτος ὁ νόμος τοῦ

εὐξαμένου, ὃς ἐὰν εὔξηται κυρίῳ δῶρον αὐτοῦ περὶ τῆς εὐχῆς,

χωρὶς ὧν ἂν εὕρῃ ἡ χεὶρ αὐτοῦ κατὰ δύναμιν τῆς εὐχῆς αὐτοῦ,

⌜ἧς⌝ ἂν εὔξηται κατὰ τὸν νόμον ἁγνείας,"ᵈ καὶ πρὸς τῷ τέλει

τῶν Ἀριθμῶν· "καὶ ἐλάλησε Μωϋσῆς πρὸς τοὺς ἄρχοντας τῶν

φυλῶν ⌜υἱῶν⌝ Ἰσραὴλ λέγων· τοῦτο τὸ ῥῆμα, ὃ συνέταξε κύριος·

ἄνθρωπος, ὃς ἐὰν εὔξηται εὐχὴν κυρίῳ ἢ ὀμόσῃ ὅρκον ὁρισμῷ ἢ

ὁρίσηται περὶ τῆς ψυχῆς αὐτοῦ, οὐ βεβηλώσει τὸ ῥῆμα αὐτοῦ·

πάντα ὅσα ⌜ἂν⌝ ἐξέλθῃ ἐκ τοῦ στόματος αὐτοῦ ποιήσει. ἐὰν δὲ

γυνὴ εὔξηται εὐχὴν κυρίῳ ἢ ὁρίσηται ὁρισμὸν ἐν ⌜τῇ οἰκίᾳ⌝ τοῦ

πατρὸς αὐτῆς ἐν τῇ νεότητι αὐτῆς, καὶ ἀκούσῃ ὁ πατὴρ αὐτῆς

τὰς εὐχὰς αὐτῆς καὶ τοὺς ὁρισμοὺς αὐτῆς, οὓς ὡρίσατο κατὰ

τῆς ψυχῆς αὐτῆς, καὶ παρασιωπήσῃ ὁ πατὴρ αὐτῆς, στήσονται

πᾶσαι αἱ εὐχαὶ αὐτῆς, καὶ πάντες οἱ ὁρισμοί, οὓς ὡρίσατο κατὰ

τῆς ψυχῆς αὐτῆς, μενοῦσιν αὐτῇ"·ᵉ καὶ ἑξῆς τούτοις τινὰ περὶ

τῆς τοιαύτης νομοθετεῖ.ᶠ κατὰ τοῦτο τὸ σημαινόμενον ἐν ταῖς

a  민 6:1-3.            d  민 6:20-21.
b  민 6:11-12.          e  민 30:2-5(70인역; 민 30:1-4).
c  민 6:13.             f  참조. 민 30:6-16(70인역; 민 30:5-15).

세에게 말씀하셨다. '이스라엘 자손에게 말하여라. 너는 그들에게 다음과 같이 일러라. 남자나 여자가 특별한 서원을 했을 때에는, 그는 포도주와 독한 술을 삼가야 한다.'[a] 그리고 이른바 나실 사람에 대하여 그 바로 뒤에 "바로 그날로 그는 다시 자기 머리털을 거룩하게 바쳐야 한다"[b]라고 나오고, 그다음에는 "서원의 날이 다 찼을 때에, 서원자가 지켜야 할 법이다"[c]라고 나오며, 또한 그다음에는 "이후에 그 서원했던 자는 포도주를 마셔도 된다. 이것이 바로 서원자가 지켜야 할 법이다. 만일 서원예물의 값에 따라 그의 손이 바쳐야 하는 것 말고도 더 바치기로 서약하였으면, 성결 예법을 따라 서원할 수 있다"[d]라고 나옵니다. 민수기 마지막 부분에선 이렇게 쓰여 있습니다. "모세는 이스라엘 자손 각 지파 우두머리들에게 말하였다. '이것은 주께서 명하신 것이다. 남자가 주께 서원하였거나 맹세하든지 자기 생명을 걸고 서약하였으면, 자기가 한 말을 어겨서는 안 된다. 그는 입으로 한 말을 다 지켜야 한다. 여자가 아직 어린 나이에 아버지 집에 있으면서 주께 서원하였거나 서약하였을 경우에는, 그의 아버지가 생명을 걸고 서약하고 서원한 것을 듣고도 아무말도 하지 않았으면, 그 모든 서원은 그대로 성립하게 된다. 그가 한 서원과 생명을 걸고 한 서약은 모두 그대로 남아 있게 된다.'"[e] 이어서 모세는 그러한 여인들에 대한 몇몇 법규를 규정합니다.[f] 잠언에는 이러한 서원의 의미로 …

Παροιμίαις γέγραπται · · ·

[원문소실]

· · · "\<παγὶς> ἀνδρὶ ταχύ τι τῶν ἰδίων ἁγιάσαι· μετὰ γὰρ τὸ
εὔξασθαι μετανοεῖν γίνεται"·[a] καὶ ἐν τῷ Ἐκκλησιαστῇ· "ἀγαθὸν
τὸ μὴ εὔξασθαι ἢ τὸ εὔξασθαι καὶ μὴ ἀποδοῦναι"·[b] καὶ ἐν ταῖς
Πράξεσι τῶν ἀποστόλων· "εἰσὶν ἄνδρες παρ' ἡμῖν τέσσαρες,
εὐχὴν ἔχοντες ⌜ἀφ'⌝ ἑαυτῶν."[c]

IV. 1.

Οὐκ ἄλογον δή μοι ἐφάνη τὸ κατὰ τὰς γραφὰς σημαινόμενον
πρῶτον διαστείλασθαι τῆς εὐχῆς δύο σημαινούσης, ὁμοίως δὲ
καὶ τῆς προσευχῆς· καὶ γὰρ τοῦτο τὸ ὄνομα πρὸς τῷ κοινῷ

a  잠 20:25.          c  행 21:23.
b  전 5:4(70인역; 전 5:5).

[원문소실]¹⁴

··· 기록되어 있습니다.¹⁵ "'이것은 거룩하다'고 함부로 말하는 것
은 사람이 걸리기 쉬운 올가미이다. 서원한 후 나중에 생각이 달라
지기 때문이다."ᵃ 또한 전도서에서는 "서원하고 갚지 못할 바에는
차라리 서원하지 않는 것이 좋다"ᵇ라고 나오고, 또 사도행전에서는
"우리에게 스스로 서원한 사람이 넷 있습니다"라고 나옵니다.¹⁶ᶜ


# IV. 1.¹⁷

기도(εὐχή)라는 단어가 두 가지 의미를 지니고 있으므로, 이제 나

14 여기에 쓰였을 추측 가능한 잠언의 구절은 잠 7:14과 19:13(70인역)이다.
15 여기서 언급한 본문을 통해 εὐχή가 그리스어권의 교회에서 일반적인 의미의 기도
를 의미했다는 것을 보여준다. 『70인역』에서 하나님께 드리는 기도에서는 εὔχομαι가
πρός τινα와 함께 쓰이며, "서원하다", "헌신하다"의 뜻으로는 주로 εὔχομαι τινι 형태로 사
용된다.
16 이곳에서 오리게네스는 εὐχή의 뜻을 언급하기 위해 εὔχομαι의 파생형태를 다양
하게 언급하고 있다. 부정과거 분사형태인 εὐξάμενος(민 6:13, 21), 완료분사 형태인
ηὐγμένος(민 6:18-20), 또한 부정사 형태인 τὸ εὔξασθαι도 언급되는데(잠 20:25; 전
5:4), 대부분의 경우는 명사형태인 εὐχή가 사용되었다. 이러한 연구를 통해 εὐχή가 성경
에서 자주 서원의 의미로 사용된 것을 분명히 보여준다.
17 εὐχή와 προσευχή의 차이를 보여주는데, 이것은 나중에 자신의 기독론을 구축하는 출
발점이 된다(IV; XIV; XV). 이전의 연구에서 오리게네스는 εὐχή가 두 가지 의미를 지니고
있다는 것을 말했고, "동일한 해석작업"으로 προσευχή에 대하여 성경적, 언어적 근거를 바
탕으로 연구를 진행해야 한다고 말한다. 그 의미는 προσευχή도 εὐχή의 경우처럼 두 가지
의미를 지니고 있다는 것이 아니라, 성경에서 προσευχή가 어떤 의미를 가지는지를 연구
해야 한다는 것이다. 이 연구를 통해 오리게네스는 προσευχή는 "기도"라는 의미로만 등장
한다는 것을 보여준다. Gessel과 같은 학자들도 본문 이해를 잘못하여 προσευχή가 마치
"기도"와 "서원", 두 가지 의미를 지닌 것으로 이해하고 설명하지만, 이는 본문 이해의 실

καὶ συνήθει πολλαχοῦ κειμένῳ τέτακται καὶ ἐπὶ τῆς κατὰ τὸ σύνηθες ἡμῖν σημαινόμενον [τῆς] εὐχῆς ἐν τοῖς περὶ τῆς Ἄννης λεγομένοις ἐν τῇ πρώτῃ τῶν Βασιλειῶν· "καὶ Ἡλεὶ ὁ ἱερεὺς ἐκάθητο ἐπὶ ⸀θρόνου⸌ ἐπὶ φλιῶν ναοῦ κυρίου. καὶ αὐτὴ ψυχῇ ⸀πικρᾷ⸌ καὶ προσηύξατο πρὸς κύριον καὶ ⸀κλαυθμῷ⸌ ἔκλαυσε. καὶ ηὔξατο εὐχὴν ⸀καὶ εἶπε·⸌ κύριε ⸀τῶν δυνάμεων,⸌ ἐὰν ⸀ἐφοράσει ἐπίδῃς⸌ ἐπὶ τὴν ταπείνωσιν τῆς δούλης σου καὶ μνησθῇς μου καὶ ⸀μὴ ἐπιλάθῃ⸌ τῆς δούλης σου καὶ δῷς τῇ δούλῃ σου σπέρμα ⸀ἀνδρός,⸌ καὶ δώσω αὐτὸν ⸀τῷ κυρίῳ⸌ δοτὸν ⸀πάσας τὰς⸌ ἡμέρας τῆς ζωῆς αὐτοῦ, καὶ σίδηρος οὐκ ἀναβήσεται ἐπὶ τὴν κεφαλὴν αὐτοῦ."[a]

a  삼상 1:9-11.

에게는 성경 각 책에서 이 단어가 무엇을 의미하는지를 먼저 해석하는 것이 적절해 보입니다. 동일한 해석작업이 이 단어 '하나님께 드리는 기도'($\pi\rho\sigma\epsilon\nu\chi\acute{\eta}$)에도 이루어져야 합니다. 왜냐하면 일반적이고 관용적으로 주로 사용되는 이 단어($\pi\rho\sigma\epsilon\nu\chi\acute{\eta}$)의 의미를 제외하고도,[18] 이 단어($\pi\rho\sigma\epsilon\nu\chi\acute{\eta}$)는 제1왕국기의 한나에 대한 이야기에서 우리의 관용적인 용법에 따르는 서원 기도($\epsilon\dot{\nu}\chi\acute{\eta}$)라는 뜻으로도 사용되었기 때문입니다.[19] "제사장 엘리는 주의 성전 문설주 곁에 있는 의자에 앉아 있었다. 한나는 괴로운 마음으로 흐느껴 울면서 주께 기도하였다($\pi\rho\sigma\eta\acute{\nu}\xi\alpha\tau\sigma$).[20] 한나는 서원하며($\eta\ddot{\nu}\xi\alpha\tau\sigma$ $\epsilon\dot{\nu}\chi\grave{\eta}\nu$) 아뢰었다. '만군의 주님, 주께서 주의 종의 이 비천한 모습을 참으로 불쌍히 보시고, 나를 기억하셔서, 주의 종을 잊지 않으시고 이 종에게 아들을 하나 허락하여주시면, 저는 그 아이를 평생 주께 선물로 바치고, 삭도를 그의 머리에 대지 않도록 하겠습니다.'"[a]

수로 일어난 일이다. 왜냐하면 $\pi\rho\sigma\epsilon\nu\chi\acute{\eta}$ 연구에서 "서원"에 관하여 전혀 언급하지 않기 때문이다(참조. Gessel 1975, 85-86).

18  이 문장의 주어는 $\pi\rho\sigma\epsilon\nu\chi\acute{\eta}$로, $\pi\rho\sigma\epsilon\nu\chi\acute{\eta}$가 관용적인 의미로 "일반적인 기도"로 사용된 예는 이전의 연구를 통해 보여주었고, 여기서는 특별한 의미인 "하나님께 드리는 기도"를 설명하고자 한다.

19  여기서 『기도론』의 본문비평작업을 행한 쾨샤우는 $\epsilon\dot{\nu}\chi\acute{\eta}$의 일반적인 의미를 서원으로 이해하려고 했지만 $\epsilon\dot{\nu}\chi\acute{\eta}$의 기본 뜻은 기도다. 이러한 실수는 IV.1에 나타난 $\epsilon\dot{\nu}\chi\acute{\eta}$의 두 가지 의미를 $\pi\rho\sigma\epsilon\nu\chi\acute{\eta}$에도 적용해야 한다는 생각에서 나온다.

20  $\pi\rho\sigma\epsilon\acute{\nu}\chi\sigma\mu\alpha\iota$는 『70인역』에서 "기도하다"는 뜻으로 사용되었고, 이러한 용례는 필론에서도 발견된다(해설 부분을 참조하라).

## IV. 2.

δύναται μέντοι γε τὶς οὐκ ἀπιθάνως ἐνταῦθα, ἐπιστήσας τῷ "προσηύξατο πρὸς κύριον" "καὶ ηὔξατο εὐχήν," εἰπεῖν ὅτι, εἰ τὰ δύο πεποίηκε, τουτέστι "προσηύξατο πρὸς κύριον" "καὶ ηὔξατο εὐχήν," μή ποτε τὸ μὲν "προσηύξατο" ἐπὶ τῆς συνήθως ἡμῖν ὀνομαζομένης τέτακται εὐχῆς τὸ δὲ "ηὔξατο εὐχὴν" ἐπὶ τοῦ ἐν Λευϊτικῷ καὶ Ἀριθμοῖς τεταγμένου σημαινομένου. τὸ γὰρ "δώσω αὐτὸν ⸢κυρίῳ⸣ δοτὸν ⸢πάσας τὰς⸣ ἡμέρας ⸢τῆς ζωῆς⸣ αὐτοῦ, καὶ σίδηρος οὐκ ἀναβήσεται ἐπὶ τὴν κεφαλὴν αὐτοῦ"[a] κυρίως οὐκ ἔστι προσευχὴ ἀλλ' ἐκείνη ἡ εὐχή, ἥντινα καὶ Ἰεφθάε ηὔξατο ἐν τούτοις· "καὶ ηὔξατο Ἰεφθάε εὐχὴν τῷ κυρίῳ καὶ εἶπεν· ἐὰν παραδώσει παραδῷς μοι τοὺς υἱοὺς Ἀμμὼν ἐν χειρί μου, καὶ ἔσται ὃς ⸢ἐὰν⸣ ἐξέλθῃ ἐκ τῶν θυρῶν τοῦ οἴκου μου εἰς ἀπάντησίν μου ἐν τῷ ἐπιστρέψαι με ἐν εἰρήνῃ ἀπὸ τῶν υἱῶν Ἀμμὼν, καὶ ἔσται τῷ κυρίῳ, καὶ ἀνοίσω αὐτὸν ὁλοκαύτωμα."[b]

a  삼상 1:10-11.          b  삿 11:30-31.

# IV. 2.[21]

하지만 어떤 사람이 여기서 "주께 기도하였다(προσηύξατο)"와 "서원하며(ηὔξατο εὐχὴν)"를 숙고하면, 아주 개연성 있게 다음과 같이 말할 수 있을 것입니다. 그녀가 두 가지를 했다면, 즉 "주께 기도하[고]" "서원[했다면]", 아마도 첫째 표현(προσηύξατο)은 우리가 주로 기도라고 부르는 뜻으로 사용되었지만, 둘째 표현(ηὔξατο εὐχὴν)은 레위기와 민수기에서 사용된 뜻(서원)으로 사용되었다고 설득력 있게 말할 수 있습니다.[22] 왜냐하면 "저는 그 아이를 평생 주께 선물로 바치고, 삭도를 그의 머리에 대지 않도록 하겠습니다"[a]라는 말은 '하나님께 드리는 기도(προσευχή)'의 내용이 아니고, 입다가 다음과 같이 서원한 그 '서원(εὐχή)'에 해당하기 때문입니다. "입다가 주께 서원하여 말했다. '만약 주께서 암몬 자손을 내 손에 넘겨 주신다면, 내가 암몬 자손을 이기고 무사히 돌아올 때에 누구든지 내 집 문에서 먼저 나를 맞으러 나오는 그 사람은 주의 것이 될 것입니다. 내가 번제물로 그를 드리겠습니다.'"[23b]

---

21  하나의 기도는 기도한다는 뜻의 προσηύξατο와 서원한다는 뜻의 ηὔξατο εὐχὴν를 동시에 보여준다. 이는 εὐχή가 서원의 뜻으로 사용된다는 것을 확인시켜주며 이 용례는 입다의 서원에서도 나타난다.

22  참조. III.4.

23  εὐχή는 불특정한 누군가에게 할 수 있는 기도이지만, προσευχή는 오직 하나님께만 드릴 수 있다. 참조. XV.1.

## V. 1.

Εἰ χρὴ τοίνυν μετὰ ταῦτα, ὥσπερ ἐκελεύσατε, ἐκθέσθαι τὰ πιθανὰ πρῶτον τῶν οἰομένων μηδὲν ἀπὸ τῶν εὐχῶν ἀνύεσθαι καὶ διὰ τοῦτο φασκόντων περισσὸν εἶναι τὸ εὔχεσθαι, οὐκ ὀκνήσομεν κατὰ δύναμιν καὶ τοῦτο ποιῆσαι, κοινότερον νῦν καὶ ἁπλούστερον τοῦ τῆς εὐχῆς ὀνόματος ἡμῖν λεγομένου ⋯

[원문소실]

⋯ οὕτω δὴ ὁ λόγος ἐστὶν ἄδοξος καὶ μὴ τυχὼν ἐπισήμων τῶν προϊσταμένων αὐτοῦ, ὥστε μηδὲ πάνυ εὑρίσκεσθαι, ὅστις ποτὲ τῶν πρόνοιαν παραδεξαμένων καὶ θεὸν ἐπιστησάντων τοῖς ὅλοις εὐχὴν μὴ προσίεται. ἔστι γὰρ τὸ δόγμα ἤτοι τῶν πάντῃ ἀθέων καὶ τὴν οὐσίαν τοῦ θεοῦ ἀρνουμένων ἢ τῶν μέχρις ὀνόματος τιθέντων θεὸν τὴν πρόνοιαν δὲ αὐτοῦ ἀποστερούντων.

ἤδη μέντοι γε ἡ ἀντικειμένη ἐνέργεια,[a] τὰ ἀσεβέστατα τῶν δογμάτων περιτιθέναι θέλουσα τῷ ὀνόματι τοῦ Χριστοῦ καὶ τῇ διδασκαλίᾳ τοῦ υἱοῦ τοῦ θεοῦ, καὶ περὶ τοῦ μὴ δεῖν εὔχεσθαι δεδύνηται πεῖσαί τινας· ἧς γνώμης προΐστανται οἱ τὰ αἰσθητὰ

---

a   참조. 살후 2:9.

# 기도에 대한 반론 논박: 기도와 섭리(V-VII)

## V. 1.[1]

이제 다음으로 넘어가서, 당신들이 요청한 대로,[2] 먼저 기도에서 아무 유익도 얻을 수 없다고 생각하고 따라서 기도는 쓸데 없는 일이라고 그럴 듯하게 주장하는 자들을 논박해야 한다면, 그것도 마다하지 않고 힘껏 해보겠습니다. 여기서 기도(εὐχή)라는 단어는 [서원이 아닌] 더 일반적이고 단순한 의미로 사용될 것입니다. …

[원문소실]

… 이러한 주장은 너무도 터무니 없고, 어떤 주목할 만한 사람도 그것을 지지하지 않을 것입니다. 따라서 섭리를 받아들이고 하나님께서 만물 위에 계시다고 생각하면서도 기도하지 않는 자는 한 사람도 없을 것입니다. 왜냐하면 이 주장은 완전히 무신론자들이며 신의 존재를 부정하는 자들과, 신의 이름은 인정하지만 신에게서 섭리를 빼앗는 자들의 가르침이기 때문입니다.[3] 그럼에도 그리스도의 이름과 하나님의 아들의 가르침에 지극히 불경한 여러 가르침을 덧붙이고자 하는 적대적인 활동으로 인해[a] 어떤 사람들은 심지어 기도하지 않아야 한다는 견해까지 받아들였습니다. 이러한 견해

---

1 기도에 대한 반론을 다루기 시작한다. 우선 섭리를 부정하는 자들을 언급하고, 이단적인 기독교인들 중에 기도가 필요가 없다고 말하는 자들이 있다고 말한다.
2 참조. II.1.
3 에피쿠로스학파는 섭리를 완전히 부인하고, 견유학파는 기도와 제물은 쓸모 없다고 주장했다고 오리게네스는 전한다(『켈수스 반박』 I.3; II.13).

πάντῃ ἀναιροῦντες καὶ μήτε βαπτίσματι μήτε εὐχαριστίᾳ

χρώμενοι, συκοφαντοῦντες τὰς γραφάς, ὡς καὶ τὸ εὔχεσθαι

τοῦτο οὐ βουλομένας ἀλλ’ ἕτερόν τι σημαινόμενον παρὰ τοῦτο

διδασκούσας.


## V. 2.

εἶεν δ’ ἂν οἱ λόγοι τῶν ἀθετούντων τὰς εὐχὰς οὗτοι (δηλονότι

θεὸν ἐφιστάντων τοῖς ὅλοις καὶ πρόνοιαν εἶναι λεγόντων· οὐ

γὰρ πρόκειται νῦν ἐξετάζειν τὰ λεγόμενα ὑπὸ τῶν πάντῃ

ἀναιρούντων θεὸν ἢ πρόνοιαν)· “ὁ θεὸς” οἶδε “τὰ πάντα ⌜πρὸ⌝

γενέσεως αὐτῶν,”[a] καὶ οὐδὲν ἐκ τοῦ ἐνεστηκέναι ὅτε ἐνέστηκε

πρῶτον αὐτῷ γινώσκεται ὡς πρὸ τούτου μὴ γνωσθέν· τίς οὖν

χρεία ἀναπέμπεσθαι εὐχὴν τῷ καὶ πρὶν εὔξασθαι ἐπισταμένῳ

ὧν χρήζομεν; “οἶδε γὰρ ὁ πατὴρ ὁ ⌜οὐράνιος⌝ ὧν χρείαν”

ἔχομεν “πρὸ τοῦ” ἡμᾶς “αἰτῆσαι αὐτόν.”[b] εὔλογον δὲ πατέρα

a  수산나 35a(70인역).      b  마 6:8.

를 지지하는 자들은 감각적인 것들을 완전히 부정하고 세례나 성찬도 사용하지 않으며 [성경에서 문자적으로는] 기도하는 것이 이렇다고 나와 있지만 [실제로는] 무언가 다른 뜻을 나타낸다고 하면서 성경에 대해 궤변을 늘어놓습니다.[4]


## V. 2.[5]

또한 다음과 같이 주장하며 기도를 제쳐놓는 사람들이 있을 수 있습니다. (그들은 분명 하나님께서 만물 위에 계시다고 생각하며 섭리가 있다고는 말합니다. 하나님이나 섭리를 완전히 부정하는 자들이 말하는 것을 조사하는 것이 지금 우리의 과제는 아니므로 [여기서는 다루지 않겠습니다.]) "하나님께서는" "만물을 그 생성 이전에" 아십니다.[a] 그래서 그분이 어떤 것을 지으실 때, 마치 이전에는 알지 못하셨던 것처럼, 지어진 후에[6] 비로소 아시지는 않습니다. 그렇다면 우리가 기도하기 전에도 우리에게 필요한 것을 아시는 분에게 기도를 올려야 할 이유가 있습니까? 왜냐하면 하늘 "아버지께서는" 우리가 "구하기 전에" 우리에게 "필요한 것이 무엇인지를 알고 계시"기 때문입니다.[b] 만물의 아버지요 제작자가 되시며 "존재하는 모

---

4   알렉산드리아의 클레멘스에 따르면(『양탄자』 VII.41.1), 영지주의자인 프로디코스의 제자들이 기도가 쓸모 없다고 주장했다.

5   두 번째 반론은 섭리를 인정하고 하나님이 기도 이전에 모든 것을 아시기 때문에 기도가 필요 없고, 하나님이 모든 것을 미리 아시므로 하나님의 계획 안에 포함되지 않는 예외 상황은 발생하지 않으며, 따라서 기도하는 것은 의미가 없다는 것이다.

6   여기서 "지으시다"는 말은 원래는 "놓다"(ἐνεστηκέναι, ἐνέστηκε)라는 뜻을 지니고 있다.

καὶ δημιουργὸν αὐτὸν ὄντα τοῦ παντός, ἀγαπῶντα "τὰ ὄντα πάντα" καὶ μη<δὲν> βδελυσσόμενον ὧν πεποίηκε,[a] σωτηρίως τὰ περὶ ἕκαστον καὶ χωρὶς τοῦ εὔξασθαι οἰκονομεῖν δίκην πατέρος, νηπίων προϊσταμένου καὶ μὴ περιμένοντος ἐκείνων τὴν ἀξίωσιν, ἤτοι μηδ' ὅλως δυναμένων αἰτεῖν ἢ διὰ ἄγνοιαν πολλάκις τὰ ἐναντία τοῖς συμφέρουσι καὶ λυσιτελοῦσι θελόντων λαβεῖν. ἀπολειπόμεθα δὲ οἱ ἄνθρωποι πλεῖον τοῦ θεοῦ ἤπερ τὰ κομιδῇ παιδία τοῦ νοῦ τῶν γεγεννηκότων.

## V. 3.

εἰκὸς <δὲ> τῷ θεῷ οὐ μόνον προεγνῶσθαι τὰ ἐσόμενα ἀλλὰ καὶ προδιατετάχθαι, καὶ μηδὲν αὐτῷ παρὰ τὰ προδιατεταγμένα γίνεσθαι. ὥσπερ οὖν εἴ τις εὔχοιτο ἀνατέλλειν τὸν ἥλιον, ἠλίθιος ἂν νομίζοιτο, τὸ καὶ χωρὶς τῆς εὐχῆς αὐτοῦ ἐσόμενον διὰ τῆς εὐχῆς γενέσθαι ἀξιῶν· οὕτως ἀνόητος ἂν εἴη ἄνθρωπος, ὅστις οἴεται διὰ τὴν ἑαυτοῦ εὐχὴν γίνεσθαι τὰ καὶ μὴ εὐξαμένου αὐτοῦ πάντως ἐσόμενα ἄν. πάλιν τε αὖ ὥσπερ πᾶσαν μανίαν ὑπερβάλλει ὁ διὰ τὸ ἐνοχλεῖσθαι ὑπὸ τοῦ ἡλίου

a   지혜서 11:24.

든 것을 사랑하시며 당신께서 만드신 것을 하나도 혐오하지 않으시는"[a] 그분께서, 기도가 없이도 온전하게 아버지처럼 각 사람의 일들을 보살펴주시는 것이 이치에 맞습니다.[7] 참으로 아버지는 제대로 구할 수 없거나, 자주 무지 때문에 유용하거나 유익한 것과 정반대되는 것을 받고자 하는 아이들 앞에서 이끄시며, 그들이 요청하기까지 기다리지 않습니다. 아이들은 부모의 마음을 온전히 헤아리지 못합니다. 더더군다나 우리 인간들은 하나님의 마음을 헤아리지 못합니다.[8]

## V. 3.[9]

하나님은 일어날 일들을 미리 아실 뿐만 아니라 미리 정하시고, 미리 정하신 일 외에는 아무 것도 행하지 않으시는 듯합니다. 만약 누군가가, 기도 없이도 일어날 일이 기도를 통해 일어날 것으로 생각하면서, 태양이 솟아오르게 해달라고 기도한다면, 그는 어리석다고 여겨질 것입니다. 마찬가지로 기도하지 않더라도 당연히 일어날 일이 기도 때문에 일어난다고 생각하는 사람은 제정신이 아닙니다. 또

7  오리게네스는 이 주장은 기독교인들에게 이치에 맞고 설득력 있는 것처럼 보이기 때문에 경계해야 하고, 교묘한 의미상의 차이가 있음을 보여준다.
8  아버지와 아이(παιδία)의 비유를 통해, 오리게네스는 아이와 아버지의 관계보다 인간과 하나님의 관계가 훨씬 더 차이가 크다고 주장한다.
9  기도가 필요 없다는 주장(V.2)에 대한 오리게네스의 반론이 여기서 시작된다. 여기서 오리게네스는 미리 아시고 미리 정하신다는 표현을 사용하는데, 이는 하나님의 주된 속성을 나타낸다. 즉 오리게네스는 미리 정해진 것과 인간의 기도가 대립되지 않는다고 주장하는데, 이를 위해 그리스 철학의 운동의 원리를 언급한다.

γενομένου ἐν θεριναῖς τροπαῖς καὶ καυσοῦσθαι οἰόμενος διὰ

τῆς εὐχῆς μεταστήσεσθαι τὸν ἥλιον ἐπὶ τὰ ἐαρινὰ σημεῖα,

ἵνα εὐκράτου ἀπολαύῃ τοῦ ἀέρος· οὕτως τὰ ἀναγκαίως

συμβαίνοντα περιστατικὰ τῷ τῶν ἀνθρώπων γένει εἴ τις

οἴοιτο διὰ τὸ εὔχεσθαι μὴ πείσεσθαι, πᾶσαν <ἂν> ὑπερβάλοι

μελαγχολίαν.

## V. 4.

εἰ δὲ καὶ "⌐ἠλλοτριώθησαν⌐ ἁμαρτωλοὶ ἀπὸ μήτρας,"ᵃ καὶ

ἀφώρισται ὁ δίκαιος "ἐκ κοιλίας μητρός,"ᵇ <καὶ> "μήπω ⌐μήτε⌐

γεννηθέντων ⌐μήτε⌐ πραξάντων τι ἀγαθὸν ἢ φαῦλον, ἵνα ἡ

κατ' ἐκλογὴν πρόθεσις τοῦ θεοῦ μένῃ, οὐκ ἐξ ἔργων ἀλλ' ἐκ τοῦ

καλοῦντος,"ᶜ λέγεται· "ὁ μείζων δουλεύσει τῷ ἐλάττονι,"ᵈ μάτην

περὶ ἀφέσεως ἁμαρτημάτων ἀξιοῦμεν ἢ περὶ τοῦ πνεῦμα ἰσχύος

λαβεῖν, ἵνα "πάντα" ἰσχύσωμεν ἐνδυναμοῦντος ἡμᾶς Χριστοῦ.ᵉ

εἰ μὲν γὰρ "ἁμαρτωλοί" ἐσμεν, "ἀπὸ μήτρας" ἠλλοτριώμεθα·ᶠ εἰ

a  시 57:4(시 58:3).          d  롬 9:12; 창 25:23.
b  갈 1:15.                    e  빌 4:13.
c  롬 9:11-12.                 f  시 57:4(시 58:3).

한 하지 자리에 있는 태양 때문에 고통을 당하고 타버릴 것 같다고 해서, 쾌적한 공기를 누리려고 기도를 드려 태양을 봄철의 자리로 옮겨 놓겠다고 생각하는 사람은 아주 광적인 자입니다. 마찬가지로 인류에게 필연적으로 일어나는 사건들이 기도 때문에 일어나지 않을 수 있다고 생각한다면 심각한 정신이상에[10] 빠진 것입니다.[11]

## V. 4.[12]

죄인들이 "모태에서부터 곁길로 나아갔으며"[a] 의인을 "모태로부터 따로 세우시고",[b] "그들이 태어나기도 전에, 무슨 선이나 악을 행하기도 전에, 택하심을 따라 세우신 하나님의 뜻이 지속되게 하시며", "행위에 근거하는 것이 아니라 부르시는 분께 달려 있음을 나타내시려고[c] '형이 동생을 섬길 것이다'라고 말해졌[다]"고 가정해 봅시다.[d] 그렇다면 죄의 용서나, 그리스도께서 우리에게 "능력을 주시"므로 우리가 모든 것을 할 수 있도록[e] 능력의 성령을 구하는 것은 헛된 일입니다. 왜냐하면 한편으로 우리가 "죄인"이라면 "모태에서부터 곁길로 나아갔"고,[f] 또 한편으로 우리가 "모태로부터" 따로 세

---

10 여기서 "정신이상"이란 단어는 우울(μελαγχολίαν)을 나타내는 단어이다.

11 아주 직설적인 표현을 통해 오리게네스는 미리 정해진 규칙적이고 필연적인 사건들은 기도 없이 발생한다는 것을 뚜렷이 보여준다.

12 오리게네스는 만일 하나님의 결정이 유지되어야 한다면, 에서와 야곱의 예와 같이, 인간이 죄용서를 위해서 기도하는 것은 분명 헛된 일이라는 것은 성경을 통해서도 드러난다고, 즉 하나님의 결정이 이미 일어났다면, 이는 기도 없이도 우리에게 발생한다고 주장한다. 야곱과 에서가 태어나기 전에 기도한다는 것은 있을 수 없는 일이므로, 야곱의 축복과 에서가 받은 저주는 기도의 결과가 아니라는 것이다.

δὲ ἀφωρίσθημεν "ἐκ κοιλίας μητρὸς" ἡμῶν,[a] τὰ κάλλιστα καὶ μὴ εὐχομένοις ἀπαντήσεται. ποίαν γὰρ εὐχὴν προσαγαγὼν Ἰακὼβ, πρὶν γεννηθῆναι, προφητεύεται ὅτι "ὑπερέξει" τοῦ Ἡσαῦ, καὶ "δουλεύσει" αὐτῷ ὁ ἀδελφός;[b] τί δὲ ἀσεβήσας ὁ "Ἡσαῦ" μισεῖται πρὶν γεννηθῆναι;[c] ἵνα τί δὲ εὔχεται Μωϋσῆς, ὡς ἐν ὀγδοηκοστῷ ἐνάτῳ εὕρηται ψαλμῷ, εἰ "καταφυγὴ" αὐτοῦ ἐστιν ὁ θεὸς "πρὸ τοῦ ὄρη ⌐ἑδρασθῆναι⌐ καὶ πλασθῆναι τὴν γῆν καὶ τὴν οἰκουμένην;"[d] ···

[원문소실]


## V. 5.

ἀλλὰ καὶ περὶ πάντων τῶν σωθησομένων ἐν τῇ πρὸς Ἐφεσίους ἀναγέγραπται ὅτι "ἐξελέξατο" αὐτοὺς "ἐν αὐτῷ," "ἐν Χριστῷ" ὁ πατὴρ "πρὸ καταβολῆς κόσμου εἰς τὸ εἶναι" αὐτοὺς "ἁγίους καὶ ἀμώμους κατ᾽ ἐνώπιον αὐτοῦ, ἐν ἀγάπῃ προορίσας" αὐτοὺς "εἰς υἱοθεσίαν διὰ Χριστοῦ εἰς αὐτόν."[e] ἤτοι οὖν τις ἐκ τῶν "πρὸ καταβολῆς κόσμου" ἐστὶν ἐξειλεγμένος, καὶ ἀμήχανον αὐτὸν τῆς ἐκλογῆς ἐκπεσεῖν, διόπερ οὐ χρεία τούτῳ εὐχῆς· ἢ οὐκ ἐξείλεκται οὐδὲ προώρισται, καὶ μάτην εὔχεται, κἂν μυριάκις

a  갈 1:15.
b  창 25:23; 참조. 롬 9:12
c  말 1:2-3; 롬 9:13.
d  시 89:1-2(시 90:1-2).
e  엡 1:3-5.

워졌다면,[a] 기도하지 않더라도 가장 좋은 것을 얻게 될 것이기 때문입니다. 야곱은 태어나기 전 어떤 기도를 드렸기에 그가 에서보다 "강하고" 형이 그를 "섬길 것이다"라고[b] 예언되었습니까? 에서는 무슨 불경한 일을 행하여 태어나기도 전에 미움을 받습니까?[c] 왜 모세는 시편 89편에 나오는 것처럼 기도합니까? 하나님은 "피난처이셨습니다. 산들이 생기기 전에, 땅과 세계가 생기기 전에"[d] …

[원문소실]


## V. 5.[13]

그렇지만 모든 구원받는 자들에 대해 에베소서에, 아버지께서는 "그들을 사랑하셔서, 하나님 앞에서 거룩하고 흠이 없게 하시려고, 창세 전에 그들을 그리스도 안에서 택하여 주셨습니다. 그리스도로 말미암아 그들을 자녀로 예정하셔서"라고 기록되어 있습니다.[e] 참으로 "창세 전에" 있던 자들 중 어떤 자가 선택되었다면, 선택에서 떨어져나가는 것이 불가능하며, 따라서 이 사람에게는 기도가 필요 없습니다. 혹은 그가 선택되지 않고 미리 정해지지 않았다면, 그가 수없이 기도해도 헛되이 기도하는 것이며 응답 받지 못할 것입니

---

13  하나님이 미리 정하신 일을 인간이 기도로 변경할 수 없다는 전제 하에, 그럼에도 왜 성경의 인물들은 하나님께 기도를 드렸는가라는 질문을 통하여, 만물을 미리 아시고 미리 정하신다는 하나님의 속성과 기도의 문제를 다룬다. 하나님이 정하신 것을 인간의 기도로 바꿀 수 없는 것은 당연하다. 또한 기도의 중요성을 언급하기 위해, 모든 것을 미리 아시는 하나님께서 인간이 기도할 때까지 결정을 미루시고, 기도가 도달한 다음에야 결정을 확정하는 것은 모순이다.

εὔξηται, οὐκ ἐπακουσθησόμενος. "οὓς" γὰρ "προέγνω" ὁ θεός, τούτους "καὶ προώρισε συμμόρφους τῆς εἰκόνος"ᵃ "τῆς δόξης"ᵇ "τοῦ υἱοῦ αὐτοῦ."ᶜ "οὓς δὲ προώρισε, τούτους καὶ ἐκάλεσε· καὶ οὓς ἐκάλεσε, τούτους καὶ ἐδικαίωσεν· οὓς δὲ ἐδικαίωσε, τούτους καὶ ἐδόξασε."ᵈ τί γὰρ κάμνει Ἰωσίας ἢ διὰ τί εὐχόμενος πεφρόντικε περὶ τοῦ πότερόν ποτε εἰσακουσθήσεται ἢ μὴ, πρὸ πολλῶν γενεῶν ὀνομαστὶ προφητευθεὶς καὶ περὶ τοῦ ὅ τι ποτὲ πράξει οὐ μόνον προγνωσθεὶς ἀλλὰ καὶ εἰς ἐπήκοον πολλῶν προρρηθείς;ᵉ ἵνα τί δὲ καὶ Ἰούδας προσεύχεται, ὥστε καὶ τὴν προσευχὴν αὐτοῦ γενηθῆναι "εἰς ἁμαρτίαν," ἀπὸ τῶν Δαυῒδ χρόνων προκηρυχθεὶς ὡς ἀπολέσων "τὴν ἐπισκοπὴν," ἑτέρου ληψομένου ἀντ' αὐτοῦ αὐτήν;ᶠ αὐτόθεν δὲ ἀπεμφαίνει, ἀτρέπτου ὄντος τοῦ θεοῦ καὶ τὰ ὅλα προκατειληφότος μένοντός τε ἐν τοῖς προδιατεταγμένοις, εὔχεσθαι, οἰόμενον μετατρέψειν διὰ τῆς εὐχῆς αὐτοῦ τὴν πρόθεσιν ἢ ὡς μὴ προδιαταξαμένῳ ἀλλὰ περιμένοντι τὴν ἑκάστου εὐχὴν ἐντυγχάνειν, ἵνα διὰ τὴν εὐχὴν διατάξηται τὸ πρέπον τῷ εὐχομένῳ, τότε τάσσων τὸ δοκιμαζόμενον εἶναι εὔλογον οὐ πρότερον αὐτῷ τεθεωρημένον.

a   롬 8:29.
b   빌 3:21.
c   롬 8:29.
d   롬 8:30.

e   참조. 제4왕국기(왕하) 22:11-13, 18, 19;
    제3왕국기(왕상) 13:1-3.
f   시 108:7-8(시 109:7-8); 행 1:16, 20.

다. 왜냐하면 하나님이 "미리 아신 사람들을 그분의 아들의"[a] "영광의"[b] "형상과 같은 모습이 되도록 미리 정하셨으니"[c] "미리 정하신 사람들을 부르시고, 또한 부르신 사람들을 의롭게 하시고, 의롭게 하신 사람들을 또한 영화롭게 하셨"기 때문입니다.[d] 만세 전에 이름으로 예언되고, 그때 무엇을 할 것인지 미리 알려질 뿐만 아니라, 많은 사람들이 듣도록 미리 이야기되었다면, 왜 요시야는 수고를 합니까? 혹은 무엇 때문에 그는 기도하면서 응답 받을 것인지 아닌지에 대해 염려했습니까?[e] 그가 "직분을" 잃고 "다른 사람이" 그 대신에 이것을 받게 될 것이라고 다윗의 시대부터 미리 선언되었으므로, "그가 하는 기도는 죄가 될" 터인데, 유다는 무엇 때문에 기도합니까?[f] 하나님은 변치 않으시며 만물을 예견하고 미리 정해놓은 것들을 유지하는 분이십니다. 그러므로 그분이 미리 정해놓은 것을 기도로 말미암아 바꾸시리라 생각하면서 기도하거나, 또는 마치 하나님이 미리 정해놓지 않고 각자의 기도에 응답하기 위해 기다리다가 미리 숙고하지 않았지만 그때그때 좋다고 판단한 것을 기도로 말미암아 기도하는 자를 위해 행하시는 것처럼 그분께 기도하는 것은 그 자체로 모순입니다.

V. 6.

κείσθω δὲ ἐν τοῖς παροῦσιν αὐταῖς λέξεσιν ἅπερ διὰ τῶν πρός με γραμμάτων ἔταξας, οὕτως ἔχοντα. "πρῶτον· εἰ προγνώστης ἐστὶν ὁ θεὸς τῶν μελλόντων, καὶ δεῖ αὐτὰ γίνεσθαι, ματαία ἡ προσευχή. δεύτερον· εἰ πάντα κατὰ βούλησιν θεοῦ γίνεται, καὶ ἀραρότα αὐτοῦ ἐστι τὰ βουλεύματα, καὶ οὐδὲν τραπῆναι ὧν βούλεται δύναται, ματαία ἡ προσευχή." χρήσιμα δὲ, ὡς οἶμαι, ταῦτα πρὸς λύσιν τῶν ἀπαρκᾶν πρὸς τὸ εὔχεσθαι ποιούντων προδιαληπτέον.

VI. 1.

Τῶν κινουμένων τὰ μέν τινα τὸ κινοῦν ἔξωθεν ἔχει ὥσπερ τὰ ἄψυχα καὶ ὑπὸ ἕξεως μόνης συνεχόμενα καὶ τὰ ὑπὸ φύσεως καὶ ψυχῆς κινούμενα, οὐχ ᾗ τοιαῦτα ἔσθ᾽ ὅτε κινούμενα ἀλλ᾽ ὁμοίως τοῖς ὑπὸ ἕξεως μόνης συνεχομένοις· λίθοι γὰρ καὶ

## V. 6.[14]

이제 당신이 내게 보낸 편지에서 표현한 대로 여기에 써보겠습니다. "첫째, 하나님이 일어날 일들을 미리 아시고 그것들이 일어나야 한다면, 기도는 헛됩니다. 둘째, 모든 일이 하나님의 뜻대로 일어나며 그분이 뜻하는 일이 확고하며 그분이 원하는 일을 전혀 돌이킬 수 없다면, 기도는 헛됩니다." 기도하는 일에 무관심하게 만드는 것들을 해결하기 위해 이것들을 먼저 논의하는 것이 유익하다고 생각합니다.


## VI. 1.[15]

움직이는 것들 가운데 더러는 밖에서 움직이는 힘을 받습니다.[16] 생명이 없고 단지 구성분자로만 결합되어 있는 것들과, 본성과 혼에 의해 움직이는 것들이 여기에 해당합니다. 본성과 혼에 의해 움직이는 것들은, 그 자체에 의해서 움직이는 것이 아니라, 단지 구성분

---

14  암브로시우스와 타티아나가 오리게네스에게 편지를 보내 자신들이 속한 알렉산드리아 교회에 기도가 필요 없다고 말하는 사람들의 주장을 알렸다. 여기서는 직접 인용의 형태로 그 내용이 정리된다. 기도 반대자들이 기도가 필요 없다는 주장을 성경에 나타난 하나님의 속성과 연결시켰다는 것을 알았기 때문에, 그 주장에도 타당성이 있다고 일부 인정하면서(V.2-3), 하나님의 예정과 기도의 관계를 이후에 본격적으로 탐구한다.
15  참조. 오리게네스,『원리론』III.1.2. 여기서는 창조물을 무생물, 생물(동식물), 이성적 존재, 세 집단으로 나눈다. 오리게네스는 운동 원리를 설명함으로써 이성적 존재를 무생물과 생물로부터 구분하고, 이를 이성적 존재의 자유의지와 하나님의 창조질서를 설명하는 근거로 이용한다.
16  참조. 플라톤,『파이드로스』245e, 256c;『법률』X.894b-c.

ξύλα, τὰ ἐκκοπέντα τοῦ μετάλλου ἢ τὸ φύειν ἀπολωλεκότα, ὑπὸ ἕξεως μόνης συνεχόμενα τὸ κινοῦν ἔξωθεν ἔχει, ἀλλὰ καὶ τὰ τῶν ζῴων σώματα καὶ τὰ φορητὰ τῶν πεφυτευμένων, ὑπό τινος μετατιθέμενα, οὐχ ᾗ ζῷα καὶ φυτὰ μετατίθεται ἀλλ᾽ ὁμοίως λίθοις καὶ ξύλοις τοῖς τὸ φύειν ἀπολωλεκόσι· κἂν κινῆται καὶ ταῦτα τῷ ῥευστὰ εἶναι πάντα τὰ σώματα φθίνοντα, παρακολουθητικὴν ἔχει τὴν ἐν τῷ φθίνειν κίνησιν. δεύτερα δὲ παρὰ ταῦτά ἐστι κινούμενα τὰ ὑπὸ τῆς ἐνυπαρχούσης φύσεως ἢ ψυχῆς κινούμενα, ἃ καὶ ἐξ αὐτῶν κινεῖσθαι λέγεται παρὰ τοῖς κυριώτερον χρωμένοις τοῖς ὀνόμασι. τρίτη δέ ἐστι κίνησις ἡ ἐν τοῖς ζῴοις, ἥτις ὀνομάζεται ἡ ἀφ᾽ αὐτῶν κίνησις· οἶμαι δὲ ὅτι ἡ τῶν λογικῶν κίνησις δι᾽ αὐτῶν ἐστι κίνησις. ἐὰν δὲ περιέλωμεν ἀπὸ τοῦ ζῴου τὴν ἀφ᾽ αὐτοῦ κίνησιν, οὐδὲ ζῷον ἔτι ὂν ὑπονοηθῆναι δύναται, ἀλλὰ ἔσται ὅμοιον ἤτοι φυτῷ ὑπὸ φύσεως μόνης κινουμένῳ ἢ λίθῳ ὑπό τινος ἔξωθεν φερομένῳ. ἐὰν δὲ παρακολουθῇ τι τῇ ἰδίᾳ κινήσει, ἐπεὶ τοῦτο δι᾽ αὐτοῦ κινεῖσθαι ὠνομάσαμεν, ἀνάγκη τοῦτο εἶναι λογικόν.

자로만 결합되어 있는 것들과 비슷한 방식으로 움직입니다.[17] 왜냐하면 돌과 나무, 즉 채석장에서 깨어낸 돌 혹은 성장력을 잃은 나무는 구성분자로만 결합되어 있어 밖에서 움직이는 힘을 받기 때문입니다. 심지어 동물의 몸과 식물의 일부가 누군가에 의해 옮겨진다면, 동물과 식물로서가 아니라 성장력을 잃은 돌과 나무와 같이 옮겨지는 것입니다. 모든 몸은 썩고 흐르는 상태에 있기 때문에, 이것들이 움직이더라도, 그 움직임은 부패의 부수적인 현상입니다. 둘째, 이러한 것들[무생물] 외에 본래적인 본성이나 혼에 의해 움직이는 것들이 있습니다. 고유한 의미로 용어를 [정의해서] 사용하는 자들은 이것들은 그 자신에서(ἐξ αὐτῶν) 움직인다고 말합니다. 셋째, 동물의 움직임으로, 이는 그 자신으로부터의(ἀφ' αὐτῶν) 움직임이라고 불립니다. 나는 이성적 존재의 움직임은 스스로의(δι' αὐτῶν) 움직임이라고 생각합니다. 만약 우리가 동물로부터 그 자신으로부터의 움직임을 제거한다면, 동물로 생각할 수 없고 본성으로만 움직이는 식물 또는 누군가에 의해 밖에서 옮겨지는 돌과 같습니다. 어떤 것이 스스로의 움직임에 따라 움직인다면, 이러한 것들을 스스로 움직이는 것들이라고 일컬었으므로, 이성적인 존재가 되는 것이 마땅합니다.[18]

---

17  스토아학파는 존재의 각 단계에 고유한 힘이 있다고 주장하고 무기물에는 항구성, 식물에는 성장, 동물에는 혼, 인간에는 이성을 제시한다.
18  오리게네스는 이 단락과 『원리론』 III.1.2에서 스토아학파의 견해를 차용한다. 비슷한 견해가 알렉산드리아의 필론(『알레고리 규칙』 II.22-23과 클레멘스(『양탄자』 II.110.4-111.2)에게서 발견된다.

## VI. 2.

οἱ τοίνυν θέλοντες μηδὲν εἶναι ἐφ᾽ ἡμῖν, ἀναγκαίως ἠλιθιώτατόν τι παραδέξονται· πρῶτον μὲν ὅτι οὐκ ἐσμὲν ζῷα, δεύτερον δὲ ὅτι οὐδὲ λογικὰ, ἀλλ᾽ οἷον ὑπὸ ἔξωθεν κινοῦντος αὐτοὶ οὐδαμῶς κινούμενοι ποιεῖν ὑπ᾽ ἐκείνου λεγοίμεθα ἃ ποιεῖν νομιζόμεθα. ἄλλως τε καὶ τοῖς ἰδίοις πάθεσιν ἐπιστήσας τις ὁράτω, εἰ μὴ ἀναιδῶς ἐρεῖ μὴ αὐτὸς θέλειν καὶ μὴ αὐτὸς ἐσθίειν καὶ μὴ αὐτὸς περιπατεῖν μηδὲ αὐτὸς συγκατατίθεσθαι καὶ παραδέχεσθαι ὁποῖα δή ποτε τῶν δογμάτων μηδὲ αὐτὸς ἀνανεύειν πρὸς ἕτερα ὡς ψευδῆ. ὥσπερ οὖν πρός τινα δόγματα ἀμήχανον διατεθῆναι ἄνθρωπον, κἂν μυριάκις αὐτὰ κατασκευάζῃ εὑρεσιλογῶν καὶ πιθανοῖς λόγοις χρώμενος, οὕτως ἀδύνατον διατεθεῖσθαί τινα περὶ τῶν ἀνθρωπίνων, ὡς μηδαμῶς τοῦ ἐφ᾽ ἡμῖν σῳζομένου. τίς γὰρ διάκειται περὶ τοῦ μηδὲν εἶναι καταληπτὸν ἢ οὕτως βιοῖ, ὡς ἐπέχων περὶ παντὸς οὑτινοσοῦν; τίς δὲ οὐκ ἐπιπλήττει, φαντασίαν ἁμαρτήσαντος οἰκέτου λαβὼν, τῷ θεράποντι; καὶ τίς ἐστιν, ὃς μὴ αἰτιᾶται υἱὸν τὸ πρὸς γονεῖς καθῆκον μὴ ἀποδιδόντα ἢ μὴ μέμφεται καὶ ψέγει ὡς αἰσχρὸν πεποιηκυῖαν τὴν μεμοιχευμένην; βιάζεται γὰρ ἡ ἀλήθεια καὶ ἀναγκάζει, κἂν μυριάκις τις εὑρεσιλογῇ,

## VI. 2.[19]

우리에게 자유의지가[20] 없다고 주장하는 자들은 매우 어리석은 결론에 이를 수밖에 없을 것입니다. 첫째로 우리는 살아 있지 않으며, 둘째로 우리는 이성적이지도 않아서[21] 스스로는 결코 움직이지 않으며, 밖에서 움직이게 하는 힘에 의해 움직이므로,[22] 우리가 행한다고 여기는 것을 실제로는 그 힘에 의해 행해진다고 말해야 할 것입니다. 특별히 자신의 경험을 돌이켜보면서, 원하는 것도, 먹는 것도, 걷는 것도 자기 자신이 아니며, 어떤 견해에 동의하고[23] 찬성하는 것이나, 또 어떤 견해를 거짓된 것으로 여겨 거부하는 것도 자기 자신이 아니라고 그 누가 뻔뻔스럽게 말할 수 있겠는지 스스로 살펴보게 하십시오. 아주 능란하게[24] 설득력 있는 말을 사용하면서 수천 번 가르침을 펼친다 하더라도, 누군가가 그 가르침으로 기울어지는 것은 어렵습니다. 마찬가지로 인간사에 대해 자유의지가 없다

19 자유의지를 부정하는 견해를 반박한다.

20 원문에서 ἐφ' ἡμῖν은 "우리의 통제 하에 있는" 것들을 표현할 때 스토아학파가 사용한 전문용어이다. 여기서는 "자유의지"로 번역한다.

21 Bentley는 λογικὰ와 ζῷα의 순서를 바꾸어 πρῶτον μὲν ὅτι οὐκ ἐσμὲν λογικὰ, δεύτερον δὲ ὅτι οὐδὲ ζῷα라고 제안했고, 이 경우에는 "첫째로 우리는 이성적이지 않으며, 둘째로는 우리는 살아 있지도 않아서"로 옮길 수 있다(Stritzky, *Origenes Über das Gebet*, 120 n. 52).

22 Koetschau는 οἶον ὑπὸ를 οἶον τινός로 바꾸어 번역하였고, 이 경우 "누군가가 밖에서 우리를 움직이게 하는 것처럼"으로 옮길 수 있다(Stritzky, *Origenes Über das Gebet*, 121 n. 53).

23 Koetschau는 καὶ παραδέχεσθαι를 ἢ παραδέχεσθαι로 바꿔 번역하였고, 이 경우 "동의하거나"로 옮길 수 있다(Stritzky, *Origenes Über das Gebet*,121 n. 54).

24 Koetschau는 κἂν μυριάκις αὐτὰ에 τις를 추가하여 κἂν μυριάκις ⟨τις⟩ αὐτὰ로 바꾸어 번역하였고, 이 경우 "아주 능란하게" 앞에 "⟨어떤 사람이⟩"를 추가하여 옮길 수 있다 (Stritzky, *Origenes Über das Gebet*, 122 n. 55).

ὁρμᾶν καὶ ἐπαινεῖν καὶ ψέγειν, ὡς τηρουμένου τοῦ ἐφ᾽ ἡμῖν,

καὶ τούτου ἐπαινετοῦ ἢ ψεκτοῦ γινομένου παρ᾽ ἡμᾶς.

## VI. 3.

εἰ δὴ τὸ ἐφ᾽ ἡμῖν σῴζεται, μυρίας ὅσας ἀπονεύσεις ἔχον πρὸς

ἀρετὴν ἢ κακίαν καὶ πάλιν ἢ πρὸς τὸ καθῆκον ἢ πρὸς τὸ παρὰ τὸ

καθῆκον, ἀναγκαίως τοῦτο μετὰ τῶν λοιπῶν, πρὶν γένηται, τῷ

θεῷ ἔγνωσται "ἀπὸ κτίσεως"ᵃ καὶ "καταβολῆς κόσμου",ᵇ ὁποῖον

ἔσται· καὶ ἐν πᾶσιν, οἷς προδιατάσσεται ὁ θεὸς ἀκολούθως οἷς

ἑώρακε περὶ ἑκάστου ἔργου τῶν ἐφ᾽ ἡμῖν, προδιατέτακται κατ᾽

ἀξίαν ἑκάστῳ κινήματι τῶν ἐφ᾽ ἡμῖν τὸ καὶ ἀπὸ τῆς προνοίας

αὐτῷ ἀπαντησόμενον ἔτι δὲ καὶ κατὰ τὸν εἱρμὸν τῶν ἐσομένων

συμβησόμενον, οὐχὶ τῆς προγνώσεως τοῦ θεοῦ αἰτίας γινομένης

τοῖς ἐσομένοις πᾶσι καὶ ἐκ τοῦ ἐφ᾽ ἡμῖν κατὰ τὴν ὁρμὴν ἡμῶν

ἐνεργηθησομένοις. εἰ γὰρ καὶ καθ᾽ ὑπόθεσιν μὴ γινώσκοι ὁ θεὸς

τὰ ἐσόμενα, οὐ παρὰ τοῦτο ἀπολοῦμεν τὸ τάδε τινὰ ἐνεργήσειν

---

a   롬 1:20; 참조. 막 10:6.          b      마 25:34; 눅 11:50; 히 4:3, 9:26;
                                              계 13:8, 17:8; 참조. 마 13:35.

고 생각하는 것은 불가능합니다. 도대체 어느 누가 어떤 것도 알 수 없다고 생각하여, 모든 일에 대해 판단을 유보하는 방식으로 살아가겠습니까? 종이 잘못을 범하는 모습을 보고서 어느 누가 그 종을 때리지 않겠습니까? 부모에게 적절한 예를 갖추지 않는 아들을 어느 누가 비난하지 않겠으며, 음행을 저지른 여자를 부끄러운 일을 행한 자로 책망하고 정죄하지 않겠습니까? 아무리 [그렇지 않다고] 수천 번 능란하게 말하더라도, 진리가 우리로 하여금 행동하고 칭찬하며 정죄하도록 강요하고 몰아갑니다. 왜냐하면 우리에겐 자유의지가 있으며, 이것이 우리에 대한 칭찬자와 책망자[25]가 되기 때문입니다.[26]

## VI. 3.[27]

덕행이나 악행, 혹은 적절한 것이나[28] 부적절한 것으로 엄청나게 다양한 방식으로 기울어지는 성향을 지닌 자유의지가 있다면, 세상이 "창조되고"[a] "지어질" 때부터[b] 하나님은, 다른 일들은 물론, 자유의지로 어떤 선택을 하게 될지도 아시는 것이 마땅합니다. 자유의지 하나하나에 대하여 하나님은 미리 보신 것들에 조화되게 모든 일을 미리 정하셨습니다. 또한 그분은 예지(豫知)를 통해 일어나게

25 칭찬자와 책망자의 개념은 플라톤의 『법률』 I.639c를 참조하라.
26 참조. XXIX.13.
27 인간은 자유의지를 지니고 있으며, 하나님은 자유의지 하나하나의 움직임에 맞춰 일어날 일의 결과를 모두 정해놓으셨다. 자유의지는 세계를 보전할 섭리에 잘 들어맞는다.
28 "적절한 것"(καθῆκον)을 행하는 것은 스토아학파의 윤리이다.

καὶ τάδε θελήσειν· πλέον δὲ ἀπὸ τῆς προγνώσεως γίνεται τὸ κατάταξιν λαμβάνειν εἰς τὴν τοῦ παντὸς διοίκησιν χρειώδη τῇ τοῦ κόσμου καταστάσει τὸ ἑκάστου ἐφ' ἡμῖν.

## VI. 4.

εἰ τοίνυν τὸ ἑκάστου ἐφ' ἡμῖν αὐτῷ ἔγνωσται, καὶ διὰ τοῦτο προεωραμένον αὐτῷ διατάττεσθαι ἀπὸ τῆς προνοίας τὸ κατ' ἀξίαν παντί τῳ εὔλογον καὶ τὸ τί εὔξηται <καὶ> ποίαν διάθεσιν ἔχων ὁ δεῖνα οὕτως πιστεύων καὶ τί βουλόμενος αὐτῷ γενέσθαι προκατειλῆφθαι· οὗ προκαταληφθέντος, καὶ τοιοῦτόν τι ἀκολούθως ἐν τῇ διατάξει τετάξεται, ὅτι τοῦδε μὲν ἐπακούσομαι συνετῶς εὐξομένου δι' αὐτὴν τὴν εὐχήν, ἣν εὔξεται, τοῦδε δὲ οὐκ ἐπακούσομαι ἤτοι διὰ τὸ ἀνάξιον αὐτὸν ἔσεσθαι τοῦ ἐπακουσθήσεσθαι ἢ διὰ τὸ ταῦτα αὐτὸν εὔξασθαι, ἃ μήτε τῷ εὐχομένῳ λυσιτελεῖ λαβεῖν μήτε ἐμοὶ πρέπον παρασχεῖν· καὶ κατὰ τήνδε μὲν τὴν εὐχήν, φέρε εἰπεῖν, τοῦ δεῖνος οὐκ ἐπακούσομαι αὐτοῦ κατὰ τήνδε δὲ ἐπακούσομαι. (ἐὰν δέ τις

될 일뿐만 아니라, 일어난 일의 결과에 따라 일어날 일을 자유의지 하나하나의 움직임에 합당하게($\kappa\alpha\tau'\ \dot{\alpha}\xi\acute{\iota}\alpha\nu$)[29] 미리 정해놓았습니다. 일어날 모든 일과 자유의지로 인해 우리의 충동에[30] 따라 일어날 일의 원인이 하나님의 예지(豫知)는 아닙니다.[31] 가령 하나님이 일 어날 일을 모르신다고 하더라도, 그것 때문에 우리가 이것을 행하 거나 저것을 원하는 능력을 잃지는 않습니다. 오히려 하나님의 예 지를 통해, 각자의 자유의지는 세계를 보존하기 위한 만물의 섭리 에 잘 들어맞게 됩니다.[32]


## VI. 4.[33]

하나님께서 각자의 자유의지를 아시고 따라서 그분께서 이를 미리 보신다면, 예지를 통해 모든 자에게 합당하게 행하시고, 어떤 사람 이 그러저러한 성향을 가지고 이러저러하게 확신하며 무엇을 기도 할 것인지, 또한 무슨 일이 일어나기 원하는지를 하나님께서 미리

---

29  하나님이 이성적 피조물의 자유의지에 따른 행위에 합당하게 만물을 섭리하신다는 사상은 『원리론』 III.1.24에도 나타난다.
30  스토아철학에서 $\acute{o}\rho\mu\acute{\eta}$는 행하도록 호소하는 로고스의 기능이다.
31  참조. 『로마서 주해』 VII 6(8).
32  참조. 오리게네스, 『켈수스 반박』 IV.70.
33  자유의지와 하나님의 질서 가운데, 자유의지에 따른 기도를 하나님이 미리 아시는 지에 대한 문제로 독자의 관심을 이끌어내고, 하나님의 독백 형식으로 자유의지와 섭리 의 문제를 해결한다. 하나님은 예지로 어떤 자가 자유의지로 어떻게 기도할지를 아시고 이에 합당하게 행하신다. 올바르게 기도하는 자는 구한 것 이상으로 주고 천사를 보내지 만, 다시 물질적인 것으로 돌아간 자에게는 천사를 거둬들이고 그에게는 악령이 접근하 여 죄의 유혹을 더 많이 받게 된다.

ταράττηται διὰ τὸ μὴ οὐ ψεύσασθαι τὸν θεὸν τὰ μέλλοντα προεγνωκότα, ὡς τῶν πραγμάτων κατηναγκασμένων, λεκτέον πρὸς τὸν τοιοῦτον ὅτι αὐτὸ τοῦτο τῷ θεῷ ἔγνωσται ἀραρότως, τὸ μὴ ἀραρότως τόνδε τινὰ τὸν ἄνθρωπον καὶ βεβαίως βούλεσθαι τὰ κρείττονα ἢ οὕτω θελήσειν τὰ χείρονα, ὥστε ἀνεπίδεκτον αὐτὸν ἔσεσθαι μεταβολῆς τῆς ἐπὶ τὰ συμφέροντα.) καὶ πάλιν τάδε μέν τινα ποιήσω τῷδε εὐξομένῳ, ἐμοὶ γὰρ τοῦτο πρέπον ἐστὶν οὐ ψεκτῶς μοι εὐξομένῳ οὐδὲ ἀμελῶς περὶ τὴν εὐχὴν ἀναστραφησομένῳ· τῷδε δὲ ἐπὶ ποσὸν εὐξομένῳ "ὑπερεκπερισσοῦ ὧν" αἰτεῖται ἢ νοεῖ[a] δωρήσομαι τάδε τινά, ἐμοὶ γὰρ τόνδε πρέπει νικᾶν ἐν ταῖς εὐποιΐαις καὶ χορηγεῖν πλείονα ὧν αἰτῆσαι κεχώρηκε. καὶ τῷδε μέν τινι τοιῷδε ἐσομένῳ τόνδε τὸν ἄγγελον λειτουργὸν ἐπιπέμψω, ἀπὸ τοῦδε ἀρξόμενον τοῦ χρόνου συνεργεῖν αὐτοῦ τῇ σωτηρίᾳ καὶ μέχρι τοῦδε συνεσόμενον, τῷδε δὲ τόνδε, φέρε εἰπεῖν, τὸν τοῦδε τιμιώτερον, τῷ τοῦδε ἐσομένῳ κρείττονι. τοῦδε δέ τινος, μετὰ τὸ ἐπιδεδωκέναι ἑαυτὸν λόγοις τοῖς διαφέρουσιν ὑπεκλυθησομένου καὶ παλινδρομήσοντος ἐπὶ τὰ ὑλικώτερα, ἀποστήσω τόνδε τὸν κρείττονα συνεργόν· οὗ ἀποστάντος, κατ' ἀξίαν αὐτοῦ χείρων τις ἤδε ἡ δύναμις, καιρὸν εὑρηκυῖα τοῦ ἐπιβαίνειν τῇ ῥᾳθυμίᾳ,

a   엡 3:20.

아시는 것은 당연합니다. 그분은 미리 아시기 때문에, 이에 기초해서 일을 적절하게 처리하셨습니다. '이 사람은 슬기롭게 기도하므로 그가 드리는 그 기도 때문에 나는 응답할 것이다. 그러나 저 사람은 응답 받기에 합당하지 않거나, 응답 받는 것이 기도하는 자에게 유익하지 않거나, 허락하기에 적절하지 않은 내용을 기도하기 때문에 응답하지 않을 것이다. 다시 말해, 나는 그 사람이 어떻게 기도하는지에 따라 응답하지 않기도 하고 응답하기도 할 것이다.' (일어날 일을 미리 아셨던 하나님은 결코 거짓말을 하지 않으므로, 그 일이 필연적으로 일어나야 했다고 생각하여 혼란에 빠지는 사람이 있다고 합시다. 그런 자에게는, 어떤 사람이 더 좋은 것을 원하지 않는 것이 분명하고 확고하거나, 더 나쁜 것을 너무도 원하여 유익한 것으로 바꾸는 것을 받아들이지 않으리라는 것을 하나님이 분명히 아신다고 말해주어야 합니다.) '또한 나는 이 기도하는 자에게 이렇게 행할 것이다. 내게 흠 없이 기도하고 기도를 소홀히 여기지 않을 자에게는 이렇게 행하는 것이 내게 마땅하다. 한편 그렇게도 많이 기도할 자에게는 "구하거나 생각하는 것 이상으로 더욱 넘치게"[a] 이러한 것을 줄 것이다. 선을 베푸는 일에 그를 넘어서고 그가 나아와 간구한 것보다 더 많은 것을 주는 것이 내게 어울리기 때문이다.[34] 이런 사람에게는 어느 시점부터 그의 구원을 위해 함께 일하기 시작하고 어느 시점까지 그와 함께 있을 천사를 종으로 보내고, 그보다 더 나은 자에게는 이보다 더 영화로운 [천사를 보낼 것

---

34  참조. 『요한복음 주해』 VI.36.181.

제2부 오리게네스 기도론 원문-번역

161

ἐπιστᾶσα ἐπὶ τάδε τινὰ τὰ ἁμαρτήματα αὐτόν, ἕτοιμον ἑαυτὸν πρὸς τὸ ἁμαρτάνειν δεδωκότα, προκαλέσεται.

## VI. 5.

οὕτως οὖν ἤδη οἱονεὶ ἐρεῖ ὁ προδιατασσόμενος τὰ ὅλα ὅτι Ἀμὼς γεννήσει τὸν Ἰωσίαν, ὅστις οὐ ζηλώσει τὰ τοῦ πατρὸς πταίσματα ἀλλὰ τυχὼν τῆσδε τῆς ἐπ᾿ ἀρετὴν προτρεπούσης ὁδοῦ διὰ τῶνδε τῶν συνεσομένων καλὸς ἔσται καὶ ἀγαθός, ὅστις κατασκάψει τὸ τοῦ Ἱεροβοὰμ κακῶς οἰκοδομηθὲν "θυσιαστήριον."[a] οἶδα δὲ καὶ Ἰούδαν, ἐπιδημήσαντός μου τοῦ υἱοῦ τῷ τῶν ἀνθρώπων γένει, κατὰ μὲν τὰς ἀρχὰς ἐσόμενον καλὸν καὶ ἀγαθὸν ὕστερον δὲ ἐκτραπησόμενον καὶ εἰς τὰ ἀνθρώπινα ἁμαρτήματα ἐκπεσούμενον,[b] ὅντινα ἐπὶ τούτοις εὔλογον ἔσται παθεῖν τάδε τινά.[c] (ἡ δὲ πρόγνωσις αὕτη τάχα μὲν ἐπὶ πάντων πάντως δὲ ἐπὶ Ἰούδα καὶ ἑτέρων μυστηρίων καὶ ἐν τῷ υἱῷ τοῦ θεοῦ γίνεται, ἑωρακότι τῇ κατανοήσει τοῦ ἐξελιγμοῦ τῶν ἐσομένων τὸν Ἰούδαν καὶ τὰ ἁμαρτήματα τὰ ἁμαρτηθησόμενα αὐτῷ· ὥστε μετὰ καταλήψεως αὐτόν, καὶ πρὶν γενέσθαι τὸν Ἰούδαν, διὰ τοῦ Δαυῒδ εἰρηκέναι· "ὁ θεός, τὴν αἴνεσίν μου μὴ

---

a 왕하 23:15;
참조. 21:24; 22:2; 23:4-25.
b 참조. 요 12:6.

c 참조. 마 27:5;
행 1:15-18.

오리게네스 기도론

162

이다.] 반면 자신을 더 좋은 일에 드리고 나서 점차로 약해지고 더 물질적인 것으로 돌아간 자에게서는 더 나은 협력자를 제거할 것이다. 그가 떠나가면 그에게 걸맞은 더 열등한 능력이, 부주의함에 빠트릴 기회를 찾고, 죄를 지으려고 준비하고 있는 그를 이러저러한 죄로 몰아세워놓고 부추길 것이다.'

## VI. 5.[35]

만물을 미리 정해놓은 분께서는 이렇게 말씀하실 것 같습니다. '아몬은 요시야를 낳을 것이다. 그는 아버지의 잘못을 따르지 않고 함께 있는 자들을 통하여[36] 덕으로 이어지는 길을 얻어 아름답고 선하게 될 것이다. 그는 여로보암에 의해 악하게 세워진 "제단을" 완전히 헐 것이다.[a] 한편, 나의 아들이 인류와 함께 머물 때에, [가롯] 유다가 처음에는 아름답고 선하다가 나중에는 인간의 죄로 달려가고 빠져들게 되리라는 것을[b] 나는 안다. 그 죄 때문에 그는 이러저러한 일을 겪어야 할 것이다.'[c] 하나님의 아들도 아마 만물에 대해서, 그리고 확실히 유다와 다른 신비에 대해서 미리 아셨을 것입니다. 그분은 앞으로 일어날 일의 추이를 아시므로, 유다와 그가 행할 죄를 보셨습니다. 그리하여 그분은 분명히 아셨기 때문에, 유다가 태어나기 전에 다윗을 통해 이렇게 말씀하셨습니다. "하나님, 내가

---

35  기도와 예지의 관계를 요시야, 가롯 유다, 바울의 예를 들어 설명한다.
36  아마도 문맥상 앞서 언급한 돕는 천사들을 뜻하는 것 같다.

παρασιωπήσῃς"ᵃ καὶ τὰ ἑξῆς.) εἰδὼς δὲ τὰ μέλλοντα, καὶ ὁποῖον τόνον ἕξει πρὸς τὴν θεοσέβειαν ὁ Παῦλος, ἐν ἐμαυτῷ μὲν, πρὶν κτίσαι τὸν κόσμον ἐπιβαλλόμενος τῇ ἀρχῇ τῆς κοσμοποιΐας, αὐτὸν ἐπιλέξομαιᵇ καὶ ταῖσδε συνεργούσαις ἀνθρώπων σωτηρίᾳ δυνάμεσιν ἅμα τῷ γεννηθῆναι παραθήσομαι, ἀφορίζων αὐτὸν "ἐκ κοιλίας μητρὸς"ᶜ καὶ ἐπιτρέπων κατὰ τὰς ἀρχὰς ἐν νεότητι ζήλῳ μετὰ ἀγνοίας ἐγγινομένῳ προφάσει θεοσεβείας διώκειν τοὺς εἰς τὸν Χριστόν μου πεπιστευκότας καὶ τηρεῖν "τὰ ἱμάτια"ᵈ τῶν λιθοβολούντων τὸν θεραπευτήν μου καὶ μάρτυρα Στέφανον,ᵉ ἵνα νεανιευσάμενος ὕστερον ἀφορμῆς λαβόμενος καὶ μεταβαλόμενος ἐπὶ τὰ βέλτισταᶠ "μὴ καυχήσηται" "ἐνώπιον"ᵍ ἐμοῦ ἀλλὰ λέγῃ· "οὐκ εἰμὶ ἱκανὸς καλεῖσθαι ἀπόστολος, διότι ἐδίωξα τὴν ἐκκλησίαν τοῦ θεοῦ,"ʰ καὶ αἰσθόμενος τῆς ἐσομένης μου εἰς αὐτὸν εὐεργεσίας μετὰ τὰ ἐν νεότητι προφάσει θεοσεβείας πταίσματα εἴπῃ· "χάριτι δὲ θεοῦ εἰμι ὅ εἰμι"·ⁱ καὶ κωλυόμενος δὲ ὑπὸ τοῦ συνειδότος διὰ τὰ ὑπὸ νεανίου αὐτοῦ ἔτι τυγχάνοντος πεπραγμένα κατὰ Χριστοῦ οὐχ ὑπερεπαρθήσεται "τῇ ὑπερβολῇ τῶν" ἐπ᾽ εὐεργεσίᾳ φανερωθησομένων αὐτῷ "ἀποκαλύψεων."ʲ

a 시 108:1(시 109:1)          f 참조. 행 9:3-10.
b 참조. 엡 1:4.               g 고전 1:29.
c 갈 1:15.                   h 고전 15:9.
d 행 7:58; 22:20;            i 고전 15:10.
e 행 참조 7:58-8:3; 9:1-2.    j 고후 12:7.

찬양합니다. 잠잠히 계시지 마십시오" 등등.[37a] 또 한편 [하나님은 이렇게 말씀하실 것 같습니다.] '앞으로 일어날 일과 바울이 하나님을 경외하기 위해 어떻게 힘쓸 지를 내 자신이 알고, 세상을 창조하기 전에 우주를 만드는 일에 착수했을 때[38] 나는 그를 택할 것이며,[b] 그가 태어날 때 인간의 구원을 위해 이러저러한 협력하는 능력들을 세울 것이다. "모태로부터" 그를 따로 세우고,[c] 처음에는 무지로[39] 인해 젊을 때의 열심으로 하나님 경외를 구실 삼아 나의 그리스도를 믿는 자들을 박해하고, 나를 섬기는 자요 증인인 스데반에게 돌을 던지는 자들의 "옷"을[d] 보관하도록 내버려둘 것이다.[e] 이것은 그가 젊은이의 혈기를 부린 후 나중에 새 출발을 해서 가장 좋은 것들로 돌이켰을 때[f] 내 "앞에서" "자랑하지 못하"고[g] "나는 사도로 불릴 만한 자격도 없습니다. 그것은 내가 하나님의 교회를 박해하였기 때문입니다"[h]라고 말하고, 젊을 때 하나님 경외를 구실 삼아 잘못을 저지른 후 내가 그에게 선을 베풀 것을 알았을 때, "나는 하나님의 은혜로 오늘의 내가 되었습니다"[i]라고 말하도록 하기 위함이다. 또한 그가 아직 젊었을 때 그리스도에 맞서 행한 일들 때문에, 양심에 거리껴 그에게 은혜롭게 나타난 "엄청난 계시"로 인해 너무 의기양양하지 않도록 하기 위함이다.'[j]

---

37  『켈수스 반박』 II.20에서도 시 108(109):1을 인용하며 이를 가룟 유다에게 적용한다. 이 시편에서 화자는 그리스도이며, 유다("악한 자와 속이는 자")의 배반에 대한 심판이 예언되었다고 이해되었다.

38  참조. VI.3.

39  플라톤의 『테아이테토스』 176e에 의하면 어리석음과 무지는 불의한 행동으로 이끈다.

# VII.

Καὶ πρὸς τὸ περὶ τῆς ἐπὶ τῷ ἀνατέλλειν τὸν ἥλιον εὐχῆς ταῦτα λεκτέον. ἔστι τι καὶ τοῦ ἡλίου ἐφ' ἡμῖν, καὶ αὐτοῦ αἰνοῦντος μετὰ τῆς σελήνης τὸν θεόν· "αἰνεῖτε γὰρ αὐτόν," φησὶν, "ἥλιος καὶ σελήνη"·[a] δῆλον δ' ὅτι καὶ τῆς σελήνης καὶ ἀκολούθως πάντων τῶν ἀστέρων· "αἰνεῖτε γὰρ αὐτόν," <φησὶ,> "πάντα τὰ ἄστρα καὶ τὸ φῶς."[b] ὥσπερ οὖν εἰρήκαμεν τῷ ἐφ' ἡμῖν ἑκάστου τῶν ἐπὶ γῆς καταχρώμενον τὸν θεὸν εἴς τινα χρείαν τῶν ἐπὶ γῆς κατατετάχέναι εἰς δέον αὐτά, οὕτως ὑποληπτέον τῷ ἐφ' ἡμῖν ἡλίου καὶ σελήνης καὶ ἄστρων, ἀραρότι καὶ βεβαίῳ ὄντι καὶ σταθηρῷ καὶ σοφῷ, διατετάχέναι "πάντα τὸν κόσμον τοῦ οὐρανοῦ"[c] καὶ τὴν τῶν ἄστρων ἁρμονίως τῷ παντὶ πορείαν καὶ κίνησιν. καὶ εἰ περὶ τοῦ ἐφ' ἡμῖν ἑτέρου μὴ μάτην εὔχομαι, πολλῷ πλέον περὶ τοῦ ἐφ' ἡμῖν τῶν ἐν οὐρανῷ σωτηρίως τῷ παντὶ χορευόντων ἀστέρων. καίτοι γε ἔστιν εἰπεῖν περὶ τῶν ἐπὶ γῆς ὅτι τοιαίδε τινὲς προσγενόμεναι ἐκ τῶν περιεστώτων φαντασίαι προκαλοῦνται τὸ ἀβέβαιον ἡμῶν ἢ τὸ ἐπὶ τὸ κρεῖττον ῥεπτικὸν ἡμῶν πρὸς τὸ ποιῆσαι ἢ εἰπεῖν τάδε τινὰ ἢ τάδε· ἐπὶ

---

a   시 148:3.              c   신 4:19.
b   시 148:3.

# VII.[40]

태양이 떠오르도록 기도하는 것에[41] 대해서는 이러한 것들이 말해져야 합니다. 태양에게도 자유의지가 있습니다. 심지어 태양은 달과 함께 하나님을 찬양합니다. 왜냐하면 "해와 달아, 주님을 찬양하여라" 하고 말하기 때문입니다.[42a] 달과 모든 별들에게도 분명히 자유의지가 있습니다. 왜냐하면 "모든 별들과 빛이여, 주님을 찬양하여라" 하고 말하기 때문입니다.[b] 우리는 하나님이 땅에 있는 것들 각각의 자유의지를 완전히 활용하여 땅에 있는 것들의 필요를 위해 필요한 목적에 따라 그것들을 배치시키셨다고 말했습니다.[43] 마찬가지로 우리는 태양과 달의 합당하고 강하며 견고하며 지혜로운 자유의지와 관련하여서도 하나님이 "하늘의 모든 천체[c]를 배열하셨고 만물과 조화되게 별들의 운행 및 운동을 배열하셨다고 생각해야 합니다. 만약 다른 사람의 자유의지와 관련해 기도하는 것이 헛되지 않다면, 하늘에서 만물의 보전을 위해 조화롭게 춤추는 별들의 자유의지와 관련해[44] 기도하는 것은 더더욱 헛되지 않을 것입니다. 그런데 땅에 있는 것들에 대해서는 주위 상황으로부터 생겨나

---

40  태양이 떠오르도록 기도해야 하느냐는 질문에 대해 태양과 달과 별이 자유의지를 지니지만, 이들은 잘 다듬어진 영혼과 깨끗한 몸을 지니고 있어 운행에서 벗어나지 않는다고 하며 기도가 운동의 근원이 되지 못한다고 가르친다.

41  참조. V.3.

42  참조. 『켈수스 반박』 V.10; V.11; VIII.66; VIII.67. 태양과 달과 별들이 이성적 존재와 같이 자유의지를 지닌다는 생각은 오늘날에는 설득력이 없지만, 당시 그리스 철학과 유대교 철학의 세계관에서는 충분히 개연성이 있었다.

43  참조. VI.3.

44  별들이 서로 충돌함 없이 안전하게 운행하는 것을 비유적으로 표현하고 있다.

δὲ τῶν ἐν οὐρανῷ ποία δύναται ἐγγενομένη φαντασία ἐκστῆσαι καὶ μετακινῆσαι ἀπὸ τῆς ὠφελίμου τῷ κόσμῳ πορείας ἕκαστον τῶν τοιαύτην ψυχὴν ὑπὸ λόγου κατηρτισμένην καὶ παρὰ τὴν αὐτῶν αἰτίαν ἐχόντων καὶ τοιούτῳ σώματι αἰθερίῳ καὶ καθαρωτάτῳ χρωμένων;

는 이러저러한 인상이 우리의 유약함이나 더 좋은 일에 끌리는 성향을 부추겨 이러저러한 것을 행하거나 말하게 한다고 이야기해야 합니다. 한편, 하늘에 있는 것들에 대해 말하자면, 그들은 이성에 의해 또한 자기 행업에 따라[45] 잘 다듬어진 영혼을 지니며 공기와 같은 깨끗한 육체를 사용합니다. 그런데 주위 상황으로부터 생겨나는 어떠한 인상이 그들 각각을 우주에 유익을 주는 운행으로부터 벗어나게 하거나 자리를 바꾸게 할 수 있겠습니까?[46]

---

45 행업은 αἰτία를 번역한 말로 『원리론』 III.1.12에서도 이와 비슷한 예를 찾아볼 수 있다.

46 오리게네스는 땅에 있는 것들은 주변상황의 영향을 많이 받기 때문에 기도의 결과로 행동과 말의 변화가 나타나는 반면, 하늘에 있는 것들은 이성으로 다듬어진 영혼과 깨끗한 몸을 지니고 있으므로 주변의 영향을 덜 받아서 자유의지에도 불구하고 하나님의 질서 안에서 벗어나지 않으며, 질서대로 움직이는 것은 결국 기도가 그 운동의 근원이 되지 못한다고 가르친다. 『원리론』 I.7.3에 따르면 태양과 달과 별은 질서와 법칙을 벗어나지 않는다. 별들에게 영혼이 있다는 사상은 플라톤의 『티마이오스』 40b; 『법률』 X 896c-899b에서 발견된다.

VIII. 1.

Ἔτι δὲ οὐκ ἄλογον καὶ τοιούτῳ τινὶ παραδείγματι χρήσασθαι πρὸς τὸ προτρέψασθαι ἐπὶ τὸ εὔξασθαι καὶ ἀποτρέψασθαι τοῦ ἀμελεῖν τῆς εὐχῆς. ὥσπερ οὐκ ἔστι παιδοποιήσασθαι χωρὶς γυναικὸς καὶ τῆς εἰς παιδοποιΐαν χρησίμου παραλαμβανομένης ἐνεργείας, οὕτως τῶνδέ τινων οὐκ ἄν τις τύχοι, μὴ οὕτως εὐξάμενος μετὰ διαθέσεως τοιᾶσδε, πιστεύων οὕτως, οὐ πρὸ τῆς εὐχῆς τόνδε βιώσας τὸν τρόπον. οὐ βαττολογητέον[a] οὖν οὐδὲ μικρὰ αἰτητέον οὐδὲ περὶ ἐπιγείων προσευκτέον οὐδὲ μετὰ "ὀργῆς"[b] καὶ τεταραγμένων λογισμῶν ἐπὶ τὴν προσευχὴν ἐλθετέον, ἀλλ᾿ οὐδὲ χωρὶς καθαρεύσεως ἔστιν ἐπινοῆσαι γινομένην "τῇ προσευχῇ" σχολήν·[c] ἀλλ᾿ οὐδὲ ἀφέσεως ἁμαρτημάτων οἷόν τε τυχεῖν τὸν εὐχόμενον, μὴ ἀπὸ τῆς καρδίας ἀφιέντα[d] τῷ πεπλημμεληκότι καὶ συγγνώμης τυχεῖν ἀξιοῦντι ἀδελφῷ.[e]

a  참조. 마 6:7.          d  참조. 마 18:35.
b  딤전 2:8.             e  참조. 마 6:12; 눅 11:4.
c  고전 7:5.

# 기도의 유익(VIII-XIII)

## 올바른 기도의 유익: 하나님과의 교제와 옳은 행위(VIII-X.1)

### VIII. 1.[1]

또한 기도로 마음이 향하게 하고, 기도에 무관심한 상태로부터 돌아서도록 하기 위해 다음과 같은 예를 사용하는 것은 불합리하지 않습니다. [남자가] 여자 없이, 그리고 [여자가] 아이를 낳는 데 필요한 인자(ἐνεργείας)를 받지 않고[2] 아이를 낳을 수 없는 것처럼, 올바른 자세로 기도하지 않고, 올바르게 믿지 않고, 기도하기 전에 올바른 방식으로 살지 않았다면,[3] 어느 누구도 기도한 것을 얻지 못할 것입니다. 그러므로 빈말을 되풀이하거나[a] 작은 것들을 구하거나 땅의 것들에 대해 기도해서는 안 됩니다.[4] "분노"를 품고서, 다투는 생각으로 기도하러 가서도 안 됩니다.[b] 또한 정결함이 없이는 "기도" 시간을 떼어놓는 것을[c] 생각조차 할 수 없습니다. 잘못을 범하고서 용서받기를 청하는 형제를, 마음으로부터 용서하지 않고서는,[d] 기도자가 죄 용서를 얻을 수 없습니다.[e]

---

1   여기서부터 기도를 권면하기 위한 다양한 설명을 이끌어낸다. 올바른 자세, 믿음, 삶으로 기도해야 응답을 얻을 수 있으며, 기도할 때 하늘에 속한 것을 구하고 분노 없이, 정결함으로, 형제자매를 용서해야 한다.

2   성적인 결합을 의미한다.

3   Anglus의 제안을 따라 Koetschau는 οὐ πρὸ τῆς εὐχῆς를 καὶ πρὸ τῆς εὐχῆς로 바꿔 번역하였는데, 앞에 사용된 부정어 'μή'의 영향으로 οὐ를 καί로 바꾸어도 뜻은 바뀌지 않는다(Stritzky, *Origenes Über das Gebet*, 129 n. 77).

4   참조. II.2. 기록되지 않은 예수의 말씀에 대해서는 해설 부분을 참조하라.

VIII. 2.

ὠφέλειαν δὲ ἐγγίνεσθαι τῷ ὃν δεῖ τρόπον εὐχομένῳ ἢ ἐπὶ τοῦτο κατὰ τὸ δυνατὸν ἐπειγομένῳ πολλαχῶς ἡγοῦμαι συμβαίνειν. καὶ πρῶτόν γε πάντως ὤνατό τι ὁ πρὸς τὸ εὔξασθαι ταθεὶς κατὰ τὸν νοῦν,[a] δι' αὐτῆς τῆς ἐν τῷ εὔχεσθαι καταστάσεως θεῷ παριστάναι ἑαυτὸν καὶ παρόντι ἐκείνῳ λέγειν σχηματίσας ὡς ἐφορῶντι καὶ παρόντι. ὥσπερ γὰρ αἱ τοιαίδε φαντασίαι καὶ ὑπομνήσεις τῶνδέ τινων περὶ τὰ, ὧν γεγόνασιν αἱ ὑπομνήσεις, μολύνουσι τοὺς λογισμοὺς τοὺς ἐν ταῖσδε ταῖς φαντασίαις γεγενημένους, τὸν αὐτὸν τρόπον πειστέον ὀνησιφόρον εἶναι μνήμην πεπιστευμένου τοῦ θεοῦ καὶ κατανοοῦντος τὰ ἐν τῷ ἀδύτῳ τῆς ψυχῆς κινήματα, ῥυθμιζούσης ἑαυτὴν ἀρέσκειν ὡς παρόντι καὶ ἐποπτεύοντι καὶ φθάνοντι ἐπὶ πάντα νοῦν τῷ ἐτάζοντι "καρδίας" καὶ ἐρευνῶντι "νεφρούς."[b] ἵνα γὰρ καθ' ὑπόθεσιν μηδεμία ἔτι παρὰ ταύτην ὠφέλεια γένηται τῷ καταστήσαντι αὐτοῦ τὸν λογισμὸν εἰς τὸ εὔχεσθαι, οὐ τὸ τυχὸν ἐννοητέον λαβεῖν τὸν οὕτως εὐλαβῶς ἑαυτὸν ῥυθμίσαντα ἐν τῷ τῆς εὐχῆς καιρῷ. τοῦτο δὲ γινόμενον πολλάκις ὅσων ἀφίστησιν ἁμαρτημάτων καὶ ἐφ' ὅσα φέρει τῶν

a  참조. 고전 14:15.        b  시 7:10(시 7:9); 렘 17:10;
                              참조. 렘 11:20; 20:12; 롬 8:27; 계 2:23.

## VIII. 2.[5]

내 생각에는 마땅한 방식으로 기도하는 자에게, 또는 이를 위해 할 수 있는 한 최선의 노력을 기울이는 자에게는 여러 모로 유익이 생기고, 또 유익이 따릅니다. 우선, 마음에 따라 기도하려고 준비된 자는,[a] 자신을 하나님 곁에 세우고, 마치 지켜 보고 있으며 곁에 있는 이에게 하듯이[6] 곁에 계신 그분께 이야기하므로 기도할 때의 그 마음가짐을 통해 어떤 방식으로든 반드시 유익을 얻게 됩니다. 어떤 것을 기억할 때, 그것에 대한 인상과 기억이 그 인상에서 생겨난 생각을 더럽힙니다. 같은 방식으로 곁에 있고, 살펴 보고, 모든 정신에 다가오는 이에게 하듯이 영혼이 "마음을 낱낱이 살피시"고 "속생각"[b]을 헤아리시는 분을[7] 기쁘시게 하도록 자신을 성찰할 때에, 우리가 믿는 하나님이 그 영혼의 깊숙한 곳에서 일어나는 움직임을 다 살피신다는 것을 기억하는 것이 유익하다고 확신해야 합니다. 설령 자기 생각을 기도에 고정시키는 자가 이 기억 외에 어떤 유익도 얻지 못할지라도, 기도 시간에 그토록 분별 있게 자신을 성찰한 자가 얻는 유익은 평범한 것이 아니라고 생각해야 합니다. 이것이

---

5　기도의 유익은 적절한 방식으로 기도하는 자에게 주어진다. 첫째 유익은 기도의 마음가짐을 통해 하나님이 영혼 곁에 함께 하셔서 기도자에게 얘기하고 듣는 것이다. 또한 기도에서 하나님이 영혼의 깊숙한 곳까지도 살피신다는 것을 기억하고, 이러한 기억과 성찰로 자주 기도하는 이는 죄에서 멀어지고 옳은 일을 행하게 된다. 이는 기도의 평범한 유익을 넘어서는 본질적인 유익이다.

6　Anglus의 제안을 따라 Koetschau는 παρόντι를 ἀκούοντι로 바꿔 번역하였고, 이 경우 "마치 지켜보고 들으시는 이에게 하듯이"로 옮길 수 있다(Stritzky, *Origenes Über das Gebet*, 130 n. 79).

7　참조. 클레멘스, 『양탄자』VII.36.5.

κατορθωμάτων, ἴσασι τῇ πείρᾳ οἱ συνεχέστερον τῷ εὔχεσθαι
ἑαυτοὺς ἐπιδεδωκότες. εἰ γὰρ ὑπόμνησις καὶ ἀναπόλησις
ἐλλογίμου ἀνδρὸς καὶ ὠφελημένου ἐν σοφίᾳ ἐπὶ ζῆλον ἡμᾶς
αὐτοῦ προκαλεῖται καὶ πολλάκις ἐμποδίζει ὁρμὰς τὰς ἐπὶ τὸ
χεῖρον, πόσῳ πλέον θεοῦ τοῦ τῶν ὅλων πατρὸς ὑπόμνησις
μετὰ τῆς πρὸς αὐτὸν εὐχῆς ὀνίνησι τοὺς πείσαντας ἑαυτοὺς ὅτι
παρόντι καὶ ἀκούοντι παρεστήκασι καὶ λέγουσι θεῷ;

IX. 1.

Κατασκευαστέον δὲ ἀπὸ τῶν θείων γραφῶν τὰ εἰρημένα
τοῦτον τὸν τρόπον. ἐπαίρειν δεῖ "ὁσίας χεῖρας"[a] τὸν εὐχόμενον
διὰ τοῦ ἀφιέναι ἑκάστῳ τῶν εἰς αὐτὸν πεπλημμεληκότων,[b]
τὸ τῆς ὀργῆς πάθος ἐξαφανίσαντα ἀπὸ τῆς ψυχῆς καὶ μηδενὶ
θυμούμενον. πάλιν τε δεῖ ὑπὲρ τοῦ μὴ ἐπιθολοῦσθαι τὸν νοῦν
ὑπὸ ἑτέρων λογισμῶν πάντων ἐπιλελῆσθαι τῶν ἔξω τῆς εὐχῆς
κατὰ τὸν καιρόν, ἐν ᾧ τις εὔχεται, (τοιοῦτον δὲ εἶναι πῶς οὐκ
ἔστι μακαριώτατον;) ὡς διδάσκει Παῦλος ἐν τῇ προτέρᾳ πρὸς
Τιμόθεον λέγων· "βούλομαι οὖν προσεύχεσθαι τοὺς ἄνδρας
ἐν παντὶ τόπῳ, ἐπαίροντας ὁσίους χεῖρας χωρὶς ὀργῆς καὶ
ʽδιαλογισμῶν.ʼ"[c] ἀλλὰ πρὸς τούτοις τὴν γυναῖκα χρὴ ἔχειν

a  딤전 2:8.             c  딤전 2:8.
b  마 6:12,14; 눅 11:4.

여러 번 이루어질 때, 그것이 얼마나 많은 죄로부터 멀어지게 하고 얼마나 많은 옳은 일(κατορθωμάτων)로 이끄는지,[8] 기도하는 일에 계속 자신을 드린 자는 경험으로 압니다. 왜냐하면 지혜로 유익을 얻은 유명한 사람에 대한 반복적인 기억이 우리를 그 앞에 불러 세워 모방하도록 하고 더 나쁜 일로의 충동을 종종 막아준다면, 하나님께 기도하면서 그분이 만물의 아버지라고 기억하는 것이, 옆에 계시며 들으시는 하나님 곁에 서서 이야기한다고 믿는 자들을 얼마나 더 유익하게 하겠습니까?[9]

## IX. 1.[10]

이제 위에서 말한 것을 성경으로부터 다음과 같이 뒷받침할 수 있습니다. 기도자는 자기에게 죄 지은 자를 용서하여[b] 분노의 감정을 자기 영혼에서 제거하고 누구에게도 화를 내지 않으면서 "거룩한 손"을 들어야 합니다.[a] 또한 정신은 다른 생각으로 혼란스러워지지 않도록 기도하는 동안에 기도 외의 모든 것을 잊어야 합니다. 이러한 사람이 어찌 가장 축복된 이가 아니겠습니까? 이것은 바울이 디모데전서에서 "그러므로 나는, 남자들이 화를 내거나 말다툼을 하는 일이 없이 모든 곳에서 거룩한 손을 들어 기도하기를 바랍니다"[c]라고 말하여 가르친 것과 같습니다. 또한 이것들 외에도 여자는, 특히

---

8  스토아철학은 본성에 따르는 행동(καθῆκον)과 모든 윤리적 기준을 따르는 행동 (κατόρθωμα)을 구분하는데, 오리게네스는 이를 받아들였다.
9  오리게네스는 기도의 유익을 말하기 위해 플라톤의 기억이론을 이용한다. 참조. 클레멘스, 『양탄자』 VII.35.4.
10  기도의 유익에 대한 앞의 설명을 딤전 2:8-10의 영적인 해석을 통해 뒷받침한다.

μάλιστα εὐχομένην τὸ κατεσταλμένον καὶ τὸ κόσμιον ψυχῇ καὶ

σώματι, πάντων μᾶλλον ἐξαιρέτως καὶ ὅτε εὔχεται αἰδουμένην

τὸν θεὸν καὶ πᾶσαν ἀκόλαστον καὶ γυναικείαν ὑπόμνησιν

ἐξορίσασαν ἀπὸ τοῦ ἡγεμονικοῦ καὶ κεκοσμημένην οὐκ "ἐν

πλέγμασι καὶ χρυσῷ ἢ μαργαρίταις ἢ ἱματισμῷ πολυτελεῖ"

ἀλλ' οἷς πρέπον ἐστὶ κεκοσμῆσθαι γυναῖκα θεοσέβειαν

ἐπαγγελλομένην[a] (θαυμάζω δὲ εἰ διστάξαι τις ἂν μακαρίαν

ἐκ μόνης τῆς τοιαύτης καταστάσεως ἀποφήνασθαι τὴν εἰς

τὸ εὔχεσθαι τοιαύτην ἑαυτὴν παραστήσασαν), ὡς ἐδίδαξεν

ἐν τῇ αὐτῇ ἐπιστολῇ ὁ Παῦλος λέγων· "γυναῖκας ὡσαύτως

ἐν καταστολῇ κοσμίῳ, μετὰ αἰδοῦς καὶ σωφροσύνης κοσμεῖν

ἑαυτὰς, μὴ ἐν πλέγμασι καὶ ⌜χρυσῷ⌝ ἢ μαργαρίταις ἢ ἱματισμῷ

πολυτελεῖ ἀλλὰ, ὃ πρέπει γυναιξὶν ἐπαγγελλομέναις θεοσέβειαν,

δι' ἔργων ἀγαθῶν."[b]


IX. 2.

καὶ ὁ προφήτης δὲ Δαυῒδ πολλὰ μὲν καὶ ἄλλα φησὶν ἔχειν

εὐχόμενον τὸν ἅγιον· καὶ ταῦτα δὲ οὐκ ἀκαίρως παραθετέον, ἵνα

φανερὰ ἡμῖν γένηται τὰ μέγιστα ὠφελοῦσα, κἂν μόνη νοηθῇ,

a   딤전 2:9.          b   딤전 2:9-10.

기도하는 여자는 영혼과 몸에 단정함과 정숙함을 지녀야 합니다. 무엇보다도 기도할 때에는 하나님을 공경하고 모든 고삐 풀린 여성적인 기억을 얼(ἡγεμονικόν)로부터[11] 추방하며, "머리를 어지럽게 꾸미거나 금붙이나 진주나 값비싼 옷으로 치장하지 말고"[a] 하나님을 공경한다고 고백하는 여자에게 어울리는 것으로 치장해야 합니다. 기도를 위해 이렇게 준비한 여자가 단지 이러한 상태에서 행복을 보여줄 수 있다는 것을 누군가가 의심한다면 내게는 놀라운 일로 여겨집니다. 이는 같은 서신에서 바울이 "여자들도 소박하고 정숙하고 단정한 옷차림으로 몸을 꾸미기 바랍니다. 머리를 어지럽게 꾸미거나 금붙이나 진주나 값비싼 옷으로 치장하지 말고 하나님을 공경하는 여자에게 어울리도록 착한 행실로 치장하기를 바랍니다"라고 말하면서 가르친 바와 같습니다.[b]


## IX. 2.[12]

예언자 다윗은 성도가 기도할 때 많은 다른 것도 얻게 된다고 말합니다. 이것도 시의적절하게 설명되어야 합니다. 그 내용은, 깊이 생각해보면 자신을 하나님께 드린 자의 기도를 위한 준비와 태도 그

---

11  ἡγεμονικόν은 스토아 철학에서 영혼의 요소를 통합하고 주도하는 영혼의 중심부를 뜻하며 알렉산드리아의 클레멘스에게서도 발견된다. 여기서는 "얼"(=영혼의 줏대)로 번역하고자 한다.

12  이어서 다윗이 언급한 기도의 유익을 언급한다. 주목할 것은 시편해석 역시 문자적인 해석에서 출발하여 영적인 해석으로 옮겨간다는 것이다. 즉 "눈을 들어" 당신이 거하는 하늘을 쳐다볼 때, 세속의 것에서 멀어져서 오로지 하나님만을 쳐다보게 되고, 그와 교제하게 되는 것이 기도의 최고의 유익이라고 말한다. 이것은 결국 우리의 눈만을 하늘로 드는 것이 아니라, 이를 통해 우리의 육에서 분리되어 우리의 영혼을 하늘로 드는 것이고, 이는 곧 영적인 행위이다.

ἡ σχέσις καὶ εἰς τὸ εὔχεσθαι παρασκευὴ τοῦ ἀνατεθεικότος ἑαυτὸν τῷ θεῷ· φησὶν οὖν· "πρὸς σὲ ἦρα τοὺς ὀφθαλμούς μου, τὸν κατοικοῦντα ἐν τῷ οὐρανῷ,"[a] καὶ "πρὸς σὲ ἦρα τὴν ψυχήν μου, ὁ θεός."[b] ἐπαιρόμενοι γὰρ οἱ ὀφθαλμοὶ τοῦ διανοητικοῦ ἀπὸ τοῦ προσδιατρίβειν τοῖς γηΐνοις καὶ πληροῦσθαι φαντασίας τῆς ἀπὸ τῶν ὑλικωτέρων καὶ ἐπὶ τοσοῦτον ὑψούμενοι, ὥστε καὶ ὑπερκύπτειν τὰ γεννητὰ καὶ πρὸς μόνῳ τῷ ἐννοεῖν τὸν θεὸν κἀκείνῳ σεμνῶς καὶ πρεπόντως τῷ ἀκούοντι ὁμιλεῖν γίνεσθαι, πῶς οὐχὶ τὰ μέγιστα ἤδη ὤνησαν αὐτοὺς τοὺς ὀφθαλμούς, "ἀνακεκαλυμμένῳ προσώπῳ τὴν δόξαν κυρίου" κατοπτριζομένους καὶ "τὴν αὐτὴν εἰκόνα" μεταμορφουμένους "ἀπὸ δόξης εἰς δόξαν;"[c] ἀπορροῆς γὰρ νοητοῦ τινος θειοτέρου μεταλαμβάνουσι τότε, ὅπερ δηλοῦται ἐκ τοῦ· "ἐσημειώθη ἐφ᾽ ἡμᾶς τὸ φῶς τοῦ προσώπου σου, κύριε."[d] καὶ ἡ ψυχὴ δὲ ἐπαιρομένη καὶ τῷ πνεύματι ἑπομένη τοῦ τε σώματος χωριζομένη καὶ οὐ μόνον ἑπομένη τῷ πνεύματι ἀλλὰ καὶ ἐν αὐτῷ γινομένη, ὅπερ δηλοῦται ἐκ τοῦ· "πρὸς σὲ ἦρα τὴν ψυχήν μου,"[e] πῶς οὐχὶ ἤδη ἀποτιθεμένη τὸ εἶναι ψυχὴ πνευματικὴ

---

a  시 122:1(시 123:1).
b  시 24:1(시 25:1).
c  고후 3:18.

d  시 4:7(시 4:6).
e  시 24:1(시 25:1).

자체가 가장 큰 유익을 준다는 것이 우리에게 분명해진다는 것입니다. 따라서 그는 말합니다. "하늘에 거하시는 주님, 내가 주님에게로 눈을 들었습니다."[a] "오 나의 하나님, 내가 주님에게로 내 영혼을 들었습니다."[b] 왜냐하면 지성의 눈은[13] 땅에 속한 것에 몰두하는 것으로부터, 또한 더 물질적인 것으로부터 나온 인상으로 가득 채워지는 것으로부터, 위로 들어올려져서 그렇게 위대한 분에게로 높이 올라갈 때, 그 사람은 창조물을 넘어서서 오직 하나님만을 생각하고, [기도를] 들어주시는 그분과 거룩하고 적절하게 교제하게 되기 때문입니다.[14] 어떻게 이러한 일이 "너울을 벗어버리고 주님의 영광을" 보고 "영광에서 영광으로" "주님과 같은 모습으로 변화"된 그 눈을[15] 이미 엄청나게 유익하게 하지 않았겠습니까?[c] 그 눈은 어떤 신적인 지성의 [빛의] 흘러나옴에 참여하는데 이것은 다음에서 분명하게 드러납니다. "주님, 주님의 얼굴빛이 우리에게 새겨져 있습니다."[d] 영혼은 고양되고 영을 따르고 몸으로부터 분리되어 있으며, 영을 따를 뿐만 아니라 영 안에 있는데, 이것은 다음에서 분명하게 드러납니다. "내가 주님에게로 내 영혼을 들었습니다."[e] 어찌 이러한 영혼이 이미 혼이기를 그치고 영적으로 된 것이 아니겠습니까?[16]

13 "지성의 눈"은 "영혼의 눈"의 다른 표현으로, 후자는 플라톤의 『국가』 553c-d 이후 고대 철학에서 널리 사용되었다.
14 참조. 『켈수스 반박』 VII.44.
15 Koetschau는 τοὺς ὀφθαλμοὺς를 τοὺς ἐπαίροντας τοὺς ὀφθαλμοὺς로 바꿔 번역하였고, 이 경우 "그 눈을 들어올린 사람들을"로 옮길 수 있다(Stritzky, Origenes Über das Gebet, 134 n. 88).
16 참조. 『민수기 강해』 23.5. 오리게네스는 인간을 영과 혼과 육으로 이해했으며, 영과 육을 매개하는 영혼이 육체의 무게를 벗고 영(얼, 이성)으로 순화되어야 한다고 가르

γίνεται;

## IX. 3.

εἰ δὲ μέγιστόν ἐστι κατόρθωμα ἀμνησικακία ὡς κατὰ τὸν προφήτην Ἰερεμίαν, πάντα ἀνακεφαλαιοῦσθαι τὸν νόμον ἐν αὐτῷ λέγοντα· "οὐ ⌐ταῦτα⌐ ἐνετειλάμην" τοῖς πατράσιν ὑμῶν ἐκπορευομένων αὐτῶν "ἐκ τῆς Αἰγύπτου, ἀλλὰ τοῦτο ἐνετειλάμην·"[a] "ἕκαστος ⌐τῷ πλησίον⌐ ἐν ⌐τῇ καρδίᾳ⌐ μὴ μνησικακείτω,"[b] ἀπὸ μνησικακίας δὲ ἥκοντες ἐπὶ τὸ εὔχεσθαι τὴν τοῦ σωτῆρος φυλάσσομεν ἐντολήν, λέγοντος· "ἐὰν στήκητε προσευχόμενοι, ἀφίετε εἴ τι ἔχετε κατά τινος,"[c] δῆλον ὅτι τοιοῦτοι ἱστάμενοι πρὸς τὸ εὔξασθαι τὰ κάλλιστα ἤδη κεκτήμεθα.

## X. 1.

Καὶ ταῦτα μὲν ὡς καθ' ὑπόθεσιν εἴρηται, καὶ εἰ μηδὲν ἕτερον ἡμῖν ἐπακολουθήσει εὐχομένοις, ὅτι τὰ κάλλιστα κερδαίνομεν, τὸ καθὸ δεῖ εὔχεσθαι νενοηκότες καὶ κατορθοῦντες· σαφὲς δὲ ὅτι ὁ οὕτως εὐχόμενος ἔτι λαλῶν ἀκούσεται, τῇ ἐνεργείᾳ τοῦ

---

a   렘 7:22-23.          c   막 11:25.
b   슥 7:10.

## IX. 3.[17]

예언자 예레미야에 따르면 악을 기억하지 않는 것이 가장 위대한 덕행입니다.[18] 그는 율법을 요약하면서 이렇게 말했습니다. '너희 조상이 이집트에서 나올 때에, 내가 그들에게 그것들을 명령하지 않았고, 이것을 명령했다.[a] "누구라도" 자기 이웃에 대해 "마음에 악을 기억하지 말아라."'[b] 그렇다면 우리가 악을 기억하지 않고 기도하러 갈 때 구주의 명령을 지키는 것입니다. 구주께서 말씀하십니다. "너희가 서서 기도할 때에, 어떤 사람과 서로 등진 일이 있으면, 용서하여라."[c] 우리는 그러한 자로서 기도하기 위해 서 있을 때 이미 가장 좋은 것을 얻었다는 것이 분명합니다.[19]

## X. 1.[20]

설령 기도할 때 다른 아무것도 받지 못한다고 하더라도, 우리가 기도의 방법을 이해하고 그대로 실행함으로써 가장 좋은 것을 이득으로 얻는다고 이야기했습니다. 다른 한편, 이렇게 기도하는 사람은 기도하기 전에 [하나님의] 예지에 대한 모든 불만을 버렸기 때문에, 말하고 있는 동안에 [기도를] 들으시는 분의 능력을 들여다

첬다. 하지만 이는 초탈(엑스타시)이나 신과의 합일과는 구분된다.
17  렘 7장을 인용하며 기도의 가장 큰 유익은 이웃을 용서하는 것이라고 결론짓는다.
18  참조. IX.2
19  참조. XXXI.1.
20  기도의 유익을 아는 자는 하나님 앞에 아무것도 숨기지 않고, 더욱이 욥의 예를 볼 때, 하나님 앞에서 죄를 짓지 않아야 한다.

ἐπακούοντος ἐνορῶν, τὸ "ἰδοὺ πάρειμι,"[a] πᾶσαν τὴν πρὸς τὴν πρόνοιαν δυσαρέστησιν, πρὶν εὔξασθαι, ἀποβεβληκώς. τοῦτο γάρ ἐστι δηλούμενον ἐκ τοῦ· "ἐὰν ἀφέλῃς ἀπὸ σοῦ σύνδεσμον καὶ χειροτονίαν καὶ ῥῆμα γογγυσμοῦ,"[b] τοῦ εὐαρεστουμένου τοῖς γινομένοις ἐλευθέρου ἀπὸ παντὸς δεσμοῦ γεγενημένου καὶ μὴ ἀντιχειροτονοῦντος τῷ θεῷ, ἃ βούλεται πρὸς γυμνάσιον ἡμῶν διατασσομένῳ, ἀλλὰ μηδὲ κατὰ τὸ κρυπτὸν τῶν λογισμῶν γογγύζοντος χωρὶς ἀκουστῆς ἀνθρώποις φωνῆς· ὅντινα γογγυσμὸν δίκην πονηρῶν οἰκετῶν, οὐκ ἐν φανερωτέρῳ αἰτιωμένων τὰς προστάξεις τῶν δεσποτῶν, γογγύζουσιν οἱ μὴ τολμῶντες μὲν φωνῇ καὶ ὅλῃ ψυχῇ κακολογεῖν ἐπὶ τοῖς συμβαίνουσι τὴν πρόνοιαν οἱονεὶ δὲ βουλόμενοι καὶ τὸν τῶν ὅλων κύριον ἐφ' οἷς δυσαρεστοῦνται λαθεῖν. καὶ οἶμαι τοῦτ' εἶναι καὶ τὸ ἐν τῷ Ἰώβ· "ἐν τούτοις πᾶσι τοῖς συμβεβηκόσιν οὐδὲν ἥμαρτεν Ἰὼβ τοῖς χείλεσιν ἐναντίον τοῦ θεοῦ,"[c] ἐπὶ τοῦ πρὸ αὐτοῦ πειρασμοῦ ἀναγεγραμμένου· "ἐν τούτοις πᾶσι τοῖς συμβεβηκόσιν οὐδὲν ἥμαρτεν Ἰὼβ ἐνώπιον τοῦ ⌜θεοῦ⌝·"[d] ὃ δὴ προστάσσων μὴ δεῖν γίνεσθαι ἐν τῷ Δευτερονομίῳ ὁ λόγος φησί· "πρόσεχε μή ⌜ποτε⌝ γένηται ῥῆμα κρυπτὸν ἐν τῇ καρδίᾳ σου, ἀνόμημα, λέγων· ἐγγίζει τὸ ἔτος τὸ ἕβδομον"[e] καὶ τὰ ἑξῆς.

a  사 58:9.
b  사 58:9.
c  욥 2:10.
d  욥 1:22.
e  신 15:9.

보면서,[21] "내가 여기에 있다"[a]는 응답을 들을 것이 분명합니다. 이 것은 다음에서 분명해집니다. "네가 멍에와 주먹질과 불평의 말을 없애버린다면",[b] 일어나는 일에 만족하는 사람은 일어난 일의 모든 속박에서 자유롭고, 우리를 훈련시키기 위해 원하시는 바를 명령하 신 하나님께 맞서 주먹질을 하지 않습니다. 심지어 사람이 듣지 못 하는 소리 없는 숨은 생각으로 불평을 하지도 않습니다. 그러한 불 평은 드러내놓고 주인의 명령을 비난하지는 않는 악한 종의 방법 을 따르는 것입니다. 그들은 소리를 높여 목숨을 걸고 일어나는 일 에 대해 [하나님의] 예지를 감히 비난하지 못하고, 또한 자신들이 무엇에 대해 불만을 품고 있는지 만물의 주인이 알지 못하기를 바 라는 것처럼[22] 악한 종의 방식으로 불평합니다. 나는 욥기에 나오는 다음 구절이 이 경우에 해당한다고 생각합니다. "이 모든 일이 일어 났지만 욥은 결코 입술로 하나님 앞에서 죄를 짓지 않았다."[c] 한편 그가 시험 받기 전에는 "이 모든 일이 일어났지만 욥은 결코 하나 님 앞에서 죄를 짓지 않았다"라고 기록되었습니다.[d] 절대로 있어서 는 안 되는 일을 명하면서 신명기의 말씀은 이렇게 전합니다: "일곱 째 해가 가까이 왔다고 말하면서, 당신의 마음에 숨겨진 일, 곧 악 한 일을 품지 않도록 삼가십시오."[e] 등등.

---

21  클레멘스의 『양탄자』 VII.49.7은 사 58:9을 기초로 기도자가 기도할 때 하나님이 가 까이 계시며 이미 함께 하신다고 가르쳤다.
22  XIII.4.

## X. 2.

ὁ τοίνυν οὕτως εὐχόμενος τοσαῦτα προωφεληθεὶς ἐπιτηδειότερος γίνεται ἀνακραθῆναι τῷ πεπληρωκότι τὴν πᾶσαν οἰκουμένην τοῦ κυρίου πνεύματι[a] καὶ τῷ πᾶσαν τὴν γῆν καὶ τὸν οὐρανὸν πεπληρωκότι, διὰ τοῦ προφήτου λέγοντι οὕτως· "οὐχὶ τὸν οὐρανὸν καὶ τὴν γῆν ἐγὼ πληρῶ; λέγει κύριος".[b] ἔτι δὲ διά τε τῆς προειρημένης καθαρεύσεως καὶ τῆς εὐχῆς τοῦ μέσον καὶ τῶν μὴ γινωσκόντων αὐτὸν ἑστηκότος[c] λόγου θεοῦ, οὐδενὸς ἀπολειπομένου τῆς εὐχῆς, μεθέξει, συνευχομένου πρὸς τὸν πατέρα τῷ ὑπ' αὐτοῦ μεσιτευομένῳ. "ἀρχιερεὺς"[d] γὰρ τῶν προσφορῶν ἡμῶν καὶ "πρὸς τὸν πατέρα" παράκλητός[e] ἐστιν ὁ υἱὸς τοῦ θεοῦ, εὐχόμενος ὑπὲρ τῶν εὐχομένων καὶ συμπαρακαλῶν τοῖς παρακαλοῦσιν, οὐκ ἂν ὡς ὑπὲρ οἰκείων εὐξόμενος τῶν μὴ δι' αὐτοῦ συνεχέστερον εὐχομένων οὐδ' ἂν ὡς ὑπὲρ ἤδη ἰδίων παράκλητος ἐσόμενος πρὸς τὸν θεὸν τῶν μὴ πειθομένων ταῖς εἰς "τὸ δεῖν πάντοτε προσεύχεσθαι καὶ μὴ ἐκκακεῖν"[f] διδασκαλίαις. "ἔλεγε ⌜γὰρ,⌝" φησί, "παραβολὴν πρὸς

---

| | | |
|---|---|---|
| a | 지혜서 1:7. | 7:26; 8:1; 9:11; 10:10. |
| b | 렘 23:24. | e 요일 2:1 |
| c | 참조. 요 1:26. | f 눅 18:1. |
| d | 참조. 히 2:17; 3:1; 4:14, 15; 5:10; 6:20; | |

## X. 2.[1]

이렇게 기도하는 자는 이제 이러한 혜택을 이미 받아서 "온 세계를" 채우시고 온 땅과 하늘을 채우신 주님의 영과[a] 연합하기에[2] 더 알 맞게 됩니다. 그분께서는 예언자를 통해 이렇게 말씀하십니다. "주께서 말씀하신다. 내가 하늘과 땅을 채우고 있지 않느냐?"[b] 그는 앞에서 말한 정결과[3] 기도를 통해 자기를 알지 못하는 사람들 가운데서 계시는[c] 하나님의 말씀에 참여합니다. 그분은 기도에 항상 현존하고 그를 위해 중보자 역할을 해주면서 그 사람과 함께 아버지께 기도해주십니다.[4] 왜냐하면 하나님의 아들은 우리가 드리는 제물의 "대제사장"[d]이시고, "아버지 앞에서 변호해주시는 분"[5e]이기 때문입니다. 그분은 기도하는 자들을 위해 기도하시고, 간청하는 자들과 더불어 함께 변호해주십니다. 그분을 통해 계속해서 기도하지 않는 종들을 위해서는 그분도 기도하지 않고, 또한 이미 자기 사람이지만 "늘 기도하고 낙심하지 말아야 한다"[f]는 가르침에 순종하지

---

1   하나님께 기도할 때, 기도자와 함께 기도하는 하나님의 아들의 중보자로서의 역할을 설명한다. 또한 눅 18장의 불의한 재판관의 비유와 한밤중에 찾아 온 친구 비유를 통해, 지치지 않고 기도하라고 말씀하신 그리스도는 양자의 영을 받은 우리에게 생명의 빵을 주며 돌을 주지 않는다고 설명한다. 이로써 기도할 때 필요한 분은 그리스도라는 것을 언급하기 시작한다.

2   참조. 『요한복음 주해』 I.28.197.

3   참조. VIII.1.

4   요 1:26에 대한 이와 같은 해석은 『요한복음 주해』 VI.38.188-193; XXXII.30.378-380; 『켈수스 반박』 V.12에도 나타난다.

5   참조. 『켈수스 반박』 III.34; V.4; VIII.13.

τὸ δεῖν πάντοτε προσεύχεσθαι καὶ μὴ ἐκκακεῖν· κριτής τις ἦν ἔν τινι πόλει"ᵃ καὶ τὰ ἑξῆς· καὶ ἐν τοῖς πρὸ τούτων· "καὶ εἶπε πρὸς αὐτούς· τίς ἐξ ὑμῶν ἕξει φίλον, καὶ πορεύσεται πρὸς αὐτὸν ⌜μεσονύκτιον⌝ καὶ εἴπη αὐτῷ· φίλε, χρῆσόν μοι τρεῖς ἄρτους, ἐπειδὴ φίλος μου παρεγένετο ἐξ ὁδοῦ πρός με, καὶ οὐκ ἔχω ὃ παραθήσω αὐτῷ"ᵇ· καὶ μετ᾽ ὀλίγα· "λέγω ὑμῖν, εἰ καὶ οὐ δώσει αὐτῷ ἀναστὰς διὰ τὸ εἶναι φίλον αὐτοῦ, διά γε τὴν ἀναίδειαν αὐτοῦ ἐγερθεὶς δώσει αὐτῷ ὅσων χρήζει."ᶜ τίς δὲ μὴ προτραπῇ τῶν τῷ ἀψευδεῖ στόματι πιστευόντων Ἰησοῦ ἀόκνως εὔχεσθαι, λέγοντος· "αἰτεῖτε, καὶ δοθήσεται ὑμῖν"· "πᾶς γὰρ ὁ αἰτῶν λαμβάνει";ᵈ ἐπεὶ ὁ χρηστὸς πατὴρ τὸν ζῶντα ἄρτονᵉ αἰτούντων ἡμῶν αὐτὸν (οὐχ ὃν βούλεται λίθον τροφὴν γενέσθαι τῷ Ἰησοῦ καὶ τοῖς μαθηταῖς αὐτοῦ ὁ ἀντικείμενος)ᶠ δίδωσι τοῖς τὸ "πνεῦμα τῆς υἱοθεσίας"ᵍ εἰληφόσιν ἀπὸ τοῦ πατρός· καὶ δίδωσιν "ὁ πατὴρ" τὸ ἀγαθὸν δόμα ὕων "ἐξ οὐρανοῦ" "τοῖς αἰτοῦσιν αὐτόν."ʰ

a    눅 18:1-2.                           눅 4:3; 11:11.

b    눅 11:5-6.                 g    롬 8:15.

c    눅 11:8.                    h    눅 11:13;

d    눅 11:9-10; 막 7:7-8.          참조. 마 7:11; 출 16:4.

e    참조. 요 6:33, 35, 48, 51.

f    참조. 마 4:3; 7:9;

않는 이들을 위해서는 "하나님 앞에서 변호하는 자"가 되지 않을 것입니다. 왜냐하면 이렇게 말씀하시기 때문입니다. "늘 기도하고 낙심하지 말아야 한다는 뜻으로 비유를 하나 말씀하셨다. 어떤 고을에 한 재판관이 있었다." 등등.[a] 이보다 앞선 곳에서는 이렇게 나와 있습니다. "너희 가운데 누구에게 친구가 있다고 하자. 그가 밤중에 그 친구에게 찾아가서 그에게 말하기를 '여보게, 내게 빵 세 개를 꾸어 주게. 내 친구가 여행 중에 내게 왔는데, 그에게 내놓을 것이 없어서 그러네!'"[b] 조금 뒤에는 "내가 너희에게 말한다. 그 사람의 친구라는 이유로는 그가 일어나서 청을 들어주지 않을지라도, 그가 졸라대는 것 때문에는 일어나서 필요한 만큼 줄 것이다"[c]라고 나옵니다. 예수님의 거짓 없는 입술을 믿는 사람 중에 누가 "구하여라, 그리하면 너희에게 주실 것이다." "구하는 사람마다 받을 것이요"[d]라고 말씀하실 때에, 지치지 않고 기도하도록 설득되지 않겠습니까? 좋으신 아버지께서는, 우리가 그분에게 구할 때, 아버지로부터 "자녀로 삼으시는 영"[g]을 받은 우리에게 (대적자가 예수님과 그 제자들에게 양식으로 주고자 한 돌이 아니라)[f] 생명의 빵을 주실 것입니다.[e] 그리고 "아버지께서는" "그분에게 구하는 사람에게" 좋은 선물, 곧 "하늘로부터" 내리는 비를 주십니다.[h]

XI. 1.

Οὐ μόνος δὲ ὁ ἀρχιερεὺς τοῖς γνησίως εὐχομένοις συνεύχεται ἀλλὰ καὶ οἱ "ἐν οὐρανῷ" χαίροντες ἄγγελοι "ἐπὶ ἑνὶ ἁμαρτωλῷ μετανοοῦντι ἢ ἐπὶ ἐνενήκοντα ἐννέα δικαίοις, ᶜοῖᵓ οὐ χρείαν ἔχουσι μετανοίας,"ᵃ αἵ τε τῶν προκεκοιμημένων ἁγίων ψυχαί. ἅτινα δηλοῦται, Ῥαφαὴλ μὲν προσφέροντος περὶ Τωβὴτ καὶ Σάρρας λογικὴν ἱερουργίαν τῷ θεῷᵇ (μετὰ γὰρ τὴν εὐχὴν ἀμφοτέρων "εἰσηκούσθη," φησὶν ἡ γραφή, "προσευχὴ ἀμφοτέρων ἐνώπιον τῆς δόξης τοῦ μεγάλου Ῥαφαήλ, καὶ ἀπεστάλη ἰάσασθαι τοὺς δύο"·ᶜ καὶ αὐτὸς δὲ ὁ Ῥαφαήλ, φανερῶν ἑαυτοῦ ὡς ἀγγέλου τὴν κατὰ πρόσταγμα τοῦ θεοῦ πρὸς ἀμφοτέρους οἰκονομίαν, φησί· "καὶ νῦν ὅτε προσηύξω σὺ καὶ ἡ νύμφη σου Σάρρα, ἐγὼ προσήγαγον τὸ μνημόσυνον τῆς προσευχῆς ὑμῶν ἐνώπιον τοῦ ἁγίου,"ᵈ καὶ μετ᾽ ὀλίγα· "ἐγώ εἰμι Ῥαφαήλ, εἷς τῶν ἑπτὰ ἀγγέλων, οἳ προσαναφέρουσι <τὰς προσευχὰς τῶν ἁγίων> καὶ εἰσπορεύονται ἐνώπιον τῆς δόξης τοῦ ἁγίου"·ᵉ κατὰ τὸν λόγον γοῦν τοῦ Ῥαφαὴλ "ἀγαθὸν προσευχὴ μετὰ νηστείας καὶ ἐλεημοσύνης καὶ δικαιοσύνης"ᶠ) Ἱερεμίου δὲ, ὡς ἐν τοῖς Μακκαβαϊκοῖς ἐπιφαινομένου, "πολιᾷ καὶ δόξῃ" διαφέροντος, ὡς "θαυμαστήν τινα καὶ μεγαλοπρεπεστάτην

a  눅 15:7; 참조. 마 18:13.        d  토빗기 12:12.
b  참조. 토빗기 12:12.            e  토빗기 12:15.
c  토빗기 3:16-17.               f  토빗기 12:8.

XI. 1.[6]

대제사장뿐만 아니라, "하늘에서" "회개할 필요가 없는 의인 아흔 아홉보다 회개하는 죄인 한 사람을 두고 더 기뻐"하는 천사들과[7a] 이미 잠든 성도들의 영혼들도 참되게 기도하는 자들과 함께 기도합니다. 이 모든 것은 다음에서 분명합니다. 한편으로 토빗과 사라를 위해 하나님께 영적인 예배를 드린 라파엘을 생각해보십시오.[b] 성경은 말합니다. 두 사람의 기도 후에, "두 사람의 기도가 영광스러운 위대한 라파엘 앞에서 응답되었으며, 그가 그 둘을 고치도록 보내졌습니다."[8c] 또한 라파엘 자신이, 천사로서, 하나님의 명령을 따라 그 두 사람을 위하여 자신이 계획한 바를 밝히면서 다음과 같이 말했습니다: "이제 너와," 너의 며느리 "사라가 기도할 때에 나는 너희 기도의 내용[9]을 영광스러운 주님 앞으로 전해드린 이가 바로 나다."[d] 또한 조금 내려가서 "나는 영광스런 거룩한 분 앞으로 들어가서 [성도들의 기도를] 올려드리는 일곱 천사 가운데 하나인 라파엘이다."[e] 그러므로 라파엘의 말에 따르면, "금식과 구제와 의를 동반한 기도는 좋은 것이다."[f] 다른 한편, 『마카베오기』에 등장하는 "놀랍고 아주 장엄한 품위가 감싸고 있는" "위엄에 찬 백발 노인" 예레미야를 생각해

---

6    대제사장인 그리스도가 기도자를 도울 뿐만 아니라, 수호천사도 성도의 기도를 하나님께 올려드리고 하나님께 기도하며, 세상을 떠난 성인들도 기도한다.

7    참조. 『켈수스 반박』 VIII.36.

8    치유자로서 라파엘의 역할은 『원리론』 I.8.1에서 나타난다.

9    토빗기 12:12. 기도의 내용은 τὸ μνημόσυνον τῆς προσευχῆς를 번역한 말로, 원래는 "기도를 상기시켜 드렸다"는 뜻이다.

εἶναι τὴν περὶ αὐτὸν ὑπεροχήν,"ᵃ καὶ προτείνοντος "τὴν δεξιὰν" παραδιδόντος τε "τῷ Ἰούδᾳ ῥομφαίαν χρυσῆν,"ᵇ ᾧ ἐμαρτύρει ἄλλος ἅγιος προκεκοιμημένος λέγων· "οὗτός ἐστιν ὁ προσευχόμενος πολλὰ περὶ τοῦ λαοῦ καὶ τῆς ἁγίας πόλεως, Ἱερεμίας ὁ τοῦ θεοῦ προφήτης."ᶜ

## XI. 2.

καὶ γὰρ ἄτοπον, τῆς γνώσεως "δι᾽ ἐσόπτρου" καὶ "ἐν αἰνίγματι" ἐπὶ τοῦ παρόντος τοῖς ἀξίοις φανερουμένης "τότε δὲ πρόσωπον πρὸς πρόσωπον"ᵈ ἀποκαλυπτομένης, μὴ τὸ ἀνάλογον καὶ ἐπὶ τῶν λοιπῶν ἀρετῶν νοεῖν, <τό>τε κυρίως τῶν προπαρεσκευασμένων ἐν τῷ βίῳ τούτῳ τελειουμένων. μία δὲ κυριωτάτη τῶν ἀρετῶν κατὰ τὸν θεῖον λόγον ἐστὶν ἡ πρὸς τὸν πλησίον ἀγάπη·ᵉ ἣν πολλῷ μᾶλλον προσεῖναι τοῖς προκεκοιμημένοις ἁγίοις πρὸς τοὺς ἐν βίῳ ἀγωνιζομένους ἀναγκαῖον νοεῖν παρὰ τοὺς ἐν τῇ ἀνθρωπίνῃ ἀσθενείᾳ τυγχάνοντας καὶ συναγωνιζομένους τοῖς ὑποδεεστέροις, οὐ μόνον ἐνταῦθα τοῦ "εἰ πάσχει μέλος ἕν, συμπάσχει πάντα τὰ μέλη· καὶ εἰ δοξάζεται μέλος ἕν, συγχαίρει

a  제2마카베오기 15:13.          d  고전 13:12.
b  제2마카베오기 15:15.          e  참조. 마 5:43-44;
c  제2마카베오기 15:14.              눅 6:35; 10:27 등

보십시오.[a] 그는 "오른손을 내밀어 유다에게 금 칼을" 주었는데,[b] 이미 잠든 다른 성도도 "이분은 하나님의 예언자 예레미야로서 백성과 거룩한 도시를 위해 열심히 기도해주시는 분이시다"[c]라고 유다에게 증언하며 말했습니다.[10]

## XI. 2.[11]

지금은 합당한 자들에게 지식이 "거울로 보듯이" "희미하게" 알려지지만, 그때에는 "얼굴과 얼굴을 마주하여"[d] 계시되고, 이생에서 예비된 것들이 그때에는 온전히 이루어질 것입니다. 그러므로 다른 덕에 대해서도 유비를 사용하지 않는다는 것은 이상한 일입니다. 신성한 말씀에 따르면, 덕 가운데 가장 주요한 한 가지는 이웃에 대한 사랑입니다.[12e] 인간적인 연약함 속에 있고 더 약한 자들과 더불어 싸우고 있는 사람들보다 이미 잠든 성도들이 살아서 싸우고 있는 자들을 훨씬 더 많이 사랑한다고 생각해야 합니다.[13] "한 지체가 고통을 당하면, 모든 지체가 함께 고통을 당합니다. 한 지체가 영광

10 "이미 잠든 다른 성도"는 오니아스를 말하는 듯하며, 여기서는 예언자 예레미야가 백성과 거룩한 도시를 위해 기도한다는 것이 강조되었다.
11 세상을 떠난 성도의 기도가 육신의 약점을 가지고 살아가는 사람의 기도보다 더 효과가 있다는 것을 언급하고, 한 지체의 고통을 받는 비유를 이용함으로써(고전 12:26), 기도하는 자와 그리스도와 천사와 죽은 성도들이 모두 함께 공동체로 기도한다는 점을 강조한다. 또한 그리스도는 우리의 약함과 배고픔과 목마름을 아시는 분이며, 이런 고난을 직접 자신의 고통으로 받아들이시는 분이라는 것을 강조한다.
12 오리게네스는 활동적 삶과 관상적 삶의 통일을 강조했고, 실천에 중점을 둔다.
13 인간의 연약함이 강조된다. 투쟁으로서의 인생은 스토아철학의 주제이다: 세네카 『섭리』 2.7-9; 3.1-4;『서간집』 64.4-6; 에픽테토스 『어록』 II.19.25; III.22.59.

πάντα τὰ μέλη"ᵃ τοῖς φιλαδέλφοις ἐγγινομένου· πρέπον γάρ
ἐστι καὶ τῇ τῶν ἔξω τῆς παρούσης ζωῆς ἀγάπῃ λέγειν· "ἡ
μέριμνα πασῶν τῶν ἐκκλησιῶν. τίς ἀσθενεῖ, καὶ οὐκ ἀσθενῶ; τίς
σκανδαλίζεται, καὶ οὐκ ἐγὼ πυροῦμαι;"ᵇ καὶ ταῦτα τοῦ Χριστοῦ
ὁμολογοῦντος καθ' ἕκαστον τῶν ἀσθενούντων ἁγίων ἀσθενεῖν
ὁμοίως καὶ "ἐν φυλακῇ" εἶναι καὶ γυμνιτεύειν ξενιτεύειν τε
καὶ πεινᾶν καὶ διψᾶν·ᶜ τίς γὰρ ἀγνοεῖ τῶν ἐντυγχανόντων τῷ
εὐαγγελίῳ τῇ ἐφ' ἑαυτὸν ἀναφορᾷ τῶν συμβαινόντων τοῖς
πιστεύουσι λογιζόμενον τὸν Χριστὸν ἴδια εἶναι παθήματα;

XI. 3.

εἰ δὲ "ἄγγελοι" τοῦ θεοῦ προσελθόντες τῷ Ἰησοῦ "διηκόνουν
αὐτῷ,"ᵈ καὶ μὴ πρέπον ἐστὶν ἡμᾶς πρὸς ὀλίγον χρόνον νοεῖν
γεγονέναι τὴν τῶν ἀγγέλων πρὸς τὸν Ἰησοῦν διακονίαν τῆς
σωματικῆς αὐτοῦ παρὰ ἀνθρώποις ἐπιδημίας, καὶ αὐτοῦ ἔτι
"ἐν μέσῳ" τῶν πιστευόντων οὐχ ὡς ἀνακειμένου ἀλλὰ ὡς
διακονοῦντος·ᵉ πόσους εἰκὸς ἀγγέλους διακονοῦντας τῷ Ἰησοῦ,

a    고전 12:26.          d    마 4:11.
b    고후 11:28-29.       e    눅 22:27.
c    마 25:35-40.

을 받으면, 모든 지체가 함께 기뻐"한다는 말씀은ᵃ 여기 [이 세상에서] 형제를 사랑하는 자들에게만 적용되는 것은 아닙니다. 왜냐하면 "모든 교회들을 염려하는 염려가 있습니다. 누가 약해지면, 나도 약해지지 않겠습니까? 누가 넘어지면, 나도 애타지 않겠습니까?"라고 말하는 것은 현생 밖에 있는 자들의[14] 사랑에도 적절하기 때문입니다.ᵇ 연약한 성도 각자에 대하여 그리스도께서 [자신이] 연약하며, 마찬가지로, "감옥에" 있고, 헐벗고, 나그네가 되고, 주리고, 목마르다고 밝혀주셨을 때, 그리스도께서도 같은 것을 말씀하고 계십니다.[15]ᶜ 복음서를 읽는다면 그 누가 알지 못하겠습니까? 그리스도께서 믿는 자들에게 일어나는 것들을 자신에게 돌려 자신의 고통으로 여기신다는 것을.

## XI. 3.[16]

하나님의 "천사들이" 예수께로 가서 그를 "시중을 들었다면",[17]ᵈ 그분이 사람들 가운데 육체로 거하는 짧은 기간 동안만 천사들이 예수를 섬겼다고 생각하는 것은 부적절합니다. 그분은 앉아서 먹는 자가 아니라 시중드는 자로 신자들 "가운데" 여전히 계시기 때문입니다.ᵉ 예수님은 "이스라엘 자손을 하나하나" 이끌어 모으고 흩어진 자

---

14  그리스도 안에서 죽은 자를 가리킨다.
15  『마태복음 주해』 XIII.2; 『예레미야 강해』 14.7.
16  천사들은 예수의 공생애뿐만 아니라 이스라엘을 모으시고 성도를 불러 구원하고자 하시는 예수를 계속해서 섬기며, 따라서 교회의 성장과 확산을 돕는다.
17  미완료 시제 동사가 사용되었으므로 계속해서 시종을 들었다는 뜻이다.

βουλομένῳ συνάγειν "τοὺς υἱοὺς Ἰσραὴλ κατὰ ἕνα ἕνα"ᵃ καὶ
ἀθροίζειν τοὺς ἀπὸ τῆς διασπορᾶς τούς τε φοβουμένους καὶ
ἐπικαλουμένουςᵇ σῴζοντι, μᾶλλον τῶν ἀποστόλων συνεργεῖν τῇ
αὐξήσει καὶ τῷ πληθυσμῷ τῆς ἐκκλησίας, ὡς καὶ προεστῶτάς
τινας τῶν ἐκκλησιῶν ἀγγέλους λέγεσθαι παρὰ τῷ Ἰωάννῃ ἐν τῇ
Ἀποκαλύψει;ᶜ οὐ γὰρ μάτην οἱ ἄγγελοι "τοῦ θεοῦ" ἀναβαίνουσι
καὶ καταβαίνουσι "ἐπὶ τὸν υἱὸν τοῦ ἀνθρώπου,"ᵈ ὁρώμενοι τοῖς
τῷ φωτὶ τῆς "γνώσεως"ᵉ πεφωτισμένοις ὀφθαλμοῖς.


## XI. 4.

καὶ παρ᾽ αὐτὸν οὖν τὸν καιρὸν τῆς εὐχῆς ὑπομιμνησκόμενοι
ὑπὸ τοῦ εὐχομένου, ὧν δεῖται ὁ εὐχόμενος, ἃ δύνανται ὡς
καθολικὴν εἰληφότες ἐντολὴν ἐπιτελοῦσι. χρηστέον δὲ εἰκόνι
τινὶ τοιαύτῃ εἰς τὸν λόγον τοῦτον πρὸς τὸ παραδέξασθαι τὸ
νενοημένον ἡμῖν. παρέστω τις ἰατρὸς δικαιοσύνης πεφροντικὼς

a   사 27:12;
    참조. 요 7:35; 10:16; 11:52.
b   참조. 행 2:21;
    롬 10:12-13

c   참조. 계 1:20, 2:1, 8, 12, 18; 3:1, 7, 14 등.
d   요 1:51.
e   호 10:12(70인역).

들 모으기를 원하시며,[18a] [그분을] 경외하고 부르는 자들을[b] 구원하십니다. 시중드는 천사들이 얼마나 많겠습니까? 그 천사들이 교회의 성장과 확산을 위해 사도들보다도 더 많이 예수께 협력합니다.[19] 그래서 요한은 계시록에서 천사들이 교회를 이끄는 이라고 부릅니다.[20c] "하나님의" 천사들이 "인자 위로" 오르락내리락 한 것이[d] "지식의" 빛으로[21e] 비추어진 눈들에 보인 것은 헛된 일이 아니기 때문입니다.


## XI. 4.[22]

그러므로 기도하는 바로 그때에,[23] 천사들은 기도자가 필요로 하는 것이 무엇인지를 떠올리면서 보편적인 명령을 받은 자로서 자신이 할 수 있는 것들을 실행합니다. 우리의 성찰이 받아들여지도록 이 논의에 대한 다음과 같은 예를 들 수 있습니다. 의(義)에 대해 마음을 쓰는 어떤 의사가 건강에 대해 마음을 쓰며 기도하는 환자 곁에 있다고 생각해보십시오. 그 의사는 환자가 치유를 위해 기도하

---

18  천사들은 예수님이 이스라엘의 자녀(신앙인)를 모을 때, 협력자의 역할을 한다.
19  Koetschau는 문맥을 살펴볼 때, 여기서 오리게네스가 욜 2:32(행 2:21; 롬 10:12-13)을 염두에 두고 있었을 것이라 생각한다(참조. 오리게네스, 『순교 권면』 28.
20  『켈수스 반박』 VIII.34.
21  『요한복음 주해』 I.6.36; 『원리론』 I. 서문. 10; 『아가서 주해』 II.5.19.
22  기도와 기도 응답과의 관계를 의사와 병자, 부자와 가난한 자의 비유로 설명한다. 하나님이 병자의 기도를 듣고 의사의 마음을 움직여 고치게 하며, 가난한 사람이 기도할 때 하나님은 마음씨 좋은 부자를 그에게로 데려온다.
23  참조. IX.1; XI.5; XIX.2.

εὐχομένῳ κάμνοντι περὶ τῆς ὑγείας, ἐπιστήμην ἔχων τοῦ ὃν δεῖ τρόπον θεραπεῦσαι περὶ οὗ ὁ δεῖνα ἀναφέρει τὴν εὐχὴν νοσήματος· φανερὸν δὴ ὅτι κινηθήσεται οὗτος πρὸς τὸ ἰάσασθαι τὸν εὐξάμενον, τάχα οὐ μάτην ὑπολαβὼν ὅτι τοῦτ᾽ αὐτὸ γέγονεν ἐν νῷ τοῦ θεοῦ, ἐπακούσαντος τῆς εὐχῆς τοῦ τὴν ἀπαλλαγὴν τῆς νόσου γενέσθαι αὐτῷ εὐξαμένου. ἢ τῶν κεκτημένων τις τὰ τῆς τοῦ βίου χρείας ἐπὶ πλεῖον καὶ κοινωνικὸς ἀκουέτω εὐχῆς πένητος καὶ περὶ τῶν χρειῶν ἀναφέροντος ἔντευξιν τῷ θεῷ· δῆλον δὴ ὅτι καὶ οὗτος τὰ τῆς εὐχῆς ἐκπληρώσει τῷ πένητι, ὑπηρέτης γινόμενος τῆς πατρικῆς βουλῆς <τοῦ> συναγαγόντος κατὰ τὸν καιρὸν τῆς εὐχῆς τὸν παρασχεῖν δυνάμενον ἐπὶ τὸ αὐτὸ τῷ εὐξομένῳ, διὰ τὸ δεξιὸν τῆς προαιρέσεως μὴ δυνάμενον παρορᾶν τὸν δεδεημένον τῶνδέ τινων.

XI. 5.

ὥσπερ οὖν ταῦτα οὐ κατὰ συντυχίαν νομιστέον γίνεσθαι, ὅτε γίνεται, τοῦ ἠριθμηκότος πάσας τὰς τρίχας "τῆς" τῶν ἁγίων "κεφαλῆς"[a] ἁρμονίως συναγαγόντος παρὰ τὸν καιρὸν τῆς εὐχῆς τὸν ὑπηρέτην ἐσόμενον τῷ δεομένῳ τῆς εὐποιΐας τῆς ἀπ᾽

a   마 10:30; 눅 12:7.

는 그 병을 고치는 방법을 알고 있다고 합시다. 그는 하나님께서 질병에서 놓이기를 구하는 자의 기도를 들으신다면 바로 고쳐주실 마음을 먹을 것이라고 아마도 그는 제대로 생각할 것입니다. 그래서 그 기도자를 고쳐주는 쪽으로 그의 마음이 움직일 것이 분명합니다. 또는 삶에 필요한 것보다 더 많은 것을 가진 자 가운데 어떤 마음씨 좋은 사람이 [자신의] 필요를 위해 하나님께 간구하는 가난한 자의 기도를 들었다고 생각해봅시다. 기도를 시작한 사람이 기도할 그때에, 아버지는 필요를 채워줄 수 있는 사람, 곧 자신의 올바른 성향으로 인해 그러한 것들이 필요한 사람을 지나칠 수 없는 그 사람을 기도자가 있는 그 장소로 데려오고자 하실 것입니다. 이 사람은 이러한 아버지의 뜻을 받드는 일꾼이 되어, 가난한 자가 기도한 바를 이루어주리라는 것은 분명합니다.


## XI. 5.[24]

이러한 일들이 일어날 때에, 그것이 우연히 된 일이라고 생각해서는 안 됩니다. 왜냐하면 성도들의 머리카락까지도 모두 세시는 분이[a] 기도하는 그 시간에 (그 기도를) 듣고, 하나님으로부터 은택을 구하는 자를 위한 일꾼이 될 사람을, 신실하게 구한 자에게로 적절하게 이끄시기 때문입니다. 마찬가지로 두루 살피고 하나님을 섬기

---

24  XI.4의 비유에 나온 의사와 부자의 역할을 하는 중간자가 천사들이며, 천사들은 신자들과 함께 기도하며 신자들이 구하는 바를 힘이 닿는 대로 돕는다.

αὐτοῦ εἰσακούοντα, τῷ πιστῶς δεδεημένῳ· οὕτως ὑποληπτέον συνάγεσθαί ποτε τῶν ἐπισκοπούντων καὶ λειτουργούντων τῷ θεῷ ἀγγέλων παρουσίαν τῷδέ τινι τῶν εὐχομένων, ἵνα συμπνεύσωσιν οἷς ὁ εὐχόμενος ἠξίωσεν. ἀλλὰ καὶ ὁ ἑκάστου ἄγγελος, "ᵗκαὶ᾿ τῶν" ἐν τῇ ἐκκλησίᾳ "μικρῶν," "διὰ παντὸς" βλέπων "τὸ πρόσωπον τοῦ πατρὸς" "τοῦ ἐν ᵗτοῖς᾿ οὐρανοῖς"ᵃ καὶ ἐνορῶν τοῦ κτίσαντος ἡμᾶς τὴν θειότητα, συνεύχεταί τε ἡμῖν καὶ συμπράττει ἐν οἷς δυνατόν ἐστι περὶ ὧν εὐχόμεθα.

a    마 18:10.

는 천사들을, 기도자가 구하는 것을 함께 도모하도록, 기도하는 이러저러한 자 곁으로 보내신다고 생각해야 합니다. 그래서 각 사람의 천사, 교회 안의 "작은 사람들"의 천사가 "하늘에 계신" "아버지의 얼굴을" "늘" 보고[a] 또한 우리를 창조하신 분의 신성을 주목하면서 우리와 함께 기도하고, 우리가 기도하는 것들과 관련하여 그가 할 수 있는 것을 함께 행합니다.

XII. 1.

Πρὸς δὲ τούτοις δυνάμεως πεπληρωμένους νομίζω τοὺς λόγους
τῆς τῶν ἁγίων εὐχῆς, μάλιστα ὅτε προσευχόμενοι "πνεύματι"
προσεύχονται "καὶ τῷ νοΐ,"[a] φωτὶ ἐοικότι ἀνατέλλοντι ἀπὸ
τῆς τοῦ εὐχομένου διανοίας καὶ προϊόντι ἐκ στόματος αὐτοῦ
ὑπεκλύειν δυνάμει θεοῦ τὸν ἐνιέμενον νοητὸν ἰὸν ἀπὸ τῶν
ἀντικειμένων δυνάμεων τῷ ἡγεμονικῷ τῶν ἀμελούντων τοῦ
εὔχεσθαι καὶ τὸ "ἀδιαλείπτως προσεύχεσθε"[b] ἀκολούθως ταῖς τοῦ
Ἰησοῦ προτροπαῖς εἰρημένον παρὰ τῷ Παύλῳ μὴ φυλαττόντων.

ὡσπερεὶ γὰρ βέλος ἀπὸ τῆς τοῦ εὐχομένου ψυχῆς τῇ γνώσει
καὶ τῷ λόγῳ ἢ τῇ πίστει πρόεισιν ἀπὸ τοῦ ἁγίου, τιτρῶσκον ἐπὶ
καθαιρέσει καὶ καταλύσει τὰ ἐχθρὰ τῷ θεῷ πνεύματα, τοῖς τῆς
ἁμαρτίας δεσμοῖς περιβαλεῖν ἡμᾶς θέλοντα.

a   고전 14:15.          b   살전 5:17.

## XII. 1.[1]

게다가 나는 성도들의 기도의 말은 능력으로 가득 차 있다고 믿는데, 특히 그들이 "영으로" 기도하면서 "깨친 마음으로" 기도할 때 그렇습니다.[a] 이 깨친 마음은 기도자의 생각에서 떠올라 그의 입에서 나오는 빛과 같아서, 기도를 소홀히 하는 자들, 곧 예수님의 권면에 일치되게 바울이 말한 "끊임없이 기도하라"[b]는 가르침을 지키지 않는 자들의 얼에 자리잡은 영적인[2] 독소를 하나님의 능력으로 약화시킵니다. 그것은 기도자의 영혼으로부터 나오는 화살처럼, 지식과 이성 또는 믿음에 의해 성도로부터 나옵니다. 그리고 우리를[3] 죄의 사슬로 에워싸고자 하며, 하나님의 원수가 된 영들을 상처 입혀 파괴하고 멸망시킵니다.

---

1  기도자가 기도할 때 영이 우리와 함께 기도할 뿐만 아니라, 기도자가 자신의 마음으로 기도하면, 이 기도는 악한 세력으로부터 오는 영적 화살을 무력하게 만드는 빛과 비교될 수 있다.

2  νοητὸν은 "눈으로 볼 수 있는"에 반대되는 것으로서 "생각해 낼 수 있는, 마음으로 지각할 수 있는"이라는 의미를 가지고 있다. 여기서는 "영적인"이라고 번역하였다.

3  비평본 각주에는 여러 추정이 있지만, Koetschau는 ἀπὸ 대신 ἀπωξυμένον을 넣어 πρόεισιν ἀπὸ τοῦ ἁγίου를 πρόεισιν ἀπωξυμένοντοῦ ἁγίου로 바꿔 번역하였고 이 경우 "그것은 화살처럼 기도자의 영혼으로부터 나와서 성도의 지식과 이성 또는 믿음에 의해 날카로워집니다. 그리고…"로 옮길 수 있다(Stritzky, *Origenes Über das Gebet*, 144 n. 114).

XII. 2.

"ἀδιαλείπτως" δὲ προσεύχεται, καὶ τῶν ἔργων τῆς ἀρετῆς ἢ τῶν ἐντολῶν τῶν ἐπιτελουμένων εἰς εὐχῆς ἀναλαμβανομένων μέρος, ὁ συνάπτων τοῖς δέουσιν ἔργοις τὴν εὐχὴν καὶ τῇ εὐχῇ τὰς πρεπούσας πράξεις. οὕτω γὰρ μόνως τὸ "ἀδιαλείπτως προσεύχεσθε"[a] ἐκδέξασθαι δυνάμεθα ὡς δυνατὸν ὂν εἰρημένον, εἰ πάντα τὸν βίον τοῦ ἁγίου μίαν συναπτομένην μεγάλην εἴποιμεν εὐχήν· ἧς εὐχῆς μέρος ἐστὶ καὶ ἡ συνήθως ὀνομαζομένη εὐχή, οὐκ ἔλαττον τοῦ τρὶς ἑκάστης ἡμέρας ἐπιτελεῖσθαι ὀφείλουσα· ὅπερ δῆλόν ἐστιν ἐκ τῶν κατὰ τὸν Δανιήλ, τηλικούτου ἐπηρτημένου αὐτῷ κινδύνου "εὐχόμενον τρὶς τῆς ἡμέρας."[b] καὶ ὁ Πέτρος δὲ ἀναβαίνων εἰς "τὸ δῶμα" <"περὶ"> τὴν "ἕκτην" "προσεύξασθαι," ὅτε καὶ ἑώρα τὸ ἐξ οὐρανοῦ "καθιέμενον" "σκεῦος" "τέτρασιν ἀρχαῖς καθιέμενον,"[c] παρίστησι τὴν μέσην τῶν τριῶν εὐχὴν, τὴν πρὸ αὐτοῦ καὶ παρὰ τοῦ Δαυῒδ λεγομένην· "τὸ πρωῒ εἰσακούσῃ τῆς προσευχῆς μου, τὸ πρωῒ παραστήσομαί

a   살전 5:17.        c   행 10:9, 11.
b   단 6:12.

## XII. 2.[4]

또한 덕행이나 계명의 실천은 기도의 일부분으로 받아들여지므로, 필요한 것에는 기도를, 그리고 기도에 적절한 실천을 결합시키는 사람은 "끊임없이" 기도하는 것입니다. 오직 이런 방식으로 성도의 온 삶을 함께 결합된 하나의 큰 기도라고 말할 수 있을 때,[5] 우리는 "끊임없이 기도하라"[a]는 말을 실현할 수 있는 말로 받아들일 수 있습니다. 관행적으로 일컬어지는 기도도 이 기도의 한 부분입니다. 이 [관행적인] 기도는 날마다 세 번 이상 드려야 합니다. 이것은 그토록 큰 위험이 다가왔을지라도 매일 세 번씩 기도했던 다니엘의 이야기로부터 분명합니다.[b] 또한 베드로가 제 육시쯤에 "기도하려고" "지붕에 올라갔"을 때 "그릇이" "네 귀퉁이가 끈에 매달려서" 드리워져 하늘로부터 "내려오는"[6] 것을 보았습니다.[c] 그에 앞서 다윗도 두 번째 기도를 드린 적이 있습니다. 첫 번째 기도에 대해서는 다음 구절에 적혀 있습니다[7]: "새벽에 드리는 나의 기도를 들어 주

---

4    끊임없이 기도하며 자신의 행위를 기도와 연결하는 사람의 삶 전체는 함께 결합된 하나의 큰 기도이며, 일반적인 기도 행위는 기도의 일부다. 다니엘의 하루 세 번의 기도나, 다윗의 기도, 새벽 기도, 저녁 기도, 자정 기도 등 모든 기도는 이 총체적인 기도의 일부다.

5    참조. 클레멘스, 『양탄자』 VII.12.73; 오리게네스, 『마태복음 주해』 XVI.22; 『왕국기 강해』 9 [라틴어].

6    Koetschau는 비평본 각주에서 오리게네스의 다른 저작에 기초하여 καθιέμενον을 καταβαῖνον으로 수정할 것을 제안하였는데 우리말 성경이 καθιέμενον을 καταβαῖνον과 같이 "내려오는"으로 번역하였기 때문에, 번역상 차이는 없다(Stritzky, *Origenes Über das Gebet*, 145 n. 117).

7    παρὰ τοῦ Δαυῒδ λεγομένην 다음에 τῆς πρώτης ἀναγεγραμμένης ἐν τῷ를 원문에 삽입할 것을 제안한 Koetschau의 주장을 따라 본문을 제시하고 번역하였다(Stritzky, *Origenes Über das Gebet*, 145 n. 118).

σοι καὶ ἐπόψομαι". [a] καὶ τῆς τελευταίας δηλουμένης διὰ τοῦ·

"ἔπαρσις τῶν χειρῶν μου θυσία ἑσπερινή." [b] ἀλλ' οὐδὲ τὸν τῆς

νυκτὸς καιρὸν χωρὶς ταύτης τῆς εὐχῆς καθηκόντως διανύσομεν,

τοῦ μὲν Δαυῒδ λέγοντος· "μεσονύκτιον ἐξεγειρόμην τοῦ

ἐξομολογεῖσθαί σοι ἐπὶ τὰ κρίματα τῆς δικαιοσύνης σου," [c] τοῦ

δὲ Παύλου, ὡς ἐν ταῖς Πράξεσι τῶν ἀποστόλων εἴρηται, "κατὰ

τὸ μεσονύκτιον" ἅμα τῷ Σίλᾳ ἐν Φιλίπποις προσευχομένου

καὶ ὑμνοῦντος "τὸν θεὸν," ὥστε ἐπακροᾶσθαι "αὐτῶν" καὶ τοὺς

δεσμίους. [d]

a   시 5:4(시 5:3).                    c   시 118:62(시 119:62).

b   시 140:2(시 141:2).                d   행 16:25.

십시오. 새벽에 내가 아뢰고 기다리겠습니다."[a] 마지막 기도는 "손을 위로 들고서 드리는 기도는 저녁 제물"[b]이라는 구절에 의해 제시됩니다. 이 기도 없이 우리는 밤시간을 적절하게 보낼 수 없는데, 다윗은 "한밤중에라도, 주님의 의로운 규례들이 생각나면, 벌떡 일어나서 주님께 감사를 드립니다"[c]라고 말합니다. 한편, 바울은 사도행전에서 말해진 것처럼, "한밤쯤 되어서" 실라와 함께 빌립보에서 기도하면서 "하나님을" 찬양했는데, 죄수들도 "그들의 [기도와 찬양을]" 들을 수 있었습니다.[d]

XIII. 1.

Εἰ δὲ Ἰησοῦς προσεύχεται καὶ μὴ μάτην προσεύχεται, τυγχάνων

ὧν αἰτεῖ διὰ τοῦ εὔχεσθαι, τάχα οὐκ ἂν αὐτὰ εἰληφὼς χωρὶς

εὐχῆς, τίς ἡμῶν ἀμελῇ τοῦ εὔχεσθαι; Μάρκος μὲν γάρ φησιν

ὅτι "πρωῒ ἔννυχον λίαν ἀναστὰς ἐξῆλθε καὶ ἀπῆλθεν εἰς ἔρημον

τόπον, κἀκεῖ προσηύχετο,"[a] ὁ δὲ Λουκᾶς· "καὶ ἐγένετο ἐν τῷ

εἶναι αὐτὸν ἐν τόπῳ τινὶ προσευχόμενον, ὡς ἐπαύσατο, εἶπέ

τις τῶν μαθητῶν αὐτοῦ πρὸς αὐτὸν"[b] καὶ ἐν ἄλλοις· "καὶ ἦν

διανυκτερεύων ἐν τῇ προσευχῇ τοῦ θεοῦ"·[c] ὁ δὲ Ἰωάννης εὐχὴν

αὐτοῦ ἀναγράφει λέγων· "ταῦτα ἐλάλησεν ὁ Ἰησοῦς, καὶ ἐπάρας

τοὺς ὀφθαλμοὺς αὐτοῦ εἰς τὸν οὐρανὸν εἶπε· πάτερ, ἐλήλυθεν

ἡ ὥρα· δόξασόν σου τὸν υἱόν, ἵνα καὶ ὁ υἱός σου δοξάσῃ σε"·[d]

καὶ τὸ "ᾔδειν" δὲ "ὅτι πάντοτέ μου ἀκούεις"[e] παρὰ τῷ αὐτῷ

ἀναγεγραμμένον ὑπὸ τοῦ κυρίου εἰρημένον δηλοῖ ὅτι "πάντοτε"

εὐχόμενος "πάντοτε" ἐπακούεται.

a   막 1:35.            d   요 17:1.
b   눅 11:1.            e   요 11:42.
c   눅 6:12.

## 예수의 본보기: 언제나 기도하고 언제나 응답 받는 기도(XIII.1)

XIII. 1.[1]

예수께서 기도하시되, 기도를 통해 그 구한 바를 얻으셨으므로, 헛되이 기도한 것이 아니라면[2](아마도 기도 없이는 그것을 얻지 못하셨을 것입니다), 우리 중 누가 기도에 무관심할 수 있겠습니까? 마가는 "아주 이른 새벽에, [예수께서] 일어나서 외딴 곳으로 나가셔서, 거기서 기도하고 계셨다"[a]라고 말합니다. 한편 누가는 "[예수께서] 어떤 곳에서 기도하고 계셨는데, 기도를 마치셨을 때에 그의 제자들 가운데 한 사람이 그에게 말하였다"라고 말하고,[b] 또 다른 곳에서 "밤을 새우면서 하나님께 기도하셨다"라고 말합니다.[c] 한편 요한은 이렇게 말하면서 그분의 기도를 기록합니다. "예수께서 이 말씀을 마치시고, 눈을 들어 하늘을 우러러보시고 말씀하셨다. '아버지, 때가 왔습니다. 아버지의 아들을 영광되게 하셔서, 아들이 아버지께 영광을 돌리게 하여 주십시오.'"[d] 또한 같은 책에 기록된 "아버지께서는 언제나 내 말을 들어주신다는 것을 압니다"[e]라는 주님의 말씀은 "언제나" 기도하는 자에게는 "언제나" 들어주신다는 것을[3] 분명히 밝혀줍니다.

---

1 예수께서 기도하는데, 누가 기도를 소홀히 하겠는가라는 질문을 던지고 복음서에 나오는 예수의 기도 생활을 제시한다.

2 참조.『요한복음 주해』 XIII.1.5;『마태복음 주해』 XVI.5.

3 "언제나"로 번역된 πάντοτε는 "기도할 때, 그때마다"라는 뜻으로 볼 수 있다. 한편, "끊임없이"로 번역된 ἀδιαλείπτως는 "시간적으로 중단 없이 계속되는" 기도를 가리킬 때 사용되고 있다.

XIII. 2.

τί δὲ δεῖ καταλέγειν τοὺς διὰ τοῦ ὃν δεῖ τρόπον προσεύξασθαι

μεγίστων ἐπιτετευχότας ἀπὸ θεοῦ, παρὸν ἑκάστῳ ἑαυτῷ ἀπὸ

τῶν γραφῶν ἀναλέξασθαι πλείονα; Ἄννα γὰρ ὑπηρέτησε τῇ

γενέσει Σαμουήλ,ᵃ τῷ Μωϋσεῖ συναριθμηθέντος,ᵇ ἐπεὶ μὴ

τίκτουσα πιστεύσασα προσηύξατο πρὸς κύριον· Ἐζεκίας δὲ

ἔτι ἄπαις τυγχάνων, μαθὼν ἀπὸ τοῦ Ἡσαΐου τεθνήξεσθαι,

προσευξάμενοςᶜ εἰς τὴν τοῦ σωτῆρος γενεαλογίαν ἀνείληπται·ᵈ

ἤδη δὲ ὑφ' ἓν πρόσταγμα ἐξ ἐπιβουλῆς τοῦ Ἀμὰν ἀπόλλυσθαι

μέλλοντος τοῦ λαοῦ, προσευχὴ μετὰ νηστείας Μαρδοχαίου

καὶ Ἐσθὴρᵉ ἐπακουσθεῖσα πρὸς ταῖς κατὰ Μωϋσέα ἑορταῖς τὴν

Μαρδοχαϊκὴν ἐγέννησεν εὐφροσύνης τῷ λαῷ ἡμέραν·ᶠ ἀλλὰ

καὶ Ἰουδὴθ ἁγίαν ἀνενεγκοῦσα προσευχὴν τοῦ Ὀλοφέρνου μετὰ

θεοῦ περιγίνεται καὶ μία γυνὴ τῶν Ἑβραίων αἰσχύνην ἐποίησε

τῷ οἴκῳ τοῦ Ναβουχοδονόσορ·ᵍ "Ἀνανίας" δὲ "καὶ Ἀζαρίας καὶ

Μισαὴλ" "πνεῦμα δρόσου διασυρίζον," οὐκ ἐῶν ἐνεργεῖν "τὴν

a    참조. 제1왕국기(삼상) 1:9 이하.          e    참조. 에 3:6-7; 4:16-17; 9:26-28.
b    참조. 렘 15:1; 시 98:6(시 99:6).           f    제2마카베오기 15:36.
c    참조. 왕하 20:1 이하; 사 38:1 이하.      g    유딧기 14:18.
d    마 1:9-10.

## XIII. 2.[1]

누구나 자신을 위해 성경으로부터 더 많은 예를 모을 수 있는데, 마땅한 기도의 방식대로 기도하여 하나님으로부터 가장 큰 것들을 받은 사람을 일일이 열거할 필요가 있겠습니까? 한나는 아이를 낳지 못했으나, 믿음으로 주님께 기도했을 때 모세와 나란히 언급된[b] 사무엘의 출생의 도구가 되었습니다.[a] 한편 히스기야는 아직 아이가 없었을 때에,[2] 이사야로부터 [자신이] 죽게 될 것이라는 것을 들어 알고서 기도하였고[c] 구원자의 족보에 들어갔습니다.[d] 또한 하만의 간계로 [발표된] 왕의 칙령 아래에서 [유대] 백성이 죽게 되었을 때, 모르드개와 에스더의 금식을 겸한 기도가 응답되었으며, 모세가 제정한 절기에 더하여 백성에게 즐거운[e] 모르드개의 날이[f] 생겨났습니다. 게다가 유딧은 거룩한 기도를 올린 후에, 하나님과 함께 홀로페르네스를[3] 이기고, "히브리인 여자 하나"로서 "느부갓네살의" 집안에 수치를 주었습니다.[g] "하나냐"와 "아사랴와 미사엘은" 기도의 응답을 받아, 불꽃의 효력을 허용치 않는, "휙 소리를 내며 부

---

1    올바른 기도를 통하여 하나님으로부터 최고의 선물을 받은 예를 열거할 필요가 있을까라는 질문을 던지면서도, 한나, 히스기야, 모르드개와 에스더, 유딧, 하나냐와 아사랴와 미사엘, 다니엘, 요나의 기도가 응답된 것을 언급한다.

2    70인역 사 38:19("살아 있는 자들이 나처럼 주님을 칭송할 것입니다. 오늘부터 내가 주님의 의를 알릴 자녀를 낼 것이기 때문입니다")는 히스기야가 병들었을 때, 아이가 없었음을 암시해 준다(참조. 『켈수스 반박』VIII.46).

3    느부갓네살 2세의 장군 이름

φλόγα τοῦ πυρός," ἄξιοι γεγόνασιν ἐπακουσθέντες λαβεῖν·[a] οἱ δὲ

ἐν τῷ λάκκῳ Βαβυλωνίων λέοντες φιμοῦνται διὰ τὰς τοῦ Δανιὴλ

προσευχάς·[b] καὶ Ἰωνᾶς δὲ, οὐκ ἀπογνοὺς τὸ ἐπακουσθήσεσθαι

ἐκ κοιλίας τοῦ καταπιόντος αὐτὸν κήτους, τὸ ἐλλιπὲς τῆς πρὸς

τοὺς Νινευΐτας προφητείας ἐξελθὼν τὴν τοῦ κήτους γαστέρα

ἀναπληροῖ.[c]

## XIII. 3.

ὅσα δὲ καὶ ἕκαστος ἡμῶν, ἐὰν εὐχαρίστως μεμνημένος τῶν

εἰς αὐτὸν εὐεργεσιῶν περὶ τούτων αἴνους ἀναπέμπειν τῷ

θεῷ βούληται, ἔχει ἐκδιηγήσασθαι; ἄγονοί τε γὰρ ἐπὶ πολὺ

γεγενημέναι ψυχαὶ, ἠσθημέναι τῆς στειρώσεως τῶν ἰδίων

ἡγεμονικῶν καὶ τῆς ἀγονίας τοῦ νοῦ ἑαυτῶν, ἀπὸ τοῦ ἁγίου

πνεύματος διὰ ἐπιμόνου εὐχῆς κυήσασαι σωτηρίους λόγους,

θεωρημάτων ἀληθείας πεπληρωμένους, γεγεννήκασιν.

ὅσοι δὲ, ἡμῶν πολλάκις μυριάδων ἀντικειμένης δυνάμεως

καταστρατευομένων καὶ ἐξαφανίσαι ἀπὸ τῆς θείας ἡμᾶς

πίστεως βουλομένων, πολέμιοι διελύθησαν; θαρρησάντων ἡμῶν

ὅτι "οὗτοι ἐν ἅρμασιν" "οὗτοι" δὲ "ἐν ἵπποις" ἀλλὰ "ἡμεῖς ἐν

---

a   단 3:24, 49-50(70인역).                    6:19, 22).

b   참조. 단 6:18, 22(70인역;              c   참조. 욘 2:2-3:4.

는 이슬 바람"을 받기에 합당했습니다.[a] 굴 안에 있던 바벨론 사람들의 사자들은 다니엘의 기도들[4b] 때문에 재갈이 물려 있었습니다.[5] 그리고 요나는, 자기를 삼킨 큰 물고기의 뱃속으로부터 기도가 응답될 것에 대해 절망하지 않았고, 큰 물고기의 배로부터 나와 니느웨 사람들을 향한 못다한 예언을 마저 채웠습니다.[c]


## XIII. 3.[6]

우리 각자가 우리에게 주어진 혜택을 감사한 마음으로 기억하면서 이에 대해 하나님께 찬송을 올려드리기를 원한다면, 우리는 얼마나 많은 것을 이야기할 수 있겠습니까? 오랫동안 자식이 없던 영혼이 자신의 황폐한 얼과 메마른 정신을 깨닫고서, 지속된 기도를 통해 성령으로부터 진리에 대한 앎으로 가득 찬 구원의 말을 잉태하여 낳았습니다. 수많은 대적하는 세력이 반복해서 우리를 거슬러 싸우고 우리에게서 신성한 믿음을 없애고자 할 때,[7] 얼마나 많은 원수가 괴멸되었습니까? "어떤 이는 전차, 어떤 이는 기마에" [호소하

---

4    복수로 나온 이유는, 다니엘이 하루에 세 번 이상 기도했던 것과 관련이 있는 듯하다.
5    『순교 권면』 33.
6    성령의 도움으로 사는 그리스도인들의 삶은 마치 전장에서 싸우는 것과 같이 치열하고, 기독교인을 둘러싼 맹수가 많지만, 그리스도께서 우리를 위해 맹수들의 송곳니를 부서뜨린다.
7    『순교권면』 45도 기독교인의 박해 때에 악령의 부추김을 말한다.

ὀνόματι κυρίου"ᵃ ἐπικαλούμενοι ὁρῶμεν ὅτι ἀληθῶς "ψευδὴς ἵππος εἰς σωτηρίαν."ᵇ ἀλλὰ καὶ "τὸν ἀρχιστρατηγὸν"ᶜ τοῦ ἀντικειμένουᵈ ἀπατηλὸν καὶ πιθανὸν λόγον, καταπτήσσεινᵉ ποιοῦντα πολλοὺς καὶ τῶν πεπιστευκέναι νομιζομένων, ὁ τῷ πρὸς θεὸν αἴνῳ πεποιθὼς διακόπτει πολλάκις· Ἰουδὴθ γὰρ ἑρμηνεύεται αἴνεσις. ὅσοι τε πάσης φλογὸς καυστικωτέροις περιπεσόντες δυσπεριγενήτοις πολλάκις πειρασμοῖς οὐδὲν ὑπ' αὐτῶν πεπόνθασιν ἀλλὰ πάντῃ ἀβλαβεῖς τούτους διεξεληλύθασιν, οὐδὲ τὸ τυχὸν ὀσμῆς "τοῦ" πολεμίου "πυρὸς" βλάβην ἐσχηκότες, τί δεῖ καὶ λέγειν;ᶠ ἀλλὰ καὶ ἐν ὅσοις θηρίοις, καθ' ἡμῶν ἐξηγριωμένοις, πονηροῖς πνεύμασι καὶ ἀνθρώποις ὠμοῖς παρατυχόντες ταῖς εὐχαῖς αὐτοὺς πολλάκις ἐφίμωσαν, οὐ δεδυνημένων ἐγχρίψαι τοὺς ὀδόντας αὐτῶνᵍ τοῖς γεγενημένοις ἡμῶν μέλεσι τοῦ Χριστοῦ·ʰ πολλάκις γὰρ καθ' ἕκαστον τῶν ἁγίων "τὰς μύλας τῶν λεόντων συνέθλασε κύριος," καὶ ἐξουδενώθησαν "ὡς ὕδωρ ⌜παραπορευόμενον.⌝"ⁱ ἴσμεν δὲ πολλάκις φυγάδας προσταγμάτων θεοῦ καταποθέντας ὑπὸ τοῦ θανάτου, πρότερον κατ' αὐτῶν ἰσχύσαντος, διὰ τὴν μετάνοιαν

a   시 19:8(시 20:7).                    g   참조. 단 6:18, 22(70인역).
b   시 32:17(시 33:17).                  h   고전 6:15, 12:27.
c   유딧기 2:4.                          i   시 57:7-8(시 58:6-7).
d   참조. 살후 2:4.
e   참조. 유딧기 13:7-8.
f   단 3:94; 참조 3:49-50
    (70인역; 단 3:27).

지만], "우리는 주의 이름을" 부른다[a]는 사실로부터 용기를 얻게 된다면, 우리는 "군마가 구원을 위하여" 진실로 "거짓되다"는 것을 보게 될 것입니다.[b] 하나님께 드리는 찬송을 신뢰하는 자는, 심지어 신앙인 가운데서도 많은 사람을 굽실거리게 만드는 적진의[d] "대장군",[c] 곧 교활하고 미혹하는 말을 반복해서 토막 냅니다.[8e] 유딧은 찬송이라는 뜻입니다. 모든 불꽃보다 더 활활 타오르는 극복하기 어려운 시험에 여러 번 빠질 때에도, 이로 인해 아무것도 겪지 않고, 적대적인 불의 냄새가 통상적으로 가하는 손상을 입지 않고, 어떤 상처도 없이 이를 통과한 사람들이 얼마나 많은지 이야기할 필요가 있겠습니까?[f] 게다가 그들이 우리에 맞서 포악해진 얼마나 많은 야수, 곧 악한 영과 잔인한 사람을 기도로 반복해서 재갈 물려 그리스도의 지체가 된 우리 몸에[h] 이빨도 댈 수 없도록 했습니까?[9g] 성도 각각에 대해서, "주께서 반복해서 젊은 사자들의 송곳니를 부수셨고", "급류처럼" 사라지게 했습니다.[i] 우리는 하나님의 계명으로부터 도망하여 이전에 그들에게 세력을 떨쳤던 사망에 삼켜졌지만 사망의 "뱃속에" 붙들려서도 구원되리라는 희망을 포기하지

---

8  오리게네스는 유딧이 적장 홀로페르네스를 물리친 것처럼, 찬송(=유딧)이 교활하고 파괴적인 말을 물리친다고 보는 듯하다. "교활하고 미혹하는 말"을 부사적 용법으로 보아 "하나님께 드리는 찬송을 신뢰하는 자는, 적진의 대장군이 교활하고 미혹하는 말로 심지어 믿는다고 신앙인 가운데 많은 사람을 굽실거리게 만들 때에, 반복해서 그를 토막 냅니다"로 해석할 수도 있다.
9  참조. XIII.2.

σωθέντας ἀπὸ τοῦ τηλικούτου κακοῦ, οὐκ ἀπεγνωκότας τὸ σῴζεσθαι δύνασθαι ἤδη "ἐν τῇ κοιλίᾳ τοῦ" θανάτου κεκρατημένους·[a] "κατέπιε ⌐γὰρ⌐ ὁ θάνατος ἰσχύσας, καὶ πάλιν ἀφεῖλεν ὁ θεὸς πᾶν δάκρυον ἀπὸ παντὸς προσώπου."[b]

## XIII. 4.

ταῦτα δέ μοι ἀναγκαιότατα μετὰ τὸν κατάλογον τῶν ὠφεληθέντων διὰ προσευχῆς εἰρῆσθαι νομίζω, ἀποτρέποντι τὴν πνευματικὴν καὶ τὴν ἐν Χριστῷ ζωὴν ποθοῦντας ἀπὸ τοῦ περὶ τῶν μικρῶν καὶ ἐπιγείων εὔχεσθαι καὶ παρακαλοῦντι ἐπὶ τὰ μυστικά, ὧν τύποι ἦσαν τὰ προειρημένα μοι, τοὺς ἐντυχόντας τῇδε τῇ γραφῇ. πᾶσα γὰρ ἡ περὶ τῶν προπαρατεθέντων ἡμῖν πνευματικῶν καὶ μυστικῶν εὐχὴ ἀεὶ ὑπὸ τοῦ μὴ "κατὰ σάρκα" στρατευομένου[c] ἀλλὰ "πνεύματι τὰς πράξεις τοῦ σώματος" θανατοῦντος[d] ἐπιτελεῖται, προκρινομένων τῶν ἀπὸ τῆς ἀναγωγῆς μετ᾽ ἐξετάσεως παρισταμένων τῆς ἐμφαινομένης κατὰ τὴν λέξιν γεγονέναι τοῖς προσευξαμένοις εὐεργεσίας. καὶ ἐν ἡμῖν γὰρ ἀσκητέον μὴ ἐγγενέσθαι ἄγονον ἢ στεῖραν, ἀκούουσι τοῦ πνευματικοῦ νόμου ὡσὶ πνευματικοῖς· ἵνα ἀποτιθέμενοι τὸ

a   욘 2:2.                       c   고후 10:3.
b   사 25:8(70인역); 참조. 계 7:17.        d   롬 8:13.

않았기 때문에 회개를 통하여 그렇게 큰 악으로부터 구원 받은 자들을 알고 있습니다.[a] "사망이 세력을 떨쳐 삼켰지만 다시 하나님께서 모든 사람의 얼굴에서 눈물을 말끔히 닦아주셨습니다."[b]


## XIII. 4.[10]

기도로 유익을 얻은 사람들의 목록이 나열되었으니, 이제 다음 내용을 말하는 것이 매우 필요하다고 생각합니다. 왜냐하면 나는 영적인 것과 그리스도 안에 있는 생명을 갈망하는 자를 작은 것과 땅에 속한 것을 위해 기도하는[11] 것에서 돌아서게 하고, 이 글을 읽는 이가 신비로운 것들을 – 앞서 말한 것은 이것들의 모형입니다 – 추구하도록 격려하고자 하기 때문입니다.[12] 우리가 앞에서 말한 영적이고 신비로운 것들에 대한 모든 기도는 "육정을 따라서 싸우"지 않고,[c] "성령으로 몸의 행실을 죽이"는[d] 자에 의해 늘 이루어집니다. 우리는 탐구에 의해 영적인 해석으로(ἀπὸ τῆς ἀναγωγῆς)[13] 제시된 내용을 [구약의] 기도한 자들에게 문자적으로 일어난 유익보다 선

---

10 기도로 유익을 얻을 수 있는 사람은 육적인 싸움을 하는 사람들이 아니라 육체의 행위를 영으로 죽이는 사람들(롬 8:13)이다. 오리게네스는 영적인 의미를 강조하고, 영적인 의미가 문자적 의미보다 우선되므로, 문자적인 의미도 실제로는 영적으로 이루어지는 특유의 성경해석을 전개한다. 그리스도인은 한나와 히스기야와 같이 영적인 불임을 내려놓아야 하며, 영적인 적으로부터 모르드개, 에스더, 유딧과 같이 구원받을 수 있게 된다(참조.XIII.2-3).
11 참조. II.2; XIV.1.
12 플라톤의 원형과 모형의 사상(예를 들면『국가』IV.3.4)을 기도에 적용한다.
13 오리게네스는 성경의 문자적 의미와 영적 의미(ἀναγωγή)를 대비한다(참조.『요한복음 주석』XIII.17.101). 루피누스는『원리론』IV.3.4에서 ἀναγωγή를 spiritalis interpretatio로 번역한다.

εἶναι ἄγονοι ἢ στεῖραι ἐπακουσθῶμεν ὡς Ἅννα καὶ Ἐζεκίας,

καὶ ἵνα ἀπὸ ἐπιβουλευόντων ἐχθρῶν τῶν πνευματικῶν "τῆς

πονηρίας"ᵃ ῥυσθῶμεν ὡς Μαρδοχαῖος καὶ Ἐσθὴρ καὶ Ἰουδήθ·

καὶ ἐπεὶ κάμινός ἐστι σιδηρᾶ Αἴγυπτος,ᵇ σύμβολον τυγχάνουσα

παντὸς τοῦ περιγείου τόπου, πᾶς ὁ ἐκπεφευγὼς τὴν τοῦ βίου

τῶν ἀνθρώπων κακίαν καὶ μὴ πεπυρωμένος ὑπὸ τῆς ἁμαρτίας

μηδὲ ὡς κλίβανον πλήρη πυρὸς τὴν καρδίαν ἐσχηκὼς μὴ

ἔλαττον εὐχαριστείτω τῶν ἐν πυρὶ "δρόσου" πεπειραμένων.

ᶜ ἀλλὰ καὶ ὁ ἐν τῷ εὔξασθαι καὶ εἰρηκέναι· "μὴ παραδῷς τοῖς

θηρίοις ψυχὴν ἐξομολογουμένην σοι"ᵈ ἐπακουσθεὶς καὶ μηδὲν

ἀπὸ τῆς ἀσπίδος καὶ τοῦ βασιλίσκου παθὼν τῷ διὰ Χριστὸν

αὐτὸν αὐτῶν ἐπιβεβηκέναι καὶ καταπατήσας "λέοντα καὶ

δράκοντα"ᵉ τῇ τε καλῇ ἐξουσίᾳ ὑπὸ Ἰησοῦ δεδομένῃ χρησάμενος

"τοῦ πατεῖν ἐπάνω ὄφεων καὶ σκορπίων καὶ ἐπὶ πᾶσαν τὴν

δύναμιν τοῦ ἐχθροῦ"ᶠ καὶ μηδὲν ὑπὸ τῶν τοσούτων ἀδικηθεὶς

πλεῖον τοῦ Δανιὴλ εὐχαριστησάτω, ἅτε ἀπὸ φοβερωτέρων καὶ

ἐπιβλαβεστέρων ῥυσθεὶς θηρίων.ᵍ πρὸς τούτοις ὁ πεπεισμένος,

ποίου κήτους τύπος τὸ καταπεπωκὸς τὸν Ἰωνᾶν ἐτύγχανε,

καὶ καταλαβὼν δὲ ὅτι ἐκείνου τοῦ ὑπὸ τοῦ Ἰὼβ εἰρημένου·

a  엡 6:12.
b  참조. 신 4:20; 렘 11:4.
c  참조 『세 소년의 노래』 27
   (단 3:50-51[70인역]).

d  시 73:19(시 74:19).
e  시 90:13(시 91:13).
f  눅 10:19.
g  참조. 단 3:50-51(70인역).

호해야 하기 때문입니다. 영적인 귀로 영적인 법을 듣는 우리는 자식이 없고 메마르지 않도록[14] 힘써야 합니다. 자식 없음이나 메마름을 벗어 버리고, 우리도 한나와 히스기야처럼 응답 받기 위하여, 또한 모르드개와 에스더와 유딧처럼 음모를 꾸미는 "악의" 영들로부터[a] 구원받기 위하여 [힘써야 합니다.] 그리고 이집트는 용광로[b] 곧 땅에 속한 모든 장소의 상징이므로,[15] 인생의 악을 피한 모든 사람, 죄로 인해 불 속에 놓이지 않고 마치 솥처럼 불에 달궈진 마음을 지니지 않은 모든 사람은 "이슬"의 불로 연단을 받은 사람들보다 [16][c] 더 많이 감사하십시오. 기도하면서 "주께 고백하는 영혼을 들짐승에게 내주지 마시고"[d]라고 말했을 때에 응답 받은 자, 또한 그리스도 때문에 이를 짓밟고, 독사와 바실리스크로부터[17] 아무런 해를 입지 않은 자, "사자와 용"을 짓밟은 자[e], 또한 "뱀과 전갈을 밟고, 원수의 모든 세력을 누를" 예수께서 주신 선한 "권세를" 사용한 자,[f] 또한 이와 같은 불의를 전혀 겪지 않은 자는 다니엘보다 더 감사하십시오.[g] 그는 더 무섭고 더 해로운 짐승으로부터 구원을 얻었기 때문입니다. 여기에 더하여 요나를 삼킨 것은 어떤 큰 물고기의 모형이라고 믿는 자, 또한 "그날을 저주하는 자, 곧 큰 물고기를 정복하

---

14  Bentley와 Del은 ἢ στεῖραν 다음에 ψυχὴν을 첨가할 것을 제안하였고 Koetschau는 이를 받아들여 번역했다. ψυχὴν을 삽입하여 "영혼이 자식 없고 메마르지 않도록"이라고 번역하는 것이 더 자연스럽다(Stritzky, *Origenes Über das Gebet*, 150 n. 131).

15  『예레미야 강해』 9.2

16  이슬 때문에 불의 해를 당하지 않은 것을 말한다.

17  이집트의 코브라 혹은 뱀의 일종.

"καταράσαιτο αὐτὴν ὁ καταρώμενος τὴν ἡμέραν ἐκείνην, ὁ μέλλων τὸ μέγα κῆτος χειρώσασθαι,"ᵃ ἐάν ποτε γένηται διά τινα ἀπειθίαν "ἐν τῇ τοῦ κήτους κοιλίᾳ,"ᵇ μετανοῶν εὐξάσθω, κἀκεῖθεν ἐξελεύσεται· ἐξελθών τε ἐπιμένων τῷ πείθεσθαι τοῖς προστάγμασι τοῦ θεοῦ δυνήσεται κατὰ τὴν χρηστότητα τοῦ πνεύματοςᶜ προφητεύσας καὶ νῦν Νινευΐταις ἀπολλυμένοις πρόφασις αὐτοῖς γενέσθαι σωτηρίας,ᵈ μὴ δυσαρεστούμενος "τῇ χρηστότητι" τοῦ θεοῦ μηδὲ ζητῶν ἐπιμένειν αὐτὸν πρὸς τοὺς μετανοοῦντας τῇ ἀποτομίᾳ.ᵉ

## XIII. 5.

ὅπερ δὲ μέγιστον πεποιηκέναι λέγεται Σαμουὴλ διὰ προσευχῆς, τοῦτο πνευματικῶς δυνατόν ἐστιν ἕκαστον τῶν ἀνακειμένων γνησίως τῷ θεῷ καὶ νῦν ἐπιτελεῖν, ἄξιον τοῦ ἐπακούεσθαι γεγενημένον. γέγραπται γάρ· "καί ⸢γε⸣ νῦν ⸢στῆτε⸣ <καὶ ἴδετε> τὸ ῥῆμα τὸ μέγα τοῦτο, ὃ ὁ κύριος ⸢ποιεῖ κατ᾽ ὀφθαλμοὺς⸣ ὑμῶν. οὐχὶ θερισμὸς ⸢πυροῦ⸣ σήμερον; ἐπικαλέσομαι κύριον, καὶ δώσει φωνὰς καὶ ὑετόν"·ᶠ εἶτα μετ᾽ ὀλίγα· "καὶ ἐπεκαλέσατο," φησὶ "Σαμουὴλ πρὸς κύριον, καὶ

a  욥 3:8(70인역).
b  욘 2:1.
c  참조. 갈 5:22.
d  참조. 욘서 3:2-3.
e  롬 11:22; 참조. 욘 4:1-2.
f  삼상 12:16-17.

려는 자가 이를 저주하였더라면"[a]이라고 욥이 이야기한 말이 그것이라고[18] 아는 자는 어떤 불순종 때문에 큰 물고기의 "뱃속에" 있게 된다면[b] 회개하고 기도하십시오. 그러면 거기로부터 나오게 될 것입니다. 또한 [거기로부터] 나와서 지속적으로 하나님의 계명에 순종하면, 온유한 영으로[c] 지금도 멸망하고 있는 니느웨 백성에게 예언하고, 그 백성을 위한 구원의 계기가 될 수 있을 것입니다.[d] 하나님의 인자하심에 불만을 품지 않고, 회개하는 자들에게 그분이 계속 "준엄"하실[e] 것을 구하지 않는 한에서 말입니다.

## XIII. 5.[19]

사무엘이 기도를 통해 행했다고 말해지는 바로 그 위대한 일은 하나님께 진정으로 바쳐진 헌신하는 자, 곧 응답 받기에 합당하게 된 자 각각에게 지금도 영적으로 이루어질 수 있습니다. 이렇게 기록되어 있습니다. "당신들은 그대로 서서, 주님께서 이제 곧 하실 큰일을 눈으로 직접 보십시오. 지금은" 밀을 "거두어들이는 때가 아닙니까? 그렇더라도 내가 주님께 아뢰면, 주님께서 천둥을 일으키시고 비를 내리실 것입니다."[f] 조금 뒤에는 "사무엘이 주님께 아뢰니, 바로 그날로 주님께서 천둥을 보내시고, 비를 내리셨

---

18  "큰 물고기의 모형이라고"를 말한다. 참조. 『레위기 강해』 8.3; 『로마서 주해』 V.10.
19  사무엘이 기도를 통하여 얻은 위대한 일은 영적인 방식으로 기독교인들에게 다 이루어진다. 기독교인이 기도의 응답에 합당한 사람이 되어야 한다는 것이 그 조건이다.

ἔδωκε κύριος φωνὰς καὶ ὑετὸν ἐν τῇ ἡμέρᾳ ἐκείνῃ."[a] παντὶ

γὰρ ἁγίῳ καὶ τῷ Ἰησοῦ γνησίως μαθητεύοντι ὑπὸ τοῦ κυρίου

λέγεται· "ἐπάρατε τοὺς ὀφθαλμοὺς ὑμῶν καὶ θεάσασθε τὰς

χώρας ὅτι λευκαί εἰσι πρὸς θερισμὸν ἤδη. ὁ θερίζων μισθὸν

λαμβάνει καὶ συνάγει καρπὸν εἰς ζωὴν αἰώνιον."[b] ἐν τῷ καιρῷ

δὴ τούτῳ τοῦ θερισμοῦ "μέγα"· "ῥῆμα" "ὁ κύριος ποιεῖ κατ᾽

ὀφθαλμοὺς" τῶν ἀκουόντων τοὺς προφήτας·[c] ἐπικαλεσαμένου

γὰρ τοῦ κεκοσμημένου τῷ ἁγίῳ πνεύματι "⸀πρὸς⸃ τὸν κύριον,"

δίδωσιν ὁ θεὸς οὐρανόθεν "φωνὰς καὶ" τὸν ποτίζοντα τὴν ψυχὴν

"ὑετὸν,"[d] ἵνα ὁ πρότερον ἐν τῇ κακίᾳ ὢν φοβηθῇ σφόδρα τὸν

κύριον καὶ τὸν ὑπηρέτην τῆς εὐεργεσίας τοῦ θεοῦ, αἰδέσιμον καὶ

σεβάσμιον δι᾽ ὧν ἐπακούεται πεφανερωμένον. καὶ Ἠλίας δὲ

τρισὶν ἔτεσι καὶ ἓξ μησὶ κεκλεισμένον τοῖς ἀσεβέσι τὸν οὐρανὸν

θείῳ λόγῳ ἀνοίγει ὕστερον·[e] ὅπερ παντί τῳ κατορθοῦται ἀεὶ,

διὰ τῆς εὐχῆς λαμβάνοντι τὸν ὑετὸν τῆς ψυχῆς, τῶν διὰ τὴν

ἁμαρτίαν πρότερον αὐτοῦ ἐστερημένων.

a    삼상 12:18.                     d    삼상 12:18.
b    요 4:35-36.                     e    참조. 약 5:17-18; 제3왕국기(왕상) 17:18;
c    삼상 12:16.                          눅 4:25.

다"[a]라고 나옵니다. 왜냐하면 모든 거룩한 자와 예수에게서 진정으로 배우는 자에게 주님께서 이렇게 말씀하셨기 때문입니다. "눈을 들어서 밭을 보아라. 이미 곡식이 익어서 거둘 때가 되었다. 수확하는[20] 사람은 품삯을 받으며, 영생에 이르는 열매를 거두어들인다."[b] 이 수확 때에 "주님께서" 예언자들의 말을 듣는 자들의 눈앞에서 "큰일"을 행하십니다.[c] 성령으로 단장을 한 자가 "주님을 향해" 아뢸 때, 하나님께서 하늘로부터 "천둥"과 영혼을 적시는 "비"를 주시기 때문입니다.[d] 이는 이전에는 악 가운데 있는 자가, 주님과 하나님의 선한 일의 일꾼, 곧 기도 응답을 받은 일들을 통해 존경 받고 공경 받을 만한 사람으로 드러난 이를 매우 두려워하도록 하기 위해서입니다. 엘리야는 삼 년 육 개월 동안 불경한 자들 때문에 닫혀 있던 하늘을 나중에 신적인 말씀으로 열었습니다.[e] 마찬가지로 이전에는 죄로 인해 메말랐던 자 가운데서 기도를 통해 영혼의 비를 받는 자는 누구나 항상 형통하게 됩니다.

---

20  성경 본문에는 추수로 나와 있지만, 본문에서는 밀을 수확하는 계절이므로 가을을 뜻하는 "추수"란 단어를 피하고자 하였다.

## XIV. 1.

Τούτων δὲ ἡμῖν ἑρμηνευθέντων εἰς τὰς διὰ τῶν προσευχῶν γεγενημένας τοῖς ἁγίοις εὐεργεσίας, κατανοήσωμεν τὸ "αἰτεῖτε τὰ μεγάλα, καὶ τὰ μικρὰ ὑμῖν προστεθήσεται· καὶ αἰτεῖτε τὰ ἐπουράνια, καὶ τὰ ἐπίγεια ὑμῖν προστεθήσεται." πάντα γε τὰ συμβολικὰ καὶ τυπικὰ συγκρίσει τῶν ἀληθινῶν καὶ νοητῶν "μικρά" ἐστι καὶ "ἐπίγεια"· καὶ εἰκὸς ὅτι ὁ θεῖος ἡμᾶς λόγος προκαλούμενος ἐπὶ τὸ μιμεῖσθαι τὰς τῶν ἁγίων εὐχάς, ἵν᾿ αἰτῶμεν αὐτὰς κατὰ τὸ ἀληθὲς ὧν ἐκεῖνοι ἐπετέλουν τυπικῶν, φησὶ "τὰ ἐπουράνια" καὶ "μεγάλα," δεδηλωμένα διὰ τῶν περὶ

# 하늘에 속한 것과 큰 것을 구하는 기도(XIV-XVII)

## 네 가지 기도 형태(XIV.1-5)

### XIV. 1.[1]

기도를 통해 성도들이 누린 유익에 대하여 이런 것들이 우리에게 설명되었으니, [이제] "큰 것을 구하라, 그러면 작은 것도 너희에게 더하여지리라. 하늘에 속한 것을 구하라, 그러면 땅에 속한 것도 너희에게 더하여지리라"는 말씀을 잘 숙고해봅시다.[2] 적어도 상징적이고 모형적인 모든 것은 참되고 지성적인 것과 비교할 때 작은 것이며 땅에 속한 것입니다.[3] 성도들의 기도를 본받도록 우리를 권면하는 신적인 말씀은 그 사람들이 모형적으로 성취한 것의 실재를 우리가 구하도록 땅의 것, 작은 것을 통해 지시된 "하늘에 속한 것",

---

1  "큰 것을 구하라, 그러면 작은 것도 너희에게 더하여지리라. 하늘에 속한 것을 구하라, 그러면 땅에 속한 것도 너희에게 더하여지리라"는 성경에 기록되지 않은 예수의 말씀 (agrapha)에 속한다(II.2 참조). 이 말씀은 『기도론』에서 기도의 의미를 해석하는 중심 말씀이다. 특히 오리게네스가 "상징적이고 모형적인 모든 것들"(τὰ συμβολικὰ καὶ τυπικὰ)이 영적인 것과 비교하여 작고 땅에 속한 것이라고 말하는 것에 주목할 필요가 있다. 왜냐하면 상징적이고 모형적인 것은 일반적 이해에 따르면 보다 근원적이고 본질적인 것에 해당되지만, 기도의 더 깊은 의미, 즉 영적 해석(ἀναγωγή)의 방법을 따르면 한나와 히스기야, 모르드개와 에스더, 다니엘의 기도는 문자적 의미를 넘어서는 영적인 의미를 내포한다. 이러한 해석은 지속적으로 『기도론』 본문에 나타난다. 구약 성도의 기도의 예들은 "하늘에 속한 것과 큰 것"을 구하면 "땅에 속한 것과 작은 것"이 주어진다는 것을 보여준다.
2  II.2; XIV.1; XVI.2; XVII.2; XXI.1; XXVII.1; XXX.1; 『켈수스 논박』 VII.44; 『마태복음 주해』 XVI.28; 『누가복음 주해 단편』 173에 나오며 클레멘스도 이미 알고 있었다 (『양탄자』 I.158.2; IV.34.6).
3  참조. XIII.4.

ἐπιγείων καὶ μικρῶν πραγμάτων, λέγων· ὑμεῖς οἱ πνευματικοὶ
εἶναι βουλόμενοι[a] διὰ τῶν προσευχῶν αἰτήσατε <"τὰ ἐπουράνια"
καὶ "μεγάλα">, ἵν' αὐτῶν τυχόντες ὡς ἐπουρανίων βασιλείαν
οὐρανῶν κληρονομήσητε καὶ ὡς μεγάλων τῶν μεγίστων ἀγαθῶν
ἀπολαύσητε, τὰ δὲ "ἐπίγεια" καὶ "μικρά," ὧν διὰ τὰς σωματικὰς
ἀνάγκας χρῄζετε, μέτρῳ τοῦ δέοντος ἐπιχορηγήσῃ ὑμῖν ὁ πατήρ.


## XIV. 2.

ἐπεὶ δὲ παρὰ τῷ ἀποστόλῳ τέσσαρα ὀνόματα κατὰ τεσσάρων
πραγμάτων, γειτνιώντων τῷ περὶ τῆς εὐχῆς λόγῳ, ἐν τῇ προτέρᾳ
πρὸς Τιμόθεον εἴρηται, χρήσιμον ἔσται παραθέμενον αὐτοῦ τὴν
λέξιν ἰδεῖν <εἰ> ἕκαστον τῶν τεσσάρων, κυρίως ἂν νοούμενον,
ἐκλάβοιμεν καλῶς. λέγει δὲ οὕτως· "παρακαλῶ οὖν πρῶτον
πάντων ποιεῖσθαι δεήσεις, προσευχάς, ἐντεύξεις, εὐχαριστίας
ὑπὲρ πάντων ἀνθρώπων"[b] καὶ τὰ ἐξῆς. ἡγοῦμαι τοίνυν δέησιν
μὲν εἶναι τὴν ἐλλείποντός τινι μεθ' ἱκεσίας περὶ τοῦ ἐκείνου
τυχεῖν ἀναπεμπομένην εὐχήν, τὴν δὲ προσευχὴν τὴν μετὰ
δοξολογίας περὶ μειζόνων μεγαλοφυέστερον ἀναπεμπομένην ὑπό
του, ἔντευξιν δὲ τὴν ὑπὸ παρρησίαν τινὰ πλείονα ἔχοντος περί
τινων ἀξίωσιν πρὸς θεόν, εὐχαριστίαν δὲ τὴν ἐπὶ τῷ τετευχέναι

a    참조. 고전 2:15.        b    딤전 2:1.

"영적인 것"에 대해 언급하면서[4] 이렇게 말합니다. "영적이기를 원하는 너희는[a] 기도를 통해 하늘에 속한 것과 큰 것을 구하라. 이는 하늘에 속한 것으로서 하늘나라를 유업으로 받고 큰 것으로서 가장 좋은 것을 누리도록 하기 위함이다. 몸의 절실한 필요 때문에 너희에게 있어야 하는 땅에 속한 것과 작은 것은 필요에 따라 아버지께서 너희에게 베풀어주실 것이다."


## XIV. 2.[5]

디모데전서에서 사도는 기도의 논제와 밀접히 관련된 네 가지 것에 대해 네 가지 용어를 사용합니다. 그러므로 사도의 표현을 인용하고, 우리가 네 가지 각각을 바르게 이해하여 잘 받아들이고 있는지 살펴보는 것이 유익할 것입니다. 사도는 이렇게 말합니다. "그러므로 나는 무엇보다도 먼저, 모든 사람을 위해서 간구와 기도와 중보 기도와 감사 기도를 드리라고 권합니다" 등등.[b] 내가 생각하기에 간구는 어떤 이에게 부족한 것을 얻기 위해 간청함으로 올려지는 기원(εὐχή)이고, 기도란 누군가가 찬양을 드리며 더 큰 것에 대해서 더 고귀하게 올리는 것이고, 중보 기도는 더 담대한[6] 누군가가 다른 누

---

4   『요한복음 주해』 XXVIII.4.24-25.
5   하늘에 속한 것과 큰 것을 구하라는 맥락에서 딤전 2:1에 있는 네 종류의 기도를 언급한다. 기도의 다양한 이름을 언급하고 그 의미와 특징을 설명한다.
6   παρρησία는 행정관 앞에서 자유롭게 말할 권리를 말하며 사적인 영역에서는 친구들 사이의 열린 대화를 말한다. 오리게네스는 이 단어를 하나님께 기도자가 자유롭게 나아가는 것을 표현하기 위해 사용하며, 순교적 맥락에서도 사용한다(『순교 권면』 28; 37).

ἀγαθῶν ἀπὸ θεοῦ μετ' εὐχῶν ἀνθομολόγησιν, ἀντειλημμένου τοῦ ἀνθομολογουμένου τοῦ μεγέθους ἢ τῷ εὐεργετηθέντι μεγέθους φαινομένου τῆς εἰς αὐτὸν γεγενημένης εὐεργεσίας.

## XIV. 3.

παραδείγματα δὲ τοῦ μὲν πρώτου ὁ Γαβριὴλ πρὸς τὸν Ζαχαρίαν, περὶ τῆς γενέσεως Ἰωάννου ὡς εἰκὸς εὐξάμενον, λόγος οὕτως ἔχων· "μὴ φοβοῦ, Ζαχαρία, διότι εἰσηκούσθη ἡ δέησίς σου, καὶ ἡ γυνή σου Ἐλισάβετ γεννήσει υἱόν σοι, καὶ καλέσεις τὸ ὄνομα αὐτοῦ Ἰωάννην,"[a] καὶ τὰ ἐν τῇ Ἐξόδῳ ἐπὶ τῇ μοσχοποιΐᾳ ἀναγεγραμμένα τὸν τρόπον τοῦτον· "καὶ ἐδεήθη Μωϋσῆς ⌈κατέναντι⌉ κυρίου τοῦ θεοῦ καὶ εἶπεν· ἵνα τί θυμοῖ ὀργῇ, κύριε, εἰς τὸν λαόν σου, οὓς ἐξήγαγες ἐκ γῆς Αἰγύπτου ἐν ἰσχύϊ μεγάλῃ;"[b] καὶ ἐν Δευτερονομίῳ· "καὶ ἐδεήθην ἔναντι κυρίου δεύτερον καθάπερ καὶ τὸ πρότερον τεσσαράκοντα ἡμέρας καὶ τεσσαράκοντα νύκτας (ἄρτον οὐκ ἔφαγον καὶ ὕδωρ οὐκ ἔπιον) περὶ πασῶν τῶν ἁμαρτιῶν ὑμῶν ὧν ἡμάρτετε,"[c] καὶ ἐν τῇ Ἐσθήρ· "Μαρδοχαῖος" "ἐδεήθη ⌈τοῦ θεοῦ,⌉ μνημονεύων πάντα τὰ ἔργα ⌈τοῦ⌉ κυρίου, καὶ εἶπε· κύριε κύριε βασιλεῦ ⌈παντοκράτωρ,⌉"[d] καὶ αὐτὴ ἡ Ἐσθὴρ "ἐδεῖτο κυρίου ⌈τοῦ⌉ θεοῦ Ἰσραὴλ καὶ εἶπε· κύριε, ὁ βασιλεὺς ἡμῶν."[e]

a   눅 1:13.          d   에 4:17-b(70인역).
b   출 32:11.         e   에 4:17k-l(70인역).
c   신 9:18.

군가에 관해 하나님께 드리는 청원이며, 감사 기도는 하나님으로부터 좋은 것을 응답 받았기 때문에 기원하며 고백하는 것입니다. 이때 고백되는 위대함은 공히 인정될 수도 있고, 유익을 받은 사람에게만 자신에게 일어난 유익이 위대한 것으로 보일 수도 있습니다.

## XIV. 3.[7]

첫 번째 용어의 예로는, 우리가 추측할 수 있는 것처럼, 요한의 출생에 관하여 기도했던 사가랴에게 가브리엘이 이야기한 말을 들 수 있습니다: "사가랴야, 두려워하지 말아라. 네 간구를 주님께서 들어주셨다. 네 아내 엘리사벳이 너에게 아들을 낳아줄 것이니, 그 이름을 요한이라고 하여라."[a] 또한 출애굽기에서 금송아지 만드는 것에 관해서 다음과 같이 기록되었습니다. "모세가 주 하나님께 간구하였다. '주님, 어찌하여 주님께서 큰 권능으로 이집트 땅에서 이끌어내주신 주님의 백성에게 이와 같이 노하십니까?'"[b] 또한 신명기에는 "내가 전과 같이 밤낮 사십 일을 밥도 먹지 않고 물도 마시지 않고 너희가 지은 온갖 죄에 대하여 주님 앞에 두 번째로 간구했다"[c] 고 나오고, 에스더서에서는 "모르드개가 주께서 하신 모든 일을 기억하면서 하나님께 간구하여 말했다. '주님, 왕이신 주님, 전능자시여.'"[d] 그리고 에스더 자신도 이스라엘의 주 하나님께 간구하여 말했다. "주님, 우리의 왕이시여."[e]

---

7 　간구(δεήσις)의 예로 스가랴의 기도, 금송아지 사건에서의 모세의 기도, 신명기에 나타난 모세의 40일의 금식기도, 모르드개의 기도, 에스더의 기도를 든다.

## XIV. 4.

τοῦ δὲ δευτέρου ἐν τῷ Δανιήλ· "ʿκαὶ συστὰς ᵕ Ἀζαρίας προσηύξατο

οὕτως καὶ ἀνοίξας τὸ στόμα αὐτοῦ" "ἐν μέσῳ ʿπυρὸς ᵕ" εἶπε,ᵃ

καὶ ἐν τῷ Τωβήτ· "καὶ προσηυξάμην μετ᾽ ὀδύνης λέγων·

δίκαιος εἶ, κύριε, καὶ πάντα τὰ ἔργα σου, πᾶσαι αἱ ὁδοί σου

ʿἐλεημοσύνη καὶ ᵕ ἀλήθεια, καὶ κρίσιν ἀληθινὴν καὶ δικαίαν

σὺ κρίνεις εἰς τὸν αἰῶνα."ᵇ ἐπεὶ δὲ τὸ μὲν ἐν τῷ Δανιὴλ ῥητὸν

ὠβέλισα<με>ν, ὡς μὴ κείμενον ἐν τῷ Ἑβραϊκῷ, τῇ δὲ τοῦ

Τωβὴτ βίβλῳ ἀντιλέγουσιν οἱ ἐκ περιτομῆς, ὡς μὴ ἐνδιαθήκῳ,

παραθήσομαι ἐκ τῆς πρώτης τῶν Βασιλειῶν τὸ τῆς Ἄννης· "καὶ

προσηύξατο πρὸς κύριον καὶ ʿκλαυθμῷ ᵕ ἔκλαυσε. καὶ ηὔξατο εὐχὴν

ʿκαὶ εἶπε· ᵕ κύριε ʿτῶν δυνάμεων ᵕ, ἐὰν ʿἐφοράσει ἐπίδης ᵕ ἐπὶ τὴν

ταπείνωσιν τῆς δούλης σου"ᶜ καὶ τὰ ἑξῆς, καὶ ἐν τῷ Ἀββακούμ·

"προσευχὴ Ἀββακοὺμ τοῦ προφήτου μετὰ ᾠδῆς. κύριε,

εἰσακήκοα τὴν ʿφωνήν ᵕ σου καὶ ἐφοβήθην· ʿκύριε ᵕ, κατενόησα

τὰ ἔργα σου καὶ ἐξέστην· ἐν μέσῳ δύο ζῴων γνωσθήσῃ, ἐν

---

a  「세 소년의 노래」 2      b   토빗기 3:1-2.
   (단 3:25[70인역]).       c   삼상 1:10-11.

## XIV. 4.[8]

두 번째 용어의 예는 다음과 같습니다. 다니엘서에는 이렇게 적혀 있습니다. "그리고 아사랴가 함께 서서 이렇게 기도했다. 그는 불 가운데서 입을 열어 말했다."[9a] 그리고 토빗기에는 이렇게 적혀 있습니다. "그리고 나는 탄식 속에서 기도하기 시작했다. '주님, 주님께서는 의로우십니다. 주께서 하신 모든 일도 의롭고 주님의 길은 다 자비와 진리입니다. 주님은 영원토록 참되고 의로운 판단을 내리십니다.'"[b] 우리는 다니엘서의 말씀에 대해 히브리 성경에는 나오지 않는다는 이유로 단검(†) 표시를 했고,[10] 할례당에 속한 사람들은 토빗서에 대해서는 정경이 아니라는 이유로 거부했기 때문에, 나는 제1왕국기로부터 한나에 관한 다음 내용을 인용하겠습니다. "그리고 [한나는] 주님께 흐느껴 울면서 기도하였다. 그녀는 서원하며 아뢰었다. '만군의 주님, 주님께서 주님의 종의 이 비천한 모습을 참으로 불쌍히 보시고'" 등등.[11c] 하박국서에는 "노래에 맞춘 예언자 하박국의 기도이다. '주님, 내가 주님의 소리를 들었고 두려웠습니다. 주님, 당신의 일을 마음에 새기고 놀랐습니다. 당신은 두

---

8   기도(προσευχή)의 예로 아사랴의 기도, 맹세를 한 한나의 기도, 찬양이 동반된 하박국의 기도, 물고기 뱃 속에서의 요나의 탄식기도를 들고 있다.

9   오리게네스는 『세 소년의 노래』가 외경이 아닌 다니엘서의 한 부분인 것으로 생각했다.

10   참조. 『마태복음 주해』 XV.14. 단검(†) 표시는 고대 문법학자들이 본문 중에서 생략되어야 할 부분을 가리키기 위해 사용한 기호이다. Klostermann은 ὠβέλισαν 대신 ὠβελίσαμεν을 제안하였는데, 이렇게 수정하는 것이 더 자연스럽다(Stritzky, *Origenes Über das Gebet*,155 n. 141).

11   참조. IV.1.

τῷ ἐγγίζειν τὰ ἔτη ἐπιγνωσθήσῃ."ᵃ σφόδρα δὲ αὕτη ἐμφαίνει τὸ κατὰ τὸν ὅρον τῆς προσευχῆς, ὅτι μετὰ δοξολογίας τῷ προσευχομένῳ ἀναπέμπεται. ἀλλὰ καὶ ἐν τῷ Ἰωνᾷ "προσηύξατο Ἰωνᾶς πρὸς κύριον τὸν θεὸν αὐτοῦ ἐκ τῆς κοιλίας τοῦ κήτους καὶ εἶπεν· ἐβόησα ἐν θλίψει μου πρὸς κύριον τὸν θεόν μου, καὶ εἰσήκουσέ μου· ἐκ κοιλίας ᾅδου κραυγῆς μου ἤκουσας φωνῆς μου· ἀπέρριψάς με εἰς βάθη καρδίας θαλάσσης, καὶ ποταμοὶ ἐκύκλωσάν με."ᵇ

XIV. 5.

τοῦ δὲ τρίτου παρὰ τῷ ἀποστόλῳ, εὐλόγως τὴν μὲν προσευχὴν ἐφ᾽ ἡμῶν τάττοντι τὴν δὲ ἔντευξιν ἐπὶ τοῦ πνεύματος, ὡς κρείττονος ὄντος καὶ "παρρησίαν" ἔχοντος "πρὸς τὸν,"ᶜ ᾧ ἐντυγχάνει· "τὸ γὰρ τί προσευξώμεθα," φησί, "καθὸ δεῖ οὐκ οἴδαμεν, ἀλλὰ αὐτὸ τὸ πνεῦμα στεναγμοῖς ἀλαλήτοις ὑπερεντυγχάνει ⸢τῷ θεῷ⸥. ὁ δὲ ἐρευνῶν τὰς καρδίας οἶδε τί τὸ

a   합 3:1-2(70인역).          c   요일 3:21.
·b   욘 2:2-4(70인역; 2:1-3).

짐승 가운데에서 알려지실 것입니다. 시대가 가까워질 때에 당신은 알려질 것입니다'"ª라고 나옵니다. 이것이 기도의 정의를 아주 잘 보여줍니다. 기도자가 기도를 찬양과 함께 올리기 때문입니다. 그러나 요나서에서 요나는 큰 물고기의 뱃속에서 주 하나님께 기도하여 아뢰었습니다: "내가 고통스러울 때 주님께 불러 아뢰었더니, 주님께서 내게 응답하셨습니다. 내가 하데스 한가운데서 살려달라고 외쳤더니 주님께서 나의 호소를 들어주셨습니다. 주님께서 나를 바다 한가운데, 깊음 속으로 던지셨으므로, 큰 물결이 나를 에워쌌습니다."ᵇ

## XIV. 5.¹²

세 번째 용어는 사도에게서 발견되는데, 그는 합당하게도 기도는 우리에게, 중보 기도는¹³ 성령에게 돌리고 있습니다. 그분은 더 강하시며 그분이 중보 기도를 드리는 그분 "앞에서" "담대함"을 가지고 있기 때문입니다.¹⁴ᶜ 왜냐하면 "우리는 마땅히 기도해야 하는 대로 무엇을 기도해야 하는 지를 알지 못하지만, 성령께서 친히 이루 다 말할 수 없는 탄식으로 하나님께 간절히 중보 기도하십니다. 사람의 마음을 꿰뚫어보시는 하나님께서는, 성령의 생각이 어떠하신지를 아십니다. 성령께서 하나님의 뜻을 따라, 성도를 대신하

---

12  중보 기도의 예로 성령의 중보 기도, 여호수아의 태양을 멈추게 하는 기도, 삼손의 마지막 기도를 들고, 감사 기도(εὐχαριστία)의 예로는 예수의 감사 기도를 예시한다.
13  중보 기도로 번역된 ἔντευξις의 단순한 의미는 간청, 청원을 뜻하지만 "누군가를 대신하여"라는 어구를 추가함으로써 기독교적인 중재, 중보 기도를 의미하게 된다.
14  참조. XIV.2

φρόνημα τοῦ πνεύματος, ὅτι κατὰ θεὸν ἐντυγχάνει ὑπὲρ ἁγίων"[a]·

"ὑπερεντυγχάνει" γὰρ καὶ "ἐντυγχάνει" τὸ πνεῦμα, ἡμεῖς δὲ

προσευχόμεθα. ἔντευξις δέ μοι εἶναι δοκεῖ καὶ τὸ ὑπὸ Ἰησοῦ

εἰρημένον περὶ τοῦ στῆναι τὸν ἥλιον κατὰ Γαβαώθ· "τότε

ἐλάλησεν Ἰησοῦς πρὸς κύριον, ᾗ ἡμέρᾳ παρέδωκεν ὁ θεὸς τὸν

Ἀμορραῖον ὑποχείριον Ἰσραήλ, ἡνίκα ⸢συνέτριβεν⸣ αὐτοὺς ἐν

⸢Γαβαώθ⸣, καὶ συνετρίβησαν ἀπὸ προσώπου ⸢τῶν⸣ υἱῶν Ἰσραήλ.

καὶ εἶπεν ⸢ὁ⸣ Ἰησοῦς· στήτω ὁ ἥλιος κατὰ ⸢Γαβαώθ⸣, καὶ ἡ σελήνη

κατὰ φάραγγα ⸢Ἐλώμ⸣".[b] καὶ ἐν τοῖς Κριταῖς ὁ Σαμψὼν ἡγοῦμαι

ὅτι ἐντυγχάνων εἶπε· "⸢συναποθανέτω⸣ ἡ ψυχή μου μετὰ τῶν

ἀλλοφύλων," ὅτε "ἔκλινεν ἐν ἰσχύϊ, καὶ ἔπεσεν ὁ οἶκος ἐπὶ τοὺς

σατράπας καὶ ἐπὶ πάντα τὸν λαὸν τὸν ἐν αὐτῷ."[c] εἰ καὶ μὴ κεῖται

δὲ ὅτι ἐντετυχήκασιν ἀλλ' ὅτι εἰρήκασιν ὁ Ἰησοῦς καὶ ὁ Σαμψὼν, ὁ

λόγος αὐτῶν ἔοικεν εἶναι ἔντευξις· ἥτις ἑτέρα παρὰ τὴν προσευχὴν,

εἰ κυρίως ἀκούοιμεν τῶν ὀνομάτων, εἶναι ἡμῖν νομίζεται.

εὐχαριστίας δὲ παράδειγμα ἡ τοῦ κυρίου ἡμῶν φωνὴ,

λέγοντος· "ἐξομολογοῦμαί σοι, πάτερ, κύριε τοῦ οὐρανοῦ καὶ

τῆς γῆς, ὅτι ἀπέκρυψας ταῦτα ἀπὸ σοφῶν καὶ συνετῶν καὶ

ἀπεκάλυψας αὐτὰ νηπίοις"·[d] τὸ γὰρ "ἐξομολογοῦμαι" ἴσον ἐστὶ

τῷ εὐχαριστῷ.

a  롬 8:26-27.        c  삿 16:30.
b  수 10:12.          d  눅 10:21; 마 11:25

여 중보 기도하시기 때문입니다."[a] 성령은 "간절히 중보 기도하시고"(ὑπερεντυγχάνει) 또 "중보 기도하시지만"(ἐντυγχάνει)[15] 우리는 기도합니다(προσευχόμεθα).[16] 태양이 가바옷[17]에 멈춰 선 것에 대해 여호수아가 아뢴 것도 내가 보기에는 중보 기도입니다. "주님께서 아모리 사람들을 이스라엘 자손의 손에 넘겨주신 날, 그가 가바옷에서 그들을 물리친 때에, 여호수아가 주님께 아뢰었다. 그들은 이스라엘 자손 앞에서 제압되었다. 여호수아가 외쳤다. '태양아, 가바옷 위에 서라. 달아, 엘롬[18] 골짜기에 서라.'"[b] 또한 나는 사사기에서 삼손이 "내 영혼이 이방 사람들과 함께 죽게 하여 주십시오!"라고 외칠 때 중보 기도를 드린 것이라고 생각합니다. 그때 "그가 힘을 다하여 밀어내니, 그 신전이 통치자들과 모든 백성 위에 무너져 내렸다."[c] 비록 여호수아와 삼손이 '중보 기도하였다'라고 나와 있지 않고 '외쳤다'라고 나와 있지만, 그들의 말은 중보 기도인 듯합니다. 우리가 제대로 그 용어를 분별해서 듣는다면, 중보 기도는 기도와 다르다고 생각됩니다. 또한 우리 주님께서 말씀하시는 음성은 감사 기도의 사례입니다. "하늘과 땅의 주님이신 아버지, 이 일을 지혜 있고 똑똑한 사람들에게는 감추시고 어린아이들에게는 드러내어 주신 것을 찬양합니다."[d] "찬양합니다"(ἐξομολογοῦμαι)는 "감사합니다"와 같은 말이기 때문입니다.[19]

---

15 간절히 중보 기도하다(ὑπερεντυγχάνει), 중보 기도하다(ἐντυγχάνει)의 차이에 대해서는 II.3을 참조하라.
16 참조. II.3.
17 한글성경에서는 기브온으로 나와 있다.
18 『70인역』에는 아일론(한글성경은 아얄론)으로 나와 있다.
19 ἐξομολογέομαι는 "고백하다"가 주요한 뜻이지만 "감사하다, 찬양하다"는 뜻으로도 사용된다.

XIV. 6.

δέησιν μὲν οὖν καὶ ἔντευξιν καὶ εὐχαριστίαν οὐκ ἄτοπον καὶ

ἀνθρώποις <ἁγίοις> προσενεγκεῖν· ἀλλὰ τὰ μὲν δύο (λέγω

δὴ ἔντευξιν καὶ εὐχαριστίαν) οὐ μόνον ἁγίοις ἀλλὰ δὴ καὶ

<ἄλλοις> ἀνθρώποις, τὴν δὲ δέησιν μόνον ἁγίοις, εἴ τις εὑρεθείη

Παῦλος ἢ Πέτρος, ἵνα ὠφελήσωσιν ἡμᾶς, ἀξίους ποιοῦντες τοῦ

τυχεῖν τῆς δεδομένης αὐτοῖς ἐξουσίας πρὸς τὸ ἁμαρτήματα

ἀφιέναι·ᵃ εἰ μὴ ἄρα, κἂν μὴ ἅγιός τις ᾖ, ἀδικήσωμεν δὲ αὐτὸν,

δέδοται συναισθηθέντας τῆς εἰς αὐτὸν ἁμαρτίας τὸ δεηθῆναι

καὶ τοῦ τοιούτου, ἵν᾽ ἡμῖν ἠδικηκόσι συγγνώμην ἀπονείμῃ.

εἰ δὲ ἀνθρώποις ἁγίοις ταῦτα προσενεκτέον, πόσῳ πλέον τῷ

Χριστῷ εὐχαριστητέον, τοσαῦτα ἡμᾶς βουλήσει τοῦ πατρὸς

εὐεργετήσαντι; ἀλλὰ καὶ ἐντευκτέον αὐτῷ ὡς ὁ εἰπὼν Στέφανος·

"κύριε, μὴ στήσῃς αὐτοῖς τὴν ἁμαρτίαν ταύτην"·ᵇ μιμούμενοί

---

a    참조. 마 16:19; 18:18;          b    행 7:60.
     요 20:23.

## XIV. 6.[1]

간구와 중보 기도와 감사 기도는 심지어 [거룩한] 사람에게 드리는 것도 부당하지 않습니다. 그러나 두 가지(즉, 중보 기도와 감사 기도)는 거룩한 사람뿐만 아니라 다른 이들에게도 드릴 수 있지만, 간구는 오직 거룩한 사람에게만 드릴 수 있습니다. 바울이나 베드로와 같은 사람이 있다면 말입니다. 이는 그들이 우리를 도와, 그들에게 주어진 권한 곧 허물을 용서할 권한을 받기에 우리도 합당한 자들이 되도록 하기 위함입니다.[a] 단 어떤 사람이 거룩하지 않은 경우에도, 우리가 그에게 불의를 저질렀다면, 그에게 저지른 죄를 깨달아 그 사람에게 간구하는 것이 허용됩니다.[2] 이는 그가 불의를 저지른 우리에게 용서를 베풀도록 하기 위함입니다. 거룩한 사람에게 이러한 것들을[3] 드려야 한다면, 아버지의 뜻으로 우리에게 그렇게 큰 유익을 베풀어주신 그리스도에게 얼마나 더 많이 감사 기도를 바쳐야 하겠습니까? 심지어 스데반처럼 우리는 그분께 중보 기도해야 합니다. "주님, 이 죄를 저 사람들에게 돌리지 마십시오."[b] 우

---

1    네 가지 기도의 차이를 설명한다. 간구, 중보 기도, 감사 기도는 거룩한 사람에게도 드릴 수 있고, 특히 중보 기도와 감사 기도는 용서와 연계하여 다른 일반인들에게도 할 수 있지만, 간구는 거룩한 사람에게만 드릴 수 있다. 하지만 스데반의 예에서 나타나듯, 중보 기도는 더욱더 주님께 드려야 한다.
2    이러한 해석은 현대 기독교인에게는 이상하게 들리지만, 천사와 거룩한 사람의 존재를 인정하고, 하늘과 태양과 별들이 이성을 가진 존재로 인식하는 플라톤적 세계관 안에서 생활했던 당시의 기독교인들에게는 충분히 가능한 것이다.
3    간구와 중보 기도와 감사 기도.

τε τὸν πατέρα τοῦ σεληνιαζομένου ἐροῦμεν· "δέομαι,"[a] "κύριε, ἐλέησον" ἢ "τὸν υἱὸν"[b] ἢ ἐμὲ αὐτὸν ἢ ὃν δή ποτε.

## XV. 1.

Ἐὰν δὲ ἀκούωμεν ὅ τι ποτέ ἐστι προσευχή, μή ποτε οὐδενὶ τῶν γεννητῶν προσευκτέον ἐστὶν οὐδὲ αὐτῷ τῷ Χριστῷ ἀλλὰ μόνῳ τῷ θεῷ τῶν ὅλων καὶ πατρὶ, ᾧ καὶ αὐτὸς ὁ σωτὴρ ἡμῶν προσηύχετο, ὡς προπαρεθέμεθα, καὶ διδάσκει ἡμᾶς προσεύχεσθαι. ἀκούσας γάρ· "δίδαξον ἡμᾶς προσεύχεσθαι"[c] οὐ διδάσκει αὑτῷ "προσεύχεσθαι" ἀλλὰ τῷ πατρὶ, λέγοντας· "πάτερ ἡμῶν ὁ ἐν τοῖς οὐρανοῖς"[d] καὶ τὰ ἑξῆς. εἰ γὰρ ἕτερος, ὡς ἐν ἄλλοις δείκνυται, κατ' οὐσίαν καὶ ὑποκείμενόν ἐστιν ὁ υἱὸς τοῦ

a   눅 9:38.
b   마 17:15.
c   눅 11:1.
d   마 6:9.

리는 간질병 걸린 자의 아버지를 본받는 자가 되어 외칠 것입니다. "내가 간구합니다."[a] "주님," "아들이든" 제 자신이든 혹은 그 누구든 "불쌍히 여겨주십시오."[b]


## XV. 1.[4]

우리가 만일 기도(προσευχή)가 과연 무엇인지를 이해한다면, 우리는 결코 (여자에게서) 태어난 어느 누구에게, 심지어 그리스도에게도 기도해서는 안 되며 오직 만물의 하나님 아버지께만 기도해야 합니다.[5] 이미 우리가 설명했듯이,[6] 우리 구주 자신도 그분께 기도했고, 우리가 그분께 기도하도록 가르치십니다. "우리에게도 기도하는 것을 가르쳐주십시오"[c]라는 말을 듣고서, 그분은 자신에게 기도하라고 가르치신 것이 아니라, 다음과 같이 말하면서 아버지께 기도하라고 가르치십니다. "하늘에 계신 우리 아버지" 등등.[d] 다른

---

4    기도(προσευχή)의 의미를 이해한다면, 이는 창조물이나, 심지어 그리스도에게도 드려서는 안 된다. 그리스도 역시 하나님 아버지에게 그 기도를 드렸고, 아들은 그 존재와 속성에서 아버지와 다르기 때문이다. 기도 대상의 세 가지 가능성이 있다. 첫째는 아들에게만 하고 아버지에게는 하지 않거나, 둘째로 아들과 아버지 모두에게 기도하거나, 셋째로 아버지에게만 기도하는 것이다. 첫째 경우는 터무니없고, 둘째 경우는 복수 형태로 기도해야 하는데 적절하지 않고, 성경에 그러한 예가 나타나지 않는다. 따라서 기도는 오로지 하나님께만 드려야 한다. 동시에 멜기세덱을 따르는 대제사장이며 중보자인 그리스도 없이는 이 기도를 드릴 수 없다.
5    참조.『켈수스 반박』V.4;『로마서 주해』VIII.4. 이러한 견해는 오리게네스주의 논쟁에서 알렉산드리아의 테오필로스에 의해 이단적 가르침으로 정죄되었다.
6    참조. X.2; XIII.1; XIV.5.

πατρὸς, ἤτοι προσευκτέον τῷ υἱῷ καὶ οὐ τῷ πατρὶ ἢ ἀμφοτέροις
ἢ τῷ πατρὶ μόνῳ. τὸ μὲν οὖν τῷ υἱῷ καὶ οὐ τῷ πατρὶ πᾶς
ὁστισοῦν ὁμολογήσει εἶναι ἀτοπώτατον καὶ παρὰ τὴν ἐνάργειαν
λεχθησόμενον ἄν· εἰ δὲ ἀμφοτέροις, δῆλον ὅτι κἂν ἀξιώσεις
προσενέγκοιμεν πληθυντικῶς, παράσχεσθε καὶ εὐεργετήσατε
καὶ ἐπιχορηγήσατε καὶ σώσατε, καὶ εἴ τι τούτων ὅμοιον, διὰ τῶν
προσευχῶν λέγοντες· ὅπερ καὶ αὐτόθεν ἀπεμφαῖνον, οὐδὲ ἐν ταῖς
γραφαῖς ἔχει τις δεῖξαι κείμενον ὑπό τινων λεγόμενον. λείπεται
τοίνυν προσεύχεσθαι μόνῳ τῷ θεῷ τῷ τῶν ὅλων πατρὶ, ἀλλὰ μὴ
χωρὶς τοῦ ἀρχιερέως,[a] ὅστις "μεθ᾽ ὁρκωμοσίας"[b] κατεστάθη ὑπὸ
τοῦ πατρὸς κατὰ τὸ "ὤμοσε, καὶ οὐ μεταμεληθήσεται· σὺ ἱερεὺς
εἰς τὸν αἰῶνα κατὰ τὴν τάξιν Μελχισεδέκ."[c]

XV. 2.

εὐχαριστοῦντες οὖν οἱ ἅγιοι ἐν ταῖς προσευχαῖς ἑαυτῶν τῷ θεῷ

---

a  참조. 히 2:17; 3:1; 4:14-15; 5:10; 6:20;      c  참조. 시 109:4(70인역; 시 110:4); 히
7:26; 8:1; 9:11.                                    7:21.

b  히 7:21.

곳에서 보여진 것처럼,[7] 아들이 존재와 속성에서 아버지와 다른 분이라면, 아들에게 기도하고 아버지에게 하지 않아야 하거나, 혹은 두 분 모두에게 하거나, 혹은 아버지에게만 해야 합니다. 아들에게 기도하고 아버지에게 하지 않는 것은 매우 이상한 일이며, 상식에서 벗어난 주장이라고 어느 누구라도 인정할 것입니다. 한편, 두 분 모두에게 기도해야 한다면, 우리는 '[두 분께서] 공급하소서, 선을 베푸소서, 더하소서, 구원하소서',[8] 또는 이와 같은 것들을 [2인칭] 기도를 통해서 말하면서 복수명령형태로 간청을 드려야 한다는 것이 분명합니다. 이것은 그 자체로 모순적인 것이며, 어느 누구도 성경에서 그렇게 말했다는 전례를 제시할 수 없습니다. 따라서 이제는 만물의 아버지 되시는 하나님께만 기도해야 하는 것이 남습니다. 그러나 그분은 "주님께서 맹세하시기를 '너는 멜기세덱을 따른 영원한 제사장이다.' 하셨으니, 그 뜻을 바꾸지 않으실 것입니다"라는 말씀에 따르면,[c] 아버지께서 "맹세로"[b] 임명한 대제사장을 통해서만[a] [아버지께만 기도해야 합니다.]

## XV. 2.[9]

성도들은 기도에서 감사를 드릴 때 그리스도 예수를 통해서 하나님

---

7   오리게네스, 『요한복음 주석』 X.37.246-7.
8   아버지와 아들 두 분께 기도해야 한다면, 2인칭 단수 명령형이 아니라 2인칭 복수 명령형 동사가 사용되어야 할 것이다.
9   기도는 반드시 하나님께만 드려야 하지만, 그리스도는 어디에서나 가장 중요한 역할을 한다. 거룩한 사람이 하나님께 감사 기도를 드릴 때는 그리스도를 통해 가능하다. 하나님께

διὰ Χριστοῦ Ἰησοῦ χάριτας ὁμολογοῦσιν αὐτῷ. ὥσπερ δὲ τὸν ἀκριβοῦντα τὸ προσεύχεσθαι οὐ χρὴ τῷ εὐχομένῳ προσεύχεσθαι ἀλλὰ τῷ ὃν ἐδίδαξεν ἐπὶ τῶν εὐχῶν καλεῖν πατρὶ ὁ κύριος ἡμῶν Ἰησοῦς, οὕτως οὐ χωρὶς αὐτοῦ προσευχήν τινα προσενεκτέον τῷ πατρί, ὡς αὐτὸς τοῦτο παραδείκνυσι σαφῶς οὕτω λέγων· "ἀμὴν ἀμὴν λέγω ὑμῖν, ἄν τι αἰτήσητε τὸν πατέρα ⌜μου⌝, δώσει ὑμῖν ἐν τῷ ὀνόματί μου. ἕως ἄρτι οὐκ ἠτήσατε οὐδὲν ἐν τῷ ὀνόματί μου· αἰτεῖτε, καὶ λήψεσθε, ἵνα ἡ χαρὰ ὑμῶν ᾖ πεπληρωμένη."[a] οὐ γὰρ εἶπεν· "αἰτεῖτέ" με οὐδὲ "αἰτεῖτε" "τὸν πατέρα" ἁπλῶς ἀλλά· "⌜ἐάν⌝ τι αἰτήσητε τὸν πατέρα, δώσει ὑμῖν ἐν τῷ ὀνόματί μου."[b] ἕως γὰρ ἐδίδαξε ταῦτα ὁ Ἰησοῦς, οὐδεὶς ἠτήκει "τὸν πατέρα" "ἐν τῷ ὀνόματι" τοῦ υἱοῦ· καὶ ἀληθὲς ἦν ὑπὸ Ἰησοῦ λεγόμενον τὸ "ἕως ἄρτι οὐκ ἠτήσατε οὐδὲν ἐν τῷ ὀνόματί μου," ἀληθὲς δὲ καὶ τὸ "αἰτεῖτε, καὶ λήψεσθε, ἵνα ἡ χαρὰ ὑμῶν ᾖ πεπληρωμένη."[c]

a   요 16:23-24.          c   요 16:24.
b   요 16:23.

께 [그분께서 베푸신] 은혜에 대해서 감사의 고백을 드립니다. 기도에 대해 엄밀하게 조사한 사람은 기도하는 이에게[10] 기도해서는 안 되고, 기도할 때에 부르도록 우리 주 예수께서 가르쳐주신 그 아버지께 기도해야만 합니다. 마찬가지로 어떤 기도이든 그리스도 없이 아버지께 드려져서는 안 됩니다. 예수님 자신이 그것을 분명하게 보여주시며 말씀하십니다. "내가 진정으로 진정으로 너희에게 말한다. 너희가 아버지께 구하는 것은 무엇이나 아버지께서 내 이름으로 주실 것이다. 지금까지는 너희가 아무것도 내 이름으로 구하지 않았다. 구하여라, 그러면 받을 것이다. 그래서 너희의 기쁨이 넘치게 될 것이다."[a] 예수께서는 단순하게 "나에게 구하라" 혹은 "아버지께 구하라"가 아니라 "너희가 아버지께 구하는 것은 무엇이나 아버지께서 내 이름으로 주실 것이다"라고 말씀하셨습니다.[11b] 예수께서 이것들을 가르치시기 전까지는 아무도 아버지께 아들의 이름으로 구하지 않았습니다. "지금까지는 너희가 아무 것도 내 이름으로 구하지 않았다"고 예수께서 하신 말씀은 참입니다. 또한 "구하여라, 그러면 받을 것이다. 그래서 너희의 기쁨이 넘치게 될 것이다"는 것도 참입니다.[c]

---

드리는 기도는 그리스도가 없이는 불가능하다. 아버지께 구하는 것은 예수님의 이름으로 주어진다(요 16:23).

10   자기도 다른 이에게 기도를 드려야 하는 이. 참조. 『켈수스 반박』 V.11.

11   그리스어 성경에서 "내 이름으로"는 "아버지께 구하면"과도 연결될 수 있다. 오리게네스는 이렇게 이해했을 수 있다.

## XV. 3.

ἐὰν δέ τις, οἰόμενος δεῖν αὐτῷ τῷ Χριστῷ προσεύχεσθαι,

συγχεόμενος ἀπὸ τοῦ ἐκ τοῦ προσκυνεῖν σημαινομένου προσάγῃ

ἡμῖν τὸ "προσκυνησάτωσαν αὐτῷ πάντες ⌜ἄγγελοι⌝ θεοῦ,"[a]

ὁμολογουμένως ἐν τῷ Δευτερονομίῳ περὶ Χριστοῦ εἰρημένον,

λεκτέον πρὸς αὐτὸν ὅτι καὶ ἡ ἐκκλησία Ἰερουσαλὴμ παρὰ

τοῦ προφήτου ὀνομαζομένη προσκυνεῖσθαι ὑπὸ βασιλέων καὶ

ἀρχουσῶν, γινομένων τιθηνῶν αὐτῆς καὶ τροφῶν, λέγεται διὰ

τούτων· "ἰδοὺ αἴρω εἰς τὰ ἔθνη τὴν χεῖρά μου, καὶ εἰς τὰς νήσους

ἀρῶ σύσσημόν μου· καὶ ἄξουσι τοὺς υἱούς σου ἐν κόλπῳ, τὰς δὲ

θυγατέρας σου ἐπὶ ⌜τῶν⌝ ὤμων ἀροῦσι· καὶ ἔσονται βασιλεῖς

τιθηνοί σου, αἱ δὲ ἄρχουσαι ⌜αὐτῶν⌝ τροφοί σου· ἐπὶ πρόσωπον

τῆς γῆς προσκυνήσουσί <σοι>, καὶ τὸν χοῦν τῶν ποδῶν σου

λείξουσι· καὶ γνώσῃ ὅτι ἐγὼ κύριος καὶ οὐκ αἰσχυνθήσῃ."[b]

## XV. 4.

πῶς δὲ οὐκ ἔστι κατὰ τὸν εἰπόντα· "τί με λέγεις ἀγαθόν; οὐδεὶς

---

a    신 32:43(70인역);          b    사 49:22-23.
참조 히 1:6; 시 96:7(시 97:7).

## XV. 3.[12]

누군가 그리스도께 기도해야 한다고 생각하여, '엎드려 절한다'는 말의 의미에 대해 혼동해서, 신명기에서 그리스도에 대해 고백적으로 말해진 "하나님의 모든 천사들은 모두 그에게 엎드려 절하여라"[13a]는 구절을 우리에게 제시한다고 가정해봅시다. 그런 사람에게는 다음과 같이 말해야 합니다. '그 예언자가 예루살렘이라고 부른 교회에게도 군왕과 관리들이 엎드려 절하였으며, 교회의 양아버지와 유모가 되었다.' 이 말은 다음 구절에 근거합니다. "보라, 내가 뭇 민족에게 손을 들고 섬들에게 신호를 들리라. 그들이 네 아들을 품고 오며 네 딸을 업고 올 것이다. 왕들이 네 양아버지처럼 될 것이며, 왕비들이 네 유모처럼 될 것이다. 그들이 얼굴을 땅에 대고 네게 엎드려 절할 것이며, 네 발의 먼지를 닦아줄 것이다. 그때에 너는, 내가 주인인 줄을 알 것이며 수치를 당하지 않는다."[b]

## XV. 4.[14]

"어찌하여 너는 나를 선하다고 하느냐? 하나님" 아버지 "한 분 밖에

---

12  하나님의 모든 천사가 그에게 엎드려 절해야 한다는 신 32:43에 근거하여 이를 그리스도에게 경배해야 한다는 것으로 해석하는 오해에 대해, 그리스가 아니라 교회로 이해해야 한다고 답변한다.

13  실제로는 히 1:6에 나오는 구약성경 본문을 인용한 듯하다.

14  그리스도에게 기도하지 말고, 아버지께 기도해야 한다는 주장을 뒷받침하기 위해 히 8:3를 언급한다. 우리는 대제사장이자 변호해주시는 분인 그리스도를 통하여 아버지께만 기도하고, 그리스도와 함께 그리스도를 통하여 기도해야 한다. 오리게네스의 기도론 가운데 가장 중요한 기독론적 관점이다.

ἀγαθὸς εἰ μὴ εἷς ὁ θεός, ⌜ὁ πατὴρ⌝ᵃ εἰπεῖν ἄν· τί ἐμοὶ προσεύχῃ;

μόνῳ τῷ πατρὶ προσεύχεσθαι χρή, ᾧ κἀγὼ προσεύχομαι· ὅπερ

διὰ τῶν ἁγίων γραφῶν μανθάνετε. ἀρχιερεῖᵇ γὰρ τῷ ὑπὲρ ὑμῶν

κατασταθέντι ὑπὸ τοῦ πατρὸς καὶ παρακλήτῳᶜ ἀπὸ τοῦ πατρὸς

εἶναι λαβόντι εὔχεσθαι ὑμᾶς οὐ δεῖ ἀλλὰ δι᾽ ἀρχιερέως καὶ

παρακλήτου, δυναμένου συμπαθεῖν "ταῖς ἀσθενείαις ⌜ὑμῶν,⌝"

πεπειρασμένου "κατὰ πάντα" ὁμοίως ὑμῖν, ἀλλὰ διὰ τὸν

δωρησάμενόν μοι πατέρα πεπειρασμένου "χωρὶς ἁμαρτίας."ᵈ

μάθετε οὖν, ὅσην δωρεὰν ἀπὸ τοῦ πατρός μου εἰλήφατε, διὰ τῆς

ἐν ἐμοὶ ἀναγεννήσεωςᵉ τὸ τῆς "υἱοθεσίας πνεῦμα"ᶠ ἀπειληφότες,

ἵνα χρηματίσητε "υἱοὶ θεοῦ"ᵍ ἀδελφοὶ δὲ ἐμοῦ. ἀνέγνωτε γὰρ

τὴν διὰ τοῦ Δαυῒδ ὑπ᾽ ἐμοῦ εἰρημένην περὶ ὑμῶν πρὸς τὸν

πατέρα φωνήν· "⌜ἀπαγγελῶ⌝ τὸ ὄνομά σου τοῖς ἀδελφοῖς μου,

ἐν μέσῳ ἐκκλησίας ὑμνήσω σε."ʰ ἀδελφῷ δὲ προσεύχεσθαι τοὺς

κατηξιωμένους ἑνὸς αὐτῶν πατρὸς οὐκ ἔστιν εὔλογον· μόνῳ

γὰρ τῷ πατρὶ μετ᾽ ἐμοῦ καὶ δι᾽ ἐμοῦ ἀναπεμπτέον ἐστὶν ὑμῖν

προσευχήν.

---

| | | |
|---|---|---|
| a | 막 10:18; 참조. 눅 18:19; 마 19:17. | e 참조. 벧전 1:3, 23. |
| b | 참조 히 8:3. | f 롬 8:15. |
| c | 참조. 2:1; 요 14:16; 15:26; 16:7. | g 롬 8:14; 갈 3:26. |
| d | 히 4:15. | h 시 21:23(22:22); 히 2:12. |

는 선한 분이 없다"ª고 말씀하신 분이 어찌 이렇게 말씀하실 수 없겠습니까? '너는 왜 내게 기도하느냐? 아버지께만 기도해야 한다. 나도 그분께 기도 드린다. 이것은 너희도 성경을 통해 아는 바다. 너희는 너희를 위해 아버지께서 임명한 대제사장과ᵇ 아버지로부터 변호해주시는 직책을 받은 분께ᶜ 기도하지 않고, 너희의 "연약함을 동정"할 수 있는 이, "모든 점에서" 너희와 마찬가지로 "시험을 받으셨지만" 나에게 선물을 주신 아버지 때문에 "죄는 없으신"ᵈ 대제사장과 변호해주시는 분을 통해서 기도해야 한다. 그러므로 너희는, 스스로가 "하나님의 자녀들"이며ᵍ 내 형제자매들이라고 불리도록, 내 안에서 거듭남을 통하여ᵉ "자녀로 삼으시는 영"ᶠ을 받았으니, 내 아버지로부터 얼마나 큰 선물을 받았는지 배워 알아라. 너희는 내가 다윗을 통해 너희에 대해 아버지께 말한 소리를 읽었다. "주님의 이름을 나의 형제자매들에게¹⁵ 선포하고 회중 한가운데서 주님을 찬미하겠습니다."ʰ 한 아버지의 자녀가 되기에 합당하다고 여겨진 자들이 [자신들에게] 형제 된 자에게 기도 드리는 것은 합당하지 않다. 따라서 나와 더불어, 나를 통해서 오직 아버지께만 너희의 기도를 드려야 한다.'

15  새번역성경의 양성평등적인 용어를 받아들였다.

# XVI. 1.

Ταῦτ' οὖν λέγοντος ἀκούοντες Ἰησοῦ τῷ θεῷ δι' αὐτοῦ εὐχώμεθα, τὸ αὐτὸ λέγοντες πάντες μηδὲ περὶ τοῦ τρόπου τῆς εὐχῆς σχιζόμενοι.[a] ἢ οὐχὶ σχιζόμεθα, ἐὰν οἱ μὲν τῷ πατρὶ οἱ δὲ τῷ υἱῷ εὐχώμεθα, ἰδιωτικὴν ἁμαρτίαν κατὰ πολλὴν ἀκεραιότητα διὰ τὸ ἀβασάνιστον καὶ ἀνεξέταστον ἁμαρτανόντων τῶν προσευχομένων τῷ υἱῷ, εἴτε μετὰ τοῦ πατρὸς εἴτε χωρὶς τοῦ πατρός; προσευχώμεθα τοίνυν ὡς θεῷ ἐντυγχάνωμεν δὲ ὡς πατρὶ δεώμεθα δὲ ὡς κυρίου εὐχαριστῶμεν δὲ ὡς θεῷ καὶ πατρὶ καὶ κυρίῳ, οὐ πάντως δούλου ὄντι κυρίῳ· ὁ γὰρ "πατὴρ" εὐλόγως ἂν νομισθείη τοῦ υἱοῦ καὶ κύριος καὶ τῶν δι' αὐτὸν γενομένων υἱῶν κύριος·[b] ὥσπερ δὲ "οὐκ ἔστι θεὸς νεκρῶν ἀλλὰ ζώντων,"[c] οὕτως οὐκ ἔστι κύριος ἀγενῶν δούλων ἀλλὰ τῶν κατὰ μὲν τὰς ἀρχὰς φόβῳ διὰ τὴν νηπιότητα[d] ἐξευγενιζομένων μετὰ δὲ ταῦτα κατὰ τὴν ἀγάπην μακαριωτέραν τῆς ἐν φόβῳ δουλείαν δουλευόντων·[e] εἰσὶ γὰρ καὶ ἐν τῇ ψυχῇ μόνῳ τῷ καρδίας βλέποντι χαρακτῆρες φανεροὶ δούλων θεοῦ καὶ υἱῶν αὐτοῦ.[f]

a  참조. 고전 1:10.
b  롬 8:14-15; 갈 4:6-7.
c  마 22:32; 막 12:27; 눅 20:38.
d  참조. 갈 4:1, 3.
e  참조. 롬 8:15; 갈 4:1, 3, 6-7; 요일 4:18; 히 2:15.
f  참조. 롬 8:27.

# XVI. 1.[16]

예수께서 그렇게 말씀하시는 것을 들었으므로 그분을 통해 하나님께 기도합시다. 우리 모두 같은 것을 말하며 기도의 방식에 대해 나뉘지 맙시다.[a] 어떤 사람들은 아버지에게, 어떤 사람들은 아들에게 기도한다면, 우리가 나뉘는 것이 아닙니까? 아버지와 함께든 혹은 아버지 없이든, 아들에게 기도하는 자는 따져보지 않고 연구하지 않아서 매우 순진하게 어리석은 죄를 짓습니다. 따라서 하나님이신 그분에게는 기도하고, 아버지이신 그분에게는 중보 기도하고, 주님이신 그분께는 간구하고, 하나님이요 아버지요 주님(하지만 결코 종의 주인은 아닌)이신 그분께는 감사 기도합시다. 왜냐하면 아버지는 아들의 주님이시며, 또한 그 아들을 통해 자녀가 된 자들의 주님으로도 여겨지는 것이 합당하기 때문입니다.[b] "하나님은 죽은 사람의 하나님이 아니라 살아 있는 사람의 하나님"인 것처럼,[c] 주님은 비천한 종이 아니라 고귀한 종, 하지만 처음에는 어려서[d] 두려움으로,[17] 나중에는 두려움으로 할 때보다 더 행복하게 사랑으로 종 노릇 하는 사람들의 주님이십니다.[18][e] 하나님의 종과 그 자녀의 표지는 오직 영혼 속에서만 나타나며, 이는 오직 마음을 보시는 분에게만 분명하기 때문입니다.[f]

---

16 네 가지 기도의 대상을 정리한다. προσευχή는 하나님께, ἔντευξις는 아버지이신 분께, δεήσις는 주님이신 분께, εὐχαριστία는 하나님과 아버지와 주님께 드릴 수 있다.
17 두려움 때문에 말을 잘 듣는 상태를 가리킨다.
18 참조. 클레멘스, 『예언 시선집』 19.1-2.

XVI. 2.

πᾶς τοιγαροῦν ὁ "τὰ ἐπίγεια" καὶ "μικρὰ" αἰτῶν ἀπὸ τοῦ θεοῦ

παρακούει τοῦ ἐντειλαμένου "ἐπουράνια" καὶ "μεγάλα" αἰτεῖν

ἀπὸ τοῦ μηδὲν ἐπίγειον μηδὲ μικρὸν χαρίζεσθαι ἐπισταμένου

θεοῦ. ἐὰν δέ τις ἀνθυποφέρῃ τὰ κατὰ τὸ σωματικὸν ἐκ προσευχῆς

τοῖς ἁγίοις δωρηθέντα ἀλλὰ καὶ τὴν τοῦ εὐαγγελίου φωνὴν,

διδάσκοντος "τὰ ἐπίγεια" ἡμῖν προστίθεσθαι καὶ "τὰ μικρὰ,"ᵃ

ἀπαντητέον πρὸς αὐτὸν ὅτι, ὥσπερ οὐ λεκτέον, δωρουμένου τινὸς

ἡμῖν ὅ τι δή ποτε σῶμα, ὅτι ὁ δεῖνα τὴν σκιὰν ἡμῖν τοῦ σώματος

ἐδωρήσατο (οὐ γὰρ προθέμενος δύο τινὰ χαρίσασθαι, σῶμα

καὶ σκιὰν, δέδωκε τὸ σῶμα, ἀλλ' ἡ πρόθεσις τοῦ διδόντος ἐστὶ

διδόναι σῶμα, ἐπακολουθεῖ δὲ τῇ δόσει τοῦ σώματος καὶ τὸ τὴν

σκιὰν αὐτοῦ ἡμᾶς λαβεῖν), οὕτως, εἰ μεγαλοφυεστέρῳ γενομένῳ

ἡμῶν τῷ νῷ κατανοήσαιμεν τὰς προηγουμένως ὑπὸ τοῦ θεοῦ

ἡμῖν διδομένας δωρεὰς, οἰκειότατα ἐροῦμεν παρακολουθήματα

τῶν μεγάλων καὶ ἐπουρανίων πνευματικῶν χαρισμάτων εἶναι τὰ

σωματικὰ, "ἑκάστῳ" διδόμενα τῶν ἁγίων "πρὸς τὸ συμφέρον"ᵇ

ἢ "κατ' ἀναλογίαν τῆς πίστεως"ᶜ ἢ "καθὼς βούλεται"ᵈ

a    참조. 마 6:33.              d    고전 12:11;
b    고전 12:7.                       참조. 고전 12:1, 4, 7, 11; 롬 12:6.
c    롬 12:6.

## 물체와 그림자의 비유(XVI.2-XVII)

### XVI. 2.[1]

그러므로 땅에 속한 것과 작은 것을 주실 줄 모르는 하나님께 "땅에 속한 것과 작은 것"을 구하는 사람은 모두 "하늘에 속한 것과 큰 것"을 구하라고 명하신 분을[2] 거역하는 것입니다. 만약 누군가 기도를 통해 성도들에게 몸에 속한 것이 베풀어진다는 사실과, "너희에게 땅에 속한 것과 작은 것도 더하여지리라"고 가르치는 복음서의 말씀을 반론으로 제시한다면,[a] 그에게 다음과 같이 답변해야 합니다. '누군가가 우리에게 어떤 물체를 선물로 줄 때에, 그 사람이 우리에게 그것의 그림자도 선물로 주었다고 말해서는 안 됩니다. 왜냐하면 그가 물체와 그림자 둘을 선사하기로 제안하면서 물체를 준 것이 아니고, 주는 자의 제안은 단지 물체만 주겠다는 것이기 때문입니다. 따라서 물체를 줄 때 그것의 그림자도 받는 것은 당연한 일입니다.[3] 마찬가지로 만약 고양된 정신으로 하나님께서 우리에게 미리 베풀어주신 선물을 숙고한다면, 우리는 "각 사람에게" "공동의 이익을 위해",[b] "믿음의 정도에 맞게",[c] 또는 주시는 분이 "원하시는 대로"[d] 성도 각자에게 주어지는 물질적인 것은, 큰 것과 하늘에 속한 영적인 은사에 자

---

1 땅에 속한 것과 작은 것을 구하는 사람은 하늘에 속한 것과 큰 것을 구해야 한다는 계명을 지키지 못한다. 물체와 그림자 비유를 들어, 어떤 물체를 선물하면 그림자도 따라오듯이 하늘에 속한 것, 본질적인 것을 구하면, 하늘에 속한 것과 함께 그림자인 땅에 속한 것도 인간에게 주어진다고 설명한다.
2 참조. II.2; XIV.1; XXVII.1.
3 참조. XIII.1.

ὁ διδούς· βούλεται δὲ σοφῶς, εἰ καὶ ἡμεῖς μὴ δυνάμεθα ἑκάστῳ τῶν διδομένων αἰτίαν καὶ λόγον ἄξιον τοῦ διδόντος εἰπεῖν.


XVI. 3.

μᾶλλον οὖν κεκαρποφορήκει ἀπό τινος στειρώσεως μεταβαλοῦσα ἡ τῆς Ἄννης ψυχὴ ἥπερ τὸ σῶμα, κυῆσαν τὸν Σαμουήλ·[a] καὶ μᾶλλον ὁ Ἐζεκίας θεῖα γεγεννήκει τέκνα νοῦ ἥπερ σώματος, ἐκ τοῦ σωματικοῦ σπέρματος αὐτῶν γεγεννημένων·[b] ἐπὶ πλεῖόν τε ἀπὸ νοητῶν ἐπιβουλῶν ῥυσθέντες ἐτύγχανον Ἐσθὴρ καὶ Μαρδοχαῖος καὶ ὁ λαὸς ἥπερ ἀπὸ τοῦ Ἀμὰν καὶ τῶν συμπνεόντων[c] ··· τοῦ διαφθεῖραι τὴν ψυχὴν αὐτῆς θέλοντος ἄρχοντος τὴν δύναμιν διακεκόφει ἢ ἐκείνου τοῦ Ὀλοφέρνου.[d] τίς δ᾽ οὐκ ἂν ὁμολογήσαι τῷ Ἀνανίᾳ καὶ τοῖς σὺν αὐτῷ τὴν νοητὴν εὐλογίαν φθάνουσαν ἐπὶ πάντας τοὺς ἁγίους,[e] εἰρημένην ὑπὸ τοῦ Ἰσαὰκ τῷ Ἰακὼβ, τήν· "δώῃ σοι ὁ θεὸς ἀπὸ

a   참조. 삼상 1:19-20;.
b   참조. 왕하 20:18; 사 39:7.
c   참조. 에 6:1-2; 7:1-2.

d   참조. 유딧기 12:12, 16; 13:1-10;
    마 10:28.
e   참조. 단 3:25, 50(70인역)

연스럽게 따라오는 것이라고 말할 것입니다. 주시는 분이 어떤 이유와 원인으로 각각의 선물을 우리에게 베풀어주셨는지를 우리가 말할 수는 없다 하더라도, 그분은 지극히 지혜롭게 베풀어주기를 원하십니다.


## XVI. 3.[4]

한나의 영혼은 일종의 메마름으로부터 벗어나서, 사무엘을 임신한 몸보다 더 많은[5] 열매를 맺었습니다.[a] 몸의 자녀는 몸의 씨로부터 태어났는데, 히스기야는 몸보다 정신에서 신성한 자녀를 더 많이 낳았습니다.[b] 에스더와 모르드개와 [유다] 백성은 하만과 그의 공모자가 아니라 오히려 영적인 계략으로부터 구원을 받았습니다.[c] … [유딧은] 저 홀로페르네스가 아니라 자기 영혼을 파멸시키고자 하는 '통치자'의 능력을 토막 냈습니다.[d] 느부갓네살의 불꽃을 이긴 물리적 이슬보다[e] 모든 성도들에게 임한 영적인 복, 이삭이 야곱에게 "하나님은 너에게 하늘

---

4 물체와 그림자 비유(XVI.2)에 기초하여 구약 성도의 기도 응답을 영적으로 해석한다. 한나와 유딧, 다니엘의 기도 응답에선 땅에 속한 것과 작은 것이 그림자의 형태로 부수적으로 주어졌으며, 이보다 더 중요한 하늘에 속한 것과 큰 것이 응답되었다. 한나는 영적인 불임상태에서 해방되었고, 히스기야가 아이를 얻었을 때 영적이고 신적인 아이를 얻었다. 에스더와 모르드개와 유대민족이 기도했을 때 하만에게서 목숨을 건졌지만, 영적으로도 목숨을 건진 것이며, 유딧은 홀로페르네스에게서 구원을 받았지만, 자신의 영이 부패하는 것으로부터 구원을 받았다. 아나니아의 기도와 이삭이 야곱을 위해 기도했을 때나, 다윗이 원수들에게 쫓겨 다닐 때도, 눈에 보이지 않는 영적인 사자들로부터 해방된 것이며, 요나는 동물로부터만 해방된 것이 아니라 예수에 의해 정복된 악한 물고기로부터 해방되었다. 이것이 오리게네스가 성경을 해석하는 영적 해석 방법의 전형이다.
5 되풀이 되는 단어 μᾶλλον(더욱 더, 더 많이)에 주목할 필요가 있다. 오리게네스는 성경의 문자적 의미에 근거하지만 그보다 더 높은 영적인 의미를 부여할 때 이 단어를 자주 사용한다.

τῆς δρόσου τοῦ οὐρανοῦ,"ᵃ ἐπὶ πλεῖον ἐγγεγονέναι ἤπερ τὴν

σωματικὴν δρόσον, τὴν φλόγα νικῶσαν τοῦ Ναβουχοδονόσορ;

μᾶλλον δὲ πεφίμωντο τῷ προφήτῃ Δανιὴλ οἱ ἀόρατοι λέοντες,

οὐδὲν ἐνεργῆσαι δυνάμενοι κατὰ τῆς ψυχῆς αὐτοῦ,ᵇ ἤπερ οἱ

αἰσθητοὶ, περὶ ὧν πάντες οἱ ἐντυγχάνοντες αὐτῇ τῇ γραφῇ

ἐξειλήφαμεν. τίς δ' οὕτως ἐκπεφεύγει τοῦ κεχειρωμένου ὑπὸ τῷ

Ἰησοῦ τῷ σωτῆρι ἡμῶν κήτους τὴν γαστέρα,ᶜ πάντα τὸν φυγάδα

τοῦ θεοῦ καταπίνοντος, ὡς Ἰωνᾶς χωρητικὸς γινόμενος ὡς ἅγιος

ἁγίου πνεύματος;

XVII. 1.

Οὐ θαυμαστὸν δὲ εἰ μὲν πᾶσιν ὁμοίως τοῖς λαμβάνουσιν, ἵν'

οὕτως εἴπω, τὰ ποιητικὰ τῶν τοιούτων σκιῶν σώματα ἡ ὁμοία

οὐ δίδοται σκιά, τισὶ δ' <οὐδ' ὅλως> δίδοται σκιά. τοῦτο γὰρ

τοῖς θεωροῦσι τὰ γνωμονικὰ προβλήματα καὶ τὸν τῶν σκιῶν

πρὸς τὸ φωτίζον σῶμα λόγον σαφῶς παρίσταται συμβαῖνον

καὶ κατὰ τὰ σώματα· τισὶ γοῦν ἄσκιοί εἰσιν οἱ γνώμονες καιρῷ

a   창 27:28.                    (70인역; 단 6:19, 23).
b   참조. 단 6:18, 22           c   참조. 욘 2:1, 11; 욥 3:8.

에서 이슬을 내려주시기를"ᵃ이라고 말한 그 복이 아나니아와 그와 함께한 이들에게 임했음을 누가 인정하지 않을 수 있겠습니까? 예 언자 다니엘을 위해서 재갈 물려진 것은 감각되는 사자라기보다 보이지 않는 사자였고, 그 사자는 다니엘의 영혼에 맞서 아무런 일도 할 수 없었습니다.ᵇ 우리 모두는 성경의 그 부분을 읽을 때, 보이지 않는 사자에 대해서 잘 이해하고 있습니다. 성도로서 요나가 성령을 받아 [빠져나온] 것처럼, 누가 그러한 방식으로 큰 물고기의 배에서 빠져나왔습니까?ᶜ 하나님을 피해 도망간 모든 이들을 삼켜버렸지만 우리 구주 예수께서 정복한 [그 물고기의 배에서 말입니다.]

## XVII. 1.⁶

말하자면, 이러한 그림자를 만들어내는 몸체가 있는 모든 이에게 누구에게나 똑같이 동일한 그림자가 생기지 않고,⁷ 어떤 이에게는 그림자가 생기고 [어떤 이에게는 전혀 생기지 않는다고] 해도⁸ 이는

---

6   그림자의 비유를 더 깊게 살피면서, 해가 정오에 떴을 때는 그림자가 전혀 없고, 저녁에는 그림자가 길기도 하고, 낮에는 그림자가 짧기도 하듯이, 기도하는 자에게 주어지는 그림자와 같은 땅에 속한 것과 작은 것은 기도하는 자가 얼마나 그 선물에 적합한 지에 따라 이 땅의 것이 클 수도, 작을 수도 있고, 또는 아예 없을 수도 있다. 하지만 세속적이고 육체적인 것은 영적인 은사와는 비교될 수 없으며, 이는 이 땅의 부유와 하늘의 부유함을 비교할 수 없는 것과 같은 이치이다.

7   Anglus는 πᾶσιν ὁμοίως τοῖς λαμβάνουσιν 대신에 πᾶσιν τοῖς ὁμοίως λαμβάνουσιν를 제안했는데, 이 경우 "말하자면, 마찬가지로 이런 그림자를 만들어내는 몸체가 있는 이들 모두에게 동일한 그림자가 생기지 않고…"로 옮길 수 있다(Stritzky, *Origenes Über das Gebet*,165 n. 159).

8   논의가 많은 본문이다. Koetschau는 번역본에서 τισὶ δ᾽ ὁμοίως를 τισὶ δ᾽ οὐδ᾽ ὅλως

τινι, ἑτέροις δὲ, ἵν᾽ οὕτως εἴπω, βραχύσκιοι καὶ ἑτέροις παρ᾽ ἑτέρους μακροσκιώτεροι. οὐ μέγα τοίνυν εἰ, τῆς προθέσεως τοῦ δωρουμένου τὰ προηγούμενα χαριζομένης κατά τινας ἀναλογίας ἀπορρήτους καὶ μυστικὰς ἁρμοζόντως τοῖς λαμβάνουσι καὶ τοῖς χρόνοις, ὅτε δίδοται τὰ προηγούμενα, ὁτὲ μὲν οὐδ᾽ ὅλως αἱ σκιαὶ τοῖς λαμβάνουσιν ἕπονται ὁτὲ δὲ οὐ πάντων ἀλλὰ ὀλίγων ὁτὲ δὲ ἐλάττους συγκρίσει ἑτέρων, μειζόνων ἄλλοις ἐπακολουθουσῶν.

ὥσπερ οὖν τὸν ζητοῦντα τὰς ἡλιακὰς ἀκτῖνας οὔτε παροῦσα οὔτε ἀποῦσα ἡ τῶν σωμάτων σκιὰ εὐφραίνει ἢ λυπεῖ, ἔχοντα τὸ ἀναγκαιότατον, ἐπὰν πεφωτισμένος ἤτοι ἐστερημένος ᾖ τῆς σκιᾶς ἢ πλεῖον ἢ ἔλαττον ἔχῃ τῆς σκιᾶς· οὕτως ἂν παρῇ ἡμῖν τὰ πνευματικὰ καὶ φωτιζώμεθα[a] ὑπὸ τοῦ θεοῦ πρὸς τὴν παντελῆ κτῆσιν τῶν ἀληθινῶν ἀγαθῶν, οὐ μικρολογήσομεν περὶ εὐτελοῦς πράγματος τοῦ κατὰ τὴν σκιάν. πάντα γὰρ τὰ ὑλικὰ καὶ τὰ σωματικά, ὁποῖά ποτε ἂν τυγχάνῃ, σκιᾶς ἀμενηνοῦ

a    참조 히 6:4; 요 1:9.

놀라운 일이 아닙니다. 해시계의 문제와 빛을 내는 물체와 그림자의 관계 문제를 연구하는 사람은[9] 이러한 일이 물체[의 위치]에 따라서도 일어난다는 것을 분명하게 이해하기 때문입니다. 어떻든 어떤 위치에서는 어느 시점에 해시계의 바늘이 그림자가 없으며, 어떤 위치에서는, 말하자면 그림자가 짧고, 어떤 위치에서는 다른 위치보다 [그림자가] 더 깁니다. 주시는 분은 미리 정한 뜻으로 형언할 수 없고 신비로운 방식으로 [받는 사람에게] 상응하게끔 미리 생각한 것을 주실 때, 받는 자들에게 어울리게, 또한 미리 생각한 것이 주어지는 그때에 어울리게 베풀어주십니다. 그런데 어떤 때는 받는 자에게 그림자가 전혀 따라오지 않고, 어떤 때는 전체가 아니라 일부에 대한 그림자가 따라옵니다. 또 어떤 때는 다른 것과 비교해서 더 작은 그림자가 따라오며, 다른 사람에게는 더 큰 것이 따라옵니다. 그렇다고 해도 이는 대단한 일이 아닙니다. 가장 필요한 것을 가진다면, 물체의 그림자가 있느냐 없느냐 하는 것이 태양빛을 찾는 자를 기쁘게 하거나 슬프게 하지 않습니다. 그림자가 전혀 없거나 혹은 그림자를 더 많이 혹은 더 적게 가지더라도 그는 태양빛의 비춰을 받았기 때문입니다.[a] 마찬가지로, 우리에게 영적인 것이 있고, 하나님이 참된 선의 완전한 소유를 위해 우리를 조명하시면, 우리는 그림자에 따르는 사소한 일에 대해 소심하게 따지지 않을 것입니다. 왜냐하면 모든 물질적이고 형체적인 것은, 어떤 종류의 것이든, 연약하고 무

로 읽도록 제안하였는데, 여기서는 이 견해를 받아들여 본문에 반영하고 번역하였다 (Stritzky, *Origenes Über das Gebet*, 165 n. 160).

9    참조. 플리니우스, 『자연사』 II.72(74)-76(78).

καὶ ἀδρανοῦς ἔχει λόγον, οὐδαμῶς δυνάμενα παραβάλλεσθαι πρὸς τὰς σωτηρίους τοῦ θεοῦ τῶν ὅλων καὶ ἁγίας δωρεάς.

ποία γὰρ σύγκρισις σωματικοῦ πλούτου πρὸς τὸν "ἐν παντὶ λόγῳ" πλοῦτον "καὶ πάσῃ" σοφίᾳ;[a] τίς δ' ἂν μὴ μαινόμενος παραβάλοι ὑγείαν σαρκῶν καὶ ὀστέων πρὸς ὑγιαίνοντα νοῦν καὶ ἐρρωμένην ψυχὴν καὶ συμμέτρους λογισμούς; ἅτινα πάντα λόγῳ ῥυθμιζόμενα θεοῦ εὐτελῆ τινα ἀμυχήν, καὶ εἴ τι ἀμυχῆς βραχύτερον νομίζομεν, ποιεῖ τὰ σωματικὰ παθήματα.

## XVII. 2.

ὁ δὲ κατανοήσας τί ποτ' ἦ τὸ κάλλος τῆς νύμφης, ἧς ὁ "νυμφίος" λόγος ὢν θεοῦ ἐρᾷ, ψυχῆς τυγχανούσης ἀνθούσης ὑπερουρανίῳ καὶ ὑπερκοσμίῳ κάλλει, αἰδεσθήσεται κἂν τῷ αὐτῷ ὀνόματι τοῦ κάλλους τιμῆσαι σωματικὸν κάλλος γυναικὸς ἢ παιδὸς ἢ ἀνδρός·[b] τὸ γὰρ κυρίως κάλλος σὰρξ οὐ χωρεῖ, πᾶσα τυγχάνουσα αἶσχος.

"πᾶσα" γὰρ "σὰρξ ὡς χόρτος," καὶ ἡ "δόξα" αὐτῆς, ἥτις ἐστὶν ἐμφαινομένη τῷ λεγομένῳ κάλλει γυναικῶν καὶ παιδίων, ἄνθει κατὰ τὸν προφητικὸν παραβέβληται λόγον, λέγοντα· "πᾶσα σὰρξ ὡς χόρτος, καὶ πᾶσα δόξα αὐτῆς ὡς ἄνθος χόρτου. ἐξηράνθη

---

a  고전 1:5.                     b  참조. 요 3:29.

능한 그림자에 불과하며, 만물의 하나님이 구원하시는 거룩한 은사와는 결코 비교될 수 없기 때문입니다. 왜냐하면 물질적인 풍성함을 "온갖 언변과 온갖"ᵃ 지혜에서의 풍성함과 어떻게 비교할 수 있겠습니까? 미치지 않고서야 그 누가, 신체와 뼈의 건강을, 건강하게 만드는 정신과 강한 영혼과 조화로운 사고에 비교할 수 있겠습니까? 이러한 모든 것이 하나님의 이성에 의해(λόγῳ) 조절될 때, 사소한 긁힘이나 그보다 더 작은 것으로 생각되는 그런 것이 있다면 육체적인 고통은 그러한 어떤 것에 불과합니다.

## XVII. 2.¹⁰

하나님의 말씀이신 그 신랑이 사랑하시는 신부의 아름다움이 무엇인지를 깨달은 자는 '아름다움'이라는 같은 말을 사용해서 여자나 어린아이나 남자의 신체적인 아름다움에 대해 감탄하는 것을 부끄러워할 것입니다.ᵇ [그런데 신랑이 사랑하시는 그 신부는] 하늘을 넘어서며 우주를 뛰어넘는 아름다움으로 피어나는 영혼입니다. 왜냐하면 육체는 참된 의미에서 아름다움을¹¹ 지니지 못하며 모든 [육체]는 수치스럽기 때문입니다. 왜냐하면 "모든 육체는" "풀"과 같고, 그 "영광"은 이른바 여자나 어린아이의 아름다움에서 나타나는데, 그것이 예언적인

---

10  누군가 그리스도의 왕국을 보고 경험했다면 세속적인 왕국을 경멸할 수 밖에 없으며, 천사들의 무리와 주의 군대와 보좌를 경험했다면 이 땅의 가시적인 것은 그림자일 뿐이라는 것을 이해할 수 밖에 없다. 따라서 따라붙는 세속적인 그림자를 얻기 위해 기도할 것이 아니라, 큰 것, 하늘에 속한 것을 위해 기도해야 한다.
11  κυρίως κάλλος는 플라톤주의 전통에서 절대적인 것을 가리키는 용어이다. 플라톤, 『향연』 211b; 『파이드로스』 246d; 플로티노스, 『엔네아데스』 V.8.2.

ὁ χόρτος, καὶ τὸ ἄνθος ἐξέπεσε· τὸ δὲ ῥῆμα ⸀τοῦ⸀ κυρίου μένει

εἰς τὸν αἰῶνα."ᵃ ἀλλὰ καὶ εὐγένειαν τίς ἔτι κυρίως ὀνομάσει

τὴν τετριμμένην λέγεσθαι παρὰ ἀνθρώποις, νοήσας εὐγένειαν

υἱῶν θεοῦ; "βασιλείαν" δὲ Χριστοῦ "ἀσάλευτον"ᵇ θεωρήσας ὁ

νοῦς πῶς οὐ καταφρονήσει ὡς οὐδενὸς λόγου ἀξίας πάσης τῆς

ἐπὶ γῆς βασιλείας; στρατιάν τε ἀγγέλωνᶜ καὶ ἀρχιστρατήγουςᵈ

ἐν αὐτοῖς δυνάμεων κυρίου ἀρχαγγέλους τε καὶ θρόνους καὶ

κυριότητας καὶ ἀρχὰς καὶ ἐξουσίας ὑπερουρανίους,ᵉ ὡς χωρεῖ

ὁ ἔτι δεδεμένος σώματι ἀνθρώπινος νοῦς, κατὰ τὸ δυνατὸν

τρανῶς ἰδὼν καὶ κατειληφὼς δύνασθαι ἰσοτίμου παρὰ τοῦ

πατρὸς ἐκείνοις τυχεῖν, πῶς οὐχί, κἂν σκιᾶς ἀδρανέστερος ᾖ, καὶ

τούτων τῶν παρὰ τοῖς ἀνοήτοις θαυμαζομένων ὡς ἀμαυροτάτων

καὶ οὐδενὸς λόγου ἀξίων συγκρίσει καταφρονῶν, κἂν διδῶται

ταῦτα πάντα, ὑπερόψεται ὑπὲρ τοῦ τῶν ἀληθινῶν ἀρχῶν καὶ

θειοτέρων ἐξουσιῶν μὴ ἀποτυχεῖν; εὐκτέον τοίνυν, εὐκτέον περὶ

τῶν προηγουμένως καὶ ἀληθῶς μεγάλων καὶ ἐπουρανίων, καὶ

τὰ περὶ τῶν ἐπακολουθουσῶν σκιῶν τοῖς προηγουμένοις θεῷ

ἐπιτρεπτέον, τῷ ἐπισταμένῳ "ὧν χρείαν" διὰ τὸ ἐπίκηρον σῶμα

ἔχομεν "πρὸ τοῦ" ἡμᾶς "αἰτῆσαι αὐτόν."ᶠ

---

a   벧전 1:24-25; 사 40:6-8.    d   참조. 수 5:14, 15.

b   히 12:28.    e   참조. 골 1:16.

c   참조. 눅 2:13.    f   마 6:8.

말씀에 따르면 꽃에 비교되었기 때문입니다. [그 예언의 말씀은] "모든 육체는 풀이요, 그의 모든 영광은 풀의 꽃과 같을 뿐이다. 풀은 마르고 꽃은 시드나 주님의 말씀은 영원히 서 있다"라고 전합니다.[a] 하나님의 자녀의 고귀함을 안다면, 사람들 사이에서 계속 사용되는 고귀함이라는 말을 그 누가 [하나님의 자녀에게] 적용하고 그것이 적절하다고 생각하겠습니까? 또한 그리스도의 "흔들리지 않는 나라"[b]를 통찰한다면, 어떻게 정신이 땅의 모든 왕국의 가치를 아무것도 아닌 것으로 경멸하지 않겠습니까? 천사들의 군대[c]와 그들 가운데 주님의 군사령관,[d] 대천사, 왕권과 주권과 권력과 하늘을 넘어서는 권세[e]를, 아직 몸에 매여 있는 사람의 정신이 자신에게 허용된 만큼 능력껏 뚜렷하게 보고 또한 아버지 덕분에 그들과 똑같이 영화롭게 될 수 있다는 것을 이해했다고 합시다. 비록 그 사람이 그림자보다 더 연약하다 하더라도, 어찌 그가 무지한 자에게 놀라움의 대상이 되는 것을 [이것들과] 비교해보고 가장 흐릿하고 전혀 생각할 가치가 없는 것으로 경멸하지 않겠습니까? 그 모든 것이 주어진다 하더라도, 참된 권력과 신적인 권세를 놓치지 않기 위해 [그것을] 경멸하지 않겠습니까? 이제 기도해야 합니다. 우선적으로, 진정으로 큰 것과 하늘에 속한 것에 대해 기도해야 합니다. 그리고 이 우선적인 것에 따라붙는 그림자와 관련된 것은 하나님께 맡겨야 합니다. 죽을 육체 때문에 우리에게 "필요한 것"을 그분에게 "구하기 전에" 그분은 알고 계십니다.[12f]

12  참조. V.2.

XVIII. 1.

Αὐτάρκως δὴ ἐν τούτοις, κατὰ τὴν δεδομένην χάριν,[a] ὡς κεχωρήκαμεν, ὑπὸ θεοῦ διὰ τοῦ Χριστοῦ αὐτοῦ (ἀλλ᾽ εἴθε καὶ ἐν ἁγίῳ πνεύματι, ὅπερ εἰ οὕτως ἔχει, κρινεῖτε ἐντυγχάνοντες τῇ γραφῇ) ἡμῖν εἰρημένοις, ἐξετάσαντες τὸ περὶ εὐχῆς πρόβλημα, ἤδη καὶ ἐπὶ τὸν ἑξῆς ἆθλον ἐλευσόμεθα, τὴν ὑπογραφεῖσαν ὑπὸ τοῦ κυρίου προσευχήν, ὅσης δυνάμεως πεπλήρωται, θεωρῆσαι βουλόμενοι.

XVIII. 2.

καὶ πρὸ πάντων γε παρατηρητέον ὅτι ὁ Ματθαῖος καὶ ὁ Λουκᾶς δόξαιεν ἂν τοῖς πολλοῖς τὴν αὐτὴν ἀναγεγραφέναι ὑποτετυπωμένην πρὸς τὸ δεῖν οὕτως προσεύχεσθαι προσευχήν. ἔχουσι δὲ αἱ λέξεις τοῦ μὲν Ματθαίου τὸν τρόπον τοῦτον· "πάτερ

a    참조. 엡 4:7.

# 주님의 기도 주해(XVIII-XXX)

## 주님의 기도 본문: 마태복음과 누가복음(XVIII)

### XVIII. 1.[1]

우리가 지금까지 살펴본 것처럼, 그리스도를 통하여 하나님께서 주신 은혜를 따라[a] 우리가 이미 말한 것을 통해 (나는 이것이 성령 안에서 말해진 것이기를 바라며, 과연 그러한지는 당신들이 이 책을 읽으면서 판단해 보십시오.)[2] 우리는 기도에 관한 문제를 이미 충분하게 살펴 보았습니다. 그러므로 이제 우리는 다음 과제로 넘어갈 것입니다. 그것은 본보기로 따라 하도록 주님께서 기록하신 기도인데, 우리는 이 기도가 어떠한 능력으로 가득 차 있는지를 살펴보기를 원합니다.

### XVIII. 2.[3]

무엇보다도 우선적으로 관찰해야 할 것은, 많은 사람들이 기도의 방식에 대해 본보기로 따라 하도록 마태와 누가가 동일한 기도를 기록했다고 생각할 수 있다는 점입니다. 그러나 마태의 말마디는 이

---

1    지금까지 기도의 일반적이고 전반적인 내용을 다루었다면, 이제부터는 주님의 기도를 주해할 것임을 시사한다.
2    "너희"는 암브로시우스와 타티아나를 가리킨다.
3    마태복음과 누가복음에 나타난 주님의 기도 본문을 제시하고 양자가 다르다는 것을 암시한다.

ἡμῶν ὁ ἐν τοῖς οὐρανοῖς, ἁγιασθήτω τὸ ὄνομά σου· ἐλθέτω ἡ βασιλεία σου· γενηθήτω τὸ θέλημά σου ὡς ἐν οὐρανῷ καὶ ἐπὶ τῆς γῆς· τὸν ἄρτον ἡμῶν τὸν ἐπιούσιον δὸς ἡμῖν σήμερον· καὶ ἄφες ἡμῖν τὰ ὀφειλήματα ἡμῶν, ὡς καὶ ἡμεῖς ἀφήκαμεν τοῖς ὀφειλέταις ἡμῶν· καὶ μὴ εἰσενέγκῃς ἡμᾶς εἰς πειρασμὸν, ἀλλὰ ῥῦσαι ἡμᾶς ἀπὸ τοῦ πονηροῦ,"[a] τοῦ δὲ Λουκᾶ οὕτως· "πάτερ, ἁγιασθήτω τὸ ὄνομά σου· ἐλθέτω ἡ βασιλεία σου· τὸν ἄρτον ἡμῶν τὸν ἐπιούσιον δίδου ἡμῖν τὸ καθ᾽ ἡμέραν· καὶ ἄφες ἡμῖν τὰς ἁμαρτίας ἡμῶν, καὶ γὰρ αὐτοὶ ἀφίεμεν παντὶ τῷ ὀφείλοντι ἡμῖν· καὶ μὴ εἰσενέγκῃς ἡμᾶς εἰς πειρασμόν."[b]

XVIII. 3.

λεκτέον δὲ πρὸς τοὺς οὕτως ὑπολαμβάνοντας ὅτι πρῶτον μὲν τὰ ῥήματα, εἰ καὶ γειτνιῶντά τινα ἔχει ἀλλήλοις, ἀλλὰ καὶ ἐν ἄλλοις διαφέρειν φαίνεται, ὡς ἐρευνῶντες αὐτὰ παραστήσομεν· δεύτερον δὲ ὅτι οὐχ οἷόν τε ἐστὶ τὴν αὐτὴν προσευχὴν καὶ ἐν τῷ ὄρει λέγεσθαι, ἔνθα "ἰδὼν τοὺς ὄχλους

a    마 6:9-13.          b   눅 11:2-4.

런 식으로 되어 있습니다: "하늘에 계신 우리 아버지, 당신의 이름을 거룩하게 하시며, 당신의 나라가 오게 하시며, 하늘에서와 같이 땅에서도 당신의 뜻이 이루어지게 하소서.[4] 오늘 우리에게 필요한 양식을 주시고, 우리가 우리에게 빚진 자를 용서하여 준 것 같이 우리의 빚도 용서하여 주시고, 우리를 시험에 빠지지 않게 하시고 우리를 악한 자로부터 구하소서."[a] 반면 누가의 말마디는 다음과 같습니다: "아버지, 당신의 이름이 거룩하게 하여 주시고, 당신의 나라를 오게 하여 주십시오. 날마다 우리에게 필요한 양식을 내려주십시오.[5] 우리의 죄를 용서하여 주십시오. 우리에게 빚진 모든 사람을 우리가 용서합니다. 우리를 시험에 들지 않게 하여주십시오."[b]


XVIII. 3.[6]

마태와 누가의 어구가 똑같은 것이라고 생각하는 사람들에게 다음과 같이 말할 수 있습니다. 첫째로, 내가 자세히 조사해서 보여주겠지만, 양자는 어구가 서로서로 비슷하긴 한데, 차이가 있는 듯합니다. 둘째로, 동일한 기도가 [서로 다른 두 장소에서] 말해졌다는 것

---

4    마태복음에 나타난 주님의 기도와 오리게네스의 주님의 기도 본문의 유일한 차이점은 셋째 간구인 "땅에서도"에서 정관사의 유무이다. 즉, 오리게네스는 ἐπὶ τῆς γῆς를 사용한다.
5    이 동사는 현재 명령형으로 "계속해서"라는 어감을 지닌다.
6    마태복음과 누가복음에 나오는 주님의 기도의 다른 점을 언급한다. 마태복음의 주님의 기도는 산상수훈과 관계되고, 누가복음의 주님의 기도는 제자 중 하나가 기도하는 법을 알려달라고 한 요청에 의해 제자들에게 전해졌다.

ἀνέβη," ὅτε "καθίσαντος αὐτοῦ προσῆλθον αὐτῷ οἱ μαθηταὶ αὐτοῦ, καὶ ἀνοίξας τὸ στόμα αὐτοῦ ἐδίδασκεν"ᵃ (ἐν γὰρ τῷ εἱρμῷ τῆς περὶ τῶν μακαρισμῶν ἀπαγγελίας καὶ τῶν ἑξῆς ἐντολῶν παρὰ τῷ Ματθαίῳ αὕτη ἀναγεγραμμένη εὑρίσκεται), καὶ "ἐν τῷ εἶναι αὐτὸν ἐν τόπῳ τινὶ προσευχόμενον, ὡς ἐπαύσατο," εἰρῆσθαι πρός τινα "τῶν μαθητῶν" ἀξιώσαντα διδαχθῆναι "προσεύχεσθαι, ⸢ὡς⸣ καὶ Ἰωάννης ⸢ἐδίδασκε⸣ τοὺς μαθητὰς αὐτοῦ."ᵇ πῶς γὰρ ἐνδέχεται τοὺς αὐτοὺς λόγους χωρὶς πάσης προγενομένης πεύσεως ἀποτακτικῶς εἰρῆσθαι καὶ πρὸς ἀξίωσιν μαθητοῦ ἀπαγγέλλεσθαι; ἀλλ' ἴσως τις εἴποι ἂν πρὸς τοῦτο ὅτι ἰσοδυναμοῦσαί εἰσιν αἱ εὐχαὶ εἰρημέναι ὡς μία, ὁτὲ μὲν ἐν ἀποτατικῷ λόγῳ ὁτὲ δὲ πρὸς ἕτερον τῶν μαθητῶν τὸν ἀξιώσαντα, κατὰ τὸ εἰκὸς τότε μὴ παρόντα, ὅτε ἔλεγε τὸ κατὰ τὸν Ματθαῖον, ἢ μὴ κεκρατηκότα τῶν εἰρημένων πάλαι· μή ποτε δὲ βέλτιον ἢ διαφόρους νομίζεσθαι τὰς προσευχάς, κοινά τινα ἐχούσας μέρη. ζητήσαντες δὲ καὶ παρὰ τῷ Μάρκῳ, μή ποτε λανθάνῃ ἡμᾶς ἡ τοιαύτη ἰσοδυναμοῦσα ἀναγεγραμμένη, οὐδ' ἴχνος ἐγκείμενον προσευχῆς εὕρομεν.

a 마 5:1-2     b 눅 11:1

은 불가능합니다. [마태복음에서는] 산에서 말해졌습니다. 여기에는 "예수께서 무리를 보시고 산에 올라가 앉으시니, 제자들이 그에게 나아왔다. 예수께서 입을 열어서 가르치셨다"[a]고 나와 있습니다. 복에 대한 서술이 나오고 이어서 계명들이 연속적으로 설명되는 맥락에서 마태는 이를 기록하였습니다. [누가복음에서는] 예수께서 어떤 곳에서 기도하고 계셨는데, [기도를] 마치셨을 때에 제자들 가운데 한 사람이, 요한이 자기 제자들에게 가르쳤던 것처럼 기도하는 법을 가르쳐달라고 요청하자,[b] 그 제자에게 말씀하신 것입니다. 어떻게 같은 말이 [한 번은] 선행된 요청 없이 특별한 용도로 말해지고, [한 번은] 제자의 요청에 응하여 이야기될 수 있겠습니까? 그러나 이것에 대해 다음과 같이 말하는 사람도 있을 것입니다: '[두] 기도는 하나로서 같은 의미를 가지는 것입니다. 단지 한 번은 특별한 용도를 위해서,[7] 한 번은 제자들 가운데서 따로 요청했던 한 사람에게 대답하기 위해 제시되었을 뿐입니다. 아마도 그 사람은 예수께서 마태가 전하는 기도를 말씀하실 때에 거기에 없었거나 그때 말씀하신 내용을 이해하지 못한 제자일 수 있습니다.' 그렇지만 두 기도는 비록 공통된 부분이 있지만, 서로 다르다고 생각하는 것이 더 나을 것입니다. 혹시나 같은 의미로 기록된 기도를 놓치지 않도록 마가복음도 살펴보았는데, 우리는 그런 기도가 마가복음에 기록되어 있는 흔적을 발견하지 못했습니다.

---

7    산상수훈을 말함.

# XIX. 1.

Ἐπεὶ δὲ, ὡς ἐν τοῖς ἀνωτέροις εἰρήκαμεν, πρῶτον δεῖ καταστῆναί

πως καὶ διατεθῆναι τὸν προσευχόμενον εἶθ' οὕτως εὔξασθαι,

ἴδωμεν πρὸ τῆς ἐγκειμένης προσευχῆς παρὰ τῷ Ματθαίῳ τοὺς

περὶ αὐτῆς ὑπὸ τοῦ σωτῆρος ἡμῶν ἀπηγγελμένους <λόγους>,

οἵτινες οὕτως ἔχουσιν· "ὅταν προσεύχησθε, οὐκ ἔσεσθε ⸀ὥσπερ⸂

οἱ ὑποκριταί· ὅτι φιλοῦσιν ἐν ταῖς συναγωγαῖς καὶ ἐν ταῖς

γωνίαις τῶν πλατειῶν ἑστῶτες προσεύχεσθαι, ὅπως φανῶσι τοῖς

ἀνθρώποις. ἀμὴν λέγω ὑμῖν ὅτι ἀπέχουσι τὸν μισθὸν αὐτῶν.

σὺ δὲ ὅταν προσεύχῃ, εἴσελθε εἰς τὸ ταμεῖόν σου καὶ κλείσας

τὴν θύραν σου πρόσευξαι τῷ πατρί σου τῷ ἐν τῷ κρυπτῷ,

καὶ ὁ πατήρ σου ὁ βλέπων σε ἐν τῷ κρυπτῷ ἀποδώσει σοι.

προσευχόμενοι δὲ μὴ βαττολογήσητε ὥσπερ οἱ ἐθνικοί· δοκοῦσι

γὰρ ὅτι ἐν τῇ πολυλογίᾳ αὐτῶν εἰσακουσθήσονται. μὴ οὖν

ὁμοιωθῆτε αὐτοῖς· οἶδε γὰρ ὁ πατὴρ ὑμῶν ὧν χρείαν ἔχετε πρὸ

τοῦ ὑμᾶς αἰτῆσαι αὐτόν. οὕτως οὖν προσεύχεσθε ὑμεῖς."[a]

---

a    마 6:5-9.

## 올바른 기도에 대한 주님의 가르침: 마태복음 6:5-9 주해(XIX-XXI)

XIX. 1.[1]

위에서 말한 것처럼 기도하는 사람은 먼저 특정한 상태에 있어야
하고, 특정한 태도를 가져야 하며, 그 후에 [그런 상태와 태도로] 기
도해야 하므로, 마태복음에 나오는 기도에 앞서 우리 구주께서 기
도에 대해 선포한 말씀을 살펴보기로 합시다. 그 말씀들은 다음과
같습니다: "너희는 기도할 때에 위선자들처럼 하지 말아라. 그들은
사람들에게 보이려고 회당과 큰 길 모퉁이에 서서 기도하기를 좋아
한다. 내가 진정으로 너희에게 말한다. 그들은 자기네 상을 이미 다
받았다. 너는 기도할 때에 골방에 들어가 문을 닫고서, 숨어서 계시
는 네 아버지께 기도하여라. 그리하면 숨어서 보시는 너의 아버지
께서 너에게 갚아주실 것이다. 너희는 기도할 때에 이방 사람들처
럼 빈말을 되풀이하지 말아라. 그들은 말을 많이 하여야만 들어주
시는 줄로 생각한다. 그러므로 그들을 본받지 말아라. 하나님 너희
아버지께서는, 너희가 구하기 전에, 너희에게 필요한 것이 무엇인
지를 알고 계신다. 그러므로 너희는 이렇게 기도하여라."[a]

---

1  주님의 기도를 주해하기 전에 먼저 마 6:5-9에 나오는 기도의 자세와 태도에 대한 예수
의 말씀을 제시하고, 위선자가 되지 말고, 빈말을 되풀이하지 말도록 권한다. VIII.2-X.2 참조.

XIX. 2.

πολλαχοῦ τοίνυν φαίνεται ὁ σωτὴρ ἡμῶν ἐνιστάμενος ὡς πρὸς

ὀλέθριον πάθος τὴν φιλοδοξίαν· ὅπερ καὶ ἐνθάδε πεποίηκεν,

ἀποτρέπων κατὰ τὸν καιρὸν τῆς εὐχῆς ὑποκριτῶν ἔργον

ἐπιτελεῖν· ὑποκριτῶν γὰρ ἔργον ἐστὶ τὸ τοῖς ἀνθρώποις

ἐναβρύνεσθαι ἐπ᾽ εὐσεβείᾳ θέλειν ἢ τῷ κοινωνικῷ. δέον δὲ

μεμνημένους τοῦ "πῶς δύνασθε πιστεῦσαι ὑμεῖς, δόξαν παρὰ

⌐ἀνθρώπων⌐ λαβόντες, καὶ τὴν δόξαν τὴν παρὰ τοῦ μόνου θεοῦ

οὐ ζητεῖτε;"ᵃ πάσης τῆς παρὰ ἀνθρώποις δόξης, κἂν ἐπὶ τῷ καλῷ

γίνεσθαι νομίζηται, καταφρονεῖν καὶ ζητεῖν τὴν κυρίαν δόξαν

καὶ ἀληθῆ τὴν ἀπὸ τοῦ μόνου τὸν τῆς δόξης ἄξιον πρεπόντως

ἑαυτῷ ὑπὲρ τὴν ἀξίαν τοῦ δοξαζομένου δοξάζοντος. καὶ αὐτὸ οὖν

τὸ νομισθὲν ἂν καλὸν εἶναι καὶ ἐπαινετὸν μολύνεται νομιζόμενον

γίνεσθαι, ὅτε, "ὅπως" δοξασθῶμεν "ὑπὸ τῶν ἀνθρώπων"ᵇ ἢ

"ὅπως" φανῶμεν "τοῖς ἀνθρώποις,"ᶜ ποιοῦμεν αὐτό· διόπερ

οὐδεμία ἐπὶ τούτῳ ἀπὸ θεοῦ ἀμοιβὴ ἡμῖν ἕπεται. ἀψευδὴς

γὰρ πᾶς ὁ τοῦ Ἰησοῦ λόγος καὶ, εἰ δεῖ βιαζόμενον εἰπεῖν,

ἀψευδέστερος γίνεται, ἐπὰν μετὰ τοῦ συνήθους αὐτοῦ ὅρκου

λέγηται. φησὶ δὲ περὶ τῶν δι᾽ ἀνθρωπίνην δόξαν εὖ τὸν πέλας

δοκούντων ποιεῖν ἢ "ἐν ταῖς συναγωγαῖς καὶ ταῖς γωνίαις τῶν

---

a    요 5:44.              c    마 6:5.

b    마 6:2.

## XIX. 2.[2]

게다가 우리 구주께서는 여러 곳에서 허영을 사랑하는 것을 치명적인 정념(πάθος)으로 생각하시는 듯합니다. 마태복음에서도 구주께서는 기도 시간에 (사람들이) 위선자의 일을 행하는 것을 막으심으로써 바로 그 일을 하셨습니다. 여기서 위선자들의 일이란 경건과 구제에 대해 사람들에게 자신을 자랑하고 싶어하는 것입니다. "너희는 서로 영광을 주고받으면서 오직 한 분이신 하나님께서 주시는 영광은 구하지 않으니, 어떻게 믿을 수 있겠느냐?"[a]라는 말씀을 기억하는 자들은, 비록 덕행으로[3] 여겨질지라도, 사람들로부터 오는 모든 영광을 경멸하고 합당한 영광을 추구해야 합니다. 영광 받기 마땅한 사람을 그에게 어울리는 방식으로, 또는 영광 받는 그 사람에게 합당한 분량에 넘치도록 영화롭게 하시는 유일하신 분에게서 오는 영광이 참된 영광입니다. 그 자체로는 선한 것으로 여겨질 수 있고, 칭찬할 만한 것으로 간주될지라도, 사람에게 "칭찬을 받으려고"[b] 또는 "사람들에게 보이려고"[c] 행한다면, 더럽혀지게 됩니다. 따라서 이에 대해서는 하나님으로부터 어떤 보상도 우리에게 따르지 않습니다. 예수의 모든 말씀은 거짓이 없으며, 부득이 그분이 즐겨 쓰는 맹세와 함께 말해질 때에는 더욱 거짓이 없습니다.[4] 그분은 인간적

---

2    위선자에 대한 해석과 더불어 인간적인 영광과 신적인 영광을 추구하며 기도하는 자들을 중심으로 구체적으로 해설한다.

3    καλόν을 덕행과 일치시키는 것은 플라톤의 『향연』 183d와 아리스토텔레스의 『기억과 생각해냄』 1207 b 25에서 발견된다.

4    예수께서 특히 강조하시며 "진정으로 너희에게 말한다"라고 말씀하실 때를 가리킨다.

πλατειῶν" προσευχομένων,[a] "ὅπως φανῶσι τοῖς ἀνθρώποις,"
τὸ αὐτό· "ἀμὴν λέγω ὑμῖν, ἀπέχουσι τὸν μισθὸν αὐτῶν."[b]
ὥσπερ γὰρ ἀπέσχεν ὁ κατὰ Λουκᾶν "πλούσιος" "τὰ ἀγαθὰ"
"ἐν τῇ" ἑαυτοῦ ἀνθρωπίνῃ "ζωῇ,"[c] διὰ τὸ ἀπεσχηκέναι ταῦτα
οὐκέτι χωρῶν τυχεῖν αὐτῶν μετὰ τὸν ἐνεστηκότα βίον· οὕτως ὁ
ἀπέχων ἑαυτοῦ "τὸν μισθὸν,"[d] εἴ τι δώσει τινὶ ἢ ἐν εὐχαῖς, ἅτε
μὴ σπείρας "εἰς τὸ πνεῦμα" ἀλλὰ "εἰς τὴν σάρκα," "θερίσει"
μὲν τὴν "φθορὰν," οὐ "θερίσει" δὲ τὴν "αἰώνιον ζωήν."[e] "εἰς
τὴν σάρκα" δὲ σπείρει[f] ὁ "ἐν ταῖς συναγωγαῖς καὶ ταῖς ῥύμαις,
ὅπως" δοξασθῇ "ὑπὸ τῶν ἀνθρώπων," ποιῶν "ἐλεημοσύνην"
μετὰ σαλπισμοῦ τοῦ "ἔμπροσθεν" ἑαυτοῦ,[g] ἢ ὁ φιλῶν "ἐν
ταῖς συναγωγαῖς καὶ ταῖς γωνίαις τῶν πλατειῶν" ἑστὼς
"προσεύχεσθαι, ὅπως" φανεὶς "τοῖς ἀνθρώποις"[h] εὐσεβής τις καὶ
ὅσιος εἶναι παρὰ τοῖς ἑωρακόσι νομισθῇ.


XIX. 3.

ἀλλὰ καὶ πᾶς ὁ τὴν πλατεῖαν καὶ εὐρύχωρον ὁδεύων ὁδὸν,
τὴν ἀπάγουσαν ἐπὶ "τὴν ἀπώλειαν,"[i] οὐδὲν ὀρθὸν καὶ εὐθὲς

a  마 6:5.                     f  갈 6:8.
b  마 6:2, 5.                  g  마 6:2.
c  눅 16:19, 25.              h  마 6:5.
d  마 6:2, 5.                  i  마 7:13.
e  갈 6:8.

인 칭찬 때문에 이웃에게 잘해준다고 보이는 사람들에게나 사람에게 보이려고 "회당과 큰 길 모퉁이에"서 기도하는[a] 사람들에게나 똑같이 말씀하십니다: "내가 진정으로 너희에게 말한다. 그들은 자기네 상을 이미 다 받았다."[b] 누가복음에 나오는 "부자"는 그가 인간으로 "살았을 때에" "호사"를 누렸지만,[c] 이를 누렸기 때문에 이생이 끝난 후에는 더 이상 누릴 수 없었습니다. 그와 마찬가지로 누군가에게 무언가를 베풀 때에나 기도할 때에 "성령에다" 심지 않고 육체에다 심으면서 자기네 "상"[d]을 이미 받은 자는 "썩을 것을" "거두고" "영생을" "거두"지 못할 것입니다.[e] 사람들에게 칭찬을 받으려고 회당과 거리에서 자기 "앞에" 나팔을 가지고 "자선을" 행하는 자나[g] "사람들에게" 경건하게 보이려고, 또는 보는 사람들에 의해 거룩한 사람으로 생각되도록 "회당과 큰 길 모퉁이에" 서서 "기도하기를" 좋아하는 자는[h] "육신에다" 심는 것입니다.[f]


## XIX. 3.[5]

더구나 넓고 널찍한 길은 "멸망으로" 인도하는 길이고,[i] 올바르고 곧은 것이 아니라 완전히 굽어 있고 모퉁이가 있습니다. (곧은 길은 대부분 [많은 사람에게] 닫혀 있기 때문입니다.) 그 길로 가는 사람은 모두 "큰길 모퉁이에서" 기도하고 쾌락을 좋아함으로써 하나가 아니

---

5   쾌락을 좇는 큰길과는 대조되는 그리스도의 좁은 길을 설명한다.

ἔχουσαν ἀλλὰ πᾶσαν σκολιὰν τυγχάνουσαν καὶ γεγωνιωμένην
(κέκλασται γὰρ ἐπὶ πλεῖστον ἡ εὐθεῖα), ἐν αὐτῇ ἕστηκεν οὐ
καλῶς, "ἐν ταῖς γωνίαις τῶν πλατειῶν" προσευχόμενος, διὰ τῆς
φιληδονίας οὐχὶ ἐν μιᾷ ἀλλ' ἐν πλείοσι γινόμενος πλατείαις·
ἐν αἷς οἱ "ὡς ἄνθρωποι" ἀποθνήσκοντες[a] διὰ τὸ τῆς θεότητος
ἀποπεπτωκέναι τυγχάνουσι δοξάζοντες καὶ μακαρίζοντες τοὺς
ἐν ταῖς πλατείαις ἀσεβεῖν αὐτοῖς νενομισμένους. πολλοὶ δὲ ἀεὶ οἱ
φαινόμενοι ἐν τῷ προσεύχεσθαι "φιλήδονοι μᾶλλον ἢ φιλόθεοι,"[b]
ἐν μέσοις τοῖς συμποσίοις καὶ παρὰ ταῖς μέθαις ἐμπαροινοῦντες
τῇ προσευχῇ, ἀληθῶς "ἐν ταῖς γωνίαις τῶν πλατειῶν ἑστῶτες"
καὶ προσευχόμενοι· πᾶς γὰρ ὁ κατὰ τὴν ἡδονὴν βιοὺς, τὸ
εὐρύχωρον ἀγαπήσας ἐκπέπτωκε τῆς στενῆς καὶ τεθλιμμένης
ὁδοῦ[c] Ἰησοῦ Χριστοῦ, οὐδὲ τὴν τυχοῦσαν ἐχούσης κάμπην καὶ
οὐδὲ ὅλως γεγωνιωμένης.[d]

XX. 1.

Εἰ δέ ἐστι τὶς διαφορὰ ἐκκλησίας καὶ συναγωγῆς (τῆς μὲν κυρίως
ἐκκλησίας οὐκ ἐχούσης "σπῖλον ἢ ῥυτίδα ἤ τι τῶν τοιούτων

a    시 81:7(시 82:6-7).        c    마 6:5.
b    딤후 3:4                    d    참조. 마 7:13-14.

라 여러 큰 길에 있으면서, 그 길에 잘못 서 있는 것입니다.[6] 거기에서 "사람처럼 죽는" 자들은[a] 신성에서 떨어져 나갔기 때문에 큰길에서 불경을 저지르는 데 익숙한 사람들을[7] 영화롭게 하고 축복하게 됩니다. 기도할 때에 "하나님보다 쾌락을 더 사랑하는" 것처럼 보이는 자들이 늘 많습니다.[b] 그들은 잔치 중에 또한 술판에서 술에 취해 기도하는데,[8] 이들은 참으로 "큰길 모퉁이에" 서서 기도하는 자에 해당합니다.[c] 쾌락을 좇아 사는 사람은 모두, 널찍한 곳을 사랑하여서 좁고 험한 길인 예수 그리스도로부터 떨어져 나갔습니다. 이 길은 굽은 곳도 없고 모퉁이가 전혀 없습니다.[9d]

## XX. 1.[10]

교회와 회당 사이에 어떤 차이가 있다고 가정해봅시다. 진정한 의미에서 교회는 "티나 주름이나 또 그와 같은 것들이 없이" 거룩하고 흠

---

6 본문에 대한 여러가지 견해가 있다. Koetschau는 οὐ καλῶς를 οὐκ ἀλλῶς ἤ ὁ로 읽을 것을 제안하였는데, 이 경우 "그 길로 가는 사람은 모두 "큰길 모퉁이에서" 기도하는 사람과 다르지 않게 서 있는 것입니다. 쾌락을 좋아함으로써 하나가 아니라 여러 큰 길에 있는 것입니다"로 옮길 수 있다(Stritzky, *Origenes Über das Gebet*,174 n. 172).

7 Bentley는 ἀσεβεῖν을 εὐσεβεῖν으로 읽도록 제안하였는데, 이 경우 "큰길에서 경건한 체 하기에 익숙한 사람들을"로 옮길 수 있다(Stritzky, *Origenes Über das Gebet*, 174 n. 173).

8 기독교인이 잔치나 출판에서 기도하는 이교도의 관행을 따른다고 비판한다.

9 참조. 『요한복음 주해』 VI.19,104-106. '두 길' 주제는 고대교회에서 즐겨 사용되었다.

10 성도가 기도하는 장소는 회당이나 큰길이 아니라 좁은 길 위에서이며, 사람들이 아니라 하나님께 보이기 위해서이다.

ἀλλὰ"[a] ἁγίας καὶ ἀμώμου τυγχανούσης, εἰς ἣν οὔτε ὁ "ἐκ

πόρνης" εἰσέρχεται οὔτε ὁ "θλαδίας" ἢ "ἀποκεκομμένος"[b] ἀλλ'

οὐδὲ Αἰγύπτιος ἢ Ἰδουμαῖος,[c] ἐὰν μὴ υἱῶν γεννηθέντων αὐτοῖς

διὰ τὴν τρίτην γενεὰν μόλις δυνηθῶσιν ἐφαρμόσαι τῇ ἐκκλησίᾳ,

οὐδὲ ὁ "Μωαβίτης" καὶ "Ἀμμανίτης,"[d] ἐὰν μὴ δεκάτη

γενεὰ πληρωθῇ καὶ ὁ αἰὼν τελεσθῇ· τῆς δὲ συναγωγῆς ὑπὸ

ἑκατοντάρχου οἰκοδομουμένης,[e] ἐν τοῖς πρὸ τῆς Ἰησοῦ ἐπιδημίας

χρόνοις τοῦτο ποιοῦντος, ὅτε οὐδέπω μεμαρτύρηται "πίστιν"

ἔχειν, ὁπόσην "οὐδὲ ἐν τῷ Ἰσραὴλ" εὖρεν ὁ υἱὸς τοῦ θεοῦ),[f] ὁ

φιλῶν δὴ "προσεύχεσθαι" "ἐν ταῖς συναγωγαῖς" οὐ μακράν ἐστι

τῶν γωνιῶν "τῶν πλατειῶν."[g] ἀλλ' οὐχ ὁ ἅγιος τοιοῦτος· οὐ φιλεῖ

γὰρ "προσεύχεσθαι" ἀλλὰ ἀγαπᾷ, καὶ οὐκ "ἐν συναγωγαῖς"

ἀλλ' ἐν ἐκκλησίαις, καὶ οὐκ "ἐν γωνίαις πλατειῶν"[h] ἀλλ' ἐν τῇ

εὐθύτητι τῆς στενῆς[i] καὶ τεθλιμμένης ὁδοῦ, ἀλλὰ καὶ οὐχ ἵνα

φανῇ "τοῖς ἀνθρώποις" ἀλλ' ἵν' ὀφθῇ "ἐνώπιον κυρίου τοῦ θεοῦ."[j]

ἄρρην γάρ ἐστι τὸν "δεκτὸν ἐνιαυτὸν κυρίου"[k] νοῶν καὶ τὴν

ἐντολὴν τηρῶν τὴν λέγουσαν· "ⸯτρὶςⸯ τοῦ ἐνιαυτοῦ ὀφθήσεται

πᾶν ἀρσενικὸν ⸯἐνώπιονⸯ κυρίου τοῦ θεοῦ."[l]

| | | | |
|---|---|---|---|
| a | 엡 5:27. | g | 마 6:5. |
| b | 신 23:2-3(70인역; 신 23:1-2). | h | 마 6:5. |
| c | 참조. 신 23:8-9(70인역; 신 23:7-8). | i | 참조. 마 7:14. |
| d | 참조. 신 23:4(70인역; 신 23:3). | j | 신 16:16. |
| e | 참조. 눅 7:5. | k | 사 61:2; 누가 4:19. |
| f | 눅 7:9; 마 8:10. | l | 신 16:16. |

이 없습니다.[a] "사생아"나 "신낭이 터진 자"나 "신경이 잘린 사람"은 [주의] 총회에 들어갈 수 없습니다.[b] 이집트 사람이나 이두매 사람에게서 태어난 3대 자손이 간신히 총회에 적합하게 된 경우가 아니라면 총회로 들어갈 수 없습니다.[c] 10대가 채워지고 영원한 시대가 끝나지 않으면, "모압 사람"과 "암몬 사람"은 총회에 들어갈 수 없습니다.[d] 반면에 회당은 백부장이 세웠습니다.[e] 그는 예수께서 오시기 전, 아직 하나님의 아들이 "이스라엘에서" 이런 "믿음을" 본 적이 없다고 증언하기 전에, 이 일을 행했습니다.[f] 그렇다면 "회당에서" "기도하기"를 좋아하는 사람은 "큰길" 모퉁이로부터 멀리 떨어져 있지 않습니다.[g] 그러나 성도는 그렇지 않습니다. 그는 기도하기를 좋아하는 것(φιλεῖ)이 아니라 사랑합니다(ἀγαπᾷ). 그는 "회당에서"가 아니라 교회에서,[11] "큰길 모퉁이"에서가 아니라[h] 좁고 험한 길의[i] 곧은 곳에서 기도합니다. 그는 "사람에게" 보이기 위해서가 아니라 "주 하나님 앞에" 보이기 위하여 기도합니다.[j] 그는 "주의 은혜의 해"를[k] 숙고해서 "모든 남자는 한 해에 세 번 주 하나님 앞에 가서 뵈어야 한다"[l]고 말씀하신 계명을 지키는 남자입니다.

11 3세기 초반에는 기독교 공동체에 이교적 관행과 함께 유대주의적 성향이 존재했고, 이에 대해 오리게네스는 비판한다. 새로 발견된 『시편 강해』는 이러한 상황을 보여준다.

제2부 오리게네스 기도론 원문-번역

275

XX. 2.

ἐπιμελῶς δὲ ἀκουστέον τοῦ "φανῶσιν,"[a] ἐπεὶ οὐδὲν φαινόμενον

καλόν ἐστιν, οἱονεὶ δοκήσει ὂν καὶ οὐκ ἀληθῶς καὶ τὴν

φαντασίαν πλανῶν ἀλλ' οὐκ ἀκριβῶς καὶ ἀληθῶς ἐκτυποῦν.

ὥσπερ δὲ οἱ ἐν τοῖς θεάτροις δραμάτων τινῶν ὑποκριταὶ οὐχ ὅπερ

λέγουσίν εἰσιν, οὐδ' ὅπερ βλέπονται καθ' ὃ περίκεινται πρόσωπον

τοῦτο τυγχάνουσιν· οὕτως καὶ πάντες οἱ ἐπιμορφάζοντες τῷ

δοκεῖν τὴν τοῦ καλοῦ φαντασίαν οὐ δίκαιοι ἀλλ' ὑποκριταί

εἰσι δικαιοσύνης, καὶ αὐτοὶ ἐν ἰδίῳ θεάτρῳ ὑποκρινόμενοι,

"ταῖς συναγωγαῖς καὶ ταῖς γωνίαις τῶν πλατειῶν."[b] ὁ δὲ μὴ

ὑποκριτὴς ἀλλὰ πᾶν τὸ ἀλλότριον ἀποθέμενος, ἐν τῷ παντὸς τοῦ

προειρημένου θεάτρου καθ' ὑπερβολὴν μείζονι ἑαυτὸν ἀρέσκειν

εὐτρεπίζων, εἰσέρχεται εἰς τὸ ἑαυτοῦ "ταμεῖον,"[c] ἐπὶ τοῦ

ἐναποτεθησαυρισμένου[d] πλούτου τὸν "τῆς σοφίας καὶ γνώσεως"[e]

θησαυρὸν ἑαυτῷ ἀποκλείσας· καὶ μηδαμῶς ἔξω νεύων μηδὲ

περὶ τὰ ἔξω κεχηνὼς πᾶσάν τε "τὴν θύραν" τῶν αἰσθητηρίων

ἀποκλείσας,[f] ἵνα μὴ ἕλκηται ὑπὸ τῶν αἰσθήσεων μηδὲ ἐκείνων

ἡ φαντασία τῷ νῷ αὐτοῦ ἐπεισκρίνηται, προσεύχεται τῷ τὸ

---

a   마 6:5.               d   참조. 딤전 6:19.
b   마 6:5.               e   골 2:3.
c   마 6:6.               f   마 6:6.

# XX. 2.[12]

"보이기"란 말을 주의 깊게 들어야 합니다.[a] 왜냐하면 드러난 것은 어떤 것도 좋지 못하기 때문입니다.[13] 그것은 존재하는 것처럼 보이지만 참으로 존재하지 않고, 잘못된 형상을 정확하지도 참되지도 않게 조각해 내는 것과 같습니다. 극장에서 연극 배우는[14] 자기가 말로 연기해내는 그 사람도 아니고, 얼굴에 둘러 쓴 가면에 따라 보이는 자도 아닙니다.[15] 그와 마찬가지로, 선의 형상을 꾸며내는 모든 자는 의로운 자가 아니라 의를 [연기하는] 배우이며, 그들은 자신의 극장에서, 즉 "회당과 큰길 모퉁이에서"[b] 연기를 하고 있습니다. 배우가 아니라 모든 이질적인 [가면]을 벗어버린 자는[16] 앞에서 말한 모든 극장보다 훨씬 더 큰 극장에서 기쁨을 누리려고 준비하면서 자신의 "골방"으로[c] 들어갑니다. 그는 거기에 이미 쌓여 있는[d] 재물에 자신을 위해 "지혜와 지식의" 보화를 쌓고서 문을 닫아 둡니다.[e] 그는 결코 밖으로 신호를 보내거나, 밖에 있는 것에 대해 입을 열지 않고, 감각 기관의 모든 "문을" 닫아[f] 감각에 의해 끌려 다니지 않고 그것들에 대한 형상이 정신 안으로 들어가지 못하게 합니다. 그러고 나서 그는 그러한 은밀한 곳을 피하지도 버리지도 않으시고 오히려 그 안

---

12　참되게 기도하는 자는 남에게 보이려고 기도해서는 안 된다. 남에게 보여주려는 자는 연극 배우이며 위선자이다. 진정으로 기도하려면 골방으로 들어가 은밀하게 하나님께 기도해야 한다.

13　참조. 안티오케이아의 이그나티오스, 『로마 신자들에게 보낸 편지』 3.

14　배우는 위선자와 같은 단어이다. 연극에서 배우는 가면을 쓰고 연기하기 때문에 위선자라는 뜻이 파생된 듯하다.

15　플라톤주의적으로 실재와 진리가 현상 및 형상과 대립된다.

16　참조. 플로티노스, 『엔네아데스』 I.6.7.5-10.

τοιοῦτον κρυπτὸν μὴ φεύγοντι μηδὲ ἐγκαταλείποντι πατρὶ ἀλλ'
ἐν αὐτῷ κατοικοῦντι, συμπαρόντος αὐτῷ καὶ τοῦ μονογενοῦς[a]
ἐγὼ γὰρ, φησὶ, "καὶ ὁ πατὴρ" "πρὸς αὐτὸν ἐλευσόμεθα καὶ
μονὴν παρ' αὐτῷ ποιησόμεθα."[b] δῆλον δὲ ὅτι τῷ δικαίῳ, ἐὰν δὴ
οὕτως εὐχώμεθα, οὐ μόνον θεῷ ἀλλὰ καὶ πατρὶ[c] ἐντευξόμεθα, ὡς
υἱῶν μὴ ἀπολειπομένῳ ἀλλὰ παρόντι[d] ἡμῶν "τῷ κρυπτῷ"[e] καὶ
ἐφορῶντι αὐτὸ καὶ πλείονα τὰ ἐν τῷ ταμείῳ ποιοῦντι, ἐὰν αὐτοῦ
"τὴν θύραν" ἀποκλείσωμεν.[f]


XXI. 1.

Ἀλλὰ προσευχόμενοι μὴ βαττολογήσωμεν[g] ἀλλὰ θεολογήσωμεν.

βαττολογοῦμεν δὲ, ὅτε μὴ μωμοσκοποῦντες ἑαυτοὺς ἢ τοὺς
ἀναπεμπομένους τῆς εὐχῆς λόγους λέγομεν τὰ διεφθαρμένα
ἔργα ἢ λόγους ἢ νοήματα, ταπεινὰ τυγχάνοντα καὶ ἐπίληπτα,
τῆς ἀφθαρσίας ἀλλότρια τοῦ κυρίου. ὁ μέντοι βαττολογῶν
ἐν τῷ εὔχεσθαι ἤδη καὶ ἐν τῇ χείρονι τῶν προειρημένων ἡμῖν
συναγωγικῇ ἐστι καταστάσει τε <καὶ> χαλεπωτέρᾳ τῶν ἐν
ταῖς πλατείαις γωνιῶν[h] ὁδῷ οὐδὲ ἴχνος σῴζων κἂν ὑποκρίσεως

a   참조. 요 1:14, 18; 3:16, 18;          『바나바의 편지』16.8.
    요일 4:9.                          e   마 6:4, 6.
b   요 14:23.                          f   마 6:6.
c   참조. 요 10:30.                      g   참조. 마 6:7.
d   참조. 엡 2:22;                       h   참조. 마 6:5.

에 거하시는 아버지께 기도합니다. 아버지의 유일하신 아들도[a] 아버지와 함께 계십니다.[17] 왜냐하면 그는 나와 "내 아버지는" "그 사람에게로 가서 그 사람과 함께 살 것이다"고 말씀하시기 때문입니다.[b] 우리가 이와 같이 기도한다면, 우리는 의로우신 분 곧 하나님일 뿐만 아니라 아버지이신[c] 분에게 간구하게 될 것입니다. 또한 우리는 자녀들에게서 떨어지지 않으시고 "은밀하게"[e] 우리와 함께 계시는 분에게 간구하게 될 것입니다.[d] 우리가 그 "문"을 닫으면,[f] 그분은 우리가 은밀한 곳에 있는 것을 보시고 골방에 있는 것을 더 많이 늘려주시는 분이십니다.

## XXI. 1.[18]

그러나 기도할 때에 빈말을 되풀이 하지 말고,[g] 신적인 진리를 말하기로 합시다. 그런데 우리는 우리 자신에 대해서나 우리가 올리는 기도의 말에 대해 흠을 찾아내지 않고 썩어 없어질 일이나 말이나 생각을 말할 때, 빈말을 되풀이 하는 것입니다. 이는 저속하고 비난받을 만하고, 주님의 썩지 않는 속성에 이질적인 것입니다. 기도할 때에 빈말을 되풀이 하는 자는 이미 우리가 앞서 말한 것보다[19] 더 저속한 회당에 있고 큰길 모퉁이보다[h] 더 어려운 길에 서게 됩니다. 왜냐하면 선을 꾸며낸 흔적도 보존하지 못하기 때문입니다. 복음서

---

17  참조. 플로티노스, 『엔네아데스』 I.6.5.40-44.
18  "빈말을 되풀이 함"에 대한 문자적 의미와 올바른 기도와의 관련성을 보여주고자 한다.
19  참조. XX.1.

ἀγαθοῦ. βαττολογοῦσι γὰρ κατὰ τὴν λέξιν τοῦ εὐαγγελίου μόνοι "οἱ ἐθνικοὶ,"[a] οὐδὲ φαντασίαν μεγάλων ἔχοντες ἢ ἐπουρανίων αἰτημάτων, πᾶσαν εὐχὴν <περὶ> τῶν σωματικῶν καὶ τῶν ἐκτὸς ἀναπέμποντες. ἐθνικῷ οὖν βαττολογοῦντι ὁμοιοῦται ὁ τὰ κάτω ἀπὸ τοῦ ἐν οὐρανοῖς καὶ ὑπὲρ τὰ ὕψη τῶν οὐρανῶν κατοικοῦντος κυρίου αἰτῶν.

## XXI. 2.

καὶ ἔοικέ γε ὁ πολυλογῶν βαττολογεῖν, καὶ ὁ βαττολογῶν πολυλογεῖν.[b] οὐδὲν γὰρ ἓν τῆς ὕλης καὶ τῶν σωμάτων, ἀλλ᾽ ἕκαστον τῶν νομιζομένων ἓν ἔσχισται καὶ διακέκοπται καὶ διῄρηται εἰς πλείονα τὴν ἕνωσιν ἀπολωλεκός· ἓν γὰρ τὸ ἀγαθὸν πολλὰ δὲ τὰ αἰσχρὰ, καὶ ἓν ἡ ἀλήθεια πολλὰ δὲ τὰ ψευδῆ, καὶ ἓν ἡ ἀληθὴς δικαιοσύνη, πολλαὶ δὲ ἕξεις ταύτην ὑποκρίνονται, καὶ ἓν ἡ τοῦ θεοῦ σοφία, πολλαὶ δὲ αἱ καταργούμεναι "τοῦ αἰῶνος τούτου" καὶ "τῶν ἀρχόντων τοῦ αἰῶνος τούτου,"[c] καὶ εἷς μὲν ὁ τοῦ θεοῦ λόγος, πολλοὶ δὲ οἱ ἀλλότριοι τοῦ θεοῦ. διὰ τοῦτο οὐδεὶς ἐκφεύξεται "ἁμαρτίαν" "ἐκ πολυλογίας,"[d] καὶ οὐδεὶς δοκῶν "ἐκ πολυλογίας" εἰσακουσθήσεσθαι εἰσακούεσθαι

a   참조. 마 6:7.        c   고전 2:6.
b   참조. 마 6:7.        d   잠 10:19.

의 표현에 따르면, "이방 사람들만이" 빈말을 되풀이합니다.[a] 그들은 크고 하늘에 속한 요청에 대한 형상조차 가지지 못하며 모든 기도를 몸이나 밖에 있는 것에 대해서만 올려 보내기 때문입니다. 따라서 하늘에 계시고 하늘의 높은 곳 너머에 거하시는 주님으로부터 아래에 있는 것을 구하는 자는 빈말을 되풀이하는 이방 사람과 같다고 간주됩니다.

## XXI. 2.[20]

말을 많이 하는 사람은 빈말을 되풀이 하고, 빈말을 되풀이 하는 사람은 말을 많이 하는 듯합니다.[b] 물질과 몸에 속한 것은 어떤 것도 하나가 아닙니다. 그것은 하나라고 생각되지만 모두 여러 개로 나누어지고, 잘라지고, 분리되어 하나 됨을 상실합니다. 좋음은 하나이고, 수치스러운 것들은 많습니다. 진리는 하나이고, 거짓된 것들은 많습니다. 진정한 의는 하나이고, 많은 습성들이 이 의를 꾸며냅니다. 하나님의 지혜는 하나이고, "이 세상"과 "이 세상의 통치자들의" 멸망할 지혜는 많습니다.[c] 하나님의 말씀은 하나이고, 하나님께 이질적인 말들은 많습니다.[21] 그러므로 누구도 "말이 많으면" 허물을 면할 수 없을 것입니다.[d] 그리고 "말이 많으면" 응답을 받으리라

---

20  "말을 되풀이 함"에 대한 철학적인 이해를 보여주고 있으나, 초기 기독교적 성경해석에서는 중요한 근간이 된 해석방법이다. 즉, 빈말을 되풀이 하는 것은 물질에 속한 것들과 마찬가지로 "많음"을 표현하며 "많음"과 "분리"는 그 근원을 잃었다는 것을 의미한다.
21  하나님의 지혜(로고스)와 다양한 세상의 지혜에 대해서는 『이사야 강해』 3.1.을 보라.

δύναται. διόπερ οὐχ ὁμοιωτέον ἐστὶ τὰς εὐχὰς ἡμῶν τοῖς ἐθνικοῖς βαττολογοῦσιν ἢ πολυλογοῦσιν[a] ἢ ὅ τι δή ποτε πράττουσι "κατὰ τὴν ὁμοίωσιν τοῦ ὄφεως".[b] "οἶδε γὰρ" ὁ τῶν ἁγίων θεὸς, "πατὴρ" ὤν, "ὧν χρείαν" ἔχουσιν οἱ υἱοὶ αὐτοῦ,[c] ἐπεὶ ἄξια τυγχάνει τῆς πατρικῆς γνώσεως. εἰ δέ τις ἀγνοεῖ τὸν θεὸν, καὶ τὰ τοῦ θεοῦ ἀγνοεῖ, ἀγνοεῖ δὲ τὰ "ὧν χρείαν" ἔχει· διημαρτημένα γάρ ἐστι τὰ "ὧν χρείαν" ἔχειν νομίζει· ὁ δὲ τεθεωρηκὼς ὤν ἐστιν ἐνδεὴς κρειττόνων καὶ θειοτέρων, γινωσκομένων ὑπὸ θεοῦ τεύξεται ὧν τεθεώρηκε καὶ ἐγνωσμένων τῷ πατρὶ καὶ πρὸ τῆς αἰτήσεως. τούτων δὴ εἰς τὰ πρὸ τῆς ἐν τῷ κατὰ Ματθαῖον εὐχῆς εἰρημένων, ἤδη θεασώμεθα καὶ τὰ δηλούμενα ἀπὸ τῆς εὐχῆς.

a   참조. 마 6:7.                    c   마 6:8.
b   시 57:5(시 58:4).

고 생각하는 사람은 그 누구도 응답을 받을 수 없습니다. 따라서 우리는 우리의 기도가 빈말을 되풀이하거나 말을 많이 하거나[a] 무엇이든 "뱀처럼" 행하는 이방 사람의 기도와 같아서는 안 됩니다.[b] 성도들의 하나님은 아버지이시므로 그 자녀가 "필요한 것이" 무엇인지를 "알고 계십니다."[c] 자녀들에게 필요한 것은 아버지가 알 만한 것이기 때문입니다. 누군가가 하나님을 알지 못한다면, 그는 하나님께 속한 것도 알지 못합니다. 한편 그는 자기에게 "필요한 것이" 무엇인지도 알지 못합니다. 그는 자기에게 "필요한 것"이라고 생각하는 것에서 완전히 잘못 생각하고 있습니다. 자기가 필요로 하는 더 좋은 것과 더 신성한 것을 숙고한 사람은, 자신이 숙고하여 하나님께 고하여 알린 것과 함께, 구하기 전에 이미 아버지께서 아신 것도 얻게 될 것입니다.[22] 마태복음의 주님의 기도에 앞서 나오는 것과 관련하여 이 정도 말하였으므로, 이제 기도 자체에 나타난 것을 살펴봅시다.

---

22 참조. II.6; XXX.3

XXII. 1.

"Πάτερ ἡμῶν ὁ ἐν τοῖς οὐρανοῖς."[a] ἄξιον ἐπιμελέστερον
ἐπιτηρῆσαι τὴν λεγομένην παλαιὰν διαθήκην, εἰ ἔστι που εὑρεῖν
ἐν αὐτῇ εὐχήν τινος λέγοντος τὸν θεὸν πατέρα· ἐπὶ γὰρ τοῦ
παρόντος κατὰ δύναμιν ἐξετάσαντες οὐχ εὕρομεν. οὐ τοῦτο
δέ φαμεν, ὅτι ὁ θεὸς πατὴρ οὐκ εἴρηται, ἢ οἱ πεπιστευκέναι
νομιζόμενοι θεῷ υἱοὶ οὐκ ὠνομάσθησαν θεοῦ, ἀλλ᾽ ὅτι ἐν
προσευχῇ τὴν ἀπὸ τοῦ σωτῆρος κατηγγελμένην παρρησίαν περὶ
τοῦ ὀνομάσαι τὸν θεὸν πατέρα οὐχ εὕρομέν πω. ὅτι δὲ εἴρηται
πατὴρ ὁ θεὸς καὶ υἱοὶ οἱ τῷ λόγῳ τοῦ θεοῦ προσεληλυθότες,
πολλαχοῦ ἔστιν ἰδεῖν ὥσπερ καὶ ἐν Δευτερονομίῳ· "θεὸν τὸν
γεννήσαντά σε ἐγκατέλιπες, καὶ ἐπελάθου θεοῦ τοῦ τρέφοντός
σε,"[b] καὶ πάλιν· "οὐκ αὐτὸς οὗτός σου πατὴρ ἐκτήσατό σε καὶ
ἐποίησέ σε καὶ ἔκτισέ σε;"[c] καὶ πάλιν· "υἱοὶ, οἷς οὐκ ἔστι πίστις
ἐν αὐτοῖς"·[d] καὶ ἐν τῷ Ἠσαΐᾳ· "υἱοὺς ἐγέννησα καὶ ὕψωσα, αὐτοὶ
δέ με ἠθέτησαν"·[e] καὶ ἐν τῷ Μαλαχίᾳ· "υἱὸς δοξάσει πατέρα,

a    마 6:9.
b    신 32:18.
c    신 32:6.
d    신 32:20.
e    사 1:2.

# 하늘에 계신 우리 아버지(XXII-XXIII)

## XXII. 1.[1]

"하늘에 계신 우리 아버지."[a] 누군가가 하나님을 아버지라고 말한 기도를 구약 어딘가에서 발견할 수 있는지를 알아보기 위하여, 이른바 구약을 더 주의 깊게 살펴보는 것이 합당합니다. 지금까지 우리의 능력껏 자세히 조사해 보았지만 [그런 경우를] 발견하지 못했습니다.[2] 그러나 우리가 말하는 바는 하나님이 아버지라고 불리지 않았다거나 혹은 하나님을 믿는다고 여겨지는 사람들이 하나님의 아들들로 일컬어지지 않았다는 것이 아닙니다. 기도에서 하나님을 아버지라고 부르는 것과 관련하여 구주께서 보여주신 담대함을 [구약에서] 발견하지 못했다는 것입니다. 하나님이 아버지라고 불리고, 하나님의 말씀에 가까이 간 자들이 아들들이라고 불리는 것은 신명기를 포함해서 여러 곳에서 볼 수 있습니다. "너는 너를 낳은 하나님을 버렸고, 너를 기르신 하나님을 잊었도다."[b] 또한 "너의 아버지이신 이 분께서 친히 너를 사시고 너를 만드시고 너를 창조하지 아니하셨느냐?"[c] 또한 "신실함이 없는 아들들"[d]이라는 표현이 나옵니다. 그리고 이사야서에 "내가 아들들을 낳아서 높였으나, 그들은 나를 거역하였다."[3e] 또한 말라기서에 "아들은 그의 아버지를,

---

1    주님의 기도 첫 어구를 주해하기 전에 구약성경에 나타난 아버지와 아들의 관계를 보여주는 다양한 구절들을 예시한다.
2    『이사야 주해』 XIX.5.28.
3    ὕψωσα는 히브리어 본문과 관련할 때 "길렀다"는 의미로 해석될 수도 있다.

καὶ δοῦλος τὸν κύριον αὐτοῦ. καὶ εἰ πατήρ εἰμι ἐγώ, ποῦ ἐστιν ἡ δόξα μου; καὶ εἰ κύριός εἰμι ἐγώ, ποῦ ἐστιν ὁ φόβος μου;"[a]

## XXII. 2.

καὶ εἰ λέγεται τοίνυν πατὴρ ὁ θεός, καὶ υἱοὶ οἱ τῷ λόγῳ τῆς εἰς αὐτὸν πίστεως γεγεννημένοι, τὸ βέβαιόν γε καὶ τὸ ἀμετάπτωτον τῆς υἱότητος οὐκ ἔστιν ἰδεῖν παρὰ τοῖς ἀρχαίοις. αὐτὰ γοῦν ἃ παρεθέμεθα ὑπαιτίους ἐμφαίνει εἶναι τοὺς λεγομένους υἱούς· ἐπεὶ κατὰ τὸν ἀπόστολον, ἕως "ὁ κληρονόμος νήπιός ἐστιν, οὐδὲν διαφέρει δούλου, κύριος πάντων ὤν, ἀλλ' ὑπὸ ἐπιτρόπους ἐστὶ καὶ οἰκονόμους ἄχρι τῆς προθεσμίας τοῦ πατρός"[b] "τὸ" δὲ "πλήρωμα τοῦ χρόνου"[c] ἐν τῇ τοῦ κυρίου ἡμῶν Ἰησοῦ Χριστοῦ ἐπιδημίᾳ ἔνεστιν, ὅτε "τὴν υἱοθεσίαν" ἀπολαμβάνουσιν οἱ βουλόμενοι,[d] ὡς ὁ Παῦλος διδάσκει διὰ τούτων· "οὐ γὰρ ἐλάβετε πνεῦμα δουλείας εἰς φόβον ἀλλὰ ἐλάβετε πνεῦμα υἱοθεσίας, ἐν

---

a  말 1:6.            c  갈 4:4
b  갈 4:1-2          d  갈 4:5.

종은 제 주인을 공경하는 법이다. 내가 아버지라고 해서 나를 공경함이 어디에 있으며, 내가 주인이라고 해서 나를 두려워함이 어디에 있느냐?"[a]는 표현이 나옵니다.

## XXII. 2.[4]

따라서 하나님이 아버지로, 그분에 대한 믿음의 말씀으로 태어난 자들이 아들들이라고 불린다 하더라도, 아들 됨의 확고하고 변함없는 (확증을) 고대 사람들에게서[5] 찾는 것은 불가능합니다.[6] 왜냐하면 우리가 인용했던 구절들은 아들들이라 불리는 자들이 비난 받아 마땅하다는 것을 분명히 보여주기 때문입니다. 사도에 따르면, "유업을 이을 사람은 모든 것의 주인이지만, 어릴 때에는 종과 다름이 없고 아버지가 정해 놓은 그때까지는 보호자와 관리인의 지배 아래에 있습니다."[b] "기한이 찼을 때"[c]란 우리 주 예수 그리스도가 오실 때에 이루어집니다.[7] 바울이 다음과 같이 가르치는 것처럼, 그때에 원하는 자들이 양자 됨의 지위를 얻게 됩니다:[d] "여러분은 두려움에 빠뜨리는 종살이의 영을 받은 것이 아니라 자녀로 삼으시는 영을 받았습니다. 그래서 우리는 그 영으로 '아빠 아버지'라고 부릅

---

4    구약성경에 나타난 "아들들"은 주로 허물이 있는 자들을 의미하는 반면, 예수 그리스도가 오신 이후 자녀의 권리를 누리는 자들은 아버지를 "아빠 아버지"로 부를 수 있고, 그로부터 태어난 자는 허물과 죄가 있을 수 없다.
5    문법적으로는 고대 문헌을 가리킬 수도 있다.
6    참조. 『마태복음 주해』 VII.36.
7    성육신은 인간과 하나님과의 관계에 전환점을 의미한다; 참조. I.

ᾧ κράζομεν· Ἀββὰ ὁ πατήρ".ᵃ καὶ ἐν τῷ κατὰ Ἰωάννην· "ὅσοι δὲ
ἔλαβον αὐτὸν, ἔδωκεν αὐτοῖς ἐξουσίαν τέκνα θεοῦ γενέσθαι, τοῖς
πιστεύουσιν εἰς τὸ ὄνομα αὐτοῦ."ᵇ καὶ διὰ τοῦτο τὸ τῆς "υἱοθεσίας
πνεῦμα"ᶜ ἐν τῇ καθολικῇ τοῦ Ἰωάννου ἐπιστολῇ περὶ τῶν ἐκ
θεοῦ γεγεννημένων μεμαθήκαμεν ὅτι "πᾶς ὁ γεγεννημένος ἐκ
τοῦ θεοῦ ἁμαρτίαν οὐ ποιεῖ, ὅτι σπέρμα αὐτοῦ ἐν αὐτῷ μένει·
καὶ οὐ δύναται ἁμαρτάνειν, ὅτι ἐκ τοῦ θεοῦ γεγέννηται."ᵈ


XXII. 3.

εἰ μέντοι νοήσαιμεν, τί ἐστι τὸ "ὅταν προσεύχησθε, λέγετε·
πάτερ,"ᵉ ὅπερ παρὰ τῷ Λουκᾷ γέγραπται, ὀκνήσομεν μὴ
γενόμενοι υἱοὶ γνήσιοι προενέγκασθαι ταύτην τὴν φωνὴν αὐτῷ,
μή ποτε πρὸς τοῖς ἄλλοις ἡμῶν ἁμαρτήμασι καὶ ἀσεβείας
ἐγκλήματι ἔνοχοι γενώμεθα. ὃ δὲ λέγω, τοιοῦτόν ἐστι. φησὶν ἐν
τῇ προτέρᾳ πρὸς Κορινθίους ὁ Παῦλος· "οὐδεὶς δύναται εἰπεῖν·
κύριος Ἰησοῦς, εἰ μὴ ἐν πνεύματι ἁγίῳ," καὶ "οὐδεὶς ἐν πνεύματι
θεοῦ λαλῶν λέγει· ἀνάθεμα Ἰησοῦς," τὸ αὐτὸ ὀνομάζων ἅγιον
πνεῦμα καὶ πνεῦμα "θεοῦ."ᶠ τί δὲ τὸ εἰπεῖν "ἐν πνεύματι
ἁγίῳ" κύριον Ἰησοῦν, οὐ πάνυ ἐστὶ σαφές, προφερομένων τὴν

a    롬 8:15.              d    요일 3:9.
b    요 1:12.              e    눅 11:2.
c    롬 8:15.              f    고전 12:3.

니다."ᵃ 또한 요한복음에서도 "그를 맞아들인 사람들, 곧 그 이름을 믿는 사람들에게는 하나님의 자녀가 되는 특권을 주셨다."ᵇ 또한 이 "자녀로 삼으시는 영"으로 인해,ᶜ 요한의 공동 서신에서 우리는 하나님에게서 난 사람에 대해 다음과 같이 배웠습니다. "하나님에게서 난 사람은 누구나 죄를 짓지 않습니다. 하나님의 씨가 그 사람 속에 있기 때문입니다. 그는 죄를 지을 수 없습니다. 그가 하나님에게서 났기 때문입니다."ᵈ

## XXII. 3.[8]

그러나 누가복음에 기록된 대로 "너희는 기도할 때에 이렇게 말하여라. 아버지"는ᵉ 무슨 뜻인지를 이해한다면, 우리가 참 자녀가 아닌 경우에는, 이 호칭을 그분께 사용하는 것을 주저할 것입니다. 우리가 다른 범죄들에 더하여 불경하기까지 하다는 비난에 빠지게 될 염려가 있기 때문입니다. 내가 말하는 바는 이런 것입니다. 바울은 고린도전서에서 다음과 같이 말합니다. "성령을 힘입지 않고서는 아무도 '예수는 주님이시다' 하고 말할 수 없고, 또 하나님의 영으로 말하는 사람은 아무도 '예수는 저주를 받아라' 하고 말할 수 없습니다."[9]ᶠ 이때 바울은 성령과 하나님의 영을 같은 의미로 사용하

---

8    우리가 하나님을 아버지라 부를 수 있는 것은 우리가 하나님의 참된 자녀라는 것을 의미하며, 위선자들은 성령 안에서 예수를 주라고 부를 수가 없다. 성령이 하나님의 참 자녀를 그리스도와 함께 된 상속자라고 증언하기 때문에, 위선자들은 하나님을 아버지라 부르는 기도를 드릴 수 없다.

9    성경본문과 비교할 때 앞뒤 문장의 순서가 바뀌었다.

φωνὴν ὑποκριτῶν μυρίων καὶ ἑτεροδόξων πλειόνων, ἐνίοτε καὶ δαιμόνων, νικωμένων ὑπὸ τῆς ἐν τῷ ὀνόματι δυνάμεως. οὐδεὶς οὖν τολμήσει τινὰ τούτων ἀποφήνασθαι "ἐν πνεύματι ἁγίῳ" λέγειν κύριον Ἰησοῦν· διόπερ οὐδ᾽ ἂν δειχθεῖεν λέγειν κύριον Ἰησοῦν, μόνων τῶν ἀπὸ διαθέσεως λεγόντων ἐν τῷ δουλεύειν τῷ λόγῳ τοῦ θεοῦ καὶ μηδένα παρὰ τοῦτον ἐν τῷ ὅ τι ποτ᾽ οὖν πράττειν ἀναγορευόντων κύριον τό· "κύριος Ἰησοῦς." εἰ δὲ τοιοῦτοι οἱ λέγοντες· "κύριος Ἰησοῦς," τάχα πᾶς ὁ ἁμαρτάνων, διὰ τοῦ παρανομεῖν ἀναθεματίζων τὸν θεῖον λόγον, διὰ τῶν ἔργων κέκραγεν· "ἀνάθεμα Ἰησοῦς." ὥσπερ οὖν ὁ τοιόσδε λέγει· "κύριος Ἰησοῦς" καὶ ὁ τούτῳ ἐναντίως διακείμενος τὸ "ἀνάθεμα Ἰησοῦς," οὕτως "πᾶς ὁ ἐκ τοῦ θεοῦ γεγεννημένος" καὶ μὴ ποιῶν "ἁμαρτίαν"[a] τῷ σπέρματος μετέχειν θεοῦ, πάσης ἁμαρτίας ἀποτρέποντος, δι᾽ ὧν πράττει λέγει· "πάτερ ἡμῶν ὁ ἐν τοῖς οὐρανοῖς,"[b] αὐτοῦ τοῦ πνεύματος συμμαρτυροῦντος "τῷ πνεύματι" αὐτῶν "ὅτι" εἰσὶ "τέκνα θεοῦ" "καὶ κληρονόμοι" αὐτοῦ "συγκληρονόμοι" τε τοῦ "Χριστοῦ,"[c] ἐπεὶ συμπάσχοντες καὶ συνδοξάζεσθαι[d] ἐλπίζουσιν εὐλόγως. ἵνα δὲ μὴ ἐξ ἡμίσους

a  요일 3:9.
b  마 6:9.
c  롬 8:16-17.
d  참조. 롬 8:17.

고 있습니다. 그런데 성령 안에서 예수를 주님이라고 말하는 것이 무엇을 의미하는지는 그렇게 명확하지 않습니다. 수많은 위선자들과 다수의 이단들, 때로는 심지어 귀신들도, 그 이름의 능력에 압도되어 패배했을 때 이 호칭을 사용하기 때문입니다. 그러므로 아무도 이들 중 누군가가 예수를 주님이라고 할 때 성령 안에서 한 것이라고 감히 주장하지 않을 것입니다. 하나님의 말씀에 종 노릇 하면서 삶을 통해 말하는 사람, 또한 무엇을 하든지 그분 외에 어느 누구도 주님이라고 말하지 않는 사람만이 예수를 주님이라고 진심으로 선언한 것입니다.[10] 그러므로 위에서 예로 든 이들은 예수를 주님이라고 말했다고 받아들일 수 없을 것입니다. 예수를 주님이라고 말하는 사람들이 이러한 자들이라면, 반대로 죄를 범하는 모든 사람은 법을 어겨 신적인 말씀을 저주하면서 자신들의 행위를 통해 "예수는 저주를 받아라." 하고 외친 것이 됩니다. 따라서 예수를 주님이라고 말하지만 [실제로는] 이에 반대되는 상태에 있는 그 사람은 "예수는 저주를 받아라." 하고 말하게 됩니다. 그처럼 "하나님에게서 난 사람은 누구나 죄를 짓지 않"으며 "하나님의 씨"[a]에 참여함으로써 죄를 짓지 아니하고, 모든 죄에서 돌이키고, 자신이 행하는 일을 통해 "하늘에 계신 우리 아버지"라고[b] 말합니다. "성령이 친히" 그들의 "영과 함께, 그들이 "하나님의 자녀", "상속자", "그리스도와 더불어 공동 상속자"임을 증언하십니다.[c] 그들이 함께 고난을 받았으니 또한 함께 영화롭게 될 것이라고[d] 정당하게 바랄 수 있기 때

---

10 『켈수스 반박』 VIII.17.

λέγωσι τὸ "πάτερ ἡμῶν"[a] οἱ τοιοῦτοι, μετὰ τῶν ἔργων καὶ ἡ καρδία, ἡ τῶν καλῶν ἔργων πηγὴ καὶ ἀρχή, πιστεύει "εἰς δικαιοσύνην," οἷς συμφώνως τὸ στόμα ὁμολογεῖ "εἰς σωτηρίαν."[b]

## XXII. 4.

πᾶν οὖν ἔργον αὐτοῖς καὶ λόγος καὶ νόημα, ὑπὸ τοῦ μονογενοῦς[c] λόγου μεμορφωμένα κατ᾽ αὐτόν, μεμίμηται τὴν εἰκόνα "τοῦ θεοῦ τοῦ ἀοράτου"[d] καὶ γέγονε "κατ᾽ εἰκόνα τοῦ κτίσαντος,"[e] ἀνατέλλοντος "τὸν ἥλιον" "ἐπὶ πονηροὺς καὶ ἀγαθοὺς καὶ" βρέχοντος "ἐπὶ δικαίους καὶ ἀδίκους,"[f] ὡς εἶναι ἐν αὐτοῖς "τὴν εἰκόνα τοῦ ἐπουρανίου,"[g] καὶ αὐτοῦ ὄντος εἰκόνος θεοῦ.

[h] "εἰκὼν" οὖν εἰκόνος[i] οἱ ἅγιοι τυγχάνοντες, τῆς εἰκόνος οὔσης υἱοῦ, ἀπομάττονται υἱότητα,[j] οὐ μόνῳ "τῷ σώματι τῆς δόξης"[k] τοῦ Χριστοῦ γινόμενοι σύμμορφοι ἀλλὰ καὶ ὄντι ἐν "τῷ

---

| | | | |
|---|---|---|---|
| a | 마 6:9. | f | 마 5:45. |
| b | 롬 10:10. | g | 고전 15:49. |
| c | 요 1:14, 18. 새번역 | h | 참조 골 1:15; 창 1:26-27. |
| | 성경에서는 "외아들"로 번역한다. | i | 참조 고전 11:7. |
| d | 골 1:15; 참조. 갈 4:19. | j | 참조. 골 1:15. |
| e | 골 3:10. | k | 빌 3:21. |

문입니다. 이러한 자들이 "우리의 아버지"라고[a] 절반만 말하지 않도록, 선한 행실의 샘이자 원천인[11] 마음도 그 행실로써 믿어서 "의에 이르고", 그 행실에 조화되게 입으로 고백해서 "구원에 이르게" 됩니다.[b]


## XXII. 4.[12]

따라서 "홀로 나신"[c] 말씀에 의해, 그분에 따라 형성된 그들의 모든 행동과 말과 생각은 "보이지 않는 하나님의 형상"을[d] 모방하며, "창조하신 분의 형상을 따라"[e] 이루어졌습니다. 그분은 "악한 사람에게나 선한 사람에게나 똑같이 해를 떠오르게 하시고, 의로운 사람에게나 불의한 사람에게나 똑같이 비를 내려주신다."[f] 그래서 "하늘에 속한 그분의 형상"이[g] 그들 안에 있게 하셨습니다. 한편, 그분 자신이 바로 그 "하나님의 형상"이기도 합니다.[h] 따라서 아들이 형상이시므로, 성도들은 형상의 형상[i]이 되어 아들 됨이 각인됩니다.[13][j] 이

---

11  오리게네스는 창 1:26-27을 인간은 하나님의 형상에 따라, 즉 보이지 않는 하나님의 형상인 그리스도에 따라 창조되었다고 해석한다. 참조.『창세기 강해』1.13;『원리론』III.6.1

12  하늘에 계신 아버지를 부르는 자는 죄를 지을 수 없기 때문에, 요한1서에 근거하여 죄를 짓는 자는 마귀에게 속한 자라는 논리가 따라 나온다. 하나님의 씨를 가진 자는 하나님으로부터 태어난 자이며, 마귀의 씨를 가진 자는 죄를 짓는 자로, 하나님의 말씀이 우리의 영혼에 들어올 때 마귀의 일들은 사라지고 하나님의 자녀가 된다. 하늘에 계신 하나님의 이름을 부르는 것은 하나님의 자녀가 되는 전제이다.

13  "각인하다"라는 동사는 조각가가 "무엇인가의 인상을 얻다"라고 할 때 사용된다. 하나님의 자녀라 불리는 자들은 보이지 않는 하나님의 형상이신 하나님의 아들의 형상을 띠게 된다.

σώματι." γίνονται δὲ σύμμορφοι τῷ ἐν "σώματι τῆς δόξης,"
μεταμορφούμενοι "τῇ ἀνακαινίσει τοῦ νοός."[a] εἰ δ' οἱ τοιοῦτοι
δι' ὅλων φασὶ τό· "πάτερ ἡμῶν ὁ ἐν τοῖς οὐρανοῖς,"[b] δηλονότι "ὁ
ποιῶν τὴν ἁμαρτίαν," ὥς φησιν ἐν τῇ καθολικῇ ὁ Ἰωάννης, "ἐκ
τοῦ διαβόλου ἐστὶν, ὅτι ἀπ' ἀρχῆς ὁ διάβολος ἁμαρτάνει."[c] καὶ
ὥσπερ "σπέρμα" τοῦ θεοῦ, ἐν τῷ γεγεννημένῳ "ἐκ τοῦ θεοῦ"
μένον, αἴτιον τοῦ μὴ δύνασθαι "ἁμαρτάνειν" γίνεται τῷ κατὰ
τὸν μονογενῆ λόγον μεμορφωμένῳ·[d] οὕτως ἐν παντὶ τῷ ποιοῦντι
"τὴν ἁμαρτίαν" "σπέρμα" τοῦ διαβόλου ἔνεστιν, ὅσον ἐνυπάρχει
τῇ ψυχῇ, μὴ ἐῶν δύνασθαι κατορθοῦν τὸν ἔχοντα αὐτό. ἀλλ'
ἐπεὶ "εἰς τοῦτο ἐφανερώθη ὁ υἱὸς τοῦ θεοῦ, ἵνα λύσῃ τὰ ἔργα τοῦ
διαβόλου,"[e] δυνατὸν τῇ εἰς τὴν ψυχὴν ἡμῶν ἐπιδημίᾳ τοῦ λόγου
τοῦ θεοῦ, λυθέντων τῶν ἔργων "τοῦ διαβόλου," ἐξαφανισθῆναι
τὸ ἐντεθὲν ἡμῖν "σπέρμα" πονηρὸν, καὶ γενέσθαι ἡμᾶς "τέκνα
τοῦ θεοῦ."[f]


XXII. 5.

μὴ λέξεις τοίνυν νομίσωμεν διδάσκεσθαι λέγειν ἡμᾶς ἔν τινι
ἀποτεταγμένῳ τοῦ εὔχεσθαι καιρῷ· ἀλλ' εἰ συνίεμεν τῶν ἡμῖν

a   롬 12:2.                  d   요일 3:9.
b   마 6:9.                   e   요일 3:8.
c   요일 3:8.                 f   요 3:9-10.

때 성도들은 그리스도의 "영광스러운 몸"과[k] 같은 모양이 될 뿐만 아니라, 그 몸 안에 계신 분과 같이 됩니다.[14] 그들은 "마음을 새롭게 함으로 변화를 받아서"[a] "영광스러운 몸" 안에 계신 분과 같은 모양이 됩니다. 이와 같은 사람이 "하늘에 계신 우리 아버지"라고 온전히 말하는 것이라면,[b] 요한이 공동 서신에서 말한 것처럼, "죄를 짓는 사람은 악마에게 속해 있습니다. 악마는 처음부터 죄를 짓는 자이기 때문입니다."[c] "하나님에게서 난 사람" "속에" 있는 "하나님의 씨가", 홀로 나신 말씀에 따라 변화를 받은 사람에게는, 죄를 짓는 것이 불가능한 이유가 됩니다.[d] 이와 마찬가지로 "죄를 짓는" 모든 사람 안에는 악마의 "씨"가 있어, 그것이 영혼 안에 있는 한, 그 사람을 바로잡을 수 있도록 허용하지 않습니다. 그러나 "하나님의 아들이 나타나신 목적은 악마의 일을 멸하시려는 것"이므로, "악마"의 일이 멸해질 때[e] 하나님의 말씀이 우리의 영혼 안에 머무르게 됨으로써 우리 안에 심겨진 악한 "씨"가 제거되어 우리는 "하나님의 자녀"가 될 수 있습니다.[f]

## XXII. 5.[15]

이제 우리는 정해진 기도 시간에만 이러한 말로 기도하도록 가

---

14  하나님의 자녀들은 그리스도의 영화롭게 된 몸과만 연합하는 것이 아니라, 그 영화롭게 된 몸 안에 계신 그리스도 자신과 연합되고 동화되는 것이다.

15  우리 삶 전체를 통하여 끊임없이 기도해야 하므로, 특정 기도 시간에 상관 없이 언제나 "하늘에 계신 우리 아버지"를 불러야 한다. 하늘나라는 하늘의 형상을 가진 자에게 임하고 그로 인해 하늘에 속하기 때문이다.

προεξετασθέντων εἰς τὸ "ἀδιαλείπτως" προσεύχεσθαι,[a] πᾶς ἡμῶν ὁ βίος "ἀδιαλείπτως" προσευχομένων λεγέτω τό· "πάτερ ἡμῶν ὁ ἐν τοῖς οὐρανοῖς,"[b] "τὸ πολίτευμα" ἔχων οὐδαμῶς ἐπὶ γῆς ἀλλὰ παντὶ τρόπῳ "ἐν οὐρανοῖς,"[c] θρόνοις τυγχάνουσι τοῦ θεοῦ[d] διὰ τὸ ἱδρῦσθαι τὴν τοῦ θεοῦ βασιλείαν ἐν πᾶσι τοῖς φοροῦσι "τὴν εἰκόνα τοῦ ἐπουρανίου"[e] καὶ διὰ τοῦτο γενομένοις ἐπουρανίοις.

## XXIII. 1.

Ἐπὰν <δὲ> λέγηται ὁ πατὴρ τῶν ἁγίων εἶναι "ἐν τοῖς οὐρανοῖς,"[f] οὐ περιγεγράφθαι αὐτὸν σχήματι σωματικῷ ὑποληπτέον καὶ "ἐν οὐρανοῖς" κατοικεῖν, ἐπεί τοι περιεχόμενος ἐλάττων τῶν οὐρανῶν ὁ θεὸς εὑρεθήσεται, περιεχόντων αὐτὸν τῶν οὐρανῶν· δέον τῇ ἀφάτῳ δυνάμει τῆς θεότητος αὐτοῦ πεπεῖσθαι περιέχεσθαι καὶ συνέχεσθαι τὰ πάντα ὑπ᾽ αὐτοῦ. καὶ καθολικῶς τὰς ὅσον ἐπὶ τῷ ῥητῷ λέξεις, τὰς νομιζομένας τοῖς ἁπλουστέροις ἐν τόπῳ φάσκειν εἶναι τὸν θεόν, μεταληπτέον πρεπόντως ταῖς μεγάλαις καὶ πνευματικαῖς ἐννοίαις περὶ θεοῦ, οἷαί εἰσιν ἐν τῷ κατὰ

a   살전 5:17.              d   참조. 사 66:1.
b   마 6:9.                e   고전 15:49.
c   빌 3:20.               f   참조. 마 6:9.

르침 받았다고 생각하지 맙시다. 우리가 "끊임 없이" 기도하는 것과[a] 관련하여 위에서 말한 것을[16] 이해한다면, 끊임 없이 기도하는 우리의 삶 전체가 "하늘에 계신 우리 아버지"라고 기도해야 합니다.[b] 우리 삶의 "시민권"은 결코 땅에 있지 않고 모든 면에서 "하늘에"[c] 있습니다. 그리고 그 하늘에는 하나님의 보좌들이[17d] 있습니다. "하늘에 속한 그분의 형상"을 지니고 이를 통해 하늘에 속하게 된 모든 사람 안에서[e] 하나님의 통치가 세워지기 때문입니다.

## XXIII. 1.[18]

성도들의 "아버지"가 "하늘에 계신"다고 말해질 때,[f] 우리는 그분이 물리적인 형체로 둘러싸여 있고, 하늘에 거하신다고 가정해서는 안 됩니다. 실제로 그분이 싸여 있는 것이라면, 하늘이 둘러싸고 있으므로, 하나님이 하늘보다 더 작은 분으로 발견될 것이기 때문입니다. 오히려 그분의 신성의 말할 수 없는 능력으로, 만물은 그분에 의해 둘러싸여 있고 함께 붙들려 있다고 확신하는 것이 마땅합니다.[19] 일반적으로 말해서, 문자적으로 볼 때 하나님이 어떤 장소에 계신다고 단순한 자들이 생각하는 그 표현들은 하나님에 대한 크고

---

16  참조. XII.2.
17  참조.『창세기 강해』1.2.
18  "하늘에 계신"을 장소적으로 이해하여 신성이 하늘에만 있다는 견해를 경계한다. 문자적 이해에 근거하여 영적인 의미를 찾아야 할 필요가 여기에 있다. 이를 위해 요 13장의 예수와 제자들의 대화가 나온다.
19  클레멘스,『양탄자』II.6.1-3.

Ἰωάννην αὗται· "πρὸ δὲ τῆς ἑορτῆς τοῦ πάσχα εἰδὼς ὁ Ἰησοῦς

ὅτι ἦλθεν αὐτοῦ ἡ ὥρα, ἵνα μεταβῇ ἐκ τοῦ κόσμου τούτου πρὸς

τὸν πατέρα, ἀγαπήσας τοὺς ἰδίους τοὺς ἐν τῷ κόσμῳ, εἰς τέλος

ἠγάπησεν αὐτούς"·[a] καὶ μετ' ὀλίγα· "εἰδὼς ὅτι πάντα ἔδωκεν

αὐτῷ ὁ πατὴρ εἰς τὰς χεῖρας, καὶ ὅτι ἀπὸ θεοῦ ἐξῆλθε καὶ πρὸς

θεὸν ὑπάγει,"[b] καὶ μεθ' ἕτερα· "ἠκούσατε ὅτι ἐγὼ εἶπον ὑμῖν·

ὑπάγω καὶ ἔρχομαι πρὸς ὑμᾶς. εἰ ἠγαπᾶτέ με, ἐχάρητε ἂν ὅτι

πορεύομαι πρὸς τὸν πατέρα"·[c] καὶ πάλιν μεθ' ἕτερα· "νῦν δὲ

ὑπάγω πρὸς τὸν πέμψαντά με, καὶ οὐδεὶς ἐξ ὑμῶν ἐρωτᾷ με·

ποῦ ὑπάγεις;"[d] εἰ γὰρ ταῦτα τοπικῶς ἐκδεκτέον, δῆλον ὅτι καὶ

τὸ "ἀπεκρίθη ὁ Ἰησοῦς καὶ εἶπεν ⸢αὐτοῖς⸣· ἐάν τις ἀγαπᾷ με, τὸν

λόγον μου τηρήσει, καὶ ὁ πατήρ μου ἀγαπήσει αὐτόν, καὶ πρὸς

αὐτὸν ἐλευσόμεθα καὶ μονὴν παρ' αὐτῷ ποιησόμεθα."[e]

a   요 13:1.
b   요 13:3.
c   요 14:28.
d   요 16:5.
e   요 14:23.

영적인 개념에 어울리는 방식으로 이해되어야만 합니다.[20] 요한복음에 나오는 다음과 같은 말씀이 그런 크고 영적인 개념에 해당합니다: "유월절 전에 예수께서는 자기가 이 세상을 떠나서 아버지께로 가야 할 때가 된 것을 아시고, 세상에 있는 자기 사람들을 사랑하시되, 끝까지 사랑하셨다."[a] 그리고 조금 뒤에는 "아버지께서 모든 것을 자기 손에 맡기신 것과 자기가 하나님으로부터 왔다가 하나님께로 돌아간다는 것을 아시고"[b]라고 나와 있고, 한참 뒤에는 "너희는 내가 갔다가 너희에게로 다시 온다고 한 내 말을 들었다. 너희가 나를 사랑한다면, 내가 아버지께로 가는 것을 기뻐했을 것이다"[c]라고 나오고, 다시 한참 뒤에는 "나는 지금 나를 보내신 분에게로 간다. 그런데 너희 가운데서 아무도 나더러 어디로 가느냐고 묻는 사람이 없다"[d]라고 나옵니다. 만일 이러한 말씀이 장소적으로 이해되어야 한다면, 다음 말씀도 분명히 장소적으로 이해되어야만 합니다. "예수께서" 그들에게 "대답하여 말씀하셨다. '누구든지 나를 사랑하는 사람은 내 말을 지킬 것이다. 그리하면 내 아버지께서 그 사람을 사랑하실 것이요, 우리가 그 사람에게로 가서 그 사람 곁에 거처를 만들 것이다.'"[e]

---

20 신자들을 문자적인 성경 이해에서 영적인 이해로 이끌고 있다.

οὐχὶ δέ γε ταῦτα τοπικῆς μεταβάσεως νοουμένης περὶ τὸν

πατέρα καὶ τὸν υἱὸν πρὸς τὸν ἀγαπῶντα τὸν λόγον τοῦ Ἰησοῦ

γίνεται, οὐδ' ἄρα τοπικῶς ταῦτα ἐκδεκτέον· ἀλλ' ὁ λόγος τοῦ

θεοῦ, ἡμῖν συγκαταβαίνων καὶ ὡς πρὸς τὴν ἰδίαν ἀξίαν, ὅτε παρὰ

ἀνθρώποις ἐστὶ, ταπεινούμενος,ᵃ μεταβαίνειν λέγεται "ἐκ τοῦ

κόσμου τούτου πρὸς τὸν πατέρα,"ᵇ ὅπως καὶ ἡμεῖς ἐκεῖθι τέλειον

αὐτὸν θεασώμεθα, ἀπὸ τῆς παρ' ἡμῖν κενότητος, ἣν "ἐκένωσεν

ἑαυτὸν,"ᶜ ἐπὶ "τὸ" ἴδιον "πλήρωμα"ᵈ παλινδρομοῦντα· ἔνθα καὶ

ἡμεῖς, αὐτῷ ὁδηγῷ χρώμενοι, πληρωθέντεςᵉ πάσης κενότητοςᶠ

ἀπαλλαγησόμεθα. ἀπιέτω τοίνυν "πρὸς τὸν πέμψαντα"ᵍ αὐτὸν

ἀφεὶς τὸν κόσμον ὁ τοῦ θεοῦ λόγος, καὶ "πρὸς τὸν πατέρα"

πορευέσθω.ʰ καὶ τὸ ἐπὶ τέλει δὲ τοῦ κατὰ Ἰωάννην εὐαγγελίου·

"μή μου ἅπτου· οὔπω γὰρ ἀναβέβηκα πρὸς τὸν πατέρα ⌜μου⌝"ⁱ

μυστικώτερον νοῆσαι ζητήσωμεν· τῆς ἀναβάσεως "πρὸς τὸν

πατέρα" τοῦ υἱοῦ θεοπρεπέστερον μετὰ ἁγίας τρανότητος ἡμῖν

νοουμένης, ἥντινα ἀνάβασιν νοῦς μᾶλλον ἀναβαίνει σώματος.

a  참조. 빌 2:8.      f  참조. 빌 2:7.

b  요 13:1.           g  요 16:5.

c  빌 2:7.            h  요 13:1.

d  골 1:19, 참조. 골 2:9; 엡 1:23.      i  요 20:17.

e  참조. 골 2:10.

XXIII. 2.²¹

이 말씀은 적어도 아버지와 아들이, 예수의 말씀을 사랑하는 이에게로 장소적으로 이동하신다는 것을 염두에 두고 하신 것은 아닙니다. 따라서 이것을 장소적으로 받아들여서는 안 됩니다.²² 오히려 하나님의 말씀이 우리에게로 내려오셔서 사람들 가운데 계실 때에, 그분은 자신의 고유한 지위에 어울리지 않게 낮추셨으므로,ᵃ "이 세상을 떠나서 아버지께로 간다"고 말해집니다.ᵇ 이것은 그분이 "자기를 비워서"ᶜ 우리 곁에 계실 때의 그 비움으로부터 자신의 "충만함"으로ᵈ 되돌아가실 때에, 우리도 거기에서 그분을 온전하게 보도록 하기 위함입니다. 이때 우리도 그분을 길라잡이로 삼아 충만해지고ᵉ 모든 비움의ᶠ 상태에서 벗어나게 될 것입니다. 자, 그러므로 하나님의 말씀이 세상을 떠나 자기를 "보내신 분"에게로 가게 하십시오.ᵍ "아버지께로" 가게 하십시오.ʰ 요한복음의 끝 부분에 이런 말씀이 있습니다: "내게 손을 대지 말아라. 내가 아직 나의 아버지께로 올라가지 않았다."ⁱ 이것을 신비적으로 이해하도록 시도합시다. 아들의 "아버지께로" 올라감을 하나님에게 어울리는 방식으로, 거룩한 통찰로 생각한다면, 그것은 몸이 아니라 정신의 올라감을 뜻하는 것임을 알 수 있을 것입니다.

---

21  아버지께로 간다는 것은 육체적 방식이 아니라 영적인 방식으로 이루어진다고 간단명료하게 설명한다.

22  참조. 클레멘스, 『양탄자』 VII.5.5; 오리게네스, 『요한복음 주해』 XX.18.152-159; 『켈수스 반박』 IV.5; IV.12.

ταῦτα ἡγοῦμαι <ἀναγκαίως> συνεξητακέναι τῷ "πάτερ ἡμῶν

ὁ ἐν τοῖς οὐρανοῖς"[a] ὑπὲρ τοῦ ταπεινὴν περὶ θεοῦ ὑπόληψιν

τῶν νομιζόντων αὐτὸν εἶναι τοπικῶς "ἐν οὐρανοῖς" περιελεῖν

καὶ μὴ ἐάν τινα ἐν σωματικῷ τόπῳ εἶναι τὸν θεὸν (ἐπεὶ τούτῳ

ἀκόλουθόν ἐστι καὶ σῶμα αὐτὸν εἶναι) λέγειν, ᾧ ἕπεται

δόγματα ἀσεβέστατα, τὸ διαιρετὸν καὶ ὑλικὸν καὶ φθαρτὸν

αὐτὸν εἶναι ὑπολαμβάνειν· πᾶν γὰρ σῶμα διαιρετόν ἐστι καὶ

ὑλικὸν καὶ φθαρτόν· ἢ λεγέτωσαν ἡμῖν μὴ κενοπαθοῦντες

ἀλλὰ τρανῶς καταλαμβάνειν φάσκοντες, πῶς οἷόν τε ἐστὶν

ἑτέρας <εἶναι> φύσεως παρὰ τὴν ὑλικήν. ἐπεὶ δὲ καὶ πρὸ

τῆς σωματικῆς Χριστοῦ ἐπιδημίας γραμμάτων πολλὰ τὸ

ἐν σωματικῷ τόπῳ εἶναι τὸν θεὸν λέγειν δοκεῖ, οὐκ ἄτοπόν

μοι φαίνεται ὀλίγα κἀκείνων παραθέσθαι ὑπὲρ τοῦ πάντα

περισπασμὸν ἀφελεῖν ἀπὸ τῶν διὰ τὸν ἰδιωτισμὸν τὸ ὅσον ἐπ᾽

αὐτοῖς μικρῷ καὶ βραχεῖ τόπῳ ἐμπεριλαμβανόντων τὸν ἐπὶ

πάντων θεόν. καὶ πρῶτόν γε ἐν τῇ Γενέσει "Ἀδὰμ" καὶ Εὔα,

φησὶν, "ἤκουσαν ⸌τῆς φωνῆς⸍ κυρίου τοῦ θεοῦ περιπατοῦντος

⸌τὸ δειλινὸν ἐν τῷ παραδείσῳ⸍· καὶ ἐκρύβησαν ὅ τε Ἀδὰμ

a 마 6:9.

## XXIII. 3.[23]

하나님이 장소적으로 "하늘에" 계신다고 생각하는 사람들의 하나님에 대한 저속한 생각을 제거하기 위해, 또한 누구라도 하나님이 물리적인 장소에 계신다고 말하는 것을 허용하지 않기 위해 (이로부터 그분이 몸이라는 것이 따라 나오게 되기 때문입니다)[24], "하늘에 계신 우리 아버지"라는 구절과 이것들을 연결시켜 연구하는 것이 필요하다고[25] 나는 생각합니다.[a] 이로부터 가장 불경한 교리, 즉 그분은 나눌 수 있고 물질적이며 썩을 수 있다고 생각하는 것이 따라 나옵니다. 왜냐하면 모든 몸은 나눌 수 있고, 물질적이며, 썩을 수 있기 때문입니다.[26] 그렇지 않다면, 그들이 헛된 망상에 빠지지 않고 분명히 이해하였다고 주장하는 바에 따라, 그분이 어떻게 물질이 아닌 다른 본성에 속할 수 있는지 우리에게 말하게 하십시오. 한편, 그리스도께서 육체로 오시기 전에도 성경의 많은 부분은 하나님이 물리적인 장소에 계신다고 말하는 것처럼 보입니다. 그러므로 할 수 있는 한, 자신들의 독특한 경험을 근거로, 그들이 만물 위에 계신 하나님을 작고 좁은 장소에 제한시키려 할 때, 그들의 완전히 산만해진 마음을 제거하기 위하여 그 성경 구절 중 일부를 인용

---

23 창세기에서 하나님이 에덴동산에서 거니시는 장면을 문자적으로 이해할 수 없는 것은 하나님은 공간에 제한되신 분이 아니기 때문이며, 만약 그렇다면 아담에게 "네가 어디 있느냐"는 질문을 던질 수도 없을 것이기 때문이다.
24 참조.『창세기 주해』1.13;『켈수스 반박』III.75; VI.70-71(스토아철학의 유물론 비판); VIII.49(하나님은 결코 육체가 아니다).
25 Anglus는 ἡγοῦμαι를 ἡγοῦμαι ⟨ἀναγκαίως⟩로 읽을 것을 제안하였는데, 이 견해를 받아들여 원문에 반영하고 번역하였다(Stritzky, *Origenes Über das Gebet*,189 n. 205).
26 참조. 아리스토텔레스,『분석론』I.1.268 a 7.

καὶ ἡ γυνὴ αὐτοῦ ἀπὸ προσώπου κυρίου τοῦ θεοῦ ἐν μέσῳ τοῦ ξύλου τοῦ παραδείσου."[a] ἐροῦμεν πρὸς τοὺς εἰς τοὺς θησαυροὺς τῆς λέξεως ἐλθεῖν μὴ βουλομένους ἀλλὰ μηδὲ τὴν ἀρχὴν κρούοντας "τὴν θύραν"[b] αὐτῆς, εἰ δύνανται παραστῆσαι κύριον τὸν θεόν, τὸν πληροῦντα "τὸν οὐρανὸν καὶ τὴν γῆν,"[c] τὸν, ὡς αὐτοὶ ὑπολαμβάνουσι, σωματικώτερον "οὐρανῷ" θρόνῳ χρώμενον καὶ "τῇ γῇ" ὑποποδίῳ "τῶν ποδῶν αὐτοῦ,"[d] ὑπὸ οὕτω βραχέος συγκρίσει τοῦ παντὸς οὐρανοῦ καὶ τῆς γῆς περιέχεσθαι τόπου, ὥστε ὃν ὑπολαμβάνουσι σωματικὸν παράδεισον μὴ ἐκπληροῦσθαι ὑπὸ τοῦ θεοῦ ἀλλὰ τοσούτῳ αὐτοῦ εἶναι τῷ μεγέθει μείζονα, ὡς καὶ περιπατοῦντα χωρεῖν αὐτόν, ἀκουομένης "⸀φωνῆς⸀"[e] ἀπὸ τῆς βάσεως τῶν ποδῶν αὐτοῦ. ἔτι δὲ κατ' ἐκείνους ἀτοπώτερον τὸ αἰδουμένους τὸν θεὸν διὰ τὴν παράβασιν τὸν Ἀδὰμ καὶ τὴν Εὔαν κρύπτεσθαι "ἀπὸ προσώπου τοῦ θεοῦ ἐν μέσῳ τοῦ ξύλου τοῦ παραδείσου." οὐδὲ γὰρ λέγεται ὅτι οὕτως ἠθέλησαν κρύπτεσθαι, ἀλλ' ὄντως "ἐκρύβησαν." πῶς δὲ κατ' αὐτοὺς πυνθάνεται τοῦ Ἀδὰμ ὁ θεὸς λέγων· "ποῦ εἶ;"[f]

a   창 3:8.
b   참조. 눅 13:25.
c   렘 23:24.

d   마 5:34-35; 참조. 사 66:1.
e   창 3:8.
f   창 3:9.

하는 것이 내가 보기에는 이상한 일이 아닙니다. 먼저 창세기에서 성경은 말합니다. "아담과 하와는 날이 저물 때에 주 하나님이 동산을 거니시는 소리를 들었다. 아담과 그의 아내는 주 하나님의 낯을 피하여서 동산 나무 사이에 숨었다."[a] 말의 풍성한 창고로 들어가기를 원하지 않고, 첫 "문"도 두드리지 않는 자들에게[b] 우리는 물어볼 것입니다. '"하늘과 땅" 어디에나 있는 주 하나님이,[c] 그들의 생각대로 표현하자면, 물리적으로 "하늘"을 보좌로, "땅"을 "발을 놓으시는" 발판으로 사용하는 그분이[d] 모든 하늘과 땅과 비교할 때 그렇게 협소한 장소에 갇혀 있어서, 물리적인 낙원이 하나님에 의해 채워지는 것이 아니라, 하나님이 거니시는 "소리"가 들리면[e] 걸어가시는 그분에게 낙원이 자리를 내어드리는 만큼, 낙원이 그분보다 크기가 더 크다라고 생각하는 일이 가능한가?'[27] 그들에 따르면 범죄함으로 아담과 하와가 "하나님의 낯을 피하여서 동산 나무 사이에 숨었다"라는 말은 더더욱 이상합니다. 그들이 그토록 '숨기를 원했다'고 말해진 것이 아니라, 오히려 실제로 "숨었다"라고 말해지기 때문입니다. 또 그들의 표현대로 하자면, 하나님이 어떻게 아담에게 "네가 어디에 있느냐?"[f]라고 말씀하시면서 물어보실 수 있겠습니까?[28]

27 참조. 『원리론』 IV.3.1.
28 낙원이 하나님보다 더 크다면, 아담과 하와가 숨었으므로, 하나님은 그들을 찾지도 못하고 질문도 못해야 마땅하지 않겠는가? 그런데 하나님께서 숨어 있는 아담에게 말을 거시며 질문을 하고 계시니 그들의 말은 모순적이라고 할 수밖에 없다.

περὶ τούτων δὲ ἐπὶ πλεῖον διειλήφαμεν, ἐξετάζοντες τὰ εἰς τὴν Γένεσιν· πλὴν καὶ νῦν ἵνα μὴ τέλεον παρασιωπήσωμεν τὸ τηλικοῦτον πρόβλημα, αὐτάρκως ἀναμνησθησόμεθα τοῦ "ἐνοικήσω ἐν αὐτοῖς καὶ ἐμπεριπατήσω"[a] ἐν αὐτοῖς, λεγομένου ἐν Δευτερονομίῳ ὑπὸ τοῦ θεοῦ. ὁποῖος γὰρ αὐτοῦ ὁ περίπατος ἐν τοῖς ἁγίοις, τοιοῦτός τις καὶ ὁ ἐν τῷ παραδείσῳ, κρυπτομένου θεὸν καὶ φεύγοντος τὴν ἐπισκοπὴν αὐτοῦ καὶ ἀφισταμένου τῆς παρρησίας[b] παντὸς τοῦ ἁμαρτάνοντος· οὕτω γὰρ καὶ "Κάϊν ἐξῆλθεν ἀπὸ προσώπου τοῦ θεοῦ καὶ ᾤκησεν ἐν γῇ Ναῒδ κατέναντι Ἐδέμ."[c] ὡς οὖν ἐν τοῖς ἁγίοις ἐνοικεῖ, οὕτως καὶ ἐν οὐρανῷ, ἤτοι παντὶ ἁγίῳ καὶ φοροῦντι "τὴν εἰκόνα τοῦ ἐπουρανίου"[d] ἢ τῷ Χριστῷ, ἐν ᾧ εἰσι πάντες οἱ σῳζόμενοι "φωστῆρες"[e] καὶ ἀστέρες τοῦ οὐρανοῦ,[f] ἢ καὶ διὰ τοὺς ἐν οὐρανῷ ἁγίους κατοικεῖ <ἐκεῖ κατὰ> τὸ εἰρημένον· "πρὸς σὲ ἦρα τοὺς

| | |
|---|---|
| a  실제론 고후 6:16. 참조. 신 23:14,<br>레 26:12, 겔 37:27. | d  고전 15:49. |
| | e  빌 2:15. |
| b  참조. 히 10:35. | f  참조. 계 1:20, 창 1:14, 16, 지혜서 13:2. |
| c  창 4:16. | |

XXIII. 4.[29]

우리는 창세기에 관해 연구하면서[30] 이것들에 대해 더 상세히 다룬 바 있습니다. 그러나 지금은 그처럼 큰 문제에 대해 완전히 침묵하고 지나지 않고 신명기에서 하나님이 하신 말씀을 기억하는 것으로 만족할 것입니다. 신명기에서 하나님은 "내가 그들 가운데서 살며, 그들 가운데로 다닐 것이다"라고 말씀하셨습니다.[31a] 하나님은 성도들 가운데 행하시는 것과 같은 방식으로 동산에서도 행하십니다. 죄를 지은 모든 자는 하나님에게서 자신을 숨기고, 하나님의 살피심을 피하고, 담대함을 잃어버리기 때문입니다.[b] 예를 들면, "가인은 주님 앞을 떠나서 에덴의 동쪽 놋 땅에서 살았"습니다.[c] 그러므로 그분은 성도들 가운데 거하시는 것처럼 하늘, "하늘에 속한 그분의 형상"을 지닌 모든 성도,[32d] 또는 그리스도 안에 거하십니다. 그리스도 안에는 모든 구원받는 하늘의 "빛"[e]과 별이 있습니다.[f] 또는 하늘에 있는 성도들 때문에 하나님은, 다음 말씀에 따르면, 하늘에 거하십니다. "하늘에 거하시는 주님, 내가 눈을 들어 주님을 우러러봅니

---

29  다양한 방법을 통해 하나님을 공간적으로 이해해서는 안 된다는 것을 보여주고, 여러 성경구절을 인용하여 이러한 주장을 뒷받침한다. 성경해석에서 하늘과 땅을 포함하는 구절들의 문자적 의미와 그 안에 존재하는 영적인 의미를 두루 살펴야 한다고 강조한다.
30  단편으로만 전해지는 『창세기 주해』를 말하며, 『기도론』의 저작 연대를 추정할 수 있도록 돕는다. 오리게네스는 창 1:1-5:1까지 13권의 주해서를 썼는데, 처음 8권은 알렉산드리아에서, 나머지는 카이사레아 이주 초기에 쓰여졌다. 이는 『기도론』을 쓰기 전에 완성되었다. 그는 『기도론』을 쓰기 전에 낙원 이야기에 대한 주해서 본문을 앞에 두고 있었을 것이다.
31  『마태복음 주해』 X.15와 같이 신명기 23:14가 아니라 고후 6:16에 따라 성경을 인용한다.
32  참조. 클레멘스, 『예언 시선집』 52.1.

ὀφθαλμούς μου, τὸν κατοικοῦντα ἐν τῷ οὐρανῷ."[a] καὶ τὸ ἐν

τῷ Ἐκκλησιαστῇ δέ· "μὴ ⸢σπεύσῃς ἐξενεγκεῖν⸣ λόγον πρὸ

προσώπου τοῦ θεοῦ· ὅτι ὁ θεὸς ἐν τῷ οὐρανῷ ἄνω, καὶ σὺ ἐπὶ

γῆς ⸢κάτω⸣"[b] διάστημα βούλεται δηλῶσαι ἀπὸ τῶν ὄντων ἐν τῷ

σώματι "τῆς ταπεινώσεως"[c] ἕως τοῦ παρὰ τοῖς ὑψουμένοις ὑπὸ

τῆς ὠφελείας καὶ τοῦ λόγου ἀγγέλοις καὶ δυνάμεσιν ἁγίαις ἢ

αὐτῷ τῷ Χριστῷ. οὐ γὰρ ἄτοπον αὐτὸν μὲν εἶναι κυρίως θρόνον

τοῦ πατρός,[d] ἀλληγορικώτερον οὐρανὸν καλούμενον, τὴν δὲ

ἐκκλησίαν αὐτοῦ γῆν ὀνομαζομένην "ὑποπόδιον" τυγχάνειν "τῶν

ποδῶν αὐτοῦ."[e]


## XXIII. 5.

προστεθείκαμεν δὴ ὀλίγα καὶ τῆς παλαιᾶς διαθήκης ῥητὰ,

νομιζόμενα ἐν τόπῳ παριστάνειν τὸν θεὸν, ὑπὲρ τοῦ πάντοθεν

κατὰ τὴν διδομένην ἡμῖν δύναμιν πεῖσαι τὸν ἐντυγχάνοντα

ὑψηλότερον καὶ πνευματικώτερον ἀκούειν τῆς θείας γραφῆς,

ὅταν δοκῇ ἐν τόπῳ διδάσκειν εἶναι τὸν θεόν. ἔπρεπε δὲ ταῦτα

συνεξετασθῆναι τῷ "πάτερ ἡμῶν ὁ ἐν τοῖς οὐρανοῖς,"[f] οἱονεὶ

---

a  시 122:1(시 123:1).                    시 44:7(시 45:6).

b  전 5:1(70인역; 전 5:2).              e  마 5:35; 사 66:1.

c  빌 3:21.                                 f  마 6:9.

d  참조. 마 5:34; 사 66:1; 히 1:8;

다."[a] 한편, 전도서에는 이렇게 적혀 있습니다. "하나님 앞에서 말을 꺼낼 때에", 함부로 입을 열지 말아라. "하나님은" 위로 "하늘에 계시고, 너는" 아래로 "땅 위에 있다."[b] 이것은 "비천한" 몸[c] 안에 거하는 이들과 말씀의 도움을 받아 높아진 천사들, 거룩한 능력들,[33] 또는 그리스도 자신 곁에 있는 이들 사이의 간격을 보여주려는 것입니다. 풍유적으로는(ἀλληγορικώτερον) 하늘이라고 불리는데, 사실은 그리스도께서 아버지의 "보좌"인 반면,[d] 땅이라고 불리는 그리스도의 교회가 "발 받침대"라는 것은 이상한 일이 아닙니다.[e]

## XXIII. 5.[34]

우리는 하나님을 어떤 장소와 연관시켜 묘사하는 것으로 생각되는 구약의 몇 구절을 추가해서 설명했습니다. 이는 하나님이 어떤 장소에 계신다고 가르치는 것처럼 보일 때, 읽는 자들이 더 고상하고 영적으로 그 말씀을 듣도록, 우리에게 주어진 능력을 따라 모든 방법을 다해 설득하기 위함이었습니다. 이러한 구절들이 "하늘에 계신 우리 아버지"라는[f] 구절과 관련하여 함께 연구되는 것은 언제나 적절합니다. 이 구절은 하나님의 존재를 모든 생겨난 것들과 구별하고 있습니다. 하나님은 그들에게 [자신을] 나누어주지 않더라도,

---

33  참조.『요한복음 주해』I.31.217-8; ; I.35.255-258;『원리론』II.4.1.
34  주님의 기도 첫 어구는 하나님의 존재가 모든 생겨난 것으로부터 구별되어야 한다는 것을 보여준다.

ἀφιστάντι τὴν οὐσίαν τοῦ θεοῦ ἀπὸ πάντων τῶν γεννητῶν· οἷς γὰρ οὐ κοινωνεῖ, αὐτοῖς δόξα τις θεοῦ καὶ δύναμις αὐτοῦ, καὶ, ἵν' οὕτως εἴπω, ἀπορροὴ τῆς θεότητος ἐγγίνεται αὐτοῖς.[a]

a    참조. 지혜서 7:25.

하나님의 영광과 능력의 어떤 부분을 나누어주십니다. 말하자면, 신성의 흘러 넘침이 이들에게 일어납니다.[35a]

---

35 참조. IX.2; XXIV.4; 플라톤, 『파이드로스』 251b; 플로티노스, 『엔네아데스』 II.3.2; 클레멘스, 『이교도를 위한 권고』 68.2; 『양탄자』 V.87.4-88.3.

## XXIV. 1.

"Ἁγιασθήτω τὸ ὄνομά σου."[a] ὅτε μὲν παρίστησι τὸ μὴ γεγονέναι πω, περὶ οὗ εὔχεται, ὁτὲ δὲ τούτου τυχὼν τὸ μὴ παραμένειν αὐτὸ καὶ τηρεῖσθαι ἀξιοῖ, φανερὸν ὅσον ἐπὶ τῇ λέξει ἐνταῦθα, ὡς μηδέπω ἁγιασθέντος τοῦ ὀνόματος τοῦ πατρὸς, κελεύεσθαι λέγειν ἡμᾶς κατά γε τὸν Ματθαῖον καὶ τὸν Λουκᾶν τό· "ἁγιασθήτω τὸ ὄνομά σου." καὶ πῶς, εἴποι τις ἄν, ἄνθρωπος ἀξιοῖ ἁγιάζεσθαι "τὸ ὄνομα" τοῦ θεοῦ ὡς μὴ ἡγιασμένον; τί "τὸ ὄνομα" τοῦ πατρὸς καὶ τί τὸ ἁγιάζεσθαι αὐτὸ, κατανοήσωμεν.

## XXIV. 2.

"ὄνομα" τοίνυν ἐστὶ κεφαλαιώδης προσηγορία τῆς ἰδίας

a    마 6:9; 눅 11:2.

# 당신의 이름이 거룩하게 하소서(XXIV)

## XXIV. 1.[1]

"당신의 이름이 거룩하게 하소서."[a] 기도하는 이는 전혀 일어나지 않았거나, 일어났지만 지속되거나 보존되지 않는다고 생각하는 것에 대해서 기도합니다.[2] 아버지의 이름이 전혀 거룩해지지 않았기 때문에, 마태복음과 누가복음에 나오는 구절에 따라 우리가 "당신의 이름이 거룩하게 하소서"라고 말하도록 명령을 받고 있음이 분명합니다. 그러나 누군가가 이렇게 말할 수 있을 것입니다. '어떻게 인간이 하나님의 이름이 거룩했던 적이 없는 것처럼 거룩하게 될 수 있다고 생각할 수 있는가?' 아버지의 "이름"은 무슨 뜻이고, 그것이 거룩하게 된다는 것은 무슨 의미인지를 자세히 생각해 보기로 합시다.[3]

## XXIV. 2.[4]

자, "이름"을 먼저 살펴보자면, 이는 그렇게 불리는 이의 고유한 성

---

1 주님의 기도의 첫 번째 간구이며, 먼저 하나님의 이름이 거룩하지 않기 때문에 이렇게 기도해야 하느냐는 질문을 던지고, 앞으로 하나님의 이름이 무엇이고, 그 이름이 거룩하게 되어야 한다는 의미가 무엇인지를 다루겠다고 알린다.
2 클레멘스, 『양탄자』 VII.39.3-4; VII.44.3: 기독교 영지자는 영혼과 관련된 실제적인 선을 계속 지니도록 기도한다.
3 참조. IX.2; XXIV.4.
4 이름에 따라 그 대상이 지니는 고유한 특성이 존재하는데, 사람의 이름은 경우에 따라 그 특성이 바뀌어 이름이 바뀌기도 하지만, 하나님은 불변하시므로 그 이름 역시 바뀌지 않는다.

ποιότητος τοῦ ὀνομαζομένου παραστατική· οἷόν ἐστι τὶς ἰδίᾳ

ποιότης Παύλου τοῦ ἀποστόλου, ἡ μέν τις τῆς ψυχῆς, καθ' ἣν

τοιάδε ἐστὶν, ἡ δέ τις τοῦ νοῦ, καθ' ἣν τοιῶνδέ ἐστι θεωρητικὸς,

ἡ δέ τις τοῦ σώματος αὐτοῦ, καθ' ἣν τοιόνδε ἐστί. τὸ τοίνυν

τούτων τῶν ποιοτήτων ἴδιον καὶ ἀσυντρόχαστον πρὸς ἕτερον

(ἄλλος γάρ τις ἀπαράλλακτος Παύλου ἐν τοῖς οὖσιν οὐκ ἔστι)

δηλοῦται διὰ τῆς "Παῦλος" ὀνομασίας. ἀλλ' ἐπὶ ἀνθρώπων,

οἱονεὶ ἀλλασσομένων τῶν ἰδίων ποιοτήτων, ὑγιῶς κατὰ τὴν

γραφὴν ἀλλάσσεται καὶ τὰ ὀνόματα· μεταβαλούσης γὰρ τῆς

τοῦ "Ἀβρὰμ" ποιότητος, ἐκλήθη "Ἀβραάμ,"[a] καὶ τῆς τοῦ

Σίμωνος, ὁ "Πέτρος"[b] ὠνομάσθη, καὶ τῆς τοῦ διώκοντος τὸν

Ἰησοῦν "Σαοὺλ," προσηγορεύθη ὁ "Παῦλος."[c] ἐπὶ δὲ θεοῦ,

ὅστις αὐτός ἐστιν ἄτρεπτος καὶ ἀναλλοίωτος ἀεὶ τυγχάνων,

ἕν ἐστιν ἀεὶ τὸ οἱονεὶ καὶ ἐπ' αὐτοῦ ὄνομα, τὸ "<ὁ> ὤν"[d] ἐν

τῇ Ἐξόδῳ εἰρημένον ἤ τι οὕτως ἂν λεχθησόμενον. ἐπεὶ οὖν

a  창 17:5.                    c  행 9:4-5.; 13:9.
b  막 3:16, 요 1:42; 참조. 마 10:2;    d  출 3:14
   16:18; 눅 6:14.

질에 어울리는 요약적인 명칭입니다. 예를 들자면, 사도 바울의 어떤 고유한 특성이 있습니다. 한편으로, 그것에 따라서 그러그러한 사람이 되는 영혼의 고유한 특성이 있습니다. 다른 한편, 그것에 따라서 이러저러한 것들을 생각하게 하는 정신의 고유한 특성이 있습니다. 또 다른 한편, 그것에 따라서 그러그러한 사람이 되는 몸의 고유한 특성이 있습니다. 이렇듯 다른 누군가와 양립할 수 없는 이런 고유한 특성들은—다른 사람은 이런 점에서 바울과 비슷하지 않기 때문입니다—"바울"이라는 이름을 붙임으로써 분명해집니다. 그러나 사람의 경우에는 고유한 특성들이 변하기도 하므로 성경에 따르면 이름도 적절하게 변합니다.[5] "아브람"의 특성이 바뀌었을 때, 그는 "아브라함"이라 불렸습니다.[a] 시몬의 특성이 바뀌게 되었을 때, 그는 "베드로"란 이름으로 불렸습니다.[b] 예수님을 핍박하던 "사울"의 특성이 변했을 때, 그는 "바울"이라 일컬어졌습니다.[c] 반면, 하나님의 경우에는 그분은 스스로 변하지 않으시고 늘 바뀌지 않는 분이므로,[6] 그러그러한 분으로서 혹은 그렇게 불리는 그 이름이 언제나 하나입니다. 그 이름은 출애굽기에서 말해진 "[항상] 존재하는 분"[7d] 혹은 그 비슷한 의미를 가진 어떤 것입니다. 우리 모두는 하나님에 대해 무언가를 생각하면서 어떤 것을 추론하지만, 모두

---

5  오리게네스의 언어이론에 대해서는 『순교 권면』 46; 『켈수스 반박』 I.254; IV.33-35; V.45-46을 참조하라.
6  플라톤의 『국가』 380d-381b 이후로 불변은 하나님의 존재의 특징이었다. 참조. 『켈수스 반박』 I.21. 플라톤과 마찬가지로 오리게네스에게도 하나님의 불변성은 윤리적 함의를 지닌다.
7  참조. 필론, 『아브라함』 121.

περὶ θεοῦ πάντες μὲν ὑπολαμβάνομέν τι, ἐννοοῦντες ἅτινα δή ποτε περὶ αὐτοῦ, οὐ πάντες δὲ ὅ ἐστι (σπάνιοι γὰρ καί, εἰ χρὴ λέγειν, τῶν σπανίων σπανιώτεροι οἱ τὴν ἐν πᾶσιν ἁγιότητα καταλαμβάνοντες αὐτοῦ), εὐλόγως διδασκόμεθα τὴν ἐν ἡμῖν ἔννοιαν περὶ θεοῦ ἁγίαν γενέσθαι, ἵν’ ἴδωμεν αὐτοῦ τὴν ἁγιότητα κτίζοντος καὶ προνοοῦντος καὶ κρίνοντος καὶ ἐκλεγομένου καὶ ἐγκαταλείποντος ἀποδεχομένου τε καὶ ἀποστρεφομένου καὶ γέρως ἀξιοῦντος καὶ κολάζοντος ἕκαστον κατὰ τὴν ἀξίαν.[a]

## XXIV. 3.

ἐν τούτοις γὰρ καὶ τοῖς παραπλησίοις, ἵν’ οὕτως εἴπω, χαρακτηρίζεται ἰδία ποιότης τοῦ θεοῦ, ἥντινα νομίζω "ὄνομα θεοῦ" λέγεσθαι κατὰ τὰς γραφάς, ἐν μὲν τῇ Ἐξόδῳ· "οὐ ⌜λήψῃ⌝ τὸ ὄνομα κυρίου τοῦ θεοῦ σου ἐπὶ ματαίῳ"[b] ἐν δὲ τῷ Δευτερονομίῳ· "προσδοκάσθω ⌜ὡσεὶ⌝ ὑετὸς τὸ ἀπόφθεγμά μου, καταβήτω ⌜ὡσεὶ⌝ δρόσος τὰ ῥήματά μου, ὡσεὶ ὄμβρος ἐπ’ ἄγρωστιν καὶ ὡσεὶ νιφετὸς ἐπὶ χόρτον· ὅτι ὄνομα κυρίου ἐκάλεσα,"[c] ἐν δὲ ψαλμοῖς· "μνησθήσονται τοῦ ὀνόματός σου ἐν πάσῃ γενεᾷ καὶ γενεᾷ."[d] ὅ τε γὰρ οἷς μὴ δεῖ ἐφαρμόζων τὴν

a   참조. 히 12:10.          c   신 32:2-3.
b   출 20:7.                d   시 44:18(시 45:17).

하나님이 어떤 분이신지를 파악하지는 못합니다. 모든 면에서 하나님의 거룩함을 파악한 사람은 드물고, 굳이 말하자면, 드문 중에서도 더 드뭅니다. 따라서 우리는 우리 안에 있는 하나님에 대한 생각이 거룩해지도록 가르침을 받는 것이 적절합니다. 그것은 합당한 대로(κατὰ τὴν ἀξίαν) 각 사람을 창조하시고, 섭리하시고, 심판하시고, 선택하시고, 버리시고, 환영하시고, 외면하시고, 상 받을 만하다 여기시고, 벌하시기도 하시는 분의 거룩함을 우리가 보도록 해줍니다.[8a]


## XXIV. 3.[9]

말하자면 이와 같은, 또한 이와 비슷한 활동에서, 하나님의 고유한 속성이 특징지어집니다. 기록된 말씀에 따르면, 그러한 속성이 "하나님의 이름"으로 불린다고 나는 생각합니다. 예를 들면, 출애굽기에는 "너는 주 너의 하나님의 이름을 함부로 부르지 못한다"고 나옵니다.[b] 신명기에는 "나의 교훈은 내리는 비요, 나의 말은 맺히는 이슬이요, 채소 위에 내리는 가랑비요, 풀밭을 적시는 소나기다. 내가 주님의 이름을 선포했습니다"고 나옵니다.[c] 시편에는 "그들이 당신의 이름을 대대로 기억할 것입니다"[d]라고 나옵니다. 그러므로 하

---

8    비슷한 것은 비슷한 것을 통해 알 수 있다는 인식론이 전개된다. 참조. 플라톤, 『국가』 508b-e.

9    성경에 나오는 하나님의 속성에 대한 이름들은 하나님의 신비를 표현하고 하나님을 기억하는 데 도움을 준다.

ἔννοιαν τοῦ θεοῦ λαμβάνει "τὸ ὄνομα κυρίου τοῦ θεοῦ" "ἐπὶ ματαίῳ,"[a] ὅ τε δυνάμενος ἀποφθέγξασθαι ὑετὸν, τοῖς ἀκούουσι συνεργοῦντα τῇ καρποφορίᾳ τῶν ψυχῶν αὐτῶν, καὶ ῥήματα δρόσῳ ἐοικότα παρακλητικὰ προσαγόμενος τῇ τε ῥύμῃ τῆς οἰκοδομῆς τῶν λόγων ὄμβρον ὠφελιμώτατον ἐπάγων τοῖς ἀκροαταῖς ἢ νιφετὸν ἀνυσιμώτατον, διὰ τοῦτο ταῦτα δύναται. ταῦτα ἐπινοήσας ἑαυτὸν δεόμενον θεοῦ τοῦ τελειοῦντος καλεῖ παρ' ἑαυτὸν τὸν τῶν προειρημένων κυρίως χορηγόν· πᾶς τε τρανῶν καὶ τὰ περὶ τοῦ θεοῦ ὑπομιμνήσκεται μᾶλλον ἢ μανθάνει, κἂν ἀπό τινος ἀκούειν δοκῇ ἢ εὑρίσκειν νομίζῃ τὰ τῆς θεοσεβείας μυστήρια.

## XXIV. 4.

ὥσπερ δὲ τὰ ἐνθάδε δεῖ νοεῖν τὸν εὐχόμενον, αἰτεῖν αὐτὸν ἁγιασθῆναι "τὸ ὄνομα" τοῦ θεοῦ· οὕτως ἐν ψαλμοῖς τὸ "ὑψώσωμεν τὸ ὄνομα αὐτοῦ ἐπὶ τὸ αὐτὸ"[b] λέγεται, προστάσσοντος τοῦ προφήτου μετὰ πάσης συμφωνίας "ἐν τῷ αὐτῷ νοΐ καὶ ἐν τῇ αὐτῇ γνώμῃ"[c] φθάσαι ἐπὶ τὴν ἀληθῆ καὶ ὑψηλὴν γνῶσιν τῆς

a   출 20:7.                          c   고전 1:10.
b   시 33:4(시 34:3).

나님에 대한 생각을 그렇게 해서는 안 되는 것들에 갖다 붙이는 사람은 "주 하나님의 이름을" "함부로" 부르는 것입니다.[a] 그러나 듣는 이들에게 그들의 영혼이 열매 맺도록 작용하는 비와 같은 말을 할 수 있는 이, 이슬과 같은 권면의 말을 하는 이, 교화하는 말의 효력으로써 청중들에게 가장 유익한 가랑비 또는 매우 효력 있는 소나기를 내리는 이가 이렇게 행할 수 있는 것은 바로 이것[하나님의 이름] 때문입니다. 그 사람은 이러한 것을 완성하시는 하나님이 자신에게 필요하다는 것을 깊이 생각하고서, 앞서 말한 것들의 참된 공급자를 자기 곁으로 부릅니다. 하나님에 관한 것들도 구별하여 아는 사람은 모두, 비록 누군가로부터 들은 것 같다고 여기거나 하나님을 경외하는 신비를 [스스로] 발견해냈다고 생각하는 경우에도, 배우는 것이라기보다는 기억해 내는 것입니다.[10]


## XXIV. 4.[11]

기도하는 이는 여기에 있는 내용을 생각하고, 하나님의 이름이 거룩하여지기를 구해야 합니다. 그와 마찬가지로 시편에는 "함께 그 이름을 기리자"[b]고 말해집니다. 여기서 예언자[12]는 우리가 완전한 조화 속에서 "같은 마음과 같은 생각으로"[c] 하나님의 고유한 품성에 관한 참되고 높은 지식에 도달하도록 명령하고 있습니다. 이것

---

10 플라톤의 기억이론을 반영한다. 참조. 플라톤, 『메논』 81c-82a; 『파이드로스』 249c.
11 성경은 다양한 방식으로 하나님의 이름이 거룩하여지기를 구해야 한다고 가르친다.
12 시편 기자를 말한다.

ἰδιότητος τοῦ θεοῦ. τοῦτο γάρ ἐστι τὸ ὑψοῦν "τὸ ὄνομα" τοῦ
θεοῦ "ἐπὶ τὸ αὐτὸ," <ὅτε> μεταλαβών τις ἀπορροῆς θεότητος
τῷ ὑπειλῆφθαι ἀπὸ τοῦ θεοῦ καὶ κεκρατηκέναι τῶν ἐχθρῶν,
ἐφησθῆναι πτώσει αὐτοῦ μὴ δυναμένων, ὑψοῖ αὐτὴν τὴν
δύναμιν, ἧς μετείληχε, θεοῦ· ὅπερ δηλοῦται ἐν εἰκοστῷ ἐνάτῳ
ψαλμῷ διὰ τοῦ "ὑψώσω σε, κύριε, ὅτι ὑπέλαβές με καὶ <οὐκ>
⌜εὔφρανας⌝ τοὺς ἐχθρούς μου ἐπ᾽ ⌜ἐμοί⌝."[a] ὑψοῖ δέ τις τὸν
θεὸν, ἐγκαινίσας αὐτῷ οἶκον ἐν ἑαυτῷ, ἐπεὶ καὶ ἡ <ἐπι>γραφὴ
τοῦ ψαλμοῦ οὕτως ἔχει· "ψαλμὸς ᾠδῆς τοῦ ἐγκαινισμοῦ τοῦ
οἴκου ⌜τοῦ⌝ Δαυΐδ."[b]


## XXIV. 5.

ἔτι περὶ τοῦ "ἁγιασθήτω τὸ ὄνομά σου"[c] καὶ τῶν ἑξῆς
προστακτικῷ χαρακτῆρι εἰρημένων λεκτέον ὅτι συνεχῶς
προστακτικοῖς ἀντὶ εὐκτικῶν ἐχρήσαντο καὶ οἱ ἑρμηνεύσαντες,
ὡς ἐν τοῖς ψαλμοῖς· "ἄλαλα γενηθήτω τὰ χείλη τὰ δόλια, τὰ

a    시 29:2(시 30:1).             c    마 6:9; 눅 11:2.
b    시 29:1(시 30편 표제).

이 "함께" 하나님의 "이름"을 기리는 것입니다. 즉, 누군가 신성의 흘러 넘침에[13] 참여하여 하나님에게 붙들려서 원수들을 제압함으로—이때 원수들은 그의 넘어짐으로 인해 기뻐할 수 없습니다—자신이 참여한 하나님의 그 능력을 기리게 됩니다. 이것은 시편 29편에 나오는 다음과 같은 구절을 통해 보여졌습니다. "주님, 주님께서 건져 주시고, 내 원수가 나를 비웃지 못하게 해주셨으니, 내가 주님을 기리렵니다."[a] 한편, 어떤 이는 자신 안에서 하나님께 집을[14] 봉헌하고서 하나님을 기립니다. 이 시편의 표제가 이렇게 되어 있기 때문입니다. "다윗의 시편, 성전 봉헌가."[b]

## XXIV. 5.[15]

게다가 "당신의 이름이 거룩하게 하소서"[c]와 그 뒤에 이어지는 청원들이 명령형으로 된 것에 대해, 번역자들도[16] 지속적으로 희구법 대신에 명령법을 사용했다는 것을 주목해야 합니다. 예를 들면, 시편에서는 "의로운 사람을 거슬러서 함부로 말하는 거짓말쟁이들의

---

13  참조. XXIII.5.
14  성전을 말한다. 성전 은유에 대해서는 포르피리오스, 『마르켈라에게 보낸 편지』 11=『섹스투스의 잠언』144. 참조. 『켈수스 반박』 VIII.30.
15  첫째 간구를 문법적으로 연구하여, 이 간구가 기원을 표시하는 희구법이 아닌 명령형으로 사용되었다는 것에 주목한다. 창 1:3의 γενηθήτω를 희구법으로 이해한 타티아노스의 해석을 비판한다. 하나님은 빛이 있으라, 식물을 자라게 하라, 생물을 나오게 하라고 명령하시지, 누군가에게 기원하시지 않는다. 끝 부분에서는 성경을 이러한 방식으로 해석하는 잘못을 범하는 자들이 암브로시우스와 타티아나가 속해 있던 교회에 실제로 존재했다는 것을 암시한다.
16  『70인역』의 번역자들을 말한다.

λαλοῦντα κατὰ τοῦ δικαίου ἀνομίαν,"ᵃ ἀντὶ τοῦ γενηθείη καὶ
"ἐξερευνησάτω δανειστὴς πάντα ⌜τὰ ὑπάρχοντα⌝ αὐτῷ·" "μὴ
ὑπαρξάτω ⌜αὐτᾷ ἀντιλήπτωρ⌝"ᵇ ἐν τῷ ἑκατοστῷ ὀγδόῳ περὶ
Ἰούδα· ὅλος γὰρ ὁ ψαλμὸς αἴτησίς ἐστι περὶ Ἰούδα, ἵνα τάδε
τινὰ αὐτῷ συμβῇ. μὴ συνιδὼν δὲ ὁ Τατιανὸς τὸ "γενηθήτω" οὐ
πάντοτε σημαίνειν τὸ εὐκτικὸν ἀλλ' ἔσθ' ὅπου καὶ προστακτικὸν,
ἀσεβέστατα ὑπείληφε περὶ τοῦ εἰπόντος "γενηθήτω φῶς"ᶜ θεοῦ,
ὡς εὐξαμένου μᾶλλον ἤπερ προστάξαντος γενηθῆναι τὸ φῶς·
"ἐπεὶ," ὥς φησιν ἐκεῖνος ἀθέως νοῶν, "ἐν σκότῳ ἦν ὁ θεός." πρὸς
ὃν λεκτέον, πῶς ἐκλήψεται καὶ τὸ "βλαστησάτω ἡ γῆ βοτάνην
χόρτου"ᵈ καὶ "συναχθήτω τὸ ὕδωρ <τὸ> ὑποκάτω τοῦ οὐρανοῦ"ᵉ
καὶ "ἐξαγαγέτω τὰ ὕδατα ἑρπετὰ ψυχῶν ζωσῶν"ᶠ καὶ "ἐξαγαγέτω
ἡ γῆ ψυχὴν ζῶσαν."ᵍ ἆρα γὰρ ὑπὲρ τοῦ ἐπὶ ἑδραίου στῆναι
εὔχεται συναχθῆναι "τὸ ὕδωρ τὸ ὑποκάτω τοῦ οὐρανοῦ εἰς
συναγωγὴν μίαν,"ʰ ἢ ὑπὲρ τοῦ μεταλαβεῖν τῶν βλαστανόντων
ἀπὸ γῆς εὔχεται τὸ "βλαστησάτω ἡ γῆ";ⁱ ποίαν δὲ χρείαν ὁμοίαν
ἔχει τῷ χρήζειν φωτὸς τῶν ἐνύδρων καὶ πτηνῶν ἢ χερσαίων,ʲ
ἵνα καὶ περὶ τούτων εὔχηται; εἰ δὲ καὶ κατ' αὐτὸν ἄτοπον τὸ

a   시 30:19(시 31:18).          f   창 1:20.
b   시 108:11-12(시 109:11-12).   g   창 1:24.
c   창 1:3.                      h   창 1:9.
d   창 1:11.                     i   창 1:11.
e   창 1:9.                      j   참조. 창 1:3, 20-22, 24-25.

입을 막아주시기를"[17] 대신에 "막아주소서"[18]라고 했습니다.[a] 그리고 유다에 관하여 시편 108편에서는 "빚쟁이가 그 재산을 모두 조사하게 하소서", "그에게 사랑을 베풀 사람이 없게 하소서"라고 했습니다.[19b] 이 시편 전체가 유다에게 이런 일들이 일어나도록 하는 청원입니다. 타티아노스는[20] 명령형으로 된 "생겨라"는 동사가 항상 기원을 의미하는 것은 아니고 어떤 곳에서는 명령도 된다는 것을 이해하지 못하고서, "빛이 생겨라"[c]고 하나님이 말씀하신 것과 관련하여 "빛이 생겨라"고 명령하기보다 오히려 [그렇게 되도록] 기도한 것으로 지극히 불경한 가정을 하였습니다. 그 사람은 "왜냐하면 하나님이 어둠 가운데 계셨기 때문에 [그렇게 기도하신 것이라고]" 불경한 생각을 하면서 이렇게 말했습니다. 그 사람에게 다음과 같이 말해야 합니다. "땅은 푸른 움을 돋아나게 하라",[d] "하늘 아래의 물은 모이게 하라",[e] "물은 기어 다니는[21] 생물을 나오게 하라",[f] "땅은 생물을 내어라"[g]는 말씀을 그는 어떻게 이해할 것인가? 하나님이 탄탄한 곳에 서기 위해 하늘 아래의 물이 한 장소로 모이도록 기도한 것인가?[h] 혹은 하나님이 땅에서 돋아나는 것을 먹기 위해 땅이 [푸른 움을] 돋아나게 하도록 기도한 것인가?[i] 하나님이 빛이 필요한 것처럼 물 속에 있는 것, 날개 달린 것, 땅에 속한 것이[j] 필요해서 그것들에 대해 기도한 것인가? 이러한 것에 대해 기도하는 것이

---

17  희구법을 사용.
18  명령법을 사용.
19  시 108(109)를 유다와 연관시키는 것은 『켈수스 반박』 II.11; II.20에서도 발견된다.
20  타티아노스, 『단편집』 8; 참조. 『켈수스 논박』 VI.51; 클레멘스, 『예언 시선집』 38.1
21  70인역의 ἑρπετά를 직역한 것으로 히브리어 본문에는 "떼"(שֶׁרֶץ)라고 나온다.

περὶ τούτων εὔχεσθαι, προστακτικαῖς ὀνομασίαις εἰρημένων, πῶς οὐ τὸ ὅμοιον λεκτέον καὶ περὶ τοῦ "γενηθήτω φῶς,"[a] ὡς μὴ εὐκτικῶς ἀλλὰ προστακτικῶς εἰρημένου; ἀναγκαίως δέ μοι ἔδοξεν, ἐν ταῖς προστακτικαῖς φωναῖς εἰρημένης εὐχῆς, ὑπομνησθῆναι τῶν παρεκδοχῶν αὐτοῦ διὰ τοὺς ἠπατημένους καὶ παραδεξαμένους τὴν ἀσεβῆ διδασκαλίαν αὐτοῦ, ὧν καὶ ἡμεῖς ποτε πεπειράμεθα.

a  창 1:3.

하나님께 어울리지 않는 이상한 일이고 따라서 이 말씀이 명령형으로 말해진 것이라면, "빛이 생겨라"[a]고 한 말에 대해서도 똑같이, 즉 기원이 아니라 명령으로 말해진 것이라고 말해야 하지 않겠는가? 기도가 명령형으로 말해진 것과 관련하여, 그에게 속아서 불경한 가르침을 받아들였던 사람들 때문에 그의 잘못된 해석을 짚어주어야만 한다고 나는 생각했습니다. 우리는 그런 사람들을 어느 땐가 만난 적이 있습니다.

XXV. 1.

"Ἐλθέτω ἡ βασιλεία σου."ᵃ εἰ "ἡ βασιλεία τοῦ θεοῦ" κατὰ τὸν λόγον τοῦ κυρίου καὶ σωτῆρος ἡμῶν "μετὰ παρατηρήσεως" "οὐκ ἔρχεται," "οὐδὲ ἐροῦσιν· ἰδοὺ ὧδε ἢ ⌜ἰδοὺ⌝ ἐκεῖ," ἀλλὰ "ἡ βασιλεία τοῦ θεοῦ ἐντὸς" ἡμῶν "ἐστιν"ᵇ ("ἐγγὺς" γὰρ "τὸ ῥῆμά ⌜ἐστι⌝ σφόδρα ἐν τῷ στόματι" ἡμῶν "καὶ ἐν τῇ καρδίᾳ" ἡμῶν), δῆλον ὅτι ὁ εὐχόμενος ἐλθεῖν τὴν βασιλείαν τοῦ θεοῦ περὶ τοῦ τὴν ἐν αὐτῷ βασιλείαν τοῦ θεοῦ ἀνατεῖλαι καὶ καρποφορῆσαι καὶ τελειωθῆναιᵈ εὐλόγως εὔχεται· παντὸς μὲν ἁγίου ὑπὸ θεοῦ βασιλευομένου καὶ τοῖς πνευματικοῖς νόμοις τοῦ θεοῦ πειθομένου,ᵉ οἱονεὶ εὐνομουμένην πόλιν οἰκοῦντος ἑαυτόν· παρόντος αὐτῷ τοῦ πατρὸς καὶ συμβασιλεύοντος τῷ πατρὶ τοῦ Χριστοῦ ἐν τῇ τετελειωμένῃ ψυχῇ κατὰ τὸ εἰρημένον, οὗ πρὸ βραχέος ἐμνημόνευον· "πρὸς αὐτὸν ἐλευσόμεθα καὶ μονὴν παρ' αὐτῷ ποιησόμεθα"ᶠ (καὶ οἶμαι νοεῖσθαι θεοῦ μὲν βασιλείαν

a  마 6:10; 눅 11:2.                 d  참조. 마 13:23; 막 4:20; 눅 8:15.

b  눅 17:20-21.                      e  참조. 롬 7:22.

c  신 30:14; 롬 10:8-10.             f  요 14:23.

## 당신의 나라가 오게 하소서(XXV)

### XXV. 1.[1]

"당신의 나라가 오게 하소서."[a] 우리 주님과 구주이신 분의 말씀에 따라 하나님 나라는 "눈으로 볼 수 있는 모습으로 오지 않"으며, 또한 "'보아라, 여기에 있다.' 또는 '보아라, 저기에 있다'"고 하지 않고 "하나님 나라는" 우리 "'안에 있다'고[2] 말한다면"[b] ("말씀은" 우리에게 "가까이 있다." 우리 "입에 있고" 우리 "마음에 있"기 때문입니다),[c] 하나님 나라가 오기를 기도하는 이는 자기 안에서 하나님 나라가 싹트고 열매를 맺어[d] 온전해지는 것에 대해 바르게 기도하는 것이 분명합니다.[3] 한편으로 하나님이 다스리고 하나님의 신령한 법에 순종하는[e] 모든 성도는 법질서가 잘 세워진 도시에 사는 것처럼 그렇게 생활합니다.[4] 아버지께서 그 사람과 함께 계시고, 내가 조금 전에 언급한 말,[5] 즉 우리가 "그 사람에게로 가서 그 사람과 함께 살 것이다"는 말씀에 따르면,[f] (그리스도께서 온전해진 영혼 안에서 아버지와 함께 왕 노릇하시기 때문입니다. 내가 생각하기에, 한편으로 하나님 나라는 얼의[6] 복된 상태와 지혜로운 생각의 질서

---

1 둘째 간구는 자기 안에서 하나님 나라가 싹트고 열매 맺어 완전해지기를 기도하는 것이며, 또한 죄에 지배 받거나 복종하지 않는 것이다.
2 한글성경에서는 "가운데에 있다"라고 번역되었지만 오리게네스는 "안에 있다"라고 이해한 듯하다.
3 "열매를 맺어 합당하게 완전해 지는 것에 관해 기도하는 것임이 분명하다"고 번역할 수 있다.
4 플라톤적인 비유이다.
5 참조. XXIII.1.
6 "얼"로 번역된 ἡγεμονικόν는 IX.1; XII.1; XIII.3; XXV.1; XXVIII.5에 나온다.

τὴν μακαρίαν τοῦ ἡγεμονικοῦ κατάστασιν καὶ τὸ τεταγμένον τῶν σοφῶν διαλογισμῶν, Χριστοῦ δὲ βασιλείαν τοὺς προϊόντας σωτηρίους τοῖς ἀκούουσι λόγους καὶ τὰ μὲν ἐπιτελούμενα ἔργα δικαιοσύνης καὶ τῶν λοιπῶν ἀρετῶν· λόγος γὰρ καὶ "δικαιοσύνη" ὁ υἱὸς τοῦ θεοῦ)· παντὸς <δὲ> ἁμαρτωλοῦ κατατυραννουμένου ὑπὸ τοῦ ἄρχοντος "τοῦ αἰῶνος τούτου,"[b] ἐπεὶ πᾶς ἁμαρτωλὸς τῷ ἐνεστῶτι αἰῶνι πονηρῷ ᾠκείωται, μὴ ἐμπαρέχων ἑαυτὸν τῷ δόντι "ἑαυτὸν ⌜περὶ⌝ τῶν ⌜ἁμαρτωλῶν⌝ ἡμῶν, ὅπως ἐξέληται ἡμᾶς ἐκ τοῦ αἰῶνος τοῦ ἐνεστῶτος πονηροῦ" καὶ "ἐξέληται" "κατὰ τὸ θέλημα τοῦ θεοῦ καὶ πατρὸς ἡμῶν"[c] κατὰ τὰ ἐν τῇ πρὸς Γαλάτας εἰρημένα ἐπιστολῇ. ὁ δὲ κατατυραννούμενος ὑπὸ τοῦ ἄρχοντος τούτου τοῦ αἰῶνος τῷ ἑκουσίῳ τῆς ἁμαρτίας καὶ βασιλεύεται ὑπὸ τῆς ἁμαρτίας· διόπερ κελευόμεθα ὑπὸ τοῦ Παύλου μηκέτι ὑποτάσσεσθαι θελούσῃ τῇ ἁμαρτίᾳ βασιλεύειν ἡμῶν, καὶ προστασσόμεθά γε διὰ τούτων· "μὴ οὖν βασιλευέτω ἡ ἁμαρτία ἐν τῷ θνητῷ ⌜ἡμῶν⌝ σώματι εἰς τὸ ὑπακούειν ταῖς ἐπιθυμίαις αὐτῆς."[d]

a    참조. 고전 1:30; 요 1:1, 14.          c    참조. 갈 1:4.
b    고전 2:6, 8; 고후 4:4; 요 12:31;     d    롬 6:12.
     14:30; 16:31.

정연한 상태로 이해될 수 있습니다. 다른 한편으로 그리스도의 나라는 듣는 이 앞에 선포된 구원의 말씀,[7] 또한 의와 다른 덕행의 온전한 성취로 이해될 수 있습니다. 하나님의 아들은 말씀과 의이기 때문입니다.)[8a] 반면 모든 죄인은 이 세대의 지배자에게[9b] 완전히 지배 받고 있습니다. (모든 죄인은 악한 현 세대에 너무 익숙해졌기 때문에), 갈라디아서 말씀에 따르면, "하나님 우리 아버지의 뜻을 따라" "우리를 이 악한 세대에서 건져 주시려고" 우리 죄인들을 "위하여 자기 몸을 바치"신 분에게[c] 자기 몸을 맡기지 않았기 때문입니다. 자발적인 죄를 범함으로 이 세대의 지배자에게 완전히 지배 받고 있는 자는 또한 죄에 의해 다스려집니다.[10] 따라서 바울은 우리에게 명령하기를, 우리를 다스리고자 하는 죄에 더는 복종하지 말라고 합니다. 다음과 같은 구절을 통해 우리는 그렇게 명령을 받습니다: "그러므로 죄가" 우리의 "죽을 몸을 지배하지 못하게 해서" 죄의 "정욕에 굴복하는 일이 없도록 하십시오."[d]

---

7 직역하면 "듣는 이보다 앞서 가는 구원의 말씀"이다.
8 참조. 『요한복음 주해』 I.9.57; I.9.59; I.20.123-4. 말씀에 대해서는 I.21.125-24.157; I.37.267-39.288; 의에 대해서는 I.34.251-35.254를 보라.
9 참조. 이그나티오스, 『에페소스 신자들에게 보낸 편지』 17.1.
10 참조. 『누가복음 강해』 26.3.

ἀλλ' ἐρεῖ τις πρὸς ἀμφότερα, τό τε "ἁγιασθήτω τὸ ὄνομά
σου" καὶ τὸ "ἐλθέτω ἡ βασιλεία σου,"[a] ὅτι, εἰ ὁ εὐχόμενος
ἐπὶ τῷ ἐπακούεσθαι εὔχεται καὶ ἐπακούεταί ποτε, δηλονότι
ἁγιασθήσεταί ποτε τινὶ κατὰ τὰ προειρημένα "τὸ ὄνομα" τοῦ
θεοῦ, ᾧ καὶ "ἡ βασιλεία" τοῦ θεοῦ ἐνστήσεται. εἰ δὲ ταῦτ'
αὐτῷ ἔσται, πῶς ἔτι καθηκόντως εὔξεται περὶ τῶν παρόντων
ἤδη ὡς μὴ παρόντων λέγων· "ἁγιασθήτω τὸ ὄνομά σου· ἐλθέτω
ἡ βασιλεία σου";[b] εἰ δὲ τοῦτο, ἔσται ποτὲ καθῆκον μὴ λέγειν·
"ἁγιασθήτω τὸ ὄνομά σου· ἐλθέτω ἡ βασιλεία σου."[c] λεκτέον
πρὸς ταῦτα ὅτι, ὥσπερ ὁ εὐχόμενος λόγου "γνώσεως" τυχεῖν
καὶ λόγου "σοφίας"[d] καθηκόντως ἀεὶ περὶ τούτων εὔξεται,
ἀεὶ μὲν πλείονα θεωρήματα "σοφίας" καὶ "γνώσεως" ἐν τῷ
ἐπακούεσθαι ληψόμενος, πλὴν "ἐκ μέρους"[e] γινώσκων μὲν ὅσα
ποτ' ἂν χωρῆσαι ἐπὶ τοῦ παρόντος δυνηθῇ, τοῦ <δὲ> τελείου
καὶ καταργοῦντος τὸ "ἐκ μέρους" "τότε" φανερωθησομένου, ὅτε
"πρόσωπον πρὸς πρόσωπον" ὁ νοῦς προσβάλλει χωρὶς αἰσθήσεως

a  마 6:9-10.; 눅 11:2.            d   고전 12:8.
b  마 6:9-10.; 눅 11:2.            e   고전 13:9.
c  마 6:9-10.; 눅 11:2.

## XXV. 2.[11]

이제 어떤 사람은 두 청원, 즉 "당신의 이름이 거룩하게 하소서"와 "당신의 나라가 오게 하소서"ᵃ라는 청원에 대해서 다음과 같이 말할 것입니다. 기도하는 사람이 응답 받기를 원해서 기도하고, 언젠가 응답을 받게 되면, 앞서 말한 내용에 따라 그에게 하나님의 이름이 그때 거룩하게 되고, 하나님 나라도 그에게 임하게 된다는 것이 분명합니다. 사정이 그러하다면, 어떻게 이미 현재 이루어진 일에 대해서 마치 그렇지 않은 것처럼 "당신의 이름이 거룩하게 하소서. 당신의 나라가 오게 하소서"ᵇ라는 말로 여전히 기도하는 것이 온당하겠습니까? 그렇다면, "당신의 이름이 거룩하게 하소서. 당신의 나라가 오게 하소서"ᶜ라고 말하지 않는 것이 온당할 것입니다.[12]

이에 대해 다음과 같은 대답이 주어질 수 있습니다. "지식"의 말과 "지혜"의 말을 얻고자 기도하는 사람은ᵈ 기도 응답을 받아서 항상 더 많은 지혜와 지식의 깨달음을 얻게 되겠지만, 계속해서 이러한 것들에 대해 적절하게 기도할 수 있습니다. 그는 현재 도달할 수 있는 만큼만 "부분적으로" 압니다.ᵉ 그러나 정신이 "얼굴과 얼굴을 마주하여" 감각의 도움 없이 지성적인 것을 깨닫게 될 때, "온전한 것"이 부분적인 것을 폐하고 드러나게 될 것입니다. 마찬가지로 하나님의 이름이 우리 각자에게서 온전히 거룩하여지고, 하나님 나

---

11   이미 거룩해진 하나님의 이름과 이미 임재한 하나님 나라를 위해 기도하는 것이 적절하지 않다는 주장을 비판하고, 현재의 지식은 부분적이기 때문에 온전함을 향하여 끊임없이 기도할 때, 하나님 나라가 온전하게 이루어질 것이라고 대답한다.

12   참조. VI.3; VIII.2; XII.2

τοῖς νοητοῖς· οὕτως "τὸ τέλειον"[a] τοῦ ἁγιασθῆναι ἑκάστῳ ἡμῶν "τὸ ὄνομα" τοῦ θεοῦ καὶ τοῦ ἐνστῆναι αὐτοῦ τὴν βασιλείαν οὐχ οἷόν τε ἐστίν, ἐὰν μὴ "ἔλθῃ" καὶ· "τὸ" περὶ τῆς "γνώσεως" καὶ "σοφίας" "τέλειον" τάχα δὲ καὶ τῶν λοιπῶν ἀρετῶν. ὁδεύομεν δὲ ἐπὶ τὴν τελειότητα, ἐὰν "τοῖς" "ἔμπροσθεν" ἐπεκτεινόμενοι τῶν ὄπισθεν ἐπιλανθανώμεθα.[b] τῇ οὖν ἐν ἡμῖν βασιλείᾳ τοῦ θεοῦ ἡ ἀκρότης ἀδιαλείπτως προκόπτουσιν ἐνστήσεται, ὅταν πληρωθῇ τὸ παρὰ τῷ ἀποστόλῳ εἰρημένον, ὅτι ὁ Χριστὸς, πάντων αὐτῷ τῶν ἐχθρῶν ὑποταγέντων, παραδώσει "τὴν βασιλείαν τῷ θεῷ καὶ πατρί," "ἵνα ᾖ ὁ θεὸς τὰ πάντα ἐν πᾶσι."[c] διὰ τοῦτο "ἀδιαλείπτως" προσευχόμενοι[d] μετὰ διαθέσεως τῷ λόγῳ θεοποιουμένης λέγωμεν τῷ ἐν οὐρανοῖς πατρὶ ἡμῶν· "ἁγιασθήτω τὸ ὄνομά σου· ἐλθέτω ἡ βασιλεία σου."[e]

XXV. 3.

ἔτι δὲ περὶ τῆς τοῦ θεοῦ βασιλείας καὶ τοῦτο διαληπτέον, ὅτι, ὥσπερ οὐκ ἔστι "μετοχὴ δικαιοσύνη καὶ ἀνομίᾳ" οὐδὲ "κοινωνία

---

a   고전 13:9-12.        d   살전 5:17.
b   빌 3:13.             e   마 6:9-10.; 눅 11:2.
c   고전 15:24, 28.

라가 온전하게 이루어지는 것은, "지식"과 "지혜"에 관하여 (아마도 다른 덕행도 마찬가지일 것입니다) "온전한 것"이 "올" 때가 아니면 불가능합니다.[a] 우리가 "앞에 있는 것을 향하여" 몸을 내밀면서 뒤에 있는 것은 잊어버리게 되면,[b] 우리는 온전함을 향한 길을 걸어가는 것입니다.[13] 우리가 끊임없이 노력할 때, 우리 안에 하나님 나라의 최고봉이 임하게 될 것입니다. 그 시점은 모든 원수가 그에게 복종하게 될 때에, 하나님께서 "만유 안에 만유가 되도록" 그리스도께서 "그 나라를 하나님 아버지께 넘겨드릴 것입니다"[c]라는 사도 바울의 말이 이루어질 때입니다. 그러므로 그 말씀에 의해 신화된 성품으로 "끊임없이" 기도하면서[14d] 하늘에 계신 우리 아버지께 말합시다. "당신의 이름이 거룩하게 하소서. 당신의 나라가 오게 하소서."[e]

## XXV. 3.[15]

하나님 나라에 관하여 또한 다음과 같은 것이 구별되어야 합니다. "정의와 불의가 짝"할 수 없고, "빛과 어둠이 사귈" 수 없고, "그리

---

13  빌 3:14를 영혼의 상승으로 해석하는 것은 니사의 그레고리오스에게서 신인식의 결정적 요소가 된다.
14  참조. XII.2; XXII.5. 살전 5:17의 "끊임없는" 기도는 전 생애 동안 끊이지 않는 윤리적인 추구로 이해된다.
15  하나님 나라의 성취는 죄의 나라와 공존할 수 없고 죄가 우리 몸을 다스릴 때는 이루어질 수 없으므로, 죄의 명령에 따르지 않고, 하나님이 우리를 다스리게 해야 한다. 죄의 끝인 사망은 그리스도 안에서 폐하여질 것이며, 그때 우리는 하나님 나라에서 중생과 부활을 경험하게 된다.

φωτὶ πρὸς σκότος" οὐδὲ "συμφώνησις ⸢Χριστῷ⸣ πρὸς Βελίαρ,"[a]

οὕτως ἀσυνύπαρκτόν ἐστι τῇ βασιλείᾳ τοῦ θεοῦ βασιλεία τῆς

ἁμαρτίας. εἰ τοίνυν θέλομεν ὑπὸ θεοῦ βασιλεύεσθαι, μηδαμῶς

"βασιλευέτω ἡ ἁμαρτία ἐν τῷ θνητῷ ἡμῶν σώματι,"[b] μηδὲ

ὑπακούωμεν τοῖς προστάγμασιν αὐτῆς, ἐπὶ "τὰ ἔργα τῆς

σαρκὸς"[c] καὶ τὰ ἀλλότρια τοῦ θεοῦ προκαλουμένης ἡμῶν

τὴν ψυχήν· ἀλλὰ νεκρώσαντες "τὰ μέλη τὰ ἐπὶ τῆς γῆς"[d]

καρποφορῶμεν τοὺς καρποὺς "τοῦ πνεύματος,"[e] ἵνα ὡς "ἐν"

"παραδείσῳ"[f] πνευματικῷ κύριος ἡμῖν ἐμπεριπατῇ,[g] βασιλεύων

ἡμῶν μόνος σὺν τῷ Χριστῷ αὐτοῦ, ἐν ἡμῖν "ἐκ δεξιῶν"

καθημένῳ ἧς εὐχόμεθα λαβεῖν "δυνάμεως"[h] πνευματικῆς καὶ

καθεζομένῳ, "ἕως" πάντες οἱ ἐν ἡμῖν ἐχθροὶ αὐτοῦ γένωνται

"ὑποπόδιον τῶν ποδῶν"[i] αὐτοῦ καὶ καταργηθῇ ἀφ' ἡμῶν πᾶσα

ἀρχὴ καὶ ἐξουσία καὶ δύναμις.[j] δυνατὸν γὰρ ταῦτα καθ' ἕκαστον

ἡμῶν γενέσθαι καὶ τὸν ἔσχατον ἐχθρὸν καταργηθῆναι, τὸν

θάνατον,[k] ἵνα καὶ ἐν ἡμῖν λέγηται ὑπὸ τοῦ Χριστοῦ· "ποῦ σου,

θάνατε, τὸ κέντρον;" "ποῦ σου, ⸢ᾅδη,⸣ τὸ νῖκος;"[l] ἤδη τοίνυν "τὸ

| | | | |
|---|---|---|---|
| a | 고후 6:14-15. | h | 마 26:64; 막 14:62; 눅 22:69 |
| b | 롬 6:12. | i | 시 109:1(시 110:1); 참조. 사 66:1; |
| c | 갈 5:19. | | 막 12:36; 눅 20:43; 행 7:49; 히 10:13. |
| d | 골 3:5. | j | 참조. 고전 15:24. |
| e | 갈 5:22; 요 15:8, 16. | k | 참조. 고전 15:26. |
| f | 창 3:8. | l | 고전 15:55; |
| g | 고후 6:16; 참조. 레 26:12; 신 23:14. | | 참조. 호 13:14. |

스도와 벨리알[16]이 화합"할 수 없듯이,[a] 하나님 나라와 죄의 나라는 함께 있을 수 없습니다.[17] 그러므로 우리가 하나님에 의해 다스려지기 원한다면, 결코 "죄가" 우리의 "죽을 몸에 왕 노릇하지 못하게" 하십시오.[b] "육체의 행실"로[c] 하나님에게 어긋나는 일을 하도록 죄가 우리의 영혼을 앞으로 불러낼 때에, 죄의 명령에 순종하지 맙시다. 대신 "땅에 속한 지체의 일들"을 죽이고,[d] "성령의" 열매를 맺어[e] 영적인 "낙원에서"처럼[f] 주께서[18] 우리 가운데 거니시면서[g] 그리스도와 함께 우리를 홀로 다스리게 합시다. 그리스도는 우리가 얻고자 기도하는 그 영적인 "권능"의 "오른쪽에 앉아" 계시고,[h] 우리 안에 있는 그분의 모든 원수가 그의 "발판"이 될 때까지,[i] 그리고 모든 통치와 권위와 권력이 우리로부터 폐하여질 때까지,[j] [하나님 오른쪽에] 앉아 계십니다. [하나님이 우리를 홀로 다스리시는] 일이 우리 각자에게 일어나고 최후의 원수인 죽음이 멸망 받는 것이 가능합니다.[k] 그렇게 되면 우리 안에서도 그리스도께서 이렇게 말씀하실 것입니다: "죽음아, 너의 독침이 어디에 있느냐? 음부야, 너의 승리가 어디에 있느냐?"[19][l] 그러므로 지금 여기서 우리의 "썩을 몸"이 순결함과 모든 정결함에서 거룩함과 "썩지 않음"을 입게 하고, 죽음

---

16  오리게네스는 Βελίαλ 대신에 Βελίαρ를 많이 사용한다.
17  참조.『요한복음 주해』XX. 인간은 선악 간에 결정해야 하며, 선악의 근본적인 대립이 모든 개별적인 윤리적 행위의 전제가 된다는 것은 오리게네스 윤리의 토대이다.
18  하나님을 가리킴.
19  성경에서는 두 문장의 순서가 바뀌어 있다.

φθαρτὸν" ἡμῶν ἐνδυσάσθω τὴν ἐν ἁγνείᾳ καὶ πάσῃ καθαρότητι ἁγιωσύνην καὶ "ἀφθαρσίαν," "καὶ τὸ θνητὸν" ἀμφιεσάσθω, τοῦ θανάτου κατηργημένου, τὴν πατρικὴν "ἀθανασίαν".[a] ὥστε ἡμᾶς βασιλευομένους ὑπὸ τοῦ θεοῦ ἤδη εἶναι ἐν τοῖς παλιγγενεσίας καὶ ἀναστάσεως ἀγαθοῖς.[b]

a   고전 15:53-54.          b   참조. 마 19:28.

이 폐하여질 때, "죽을 이 몸이" 아버지의 "죽지 않음"을 입게 하십시오.[a] 그러면 우리가 하나님의 다스림을 받으면서 지금 여기서 중생과 부활의 선한 것들 안에 거하게 될 것입니다.[20b]

20  동정의 삶은 천사와 같은 삶(*vita angelica*)으로서 종말론적 완성이 이 땅에서 투명하게 나타나게 한다.

XXVI. 1.

"Γενηθήτω τὸ θέλημά σου ὡς ἐν οὐρανῷ καὶ ἐπὶ γῆς."[a] ὁ Λουκᾶς

μετὰ τὸ "ἐλθέτω ἡ βασιλεία σου"[b] ταῦτα παρασιωπήσας ἔταξε·

"τὸν ἄρτον ἡμῶν τὸν ἐπιούσιον δίδου ἡμῖν καθ' ἡμέραν"·[c] διόπερ

ἃς προετάξαμεν λέξεις ὡς παρὰ μόνῳ τῷ Ματθαίῳ κειμένας

ἐξετάσωμεν ἀκολούθως τοῖς πρὸ τούτων. ἔτι ὄντες "ἐπὶ γῆς" οἱ

εὐχόμενοι, νοοῦντες "ἐν οὐρανῷ" γεγονέναι "τὸ θέλημα" τοῦ

θεοῦ παρὰ πᾶσι τοῖς οἰκείοις τῶν οὐρανῶν, εὐξώμεθα καὶ ἡμῖν

τοῖς "ἐπὶ γῆς" ὁμοίως ἐκείνοις κατὰ πάντα γενέσθαι "τὸ θέλημα"

τοῦ θεοῦ· ὅπερ συμβήσεται, μηδὲν ἡμῶν παρὰ "τὸ θέλημα"

πραττόντων αὐτοῦ. ἐπὰν δὲ, "ὡς ἐν οὐρανῷ" "τὸ θέλημά" ἐστι

τοῦ θεοῦ, καὶ ἡμῖν τοῖς "ἐπὶ γῆς" κατορθωθῇ, ὁμοιωθέντες τοῖς ἐν

οὐρανοῖς, ἅτε φορέσαντες παραπλησίως ἐκείνοις "τὴν εἰκόνα τοῦ

ἐπουρανίου,"[d] "βασιλείαν" οὐρανῶν κληρονομήσομεν,[e] τῶν μεθ'

ἡμᾶς "ἐπὶ γῆς" καὶ ἡμῖν, γενομένοις "ἐν οὐρανῷ," ὁμοιωθῆναι

εὐχομένων.

a   마 6:10.          d   고전 15:49.
b   눅 11:2.          e   마 25:34; 7:21.
c   눅 11:3.

# 하늘에서와 같이 땅에서도 당신의 뜻이 이루어지게 하소서(XXVI)

## XXVI. 1.[1]

"하늘에서와 같이 땅에서도 당신의 뜻이 이루어지게 하소서."[a] 누가는 "당신의 나라가 오게 하소서"라는[b] 청원 뒤에 이 청원을 생략하고, "날마다 우리에게 우리의 필요한 양식을 주소서"[c]라는 청원을 배치했습니다. 그러므로 우리가 앞서 인용한 말은 마태복음에만 나오는 것이지만, 이 말을 앞에서 다루었던 것과 어울리게 조사해봅시다. 아직 "땅에" 있으면서 기도하는 우리들은, "하늘에서"는 하늘에 거하는 모든 이에게 하나님의 "뜻"이 이루어진 것을 알고 있으므로, 우리에게도 그들과 마찬가지로 모든 일에 하나님의 "뜻"이 이루어지도록 기도합시다. 우리가 하나님의 "뜻"에서 벗어난 어떤 것도 행하지 않을 때에, 자연스럽게 이러한 일이 따라올 것입니다. "하늘에서" 하나님의 "뜻"이 서게 된 것처럼 "땅에" 있는 우리에게서도 [하나님의 뜻이] 바로 세워질 때에, 우리도 하늘에 있는 자들과 같이 되어서 그들과 비슷하게 "하늘에 속한 그분의 형상"을 입게 될 것입니다.[d] 그러므로 하늘 "나라"를 물려받을 것입니다.[e] 우리 뒤에 오는 "땅에" 있는 자들은 "하늘에" 있게 된 우리들과 같이 되기를 기도할 것입니다.

---

1   하늘에서 하늘에 있는 모든 이들에게 하나님의 뜻이 이루어진 것 같이, 이 땅에 있는 우리에게 하나님의 뜻이 바로 세워지면, 우리는 하나님의 형상을 지니게 되고 하늘 나라를 물려받게 된다.

## XXVI. 2.

δύναται μέντοι γε κατὰ μόνον τὸν Ματθαῖον ἀπὸ κοινοῦ τὸ "ὡς ἐν οὐρανῷ καὶ ἐπὶ γῆς"ᵃ λαμβάνεσθαι, ἵν' ᾖ τοιοῦτον τὸ προστασσόμενον ἡμῖν ἐν τῇ εὐχῇ λέγειν· "ἁγιασθήτω τὸ ὄνομά σου" "ὡς ἐν οὐρανῷ καὶ ἐπὶ γῆς"· "ἐλθέτω ἡ βασιλεία σου" "ὡς ἐν οὐρανῷ καὶ ἐπὶ γῆς"· "γενηθήτω τὸ θέλημά σου ὡς ἐν οὐρανῷ καὶ ἐπὶ γῆς".ᵇ "τό" τε γὰρ "ὄνομα" τοῦ θεοῦ ἡγιάσθη παρὰ τοῖς "ἐν οὐρανῷ," καὶ ἐνέστη αὐτοῖς "ἡ" τοῦ θεοῦ "βασιλεία," γεγένηταί τε ἐν αὐτοῖς "τὸ θέλημα" τοῦ θεοῦ· ἅπερ πάντα ἡμῖν λείπει τοῖς "ἐπὶ γῆς," δυνάμενα ἡμῖν ὑπαρχθῆναι ἐν τῷ ἀξίους ἑαυτοὺς κατασκευάζειν ἐπηκόου περὶ τούτων πάντων τοῦ θεοῦ τυχεῖν.

## XXVI. 3.

ζητήσαι δ' ἄν τις διὰ τὸ "γενηθήτω τὸ θέλημά σου ὡς ἐν οὐρανῷ καὶ ἐπὶ γῆς"ᶜ λέγων· πῶς γεγένηται "τὸ θέλημα" τοῦ θεοῦ

---

a  마 6:10.        c  마 6:10.
b  마 6:9-10; 눅 11:2.

## XXVI. 2.[2]

물론 "하늘에서와 같이 땅에서도"[a]라는 마태복음에만 나오는 이 구절은 공통으로 [다른 청원들도 수식하는 것으로] 취해질 수 있습니다. 그렇게 되면 기도할 때에 우리가 말하도록 명해진 것은 "하늘에서와 같이 땅에서도 당신의 이름이 거룩하게 하소서", "하늘에서와 같이 땅에서도 당신의 나라가 오게 하소서", "하늘에서와 같이 땅에서도 당신의 뜻이 이루어지게 하소서"가 될 것입니다.[b] 왜냐하면 하늘에 있는 자들에게서 하나님의 이름이 거룩하여졌고, 그들에게서 하나님 나라가 섰으며, 그들에게서 하나님의 뜻이 이루어졌기 때문입니다. 이 모든 것은 땅에 있는 우리에게 결핍되어 있지만, 우리가 이 모든 것에 관해서 하나님의 응답을 받기에 합당한 자로 우리 자신들을 준비시킬 때에 우리의 것이 될 수 있습니다.


## XXVI. 3.[3]

누군가가 "당신의 뜻이 하늘에서와 같이 땅에서도 이루어지게 하소서"[c]라는 청원과 관련해서 다음과 같이 말하며 물을 수 있을 것

---

2   "하늘에서와 같이 땅에서도"라는 부사구는 주님의 기도의 첫 번째 간구와 두 번째 간구와 세 번째 간구에 모두 연결될 수 있다. 우리가 기도 응답에 합당한 자가 될 때 이 기도가 가능해진다.
3   셋째 간구를 드리는 것이 악령이 땅으로 내려오도록 기도하는 것은 아니다. 왜냐하면 하늘은 아버지의 보좌이고, 땅은 영적으로 이해하면 그리스도의 교회이기 때문이다. 하나님의 뜻을 이루게 하는 이는 그리스도이고, 그리스도께서 그분의 뜻을 완성하신 분이다. 그리스도와 함께 한 영이 되는 것이 셋째 간구의 본질적인 내용이다.

"ἐν οὐρανῷ," ὅπου ἐστὶ "τὰ πνευματικὰ τῆς πονηρίας,"[a] δι' ἃ μεθυσθήσεται "ἡ μάχαιρα" τοῦ θεοῦ καὶ "ἐν τῷ οὐρανῷ";[b] εἰ δὲ οὕτως εὐχόμεθα γενηθῆναι "ἐπὶ" τῆς "γῆς" "τὸ θέλημα" τοῦ θεοῦ, ὥσπερ γίνεται "ἐν οὐρανῷ," μή ποτε λεληθότως εὐξώμεθα μένειν "ἐπὶ γῆς" καὶ τὰ ἐναντία, ὅπου ἀπ' οὐρανοῦ καὶ ταῦτα ἔρχεται, πολλῶν φαύλων γινομένων "ἐπὶ γῆς" διὰ τὰ ἡττῶντα "πνευματικὰ τῆς πονηρίας," ὄντα "ἐν τοῖς ἐπουρανίοις."[c] ὁ μὲν οὖν τις ἀλληγορῶν τὸν οὐρανὸν καὶ φάσκων αὐτὸν εἶναι τὸν Χριστὸν, γῆν δὲ τὴν ἐκκλησίαν (τίς γὰρ οὕτως <ἄξι>ος "θρόνος" τοῦ πατρὸς ὡς ὁ Χριστός; ποῖον δὲ "ὑποπόδιον τῶν ποδῶν" τοῦ θεοῦ ὡς ἡ ἐκκλησία) εὐχερῶς λύσει τὰ ζητούμενα, λέγων εὔχεσθαι δεῖν ἕκαστον τῶν ἀπὸ τῆς ἐκκλησίας οὕτω χωρῆσαι "τὸ" πατρικὸν "θέλημα," ὃν τρόπον Χριστὸς κεχώρηκεν, ὁ ἐλθὼν ποιῆσαι "τὸ θέλημα" αὐτοῦ τοῦ πατρὸς[e] καὶ πᾶν αὐτὸ τελειώσας· δυνατὸν γὰρ κολληθέντα αὐτῷ "ἓν" γενέσθαι "πνεῦμα" σὺν αὐτῷ, διὰ τοῦτο χωροῦντα "τὸ θέλημα," ἵν' "ὡς" τετέλεσται "ἐν οὐρανῷ," οὕτω τελεσθῇ "καὶ ἐπὶ γῆς"· "ὁ κολλώμενος" γὰρ "τῷ κυρίῳ" κατὰ τὸν Παῦλον "ἓν πνεῦμά ἐστι."[f] καὶ οἶμαι ὅτι οὐκ εὐκαταφρόνητος ἔσται αὕτη ἡ ἑρμηνεία τῷ ἐπιμελέστερον κατανοοῦντι αὐτήν.

a   엡 6:12.                              45:7]); 행 7:49 (사 66:1), XXIII.4를 보라.
b   사 34:5.                        e   참조. 요 4:34; 6:38; 17:4.
c   엡 6:12.                        f   고전 6:17.
d   마 5:34-35; 참조. 히 1:8(시 44:7[시

입니다. '어떻게 하나님의 "뜻"이 "하늘"에서 이루어졌는가? 하늘에는 "악한 영들"이 존재하고[a], 그들로 인해 하나님의 "칼"이 "하늘에서"도 흡족하게 마실 것인데 말이다.[b] 이런 식으로 하늘에서와 같이 땅에서 하나님의 뜻이 이루어지기를 우리가 기도한다 하더라도, 결코 알지 못하는 사이에 하늘로부터 오는 적대적인 세력들이 땅에 머물도록 기도하지는 맙시다. "하늘에서" 패배한 "악한 영들"로 인해 "땅에" 많은 사악한 영들이 있기 때문입니다.[c] 어떤 사람이 하늘을 풍유적으로 해석해서 하늘은 그리스도이고, 땅은 교회라고 말한다면 어떻게 되겠습니까? (누가 그리스도만큼 아버지의 보좌에 합당하겠습니까? 어떤 발판이 교회만큼 하나님의 발판에 잘 어울리겠습니까?)[4d] 그는 제기된 질문을 쉽게 풀어내며 이렇게 말할 것입니다: 교회에 소속된 각자는 그리스도께서 받아들인 방식대로 아버지의 뜻을 받아들이도록 기도해야 합니다. 그리스도는 아버지 자신의 "뜻"을 행하기 위해 오셨고,[e] 그 모든 것을 완전히 행하셨습니다. 그분과 합하여 "한 영"이 되는 것, 그리고 그것을 통해 [하나님의 뜻이] 하늘에서 이루어진 것처럼 땅에서도 이루어지도록 [하나님의] 뜻을 받아들이는 것이 가능합니다. 바울에 따르면 "주님과 합하는 사람은 한 영"입니다.[5f] 나는 더 주의 깊게 숙고하는 사람은 이 해석을 무시하지 않을 것이라고 생각합니다.

---

4    참조. XXIII.4.
5    참조. 『켈수스 반박』 II.9; 『마태복음 주해』 XV.24; 『마태복음 연속 주해』 65.

ἀντιλέγων δέ τις αὐτῇ παραθήσεται τὸ ἐπὶ τέλει τούτου τοῦ

εὐαγγελίου μετὰ τὴν ἀνάστασιν ὑπὸ τοῦ κυρίου εἰρημένον

πρὸς τοὺς ἔνδεκα μαθητάς· "ἐδόθη μοι πᾶσα ἐξουσία ⌜ὡς⌝ ἐν

οὐρανῷ καὶ ἐπὶ γῆς."[a] ἔχων γὰρ ἐξουσίαν τῶν "ἐν οὐρανῷ"

φησι προσειληφέναι τὴν "ἐπὶ γῆς," τῶν μὲν "ἐν οὐρανῷ" καὶ

πρότερον ὑπὸ τοῦ λόγου πεφωτισμένων,[b] ἐπὶ δὲ "τῇ συντελείᾳ

τοῦ αἰῶνος"[c] καὶ τῶν "ἐπὶ γῆς" διὰ τὴν δεδομένην ἐξουσίαν τῷ

υἱῷ τοῦ θεοῦ μιμουμένων τὰ, ὧν ἐξουσίαν ὁ σωτὴρ ἔλαβεν, "ἐν

οὐρανῷ"[d] κατορθουμένων. οἱονεὶ οὖν διὰ τῶν εὐχῶν συνεργοὺς

πρὸς τὸν πατέρα βούλεται λαβεῖν τοὺς μαθητευομένους αὐτῷ,

ἵν᾽ ὁμοίως τοῖς "ἐν οὐρανῷ" ὑποτεταγμένοις ἀληθείᾳ καὶ λόγῳ

τὰ "ἐπὶ γῆς" διορθωθέντα <διὰ> τὴν ἐξουσίαν, ἣν ἔλαβεν "ὡς

ἐν οὐρανῷ καὶ ἐπὶ γῆς," εἰς τέλος ἀγάγῃ τῶν ἐξουσιαζομένων

μακάριον. ὁ δὲ θέλων οὐρανὸν εἶναι τὸν σωτῆρα τὴν δὲ γῆν

ἐκκλησίαν, τὸν πρωτότοκον "πάσης κτίσεως,"[e] ᾧ ὁ πατὴρ ὡς

θρόνῳ ἐπαναπαύεται, φάσκων εἶναι τὸν οὐρανὸν, εὕροι ἂν "τὸν"

"ἄνθρωπον,"[f] ὃν ἐνεδύσατο οἰκειωθέντα ἐκείνῃ τῇ δυνάμει διὰ

---

| a | 마 28:18. | d | 마 28:18. |
| b | 참조. 요 1:9. | e | 골 1:15. |
| c | 마 13:40; 참조. 마 13:39; 24:3; 28:20. | f | 참조. 엡 4:24; 골 3:10. |

## XXVI. 4.[6]

어떤 사람은 이 해석을 반박하면서 이 복음서의 끝에 부활하신 후 주님께서 열 한 제자들에게 말씀하신 것을 인용할 것입니다. "하늘에서와 같이 땅에서도 모든 권세가 나에게 주어졌다."[a] 주님께서는 "하늘에" 있는 것들에 대한 권세를 가지고 계시면서 "땅에서의" 권세를 더하신 것처럼 말씀하시기 때문입니다. 한편으로 하늘에 있는 것들이 훨씬 이전에 그 말씀에 의해 비추임을 받았고,[b] 다른 한편으로 이 세대의 마지막에[c] 땅에 있는 것들이 하나님의 아들에게 주어진 권세로 인해 하늘에 있는 것들을 (그것들에 대해 구주께서 권세를 받으셨다) 모방해서 바로 세워지게 됩니다. 그러므로 그분은 제자가 된 자들을 기도를 통해서 하나님과 함께 일하는 동역자로 삼고 싶어하는 듯합니다. 그리하여 그분은 하늘에서 진리와 말씀에 복종한 것들과 비슷하게, 하늘에서처럼 땅에서도 그분이 받으신 그 권세로 인해,[d] 땅에서 바로 세워진 것들을 [주의] 권세에 복속된 것들의 온전한 행복의 상태로 이끌고자 하십니다. 하늘이 구주이고 땅이 교회이기를 바라는 사람, "모든 피조물보다" 먼저 나신 분이[e] 하늘이라고 말하는 사람은[7] (아버지는 그분을 보좌로 삼아 안식하십니다) 그분이 입으신 "사람"을 발견할 수 있을 것입니다.[f] 그 사람은 그분이 자기를 낮추심으로써 저 능력을 자기 것으로 삼았지만

---

6 하늘에서와 같이 땅에서도 하나님의 뜻이 이루어진다는 것은 이 글 전체를 관통하는 오리게네스의 기독론과 밀접하게 관련된다. 하늘과 땅의 연결은 오로지 "가장 먼저 나신 분"인 그리스도를 통해서만 가능하다. 그리스도의 탄생과 죽음과 부활로 인해 하나님의 뜻이 이 땅에서 이루어졌다.

7 참조. XXVI.3.

τὸ τεταπεινωκέναι "ἑαυτὸν" καὶ γενόμενον ὑπήκοον "μέχρι θανάτου,"[a] λέγειν μετὰ τὴν ἀνάστασιν τό· "ἐδόθη μοι πᾶσα ἐξουσία ὡς ἐν οὐρανῷ καὶ ἐπὶ γῆς"·[b] λαβόντος τοῦ κατὰ τὸν σωτῆρα ἀνθρώπου τὴν ἐξουσίαν τῶν "ἐν οὐρανῷ" οἷον τῶν ἐνυπαρχόντων τῷ μονογενεῖ, ἵνα αὐτῷ κοινωνῇ, ἀνακιρνάμενος ἐκείνου τῇ θεότητι καὶ ἑνούμενος αὐτῷ.

## XXVI. 5.

μὴ λύοντος δέ πω τοῦ δευτέρου τὰ ἠπορημένα περὶ τοῦ πῶς "τὸ θέλημα" τοῦ θεοῦ ἐστιν "ἐν οὐρανῷ," τῶν "ἐν τοῖς ἐπουρανίοις" πνευματικῶν "τῆς πονηρίας" ἀντιπαλαιόντων τοῖς[c] "ἐπὶ γῆς," ἐκεῖθεν ἐνέσται λύειν οὕτως τὸ ζητούμενον· ὅτι, ὥσπερ οὐ διὰ τὸν τόπον ἀλλὰ διὰ τὴν προαίρεσιν ὁ ἔτι ὢν "ἐπὶ γῆς," "πολίτευμα" ἔχων "ἐν οὐρανοῖς"[d] καὶ θησαυρίζων "ἐν οὐρανῷ," τὴν καρδίαν ἔχων "ἐν οὐρανῷ,"[e] "τὴν εἰκόνα τοῦ ἐπουρανίου" φορῶν,[f] οὐκέτι ἐστὶν "ἐκ τῆς γῆς" οὐδὲ "τοῦ" "κάτω" "κόσμου" ἀλλ' "ἐκ τοῦ οὐρανοῦ" καὶ "τοῦ" κρείττονος "τούτου" οὐρανίου "κόσμου"·[g] οὕτως καὶ "τὰ" ἔτι "ἐν τοῖς <ἐπ>ουρανίοις"

---

a   빌 2:8.
b   마 28:18.
c   엡 6:12.
d   빌 3:20.

e   마 6:20-21.; 눅 12:34.
f   고전 15:49.
g   요 3:31; 8:23; 18:36; 참조. 마 21:25-26;
    막 11:30-31; 눅 20:4-5.

"죽기까지" 순종하심으로써[a] 부활 후에 "하늘에서와 같이 땅에서도 모든 권세가 나에게 주어졌다"고[b] 말했습니다. 그 사람은 구주에 상응하여 홀로 나신 분의 신성과 어울리고 그분과 하나가 되어 그분과 교제하도록 하늘에 속한 것들, 곧 홀로 나신 분에게 속한 것들에 대한 권세를 받았습니다.[8]


## XXVI. 5.[9]

"하늘에 있는" "악한" 영들이 "땅에 있는" 것들과 싸움을 하고 있는데,[c] 어떻게 하나님의 "뜻"이 "하늘에서" 이루어졌는가 하는 두 번째 난점은 아직 풀지 못했는데, 그 질문을 이렇게 풀어볼 수 있겠습니다. 아직 "땅에" 있다고 할지라도,[f] 장소 때문이 아니라 선택 때문에[10] "하늘에서" "시민권"을 가지고,[d] "하늘에" 보물을 쌓아 두고, "하늘에" 마음을 두고,[e] "하늘에 속한 그분의 형상"을 지니고 있는 사람은 "땅"에 속한 것이 아니며, "아래" "세상"에 속하지도 않고, 하늘에 속하며, 더 나은 "이" 하늘의 "세상"에 속합니다.[11][g] 이와 마찬가지로,

---

8 마 28:18의 말씀을 그리스도의 인성의 관점에서 해석한다. 구주께서 입으신 사람은 구주와 결합해서 능력을 입었지만 죽기까지 순종하여 부활 후 하늘과 땅의 권세를 받아 홀로 나신 분의 신성에 참여하게 되었다고 서술한다.

9 하늘에는 선한 세력뿐만 아니라, 악의 세력이 있다는 것은 장소가 아니라 선택으로 이해해야 한다. 악한 세력은 하늘에 있다고 하지만 땅에 속해 있기 때문에 하늘에 거주하지 않는다.

10 προαίρεσις는 스토아철학에서 강요나 방해 없이 자유롭게 결정하는 지성의 결정이다(참조. 에픽테토스, 『어록』 I.1.23). 오리게네스의 자유론에서는 공간적인 위치가 아니라 의지의 지향이 창조물의 지위에 결정적이므로 위를 향한 의지가 공간적으로는 아래에 있는 것일 수 있다(참조. 『왕국기 강해』 그리스어본 8).

11 요 3:31과 8:23을 합쳐서 말한다. 요한복음의 "이 세상"은 현세를 말하지만 오리게

διατρίβοντα "πνευματικὰ τῆς πονηρίας,"[a] "τὸ πολίτευμα"[b] ἔχοντα "ἐπὶ γῆς" καὶ δι' ὧν ἀντιπαλαίει ἐπιβουλεύοντα ἀνθρώποις, θησαυρίζοντα "ἐπὶ γῆς,"[c] "εἰκόνα τοῦ χοϊκοῦ"[d] φοροῦντα, ὅστις "ἐστὶν ἀρχὴ πλάσματος κυρίου, ⌜πεποιημένος⌝ ἐγκαταπαίζεσθαι ὑπὸ τῶν ἀγγέλων,"[e] οὐκ ἔστιν ἐπουράνια οὐδὲ ἐν τοῖς οὐρανοῖς διὰ τὴν μοχθηρὰν διάθεσιν οἰκεῖ. ἐπὰν οὖν λέγηται· "γενηθήτω τὸ θέλημά σου ὡς ἐν οὐρανῷ καὶ ἐπὶ γῆς,"[f] ἐκείνους οὐδὲ "ἐν οὐρανῷ" εἶναι λογιστέον, τῷ φρονήματι μετὰ τοῦ πεσόντος ἐξ "οὐρανοῦ"[g] δίκην ἀστραπῆς πεπτωκότας.

## XXVI. 6.

καὶ τάχα λέγων δεῖν εὔχεσθαι ὁ σωτὴρ ἡμῶν, ἵνα γένηται "τὸ θέλημα" τοῦ πατρὸς "ὡς ἐν οὐρανῷ" οὕτως "καὶ ἐπὶ γῆς,"[h] οὐ πάντως περὶ τῶν ἐν τόπῳ τῆς "γῆς" κελεύει γίνεσθαι τὰς εὐχάς, ὅπως ὁμοιωθῶσι τοῖς ἐν τόπῳ οὖσιν οὐρανίῳ· ἀλλ' ἔστιν αὐτῷ ἡ πρόσταξις τῆς εὐχῆς, βουλομένῳ ὁμοιωθῆναι πάντα τὰ "ἐπὶ γῆς," τουτέστι τὰ χείρονα καὶ τοῖς γηΐνοις ᾠκειωμένα,

---

| | | | |
|---|---|---|---|
| a | 엡 6:12. | e | 욥 40:19(70인역) |
| b | 빌 3:20. | f | 마 6:10. |
| c | 마 6:19. | g | 눅 10:18. |
| d | 고전 15:49. | h | 마 6:10. |

하늘에서 지내고 있는 "악한 영들"은[a] "땅에서" "시민권"을 가지고,[b] 계략을 꾸며 그것으로 사람들과 싸움을 벌이고, "땅에" 보물을 쌓아 두고,[c] "흙으로 빚은 그 사람의 형상"을 지니고 있으므로[d](그는 주님의 창조의 시작인데, 천사들의 놀림거리가 되었습니다)[e] 하늘에 속하지도 않고, 악한 성향으로 인해 하늘에 거주하지도 않습니다. 따라서 "하늘에서와 같이 땅에서도 당신의 뜻이 이루어지게 하소서"[f] 하고 말할 때, 우리는 저들이 "하늘에" 있다고 생각해서는 안 됩니다. 저들은 [교만한] 생각으로 번개처럼 "하늘"로부터 떨어진 이와 함께 떨어졌기 때문입니다.[g]


## XXVI. 6.[12]

아마도 우리의 구주께서 "하늘에서와 같이" 그렇게 "땅에서도" 아버지의 "뜻"이 이루어지도록 기도해야 한다고 말씀하실 때에,[h] 그분이 "땅"이라는 장소에 있는 이들에 대해 "하늘"이라는 장소에 있는 이들과 같아지도록 기도가 이루어져야 한다고 명령하는 것은 확실히 아닙니다. 오히려 기도하라는 명령은 그분이 땅에 있는 모든 이, 즉 더 열등하고 땅에 속한 이들과 연합된 이들이 더 좋고

---

네스는 하늘의 세상으로 바꾸고 있다.

12  죄를 짓는 자는 땅에 속해 있고, 하나님의 뜻을 행하는 자는 하늘에 속한 자들이다. 우리가 아직 죄를 짓고 있어 땅에 속했다면, 죄를 짓지 않고 하나님의 뜻이 이루어지기를 기도하고, 우리가 하늘에 속했다면, 죄에 속한 사람들도 하늘이 되도록 기도하자고 권한다.

τοῖς κρείττοσι καὶ ἔχουσι "τὸ πολίτευμα ἐν οὐρανοῖς,"[a] πᾶσι γενομένοις οὐρανῷ. ὁ μὲν γὰρ ἁμαρτάνων, ὅπου ποτ' ἂν ᾖ, ἐστὶ "γῆ," εἰς τὴν συγγενῆ,[b] ἐὰν μὴ μετανοῇ, ἐσόμενός πῃ· ὁ δὲ ποιῶν "τὸ θέλημα" τοῦ θεοῦ καὶ μὴ παρακούων τῶν σωτηρίων πνευματικῶν νόμων οὐρανός ἐστιν. εἴτε οὖν "γῆ" ἔτι ἐσμὲν διὰ τὴν ἁμαρτίαν, εὐχώμεθα καὶ ἐφ' ἡμᾶς οὕτω "τὸ θέλημα" τοῦ θεοῦ διατεῖναι διορθωτικῶς, ὥσπερ ἔφθακεν ἐπὶ τοὺς πρὸ ἡμῶν γενομένους οὐρανὸν ἢ ὄντας οὐρανόν· εἴτε μὴ γῆ ἀλλ' οὐρανὸς ἤδη λελογίσμεθα τῷ θεῷ, ἀξιώσωμεν, ἵνα καὶ "ἐπὶ τῆς γῆς" ὁμοίως "τῷ οὐρανῷ," λέγω δὲ ἐπὶ τῶν χειρόνων, πληρωθῇ "τὸ θέλημα" τοῦ θεοῦ εἰς τὴν, ἵν' οὕτως εἴπω, οὐρανοποίησιν αὐτῆς, ὥστε μηκέτι ποτὲ εἶναι γῆν ἀλλὰ πάντα γενέσθαι οὐρανόν. ἐὰν γὰρ ὡς "ἐν οὐρανῷ" κατὰ τὰ ἡρμηνευμένα "τὸ θέλημα" τοῦ θεοῦ οὕτω γένηται "καὶ ἐπὶ γῆς," ἡ γῆ οὐ μενεῖ γῆ· ὡς (εἰ λέγοιμι ἐπὶ ἄλλου παραδείγματος σαφέστερον) ἐάν, ὥσπερ γεγένηται "τὸ θέλημα" τοῦ θεοῦ ἐπὶ τοὺς σώφρονας, οὕτω γένηται καὶ ἐπὶ τοὺς ἀκολάστους, οἱ ἀκόλαστοι σώφρονες ἔσονται, ἢ ὡς γεγένηται "τὸ θέλημα" τοῦ θεοῦ ἐπὶ τοὺς δικαίους, <ἐὰν οὕτω γένηται> καὶ ἐπὶ τοὺς ἀδίκους, οἱ ἄδικοι δίκαιοι ἔσονται· διὰ τοῦτο ἐάν, ὡς "ἐν οὐρανῷ" γεγένηται "τὸ θέλημα" τοῦ θεοῦ, γένηται "καὶ ἐπὶ γῆς," ἐσόμεθα πάντες οὐρανός, τῆς μὴ ὠφελούσης σαρκὸς καὶ

a   빌 3:20.     b   참조 창 3:19.

하늘에 시민권을 가진 이들,[a] 하늘이 된 모든 이들과 같아지기를 원하시기 때문에 주어진 것입니다. 죄를 짓는 자는 어디에 있든지 간에 땅이고, 회개하지 않는다면 어떻든지 자기 부류 곁에 있게 될 것입니다.[b] 반면에 하나님의 뜻을 행하고 구원하는 영적인 법을 거역하지 않는 자는 하늘입니다.[13] 그러므로 만약 우리가 아직 죄 때문에 땅이라면, 우리에게도 하나님의 뜻이 올곧게 펼쳐지도록 기도합시다. 우리 이전에 하늘이 된 자들, 또는 하늘인 자들에게 하나님의 뜻이 임했던 것처럼 말입니다. 만약 우리가 하나님에게서 땅이 아니라 이미 하늘이라고 여겨진다면, 하늘에서처럼 땅에서도, 말하자면 더 나쁜 자들에게서도 하나님의 뜻이 성취되도록, 말하자면 땅을 하늘로 만들도록 구하여, 더 이상 땅은 없고 모든 것이 하늘이 되도록 합시다. 내가 해설한 바에 따라 "하늘에서와 같이" 그렇게 "땅에서도" 하나님의 "뜻"이 이루어진다면, 땅은 땅으로 남아 있지 않을 것입니다. 다른 예를 들어서 조금 더 분명하게 말해보자면, 절제 있는 자들에게 하나님의 "뜻"이 이루어진 것과 같이 그렇게 절제 없는 자들에게도 이루어진다면, 절제 없는 이들이 절제 있게 될 것입니다. 또는 의로운 자들에게 하나님의 뜻이 이루어진 것과 같이 그렇게 불의한 자들에게도 이루어진다면, 불의한 자들이 의롭게 될 것입니다. 그러므로 하나님의 "뜻"이 "하늘에서와 같이" "땅에서도" 이루어진다면, 우리 모두는 하늘이 될 것입니다. 무익한 살과 그것

---

13  참조.『예레미야 강해』 8.2. 이미 테르툴리아누스는 주님의 기도를 해설하면서 "영과 육에 대한 성경의 의미에 따라 우리는 하늘과 땅이다"라고 말한다(『기도론』 4.1).

συγγενοῦς αὐτῇ αἵματος μὴ δυναμένων κληρονομεῖν "βασιλείαν θεοῦ,"ᵃ κληρονομεῖν δ' ἂν λεχθησομένων, ἐὰν μεταβάλωσιν ἀπὸ σαρκὸς καὶ γῆς καὶ χοῦ καὶ αἵματος ἐπὶ τὴν οὐράνιον οὐσίαν.

a    고전 15:50; 참조. 요 6:63; 고전 6:9-10.

을 닮은 피는 "하나님 나라"를 유산으로 받을 수 없지만,[a] 살과 땅과 먼지와 피가 하늘의 존재로 변화된다면, [하나님 나라를] 유산으로 받도록 선택될 것이기 때문입니다.

XXVII. 1.

"Τὸν ἄρτον ἡμῶν τὸν ἐπιούσιον δὸς ἡμῖν σήμερον,"[a] ἢ ὡς
ὁ Λουκᾶς· "τὸν ἄρτον ἡμῶν τὸν ἐπιούσιον δίδου ἡμῖν καθ᾽
ἡμέραν."[b] ἐπεί τινες ὑπολαμβάνουσι περὶ τοῦ σωματικοῦ ἄρτου
λέγεσθαι εὔχεσθαι ἡμᾶς, ἄξιον αὐτῶν τὴν ψευδοδοξίαν διὰ
τούτων περιελόντας παραστῆσαι τὸ ἀληθὲς περὶ τοῦ ἐπιουσίου
ἄρτου. λεκτέον οὖν πρὸς αὐτοὺς ὅτι πῶς ὁ λέγων δεῖν αἰτεῖν
ἐπουράνια καὶ μεγάλα, οὔτε ἐπουρανίου ὄντος τοῦ εἰς τὴν σάρκα
ἡμῶν ἀναδιδομένου ἄρτου οὔτε μεγάλου αἰτήματος τοῦ περὶ
τούτου ἀξιοῦν, ὡσπερεὶ κατ᾽ αὐτοὺς ἐπιλαθόμενος ὧν ἐδίδαξε
προστάττει περὶ ἐπιγείου καὶ μικροῦ ἔντευξιν ἀναφέρειν τῷ
πατρί;

a  마6:11.        b  눅11:3.

# 오늘 우리에게 필요한 양식을 주소서(XXVII)

## 양식/빵(XXVII.1-6)

### XXVII. 1.[1]

"오늘 우리에게 필요한 양식을 주소서."[a] 또는 누가복음에 나오는 것처럼 "날마다 우리에게 필요한 우리의 양식을 주소서."[b] 어떤 사람들은 육신적인 양식[2]에 대해 기도하라고 [주께서] 말씀하신 것으로 생각합니다. 그런 이유로 그들의 잘못된 생각을 제거하고 필요한 양식에 대해 참된 것을 확립하는 것이 적절합니다.[3] 따라서 그들에게 다음과 같은 것이 말해져야 합니다. 하늘의 것들과 큰 것들을 구해야 한다고[4] 말씀하시는 분이 어떻게 땅에 속한 것과 작은 것에 대한 간구를 아버지께 드리도록 명할 수 있습니까? 우리의 육신을 위해 더하여질 양식은 하늘의 것도 아니며, 그것에 대해 구하는 것은 큰 것에 대한 요구도 아니므로, 이렇게 명하신다면, 마치 스스로 가르친 것을 잊어버리고 자기 모순적인 자들과 같이 되는 것입니다.

---

1 "필요한 양식"에 대한 간구는 『기도론』에서 가장 길게 다뤄졌으며 『기도론』의 핵심적인 부분이다. 우선 오리게네스는 필요한 양식이 육에 관련된 빵이 아니라는 것을 미리 밝힘으로써 이 빵에 관한 기도는 더욱 본질적인 것과 연결된 것이라고 밝힌다. 성경에서 강조되는 것은 하늘의 것이므로, 땅에 속한 빵을 구하는 것이 기도의 내용이 되지 못한다.
2 여기서 "양식"은 "빵"이라는 단어인데, 문맥에 따라 양식과 빵을 혼용해서 쓸 것이다.
3 참조. 『누가복음 주해 단편』 180.
4 참조. II.2.; XIV.1; XVI.2.

ἡμεῖς δὲ ἑπόμενοι αὐτῷ διδασκάλῳ,[a] διδάσκοντι τὰ περὶ τοῦ ἄρτου, διὰ πλειόνων ταῦτα παραθησόμεθα. φησὶν ἐν τῷ κατὰ Ἰωάννην πρὸς ἐληλυθότας εἰς Καφαρναοὺμ ζητεῖν αὐτόν· "ἀμὴν ἀμὴν λέγω ὑμῖν, ζητεῖτέ <με> οὐχ ὅτι εἴδετε σημεῖα, ἀλλ᾽ ὅτι ἐφάγετε ἐκ τῶν ἄρτων καὶ ἐχορτάσθητε."[b] ὁ γὰρ φαγὼν "ἐκ τῶν" ὑπὸ Ἰησοῦ εὐλογηθέντων "ἄρτων" καὶ πληρωθεὶς αὐτῶν μᾶλλον ζητεῖ καταλαβεῖν ἀκριβέστερον τὸν υἱὸν τοῦ θεοῦ καὶ σπεύδει πρὸς αὐτόν. διόπερ καλῶς προστάττει λέγων· "ἐργάζεσθε μὴ τὴν βρῶσιν τὴν ἀπολλυμένην ἀλλὰ τὴν βρῶσιν τὴν μένουσαν εἰς ζωὴν αἰώνιον, ἣν ὁ υἱὸς τοῦ ἀνθρώπου ὑμῖν δώσει."[c] πρὸς ταῦτα δὲ πυθομένων τῶν ἀκουσάντων καὶ λεγόντων· "τί ποιῶμεν, ἵνα ἐργαζώμεθα τὰ ἔργα τοῦ θεοῦ; ἀπεκρίθη ὁ Ἰησοῦς καὶ εἶπεν αὐτοῖς· τοῦτό ἐστι τὸ ἔργον τοῦ θεοῦ, ἵνα πιστεύητε εἰς ὃν ἀπέστειλεν ἐκεῖνος."[d] "ἀπέστειλε" δὲ ὁ θεὸς "τὸν λόγον αὐτοῦ καὶ ἰάσατο αὐτούς,"[e] ὡς ἐν ψαλμοῖς γέγραπται, δηλονότι τοὺς νενοσηκότας· ᾧ λόγῳ οἱ πιστεύοντες ἐργάζονται "τὰ ἔργα τοῦ θεοῦ," ὄντα "βρῶσιν" "μένουσαν εἰς ζωὴν αἰώνιον."[f] καὶ "ὁ πατὴρ" δέ μου, φησί, "δίδωσιν ὑμῖν τὸν ἄρτον ἐκ τοῦ οὐρανοῦ

---

a   참조 마 23:8.               d   요 6:28-29.
b   요 6:26.                      e   시 106:20(시 107:20).
c   요 6:27.                      f   요 6:27-28.

우리는 이제 양식에 관한 것들을 가르치신 스승을 직접 따라가면서[a] 더 길게 이것들을 설명할 것입니다. 요한복음에서 그분은 자기를 찾으러 가버나움에 온 사람들에게 말씀하십니다. "내가 진정으로 진정으로 너희에게 말한다. 너희가 나를 찾는 것은 표징을 보았기 때문이 아니라 빵을 먹고 배가 불렀기 때문이다."[b] 예수께서 축복하신 빵을 먹고 그것으로 배부르게 된 사람은 오히려 하나님의 아들을 더 정확하게 이해하고자 노력하고 그에게로 서둘러 갑니다. 따라서 그분께서는 적절하게 명하여 말씀하십니다. "너희는 썩어 없어질 양식을 얻으려고 일하지 말고, 영생에 이르도록 남아 있을 양식을 얻으려고 일하여라. 이 양식은 인자가 너희에게 줄 것이다."[c] 이것들에 대하여 듣고 있던 사람들이 물어보면서 말했습니다. "'우리가 무엇을 하여야 하나님의 일을 하는 것이 됩니까?' 예수께서 그들에게 대답하셨다. '하나님께서 보내신 이를 믿는 것이 곧 하나님의 일이다.'"[d] 하나님께서 "그분의 말씀을 보내셨고, 그분은 그들을 고쳐주셨다."[e] 시편에 기록된 것처럼 그들은 병든 자들임에 틀림없습니다. 그 말씀을 믿는 자들은 "하나님의 일"을 하는 것인데, 그것이 곧 "영생에 이르도록 남아 있을 양식"입니다.[f] 또한 그분은 "하늘에서 참 빵을 너희에게 주시는 분은 내 아버지시다. 하나님의 빵은 하늘에서 내려와 세상에 생명을 주는 것이다"라고 말씀하십

---

5 필요한 양식과 그리스도를 연결하는 『기도론』의 핵심을 제시한다. 빵에 관련된 복음서의 구절을 통해 예수 그리스도가 참 빵이라고 가르친다.

τὸν ἀληθινόν· ὁ γὰρ ἄρτος τοῦ θεοῦ ἐστιν ὁ καταβαίνων ἐκ τοῦ οὐρανοῦ καὶ ζωὴν διδοὺς τῷ κόσμῳ."ᵃ "ἄρτος" δὲ ἀληθινός ἐστιν ὁ "τὸν" "ἀληθινὸν" τρέφων "ἄνθρωπον," τὸν "κατ᾽ εἰκόνα τοῦ θεοῦ" πεποιημένον, ᾧ ὁ τραφεὶς καὶ "καθ᾽ ὁμοίωσιν"ᵇ "τοῦ κτίσαντος"ᶜ γίνεται. τί δὲ λόγου τῇ ψυχῇ τροφιμώτερον, ἢ τί τῆς σοφίας τοῦ θεοῦ τῷ νῷ ⌐τοῦ⌐ χωροῦντος αὐτὴν τιμιώτερον; τί δὲ ἀληθείας τῇ λογικῇ φύσει καταλληλότερον;

XXVII. 3.

ἐὰν δέ τις πρὸς ταῦτα ἀνθυποφέρῃ λέγων μὴ ἂν αὐτὸν διδάσκειν ὡς περὶ ἑτέρου ὄντος ἄρτου τοῦ ἐπιουσίου αἰτεῖν, ἀκουέτω ὅτι καὶ ἐν τῷ κατὰ Ἰωάννην ὅπου μὲν ὡς περὶ ἑτέρου τινὸς παρ᾽ αὐτὸν διαλέγεται, ὅπου δὲ ὡς αὐτὸς ὁ ἄρτος ὤν· ὡς μὲν περὶ ἑτέρου διὰ τούτων· "Μωϋσῆς δέδωκεν ὑμῖν τὸν ἄρτον ἐκ τοῦ οὐρανοῦ," "οὐ" "τὸν ἀληθινὸν," "ἀλλ᾽ ὁ πατήρ μου δίδωσιν ὑμῖν τὸν ἄρτον ἐκ τοῦ οὐρανοῦ τὸν ἀληθινόν"·ᵈ ὡς δὲ περὶ αὐτοῦ φησι πρὸς εἰπόντας αὐτῷ· "πάντοτε δὸς ἡμῖν τὸν ἄρτον τοῦτον," "ἐγώ εἰμι ὁ ἄρτος τῆς ζωῆς· ὁ ἐρχόμενος πρός με οὐ μὴ πεινάσῃ, καὶ ὁ

a    요 6:32-33.          c    골 3:10.
b    창 1:26-27.          d    요 6:32.

니다.[a] 참 빵은 "하나님의 형상을 따라" 만들어진 참 인간을 기르시는 분입니다. 그 빵이 길러낸 자는 "[자기를] 창조하신 분"과 "비슷하게"[b] 됩니다. 말씀보다 그 무엇이 영혼에 더 자양분이 됩니까? 또는 하나님의 지혜보다 그 무엇이 지혜를 붙드는 자의 정신에 더 명예롭습니까? 진리보다 그 무엇이 이성적인 본성에 더 어울립니까?

### XXVII. 3.[6]

누군가 이에 대해 반대하면서 예수께서 다른 무엇에 대해서인 것처럼 필요한 양식에 대해 구하라고 가르치지는 않았을 것이라고 말한다면,[7] 그 사람에게 다음의 내용을 듣게 하십시오. 요한복음에서도 예수께서는 어떤 부분에서는 [그 빵이] 자신과 다른 무엇인 것처럼 말씀하시지만, 또 어떤 부분에서는 자신이 빵이라고 말씀하십니다. 전자의 예로 "모세는 하늘에서 너희에게 빵을 내려다 주었다." "그런데 그것은 참 빵이 아니었다." "하늘에서 참 빵을 너희에게 주시는 분은 내 아버지시다."[d] 하고 그분은 말씀하십니다. 후자의 예로 "그 빵을 언제나 우리에게 주십시오." 하고 말하는 사람들에게 "내가 생명의 빵이다. 내게로 오는 사람은 결코 주리지 않을 것이요, 나를 믿는 사람은 다시는 목마르지 않을 것이다." 하고 그분은 말

---

6 필요한 양식이 우리가 먹는 빵이라고 주장하는 사람에 대해 오리게네스는 예수 그리스도가 생명의 빵이라는 요한복음의 말씀을 제시한다.

7 실제 "양식" 이외의 다른 어떤 것을 의미하면서 "필요한 양식"을 구하라고 가르치시지는 않았을 것이라는 뜻이다.

πιστεύων εἰς ἐμὲ οὐ μὴ διψήσῃ πώποτε."[a] καὶ μετ᾽ ὀλίγα· "ἐγώ
εἰμι ὁ ἄρτος <ὁ ζῶν> ὁ ἐκ τοῦ οὐρανοῦ καταβάς· ἐάν τις φάγῃ
ἐκ τούτου τοῦ ἄρτου, ζήσει εἰς τὸν αἰῶνα· καὶ ὁ ἄρτος δὲ, ὃν ἐγὼ
δώσω, ἡ σάρξ μου ἐστὶν, ἣν ἐγὼ δώσω ὑπὲρ τῆς τοῦ κόσμου
ζωῆς."[b]


XXVII. 4.

ἐπεὶ δὲ πᾶσα τροφὴ "ἄρτος" λέγεται κατὰ τὴν γραφὴν, ὡς
δῆλον ἐκ τοῦ περὶ Μωϋσέως ἀναγεγράφθαι· "ἄρτον οὐκ ἔφαγε"
"τεσσαράκοντα ἡμέρας" "καὶ ὕδωρ οὐκ ἔπιε,"[c] ποικίλος δέ
ἐστι καὶ διάφορος ὁ τρόφιμος λόγος, οὐ πάντων δυναμένων
τῇ στερρότητι καὶ εὐτονίᾳ τρέφεσθαι τῶν θείων μαθημάτων·
διὰ τοῦτο βουλόμενος παραστῆσαι ἀθλητικὴν τελειοτέροις
ἁρμόζουσαν τροφήν φησιν· "ὁ ἄρτος δὲ, ὃν ἐγὼ δώσω, ἡ σάρξ
μου ἐστὶν, "ἣν ἐγὼ δώσω" ὑπὲρ τῆς τοῦ κόσμου ζωῆς,"[d] καὶ μετ᾽
ὀλίγα· "ἐὰν μὴ φάγητε τὴν σάρκα τοῦ υἱοῦ τοῦ ἀνθρώπου καὶ
πίητε αὐτοῦ τὸ αἷμα, οὐκ ἔχετε ζωὴν ἐν ἑαυτοῖς. ὁ τρώγων μου
τὴν σάρκα καὶ πίνων μου τὸ αἷμα ἔχει ζωὴν αἰώνιον, ⌜καὶ ἐγὼ⌝
ἀναστήσω αὐτὸν ⌜ἐν⌝ τῇ ἐσχάτῃ ἡμέρᾳ. ἡ γὰρ σάρξ μου ἀληθὴς

---

a   요 6:34-35.           c   출 34:28; 참조. 신 9:9.
b   요 6:51.              d   요 6:51.

씀하십니다.[a] 조금 뒤에는 "나는 하늘에서 내려오는 살아 있는 빵이다. 이 빵을 먹는 사람은 누구나 영원히 살 것이다. 내가 줄 빵은 나의 살이다." 내가 줄 살은 "세상에 생명을 준다"[b]라고 나옵니다.

## XXVII. 4.[8]

"사십일" 동안 "빵"도 먹지 "않고" "물도" 마시지 "않았습니다"[c]라고 모세에 대해 기록된 것으로부터, 성경에 따르면 모든 음식이 빵이라고 불린다는 것은 분명합니다.[9] 그러므로 먹이시는 말씀은 다양하고 여러 가지입니다. 모든 사람이 견고하고 딱딱한 신적 가르침으로 양육될 수는 없는 노릇입니다. 따라서 더 온전한 사람들에게 어울리는 운동선수의 양식을[10] 주기를 원하면서, 그분은 말씀하십니다. "내가 줄 빵은 나의 살이다." 내가 줄 살은 "세상에 생명을 준다."[d] 조금 뒤에는 "너희가 인자의 살을 먹지 아니하고, 또 인자의 피를 마시지 아니하면, 너희 속에는 생명이 없다. 내 살을 먹고,[11] 내 피를 마시는 사람은 영원한 생명을 가지고 있고, 마지막 날에 내가 그를 살릴 것이다. 내 살은 참 양식이요, 내 피는 참 음료이다. 내 살

---

8    그리스도가 빵이라는 전제 하에(XXVII.3), 성경에서는 모든 음식이 빵으로 불리기 때문에, 요 6:58에 근거하여 그리스도의 피와 살이 참된 양식과 음료이므로 우리가 그를 먹고 마실 때 그리스도가 우리 안에 거하고 인간은 영생할 수 있다.

9    『요한복음 주해』 X.17.100-101에서도 출 34:28(신명기 9:9)과 요 6:51에 근거하여 같은 주장이 나온다.

10    참조. 『에스겔 강해』 7.10

11    그리스어 원문은 "씹어먹다"는 뜻이다.

ἐστι βρῶσις, καὶ τὸ αἷμά μου ἀληθής ἐστι πόσις. ὁ τρώγων μου
τὴν σάρκα καὶ πίνων μου τὸ αἷμα ἐν ἐμοὶ μένει, κἀγὼ ἐν αὐτῷ.
καθὼς ἀπέστειλέ με ὁ ζῶν πατήρ, κἀγὼ ζῶ διὰ τὸν πατέρα·
καὶ ὁ τρώγων με κἀκεῖνος ζήσει δι' ἐμέ."ᵃ αὕτη δέ ἐστιν ἡ
"ἀληθὴς" "βρῶσις," "σὰρξ" Χριστοῦ, ἥτις "λόγος" οὖσα γέγονε
"σὰρξ" κατὰ τὸ εἰρημένον· "καὶ ὁ λόγος σὰρξ ἐγένετο."ᵇ ὅτε δὲ
<φάγοιμεν καὶ> πίοιμεν αὐτὸν, "καὶ ἐσκήνωσεν ἐν ἡμῖν".ᶜ ἐπὰν
δὲ ἀναδιδῶται, πληροῦται τὸ "ἐθεασάμεθα τὴν δόξαν αὐτοῦ."ᵈ
"οὗτός ἐστιν ὁ ἄρτος ὁ ⌜ἐκ τοῦ⌝ οὐρανοῦ καταβὰς, οὐ καθὼς
ἔφαγον οἱ πατέρες καὶ ἀπέθανον· ὁ τρώγων τοῦτον τὸν ἄρτον
ζήσει εἰς τὸν αἰῶνα."ᵉ


XXVII. 5.

ὁ δὲ Παῦλος "νηπίοις"ᶠ διαλεγόμενος καὶ "κατὰ ἄνθρωπον"ᵍ
περιπατοῦσι Κορινθίοις φησί· "γάλα ὑμᾶς ἐπότισα, οὐ βρῶμα·
οὔπω γὰρ ἐδύνασθε. ἀλλ' οὐδὲ ἔτι νῦν δύνασθε· ἔτι γάρ ⌜ἐστε
σάρκινοι⌝"ʰ καὶ ἐν τῇ πρὸς Ἑβραίους· "καὶ γεγόνατε χρείαν
ἔχοντες γάλακτος, οὐ στερεᾶς τροφῆς. πᾶς γὰρ ὁ μετέχων

a    요 6:53–57.              e    요 6:58.
b    요 1:14.                  f    고전 3:1.
c    요 1:14.                  g    고전 3:3.
d    요 1:14.                  h    고전 3:2–3.

을 먹고, 내 피를 마시는 사람은 내 안에 있고, 나도 그 사람 안에 있다. 살아 계신 아버지께서 나를 보내셨고, 내가 아버지 때문에 사는 것과 같이, 나를 먹는 사람도 나 때문에 살 것이다"[a]라고 말씀하십니다. 이것이 "참 양식", 곧 그리스도의 살입니다. 그 살은, "그 말씀은 육신이 되어"[b]라고 말해진 것에 따라, 말씀이시면서 육신이 되신 분의 살입니다. 우리가 그분을 먹고 마실 때에 그분은 "우리 가운데 사셨"습니다.[c] 그분이 분배될 때에 "우리가 그의 영광을 보았다"[d]는 말씀이 성취될 것입니다. "이것은 하늘에서 내려온 빵이다. 이것은 너희의 조상이 먹고서도 죽은 그런 것과는 같지 아니하다. 이 빵을 먹는 사람은 영원히 살 것이다."[e]

## XXVII. 5.[12]

바울이 "어린아이들"[f] 곧 "인간의 방식대로"[g] 행하는 고린도인들에게 이야기하면서 이렇게 말합니다. "나는 여러분에게 젖을 먹였을 뿐, 단단한 음식을 먹이지 않았습니다. 그때에는 여러분이 단단한 음식을 감당할 수 없었습니다. 사실 지금도 여러분은 그것을 감당할 수 없습니다. 여러분은 아직도 육에 속한 사람들입니다."[h] 히브리서에는 "여러분은 단단한 음식물이 아니라 젖을 필요로 하는 사람이 되었습니다. 젖을 먹고서 사는 이는 아직 어린아이이므로 올

---

12  음식을 섭취하는 사람의 믿음에 따라 다양한 형태의 빵, 곧 그리스도가 필요함을 언급한다.

γάλακτος ἄπειρος λόγου δικαιοσύνης, νήπιος γάρ ἐστι· τελείων δέ ἐστιν ἡ στερεὰ τροφή, τῶν διὰ τὴν ἕξιν τὰ αἰσθητήρια γεγυμνασμένα ἐχόντων πρὸς διάκρισιν καλοῦ τε καὶ κακοῦ."ᵃ ἐγὼ δὲ ἡγοῦμαι καὶ τὸ "ὃς μὲν πιστεύει φαγεῖν πάντα, ὁ δὲ ἀσθενῶν λάχανα ἐσθίει"ᵇ μὴ περὶ σωματικῶν τροφῶν αὐτῷ προηγουμένως λέγεσθαι ἀλλὰ περὶ τῶν τρεφόντων τὴν ψυχὴν λόγων θεοῦ·ᶜ τοῦ μὲν πιστοτάτου καὶ τελειοτάτου δυναμένου πάντων μεταλαμβάνειν, ὅνπερ δηλοῖ διὰ τοῦ "ὃς μὲν πιστεύει φαγεῖν πάντα,"ᵈ τοῦ δὲ ἀσθενεστέρου καὶ ἀτελεστέρου ἁπλουστέροις καὶ μὴ πάνυ εὐτονίαν ἐμποιοῦσι μαθήμασιν ἀρκουμένου, ὅντινα αὐτὸς σημῆναι θέλων λέγει· "ὁ δὲ ἀσθενῶν λάχανα ἐσθίει."ᵉ


XXVII. 6.

καὶ τὸ παρὰ τῷ Σολομῶντι δὲ ἐν ταῖς Παροιμίαις λεγόμενον ἡγοῦμαι διδάσκειν ὅτι βελτίων ὁ μὴ χωρῶν τὰ εὐτονώτερα καὶ μείζονα τῶν δογμάτων διὰ τὴν ἁπλότητα (οὐκ ἐσφαλμένα μέντοι γε φρονῶν) τοῦ ἐντρεχεστέρου μὲν καὶ ὀξυτέρου καὶ

a   히 5:12-14.          d   롬 14:2.
b   롬 14:2.             e   롬 14:2.
c   참조: 마 4:4; 신 8:3.

바른 가르침에 익숙하지 못합니다. 그러나 단단한 음식물은 장성한 사람들의 것입니다. 그들은 경험으로 선과 악을 분별하는 세련된 지각을 가지고 있는 사람들입니다"ªª라고 나옵니다.[13] "어떤 사람은 모든 것을 다 먹을 수 있다고 생각하지만, 믿음이 약한 사람은 채소만 먹습니다"ᵇ라는 구절은 일차적으로 육체적인 양식이 아니라 영혼을 먹이는 하나님의 말씀에 관하여 말해진 것이라고 나는 생각합니다.ᶜ "어떤 사람은 모든 것을 다 먹을 수 있다고 생각하지만"ᵈ이라는 말씀이 분명히 보여주는 것처럼, 지극히 신실하고 온전한 사람은 모든 것에 참여하여 먹을 수 있습니다. 한편 더 연약하고 더 온전하지 못한 사람은 단순하고 활력을 만들어 내지 못하는 가르침에 만족합니다. 바울은 그것을 나타내기를 바라면서, "믿음이 약한 사람은 채소만 먹습니다"라고 말합니다.ᵉ


## XXVII. 6.[14]

솔로몬이 잠언에서 말한 것은 더 강력하고 위대한 가르침을 받아들일 수 없는 단순한 이가(하지만 그는 적어도 빗나간 것을 생각하지는 않는다) 더 명철하고 날카롭고 더 충분하게 그 사태를 파악하면서도 전체의 평화와 조화의 원리를 분별하지 못하는 이보다 더 낫

---

13  젖과 단단한 음식에 따라 초신자와 성숙한 신자를 구분하는 것은 고대 유대교, 고대 교회의 권면에서 널리 발견된다.

14  잠 15:17을 근거로 단순한 이가 잘못된 가르침을 전하는 이보다 나으며, 단순하고 명료한 하나님의 말씀에 순종하여 필요한 양식이신 그리스도를 받도록 기도해야 한다고 설명한다.

μειζόνως ἐπιβάλλοντος τοῖς πράγμασι τὸν δὲ τῆς εἰρήνης καὶ συμφωνίας τῶν ὅλων λόγον μὴ τρανοῦντος. ἔχει δὲ οὕτως αὐτῷ ἡ λέξις· "κρείσσων ξενισμὸς λαχάνων πρὸς φιλίαν καὶ χάριν ἢ ⌐μόσχος ἀπὸ φάτνης¬ μετὰ ἔχθρας."ᵃ πολλάκις γοῦν ἀπεδεξάμεθα ἰδιωτικὴν καὶ ἁπλουστέραν μετὰ εὐσυνειδησίας ἑστίασιν, ξενιζόμενοι παρὰ τοῖς πλέον ἡμῖν παρασχεῖν μὴ δυναμένοις, ἤπερ λόγων ὕψος ἐπαιρομένων "κατὰ τῆς γνώσεως τοῦ θεοῦ,"ᵇ μετὰ πολλῆς πιθανότητος ἀλλότριον καταγγέλλον τοῦ "τὸν νόμον ⌐καὶ¬ τοὺς προφήτας"ᶜ δεδωκότος πατρὸς τοῦ κυρίου ἡμῶν Ἰησοῦ δόγμα. ἵνα τοίνυν μήτε δι᾽ ἔνδειαν τροφῶν τὴν ψυχὴν νοσήσωμεν μήτε διὰ "λιμὸν" "λόγου κυρίου"ᵈ τῷ θεῷ ἀποθάνωμεν,ᵉ τὸν ζῶντα ἄρτον,ᶠ ὅστις ὁ αὐτός ἐστι τῷ ἐπιουσίῳ,ᵍ πειθόμενοι τῷ διδασκάλῳ σωτῆρι ἡμῶν, πιστεύοντες καὶ βιοῦντες δεξιώτερον, αἰτῶμεν παρὰ τοῦ πατρός.

a  잠 15:17.
b  고후 10:5.
c  마 5:17; 참조 마 7:12; 22:40; 눅 16:16.
d  암 8:11.
e  롬 14:8; 갈 2:19.
f  참조. 요 6:51.
g  참조. 마 6:11; 눅 11:3.

다는 것을 가르친다고 생각합니다. 잠언의 구절은 이렇습니다. "서로 사랑하며 채소를 대접하는 것이 서로 미워하며" 구유로부터 소를 [잡는 것]보다 "낫다."[a] 따라서 우리는 자주 "하나님을 아는 지식을 가로막는" 모든 교만한 말보다[b] 선한 양심을 가진 사적이고 더 단순한 화롯가를 받아들여서, 우리에게 더 많은 것을 대접할 수 없는 사람들에게 환대를 받았습니다. 교만한 말은 더 설득력을 가지기는 하지만, "율법과 예언자들"[c]을 주신 우리 주 예수 그리스도의 아버지와 무관한 가르침을[15] 선포하기 때문입니다. 이제 양식의 부족으로 영혼을 병들게 하지 않도록, 또한 "주의 말씀의 기근"으로[d] 하나님에 대해 우리가 죽은 자가 되지 않도록[e], 우리의 구주이신 스승에게 순종하여 더 합당하게 믿고 살아가면서 살아 있는 빵,[f] 곧 바로 그 필요할 양식이신[g] 분을 아버지에게서 구합시다.

---

15  오리게네스는 당대의 여러 영지주의적인 종파를 생각했다. 이들의 이원론에 대항하여 그는 신구약성경의 통일성을 강조했다. 참조. 『요한복음 주해』 X.18.107.

τί δὲ καὶ τὸ "ἐπιούσιον," ἤδη κατανοητέον. πρῶτον δὲ τοῦτο
ἰστέον, ὅτι ἡ λέξις ἡ "ἐπιούσιον" παρ' οὐδενὶ τῶν Ἑλλήνων
οὔτε τῶν σοφῶν ὠνόμασται οὔτε ἐν τῇ τῶν ἰδιωτῶν συνηθείᾳ
τέτριπται, ἀλλ' ἔοικε πεπλάσθαι ὑπὸ τῶν εὐαγγελιστῶν.[a]
συνηνέχθησαν γοῦν ὁ Ματθαῖος καὶ ὁ Λουκᾶς περὶ αὐτῆς
μηδαμῶς διαφερούσης, αὐτὴν ἐξενηνοχότες. τὸ ὅμοιον δὲ καὶ
ἐπ' ἄλλων οἱ ἑρμηνεύοντες τὰ Ἑβραϊκὰ πεποιήκασιν. τίς γάρ
ποτε Ἑλλήνων ἐχρήσατο τῇ "ἐνωτίζου"[b] προσηγορίᾳ ἢ τῇ
ἀκουτίσθητι[c] ἀντὶ τοῦ "εἰς τὰ ὦτα δέξαι" καὶ "ἀκοῦσαι ποίει
σ<ε>"; ἰσομοία τῇ "ἐπιούσιον" προσηγορίᾳ ἐστὶ παρὰ Μωϋσεῖ
γεγραμμένη, ὑπὸ θεοῦ εἰρημένη· "ὑμεῖς δὲ᾽ ἔσεσθέ μοι" "λαὸς
περιούσιος."[d] καὶ δοκεῖ μοι ἑκατέρα λέξις παρὰ τὴν οὐσίαν
πεποιῆσθαι, ἡ μὲν τὸν εἰς τὴν οὐσίαν συμβαλλόμενον ἄρτον

---

a   마 6:11; 눅 11:3.          c   참조. 아 2:14; 8:13.

b   욥 33:1, 31; 34:16; 37:13(70인역); 사 1:12.   d   출 19:5-6.

# 필요한(ἐπιούσιον)(XXVII.7-12)

## XXVII. 7.[1]

이제 "필요한 [양식]"이 무슨 뜻인지 생각해 보아야 합니다. 먼저 알아야 할 것은, "필요한"이라는 표현은 그리스 사람 중 누구도, 지혜자 중 누구도 사용하지 않았고, 일상적으로 쓰지 않았으며, 대신에 복음서 기자들이 만든 것 같다는 점입니다.[a] 적어도 마태와 누가는 그 표현의 정의를 만들어냈고, 그 의미에 아무런 차이가 없다는 것에 대해 동의하였습니다. 히브리 성경을 번역한 사람들도 다른 경우에 같은 일을 했습니다. 그리스 사람 중 누가 도대체 "귀로 받아들여라" 또는 "그가 너로 듣게 한다"는 표현 대신 "귀를 기울여라 (ἐνωτίζου)"[2][b] 혹은 "듣게 하라(ἀκουτίσθητι)"[c]라는 표현을 사용했습니까? "필요한"이라는 표현과 비슷한 말을 하나님이 말씀하시고 모세가 기록했습니다. "너희는 내가 선택한(περιούσιος) 백성이 될 것이다."[d] 이 두 표현은[3] 각각 존재(οὐσία)라는 단어와 관련해서 만들어진 것으로 보입니다. 전자는 존재에 기여하는 빵을 나타내고, 후

---

1    "필요한"을 뜻하는 ἐπιούσιος라는 단어에 대한 언어학적 연구를 시도한다. 이 단어에 대한 오리게네스의 연구는 주님의 기도 연구에서 독보적인 연구이며 시도라 할 수 있다. 오리게네스는 이것이 그리스어를 사용하는 사람들에 의해서 사용되지 않은 단어이며, 복음서 기자들에 의해서만 사용되었다는 것과 『70인역』의 출애굽기에서 περιούσιος라는 유사한 단어로만 사용된 것에 주목한다. 즉, 이 단어는 기독교적인 배경을 지닌 단어라는 것이다.

2    오리게네스는 렘 13:15에서 단순히 "들으라" 혹은 "귀를 기울여라"고 나오지 않고 "듣고 귀를 기울여라"고 나온 것을 "듣는 것"은 신비적인 것과 관련되고, "귀를 기울여라"는 말은 설명 없이 청중에게 유익한 것과 관련된다고 풀이한다(『예레미야 강해』 12.7).

3    ἐπιούσιος와 περιούσιος를 가리킨다.

δηλοῦσα, ἡ δὲ τὸν περὶ τὴν οὐσίαν καταγινόμενον λαὸν καὶ κοινωνοῦντα αὐτῇ σημαίνουσα.

## XXVII. 8.

ἡ μέντοι κυρίως οὐσία τοῖς μὲν προηγουμένην τὴν τῶν ἀσωμάτων ὑπόστασιν εἶναι φάσκουσι νενόμισται κατὰ τὰ ἀσώματα, τὸ εἶναι βεβαίως ἔχοντα καὶ οὔτε προσθήκην χωροῦντα οὔτε ἀφαίρεσιν πάσχοντα (τοῦτο γὰρ ἴδιον σωμάτων, περὶ ἃ γίνεται ἡ αὔξη καὶ ἡ φθίσις παρὰ τὸ εἶναι αὐτὰ ῥευστά, δεόμενα τοῦ ὑποστηρίζοντος ἐπεισιόντος καὶ τρέφοντος· ὅπερ ἐὰν πλεῖον ἐν καιρῷ ἐπεισίῃ τοῦ ἀπορρέοντος, αὔξησις γίνεται, ἐὰν δὲ ἔλαττον, μείωσις· τάχα δέ τινα οὐδ' ὅλως τὸ ἐπεισιὸν λαμβάνοντα ἐν ἀκράτῳ, ἵν' οὕτως εἴπω, μειώσει γίνεται), τοῖς δὲ ἐπακολουθητικὴν αὐτὴν εἶναι νομίζουσι προηγουμένην δὲ

자는 존재 주위에 거하고 존재에 참여하는 백성을 뜻하는 듯합니다.

## XXVII. 8.[4]

한편으로, 비육체적인 것의[5] 실체(ὑπόστασιν)가 앞선다고 말하는 사람들은 존재(οὐσία)는 주로 비육체적인 것에 관계되는 것으로 생각합니다.[6] 비육체적인 것은 견실한 상태로 존재하고, 많아지거나 적어짐을 허용하거나 겪지 않기 때문입니다.[7] (이것은 몸의 특징입니다. 몸은 유동적이어서 몸 주위에서는 자람과 스러짐이 발생합니다.[8] 몸은 다가와서 지탱해주고 양분을 공급해 줄 무엇인가를 필요로 합니다.[9] 어떤 시점에 나가는 것보다 들어오는 것이 더 많으면 증가가 발생하고, 더 적으면 감소가 발생합니다. 아마도 어떤 것이 전혀 들어오지 않는다면, 그것은 말하자면 절대적인 감소 상태에 있게 됩니다.) 반면, 비물체적인 것의 실체는 뒤따라 나오는 것

---

4  ἐπιούσιον이라는 단어 속에 포함된 οὐσία(존재 또는 본질)를 당시의 철학적 흐름에서 이해하기 쉽게 설명하여 필요한 양식은 육체를 위한 빵이 아니라 본질과 관련된 빵임을 뒷받침한다.
5  여기서 번역된 "비육체적인 것"은 "이 세상에 존재하여 보고 만질 수 있는 육체적인 것과는 거리가 먼 것"이라는 의미로 이해해야 하며, 고대철학에서 이런 비육체적인 것은 "본질적인 것"을 말한다.
6  오리게네스는 존재(οὐσία)와 실체(ὑπόστασις)를 동의어로 생각했다.
7  참조. 플라톤, 『티마이오스』 34b-c(하늘은 어떤 것도 필요로 하지 않고 스스로 완전하게 조화되며 항상 같다).
8  『초기 스토아 철학자들의 단편집』(SVF) II.305; 아에티오스 『철학의 학설』(Placita philosophorum) I.9.2; 누메니오스 『단편집』 3; 알키누스 『플라톤 철학 안내서』(Didaskalikos) 1.2.
9  스러지기 때문에 무엇인가 지탱해주어야 하며, 자라기 위해서는 양분이 필요하다.

τὴν τῶν σωμάτων ὅροι αὐτῆς οὗτοί εἰσιν· οὐσία ἐστὶν ἢ πρώτη τῶν ὄντων ὕλη, καὶ ἐξ ἧς τὰ ὄντα, ἢ τῶν σωμάτων ὕλη, καὶ ἐξ ἧς τὰ σώματα, ἢ τῶν ὀνομαζομένων, καὶ ἐξ ἧς τὰ ὀνομαζόμενα, ἢ τὸ πρῶτον ὑπόστατον ἄποιον ἢ τὸ προϋφιστάμενον τοῖς οὖσιν ἢ τὸ πάσας δεχόμενον τὰς μεταβολάς τε καὶ ἀλλοιώσεις, αὐτὸ δὲ ἀναλλοίωτον κατὰ τὸν ἴδιον λόγον, ἢ τὸ ὑπομένον πᾶσαν ἀλλοίωσιν καὶ μεταβολήν. κατὰ τούτους δὲ ἡ οὐσία ἐστὶν ἄποιός τε καὶ ἀσχημάτιστος κατὰ τὸν ἴδιον λόγον ἀλλ᾽ οὐδὲ μέγεθος ἀποτεταγμένον ἔχουσα, πάσῃ δὲ ἔγκειται ποιότητι καθάπερ ἕτοιμόν τι χωρίον. ποιότητας δὲ διατακτικῶς λέγουσι τὰς ἐνεργείας καὶ τὰς ποιήσεις κοινῶς, ἐν αἷς εἶναι τὰς κινήσεις καὶ σχέσεις συμβέβηκεν· οὐδέ τινος γὰρ τούτων κατὰ τὸν ἴδιον λόγον μετέχειν φασὶ τὴν οὐσίαν, ἀεὶ δέ τινος αὐτῶν ἀχώριστον εἶναι πάθει τήνδε, οὐδὲν ἧττον καὶ ἐπιδεκτὴν πασῶν τῶν τοῦ ποιοῦντος ἐνεργειῶν, ὡς ἂν ἐκεῖνο ποιῇ καὶ μεταβάλλῃ·

이고, 몸의 실체가 앞선다고 생각하는 사람들에게[10] 실체의 정의는 다음과 같습니다.[11] 존재(οὐσία)는 실재하는 것의 제일질료(실재하는 것이 이로부터 나옵니다)이거나,[12] 몸의 질료(몸이 이로부터 나옵니다)이거나, 이름 붙여진 것의 질료(이름 붙여진 것이 이로부터 나옵니다)이거나, 속성이 없는 제일실체이거나 실재하는 것보다 앞서는 것이거나, 모든 전환과 변화를 받아들이지만 스스로는 자체의 원리에 따라 불변하는 것이거나 모든 변화와 전환을 견뎌내는 것입니다.[13] 이 사람들에 따르면, 존재는 그 자체의 원리에 따라 속성도 없고 모양도 없으며[14] 정해진 크기도 가지지 않습니다. 반면에 존재는 준비된 장소인 양 모든 속성 안에 자리를 잡고 있습니다. 그들은 속성을 분류상 작용과 행위라고 통상적으로 말하는데, 이들 안에서 운동과 정지가 일어납니다. 그들은 말하기를, 존재는 그 자체의 원리에 따라 이들 중 어느 것에도 참여하지 않지만 성질에서는[15] 이들 중 어느 것과도 항상 분리되지 않습니다. 한편, 행동하는 것이 어떤 식으로 행하고 변화하든지, 존재는 행동하는 것의 모든 작용을 받아

---

10  참조. 『켈수스 반박』 VI.71. 스토아철학에서는 제일원리들이 물질적이다.

11  오리게네스는 플라톤적인 οὐσία 개념에 스토아철학적인 정의를 연결시키는데, 이는 헤로필리오스의 사전에서 끌어낸 것이다.

12  『초기 스토아 철학자들의 단편집』 I.87; II.336 (디오게네스 라에르티오스 VII.150); 스토바이오스 I.115 (아레이오스 디뒤모스 『자연학 단편집』 20)

13  참조. 『초기 스토아 철학자들의 단편집』 II.317.

14  스토아 철학자들의 성질을 지니지 않은 질료에 대해선 『초기 스토아 철학자들의 단편집』 II.309; 디오게네스 라에르티오스 III.69 (플라톤); VII.134 (제논); 오리게네스 『원리론』 II.1.4; 『켈수스 반박』 III.41; IV.56; 『요한복음 주해』 XIII.21.127.

15  성질(πάθος)은 존재(οὐσία)의 반대 개념이다.

ὁ γὰρ συνὼν αὐτῇ τόνος καὶ δι' ὅλων κεχωρηκὼς πάσης τε ποιότητος καὶ τῶν περὶ αὐτὴν αἴτιος ἂν οἰκονομιῶν· δι' ὅλων τε μεταβλητὴν καὶ δι' ὅλων διαιρετὴν λέγουσιν εἶναι, καὶ πᾶσαν οὐσίαν πάσῃ συγχεῖσθαι δύνασθαι, ἡνωμένην μέντοι.

## XXVII. 9.

ἐπεὶ δὲ περὶ τῆς οὐσίας ζητοῦντες διὰ "τὸν ἐπιούσιον" "ἄρτον" [a] καὶ τὸν περιούσιον λαὸν [b] εἰς τὸ τὰ σημαίνοντα διακριθῆναι τῆς οὐσίας ταῦτ' εἰρήκαμεν, ἄρτος δὲ ἐν τοῖς πρὸ τούτων νοητὸς ἦν, ὃν αἰτεῖν ἡμᾶς ἐχρῆν, ἀναγκαῖον συγγενῆ τῷ ἄρτῳ τὴν οὐσίαν εἶναι νοεῖν· ἵν' ὥσπερ ὁ σωματικὸς ἄρτος ἀναδιδόμενος εἰς τὸ τοῦ τρεφομένου σῶμα χωρεῖ αὐτοῦ εἰς τὴν οὐσίαν, οὕτως "ὁ ζῶν" καὶ "ἐξ οὐρανοῦ" καταβεβηκὼς "ἄρτος" [c] ἀναδιδόμενος εἰς τὸν νοῦν καὶ τὴν ψυχὴν μεταδῷ τῆς ἰδίας δυνάμεως τῷ ἐμπαρεσχηκότι ἑαυτὸν τῇ ἀπ' αὐτοῦ τροφῇ· καὶ οὕτως ἔσται ὃν αἰτοῦμεν "ἄρτον" "ἐπιούσιον." καὶ πάλιν ὃν τρόπον κατὰ τὴν ποιότητα τῆς τροφῆς,

a   마 6:11; 눅 11:3.        c   요 6:51.
b   참조. 출 19:5.

들입니다.[16] 존재와 함께 있고 존재를 두루 관통하는 힘이 모든 속성과 존재 주위에서 [일어나는] 변형들의 원인일 수 있기 때문입니다.[17] 존재는 두루 변화 가능하고 두루 나누어질 수 있으며, 모든 존재는 모든 것과 섞일 수 있지만, 하나 됨의 상태에 있을 수 있다고 그들은 말합니다.[18]

## XXVII. 9.[19]

존재에 대해 연구하면서 "필요한 양식(ἐπιούσιον)"[a]과 "선택한 (περιούσιος) 백성"[b][이라는 표현] 때문에, 우리는 존재의 의미를 구분하기 위해 이 내용을 말했습니다. 또한 그보다 앞선 논의에서 우리가 구해야만 하는 빵은 영적인 것이라고[20] 확인했습니다. 그러므로 존재를 빵과 비슷한 것으로 생각하는 것이 필연적입니다. 그렇게 함으로써 양분을 공급받는 사람의 몸을 위해 나눠지는 육체적인 빵이 그의 존재 안으로 들어가는 것처럼, "하늘에서" 내려온 "살아 있는" "빵"은[c] 정신과 영혼에게 나눠져서 이로부터 오는 양분에 자신을 맡기는 사람에게 특별한 능력을 부여합니다. 우리가 구하는 빵은 이런 식으로 "필요한 양식"이 될 것입니다. 게다가 [어떤 음식은] 딱딱

16  질료가 속성을 받아들일 수 있다는 것에 대해서는『창세기 주해 단편집』D.3(에우세비오스『복음의 준비』20.5);『켈수스 반박』IV.57을 참조하라.
17  참조. 플루타르코스,『스토아철학자들의 모순』43.1054a-b.
18  참조.『초기 스토아철학자들의 단편집』II.309; 오리게네스『원리론』II.1.4; IV.4.6;『켈수스 반박』VI.77.
19  ἐπιούσιον의 어원 연구를 바탕으로 "필요한 양식"을 음식과 연관시킨다. 이는 이성적 존재에 잘 어울리고, 영혼에 건강과 활력을 주며 불멸을 나누어준다.
20  감각적인 것에 반대되는 것으로 정신/마음의 세계에 속하는 어떤 것을 뜻한다.

στερεᾶς<sup>a</sup> οὔσης καὶ ἀθληταῖς ἁρμοζούσης ἢ γαλακτώδους τινὸς καὶ λαχανώδους, ἐν διαφόρῳ δυνάμει ὁ τρεφόμενος γίνεται, οὕτως ἀκόλουθόν ἐστι, τοῦ λόγου τοῦ θεοῦ ἤτοι ὡς γάλακτος παιδίοις ἁρμοζόντως διδομένου ἢ ὡς λαχάνου ἀσθενοῦσιν ἐπιτηδείως ἢ ὡς σαρκὸς ἀγωνιζομένοις προσ<καίρως>, ἕκαστον τῶν τρεφομένων κατὰ τὴν ἀναλογίαν, ᾧ ἐμπαρέσχεν ἑαυτὸν λόγῳ, τόδε τι ἢ τόδε δύνασθαι καὶ τοιόνδε ἢ τοιόνδε γίνεσθαι.

ἔστι μέντοι γε τὶς νομιζομένη τροφή, οὖσα δηλητήριος, καὶ ἑτέρα νοσοποιὸς καὶ ἄλλη μηδὲ ἀναδοθῆναι δυναμένη· ἅπερ πάντα κατ' ἀναλογίαν μετενεκτέον ἐστὶ καὶ ἐπὶ τὰς διαφορὰς τῶν νομιζομένων τροφίμων μαθημάτων. ἐπιούσιος τοίνυν ἄρτος ὁ τῇ φύσει τῇ λογικῇ καταλληλότατος καὶ τῇ οὐσίᾳ αὐτῇ συγγενής, ὑγείαν ἅμα καὶ εὐεξίαν καὶ ἰσχὺν περιποιῶν τῇ ψυχῇ καὶ τῆς ἰδίας ἀθανασίας (ἀθάνατος γὰρ ὁ λόγος τοῦ θεοῦ) μεταδιδοὺς τῷ ἐσθίοντι αὐτοῦ.

## XXVII. 10.

οὗτος δὴ ὁ ἐπιούσιος ἄρτος ἄλλῳ ὀνόματι δοκεῖ μοι ἐν τῇ γραφῇ "ξύλον ζωῆς" ὠνομάσθαι, ἐφ' ὅπερ ὁ ἐκτείνας "τὴν χεῖρα" καὶ

a  히 5:14; 참조 롬 14:2

하여 운동선수에게 적절하고 [어떤 음식은] 우유나 채소 같아서[21a] 음식의 속성에 따라 음식을 공급받는 사람이 각기 다른 능력 안에 있게 되듯이, 하나님의 말씀은 어린아이들에게 어울리는 우유, 혹은 약한 자들에게 걸맞은 채소, 혹은 경기에 참여하는 이에게 적절한 고기로 주어지므로, 음식을 공급받는 사람들 각자가 자신을 그 말씀에 맡기는 정도에 따라 이것저것을 할 수 있고 이런저런 종류의 사람이 된다고 추론됩니다. 물론 음식이라고 생각되지만 독이 되는 것이 있습니다.[22] 어떤 것은 질병을 유발하고, 어떤 것은 아예 나눠질 수 없는 것도 있습니다. 이 모든 것이 음식이라고 여겨지는 다른 지식에도 유비적으로 적용되어야만 합니다. 그러므로 "필요한 양식"은 이성적인 본성에 가장 잘 상응하고, 존재 자체와 동류입니다. 필요한 양식은 영혼을 위해 건강과 활력과 힘을 동시에 만들어 내고, 그것을 먹는 사람에게 어울리는 불멸을 나누어줍니다. 하나님의 말씀은 불멸하기 때문입니다.[23]


XXVII. 10.[24]

내가 보기에, 이 필요한 양식은 성경에서 "생명나무"라는 다른 이름

---

21  참조. XXVII.5.
22  참조. 『요한복음 주해』 XIII.33.203-214(특히 33.210).
23  『출애굽기 강해』 7.3.
24  필요한 양식은 생명 나무 또는 하나님의 지혜와 동일시된다. 하지만 시편에 천사의 빵을 사람이 먹었다는 구절을 잘못 이해하여 천사들이 실제로 빵을 먹었다거나, 이집트에서 나온 이스라엘 백성이 천사들과 함께 이 빵을 먹었다고 생각해서는 안 된다.

λαβὼν ἀπ' αὐτοῦ "ζήσεται εἰς τὸν αἰῶνα."ᵃ καὶ τρίτῳ ὀνόματι
τοῦτο τὸ "ξύλον" σοφία τοῦ θεοῦ ὀνομάζεται παρὰ τῷ Σολομῶντι
διὰ τούτων· "ξύλον ζωῆς ἐστι πᾶσι τοῖς ἀντεχομένοις αὐτῆς, καὶ
τοῖς ἐπερειδομένοις" "ὡς ἐπὶ κύριον ἀσφαλής."ᵇ ἐπεὶ δὲ καὶ οἱ
ἄγγελοι σοφίᾳ τρέφονται θεοῦ, ἀπὸ τῆς κατὰ τὴν ἀλήθειαν μετὰ
σοφίας θεωρίας δυναμούμενοι πρὸς τὸ τὰ ἴδια ἔργα ἐπιτελεῖν,
λέγεται ἐν ψαλμοῖς καὶ τοὺς ἀγγέλους τρέφεσθαι, κοινωνούντων
τῶν ἀνθρώπων τοῦ θεοῦ, οἵτινες Ἑβραῖοι προσαγορεύονται, τοῖς
ἀγγέλοις καὶ οἱονεὶ καὶ συνεστίων αὐτοῖς γινομένων. τοιοῦτον
δέ ἐστι τὸ "ἄρτον ἀγγέλων ἔφαγεν ἄνθρωπος."ᶜ μὴ γὰρ ἐπὶ
τοσοῦτον πτωχεῦσαι ὁ νοῦς ἡμῶν, ὡς οἰηθῆναι σωματικοῦ τινος
ἄρτου, τοῦ ἱστορουμένου οὐρανόθεν ἐπὶ τοὺς ἐξεληλυθότας τὴν
Αἴγυπτον καταβεβηκέναι, τοὺς ἀγγέλους ἀεὶ μεταλαμβάνοντας
τρέφεσθαι,ᵈ τούτου αὐτοῦ κεκοινωνηκότων τῶν Ἑβραίων τοῖς
ἀγγέλοις, τοῖς λειτουργικοῖς τοῦ θεοῦ πνεύμασιν.ᵉ


XXVII. 11.

οὐκ ἄκαιρον δὲ ζητοῦσιν ἡμῖν "τὸν ἐπιούσιον" "ἄρτον"ᶠ καὶ
τὸ "ξύλον τῆς ζωῆς"ᵍ καὶ τὴν σοφίαν τοῦ θεοῦʰ τήν τε κοινὴν

a   창 2:9; 3:22.              e   참조. 히 1:14.
b   잠 3:18.                   f   마 6:11; 눅 11:3.
c   시 77:25(시 78:25).        g   창 2:9; 3:22.
d   참조. 출 16:15; 시 77:25(시 78:25).   h   잠 3:18.

으로 불리는 것 같습니다. 그것에 "손을" 내밀어서 이로부터 [열매를] 따는 이는 "영원히 살 것이다."[a] 그리고 이 나무는 솔로몬에 의해 세 번째 이름인 하나님의 지혜로 불립니다. 이는 "그것을 얻는 사람에게 생명의 나무이니, 주님에게 하듯 그것을 의지하는 사람은 안전하다."[b] 천사들도 하나님의 지혜로 양육 받고, 진리에 따라 지혜를 가지고 성찰함으로써 자신들의 일을 완수할 능력을 받습니다. 그러므로 시편에서 천사들도 양분을 공급 받고, 히브리인들이라 불리는 하나님의 사람들이 천사들과 교류하고, 말하자면 그들과 함께 잔치에 참여한다고 말해집니다. 이것이 "사람이 천사의 음식을 먹었다"는 구절이 전하는 바입니다.[c] 이집트를 탈출한 사람들에게 하늘로부터 내려왔다고 서술된 육체적인 빵에 항상 천사들이 참여하여 양육 받는다고[d] 생각할 정도로 우리 정신이 빈곤해지지 않기를 바랍니다. 또한 히브리인들이 하나님을 섬기는 영들인 천사들과[e] 더불어 이 빵에 함께 참여했다고 생각하지 않기를 바랍니다.


XXVII. 11.[25]

우리가 "필요한" "양식"[f]과 "생명나무"와[g] 하나님의 지혜와[h] 거룩한 사람과 천사가 함께 먹은 음식에 대해 다루면서, 창세기에 기록된 세 사람에 대해 알고자 애쓰는 것은 부적절하지 않습니다. 그 세 사

---

25 아브라함이 세 사람을 환대하고 함께 빵을 먹은 이야기는 비유적으로 이해해야 하고, 이 사건을 그리스도가 우리와 더불어 먹고 마신다는 말씀과 연관시켜 해석해야 한다.

ἁγίων ἀνθρώπων καὶ ἀγγέλων τροφὴν ἐπιστῆσαι καὶ περὶ
τῶν ἐν Γενέσει γεγραμμένων τριῶν ἀνδρῶν, καταχθέντων
παρὰ τῷ Ἀβραὰμ καὶ μεταλαβόντων πεφυραμένων τριῶν
μέτρων "σεμιδάλεως" εἰς ἐγκρυφιῶν ποίησιν,[a] μή ποτε γυμνῶς
τροπικῶς ταῦτα εἴρηται, δυναμένων τῶν ἁγίων μεταδοῦναί
ποτε τροφῆς νοητῆς καὶ λογικῆς οὐ μόνον ἀνθρώποις ἀλλὰ καὶ
θειοτέραις δυνάμεσιν ἤτοι εἰς ὠφέλειαν αὐτῶν ἢ εἰς ἐπίδειξιν ὧν
δεδύνηνται περιποιῆσαι ἑαυτοῖς τροφιμωτάτων, εὐφραινομένων
καὶ τρεφομένων ἐν τῇ τοιαύτῃ ἐπιδείξει τῶν ἀγγέλων καὶ
ἑτοιμοτέρων γινομένων πρὸς τὸ παντὶ τρόπῳ συνεργῆσαι
καὶ πρὸς τὸ ἑξῆς συμπνεῦσαι τῇ πλειόνων καὶ μειζόνων
καταλήψει τοῦ ἐπὶ προτέροις παρεσκευασμένου τροφίμοις
μαθήμασιν, εὐφράναντος καὶ, ἵν᾽ οὕτως εἴπω, ἀναθρέψαντος
αὐτούς. οὐ θαυμαστὸν δὲ εἰ ἀγγέλους τρέφει ἄνθρωπος, ὅπου
γε καὶ Χριστὸς ὁμολογεῖ ἑστὼς παρὰ "τὴν θύραν" κρούειν, ἵν᾽
εἰσελθὼν παρὰ τὸν ἀνοίξαντα αὐτῷ δειπνήσῃ "μετ᾽ αὐτοῦ"[b] ἐκ
τῶν ἐκείνου, μετὰ ταῦτα καὶ αὐτὸς μεταδώσων τῶν ἰδίων τῷ
πρότερον ἑστιάσαντι κατὰ τὴν ἰδίαν δύναμιν τὸν υἱὸν τοῦ θεοῦ.

a  창 18:6.        b  계 3:20.

람은 아브라함에 의해 환대를 받았고, 세 스아의 밀가루 반죽으로 만든 구운 빵을 함께 먹었습니다.ª 아마도 이 이야기는 순전히 비유적으로 말해졌을 것입니다. 때때로 거룩한 사람들은 사람뿐만 아니라 더 신성한 능력과 더불어 영적이고 이성적인 음식을 먹을 수 있는데, 이는 그들의 유익을 위하거나 자신들이 먹을 수 있는 음식을 보여주기 위한 것입니다. 한편 천사들은 이렇게 보여주는 것을 기뻐하고 양육 받으며, 모든 방식으로 도와주고, 그다음에는 영양이 많은 지식을 미리 마련해놓고 그들을 즐겁게 하는, 곧 그들을 먹이시는 분에 대해 더 많고 큰 것을 파악하도록 영감을 불어넣어 줄 더 많은 준비를 하게 됩니다. 사람이 천사를 먹인다고 해도 놀랄 일은 아닙니다. 그리스도께서도 자기에게 문을 여는 이에게로 들어가서 그와 함께 그가 지닌 것을 먹고, 그다음에는 하나님의 아들로서의 고유한 능력에 따라 먼저 자기를 먹인 사람에게 자기 자신의 것을 나누어주시고자 "문" 곁에 서서 [문을] 두드리겠다고 약속하시기 때문입니다.[26]b

---

26 『요한복음 주해』 XIII.32.197-199; 『에스겔 강해』 14.3.

τοῦ μὲν οὖν ἐπιουσίου ὁ μεταλαμβάνων ἄρτου στηριζόμενος

τὴν "καρδίαν" υἱὸς θεοῦ γίνεται·ᵃ "τοῦ" δὲ "δράκοντος" ὁ

μετέχων οὐκ ἄλλος ἐστὶ τοῦ νοητοῦ Αἰθίοπος,ᵇ διὰ τὰς τοῦ

"δράκοντος" ἄρκυς μεταβάλλων καὶ αὐτὸς εἰς ὄφιν,ᶜ ὥστε

ὑπὸ τοῦ λόγου ὀνειδιζόμενον αὐτὸν, κἂν λέγῃ βαπτίζεσθαι

θέλειν, ἀκούειν· "ʳὄφεισʼ, γεννήματα ἐχιδνῶν, τίς ὑπέδειξεν

ὑμῖν φυγεῖν ἀπὸ τῆς μελλούσης ὀργῆς;"ᵈ λέγει δὲ περὶ τοῦ

δρακοντείου σώματος ὑπὸ τῶν Αἰθιόπων ἐστιωμένου ὁ Δαυῒδ

ταῦτα· "συνέτριψας τὰς κεφαλὰς τῶν δρακόντων ἐπὶ τοῦ

ὕδατος, <σὺ συνέθλασας τὴν κεφαλὴν τοῦ δράκοντος,> ἔδωκας

αὐτὸν βρῶμα λαοῖς τοῖς Αἰθίοψιν."ᵉ εἰ δὲ μὴ ἀπεμφαίνει,

οὐσιωδῶς ὑφεστῶτος τοῦ υἱοῦ τοῦ θεοῦ ὑφεστῶτος δὲ καὶ

τοῦ ἀντικειμένου, ἑκάτερον αὐτῶν τροφὴν γίνεσθαι τοῦδε ἢ

τοῦδε, τί ὀκνοῦμεν παραδέξασθαι ἐπί γε πασῶν τῶν δυνάμεων

κρειττόνων καὶ χειρόνων καὶ ἐπὶ τῶν ἀνθρώπων τὸ δύνασθαι

τρέφεσθαι ἀπὸ πάντων τούτων ἕνα ἕκαστον ἡμῶν; κοινωνεῖν

γοῦν τῷ ἑκατοντάρχῳ Κορνηλίῳ καὶ τοῖς ἅμα συναχθεῖσιν ἐν

τῇ Καισαρείᾳ ὁ Πέτροςᶠ μέλλων μετὰ δὲ ταῦτα καὶ τοῖς ἔθνεσι

a  시 103:15(70인역; 시 104:15); 약 5:8;        c  참조. 계 20:2.
   살전 3:13.                                    d  마 3:7; 눅 3:7.
b  참조. 시 73:14(70인역; 시 74:14);            e  시 73:13-14(70인역; 74:13-14).
   계 12:3-17; 13:2, 4, 11; 16:13; 20:2.        f  참조. 행 10:1. 24. 27, 33.

그러므로 그 필요한 양식에 참여하여 "마음"이 강해진 이는 하나님의 아들이 됩니다.[a] 반면에 "용"에 참여하는 이는 영적인 에티오피아인과 다르지 않으며,[b] "용"의 올무로 인해 변해서 그 자신이 뱀이 되어,[c] 세례 받기를 원한다고 말할 때, 말씀에 의해 비난을 받아, 뱀들아, "독사의 자식들아, 누가 너희에게 닥쳐 올 진노를 피하라고 일러주더냐?"[d]는 말을 들었습니다. 에티오피아인들이 잔치로 먹은 용의 몸에 대해 다윗은 이렇게 말합니다: "당신은 물 위에서 용들의 머리들을 짓밟았습니다. 당신은 용의 머리를 부숴버렸습니다. 당신은 그를 이디오피아 백성에게 먹이로 주셨습니다."[e] 실제로 하나님의 아들이 실존하고[28] 다른 한편으로 적대자도 실존하기 때문에, 둘 중 하나가 이 사람 저 사람에게 양식이 되는 것이 사리에 어긋나는 것이 아닙니다. 그렇다면 왜 우리는 더 좋든, 더 나쁘든 적어도 모든 권능의 경우에, 또한 인간의 경우에도, 우리 각자 한 사람 한 사람이 이 모든 이들로부터[29] 음식을 받을 수 있다는 것을 인정하는 데 주저합니까?[30] 이리하여 가이사랴에서 백부장 고넬료와 함께 모여 있는 사람들과 교제를 가지고,[f] 그 후에 이방인들에게도 하나님

---

27 필요한 양식을 구하여 받는 사람은 하나님의 자녀가 되고, 용에 참여한 사람은 뱀의 아들이 된다. 또한 백부장 고넬료와 베드로의 이야기를 통해 깨끗한 음식과 부정한 음식이 있으며, 이는 이성적 존재의 다른 습성과 관련된다고 풀이한다.

28 『민수기 강해』 25.6에서는 마귀와 용이 동일시되며, 『에스겔 강해』 6.4에서는 용이 적대자로 나온다.

29 권능과 사람을 모두 포함한다.

30 『레위기 강해』 7.5에서는 각자가 행업의 크기와 정신이 정결한 정도에 따라 이웃을 위한 음식이 된다고 나온다.

μεταδώσειν τῶν λόγων τοῦ θεοῦ, ὁρᾷ τὸ "τέτταρσιν ἀρχαῖς καθιέμενον" οὐρανόθεν "σκεῦος," "ἐν ᾧ" "πάντα τὰ τετράποδα καὶ ἑρπετὰ ⸢καὶ θηρία⸣ τῆς γῆς"·ᵃ ὅτε καὶ κελεύεται "ἀναστὰς" θῦσαι καὶ φαγεῖν,ᵇ προστασσόμενος μετὰ τὸ παραιτούμενον αὐτὸν εἰρηκέναι· σὺ οἶδας "ὅτι ⸢οὐδέ ποτε κοινὸν ἢ ἀκάθαρτον⸣ εἰσῆλθεν εἰς τὸ στόμα μου"ᶜ "μηδένα κοινὸν ἢ ἀκάθαρτον λέγειν ἄνθρωπον"ᵈ τῷ τὰ καθαρθέντα ὑπὸ θεοῦ μὴ δεῖν ὑπὸ Πέτρου κοινοῦσθαι· φησὶ γὰρ ἡ λέξις· "ἃ ὁ θεὸς ἐκαθάρισε σὺ μὴ κοίνου."ᵉ οὐκοῦν τὸ καθαρὸν βρῶμα καὶ τὸ ἀκάθαρτον κατὰ τὸν Μωϋσέως νόμον ἐν ὀνομασίαις διακρινόμενον πλειόνων ζῴων, τὴν ἀναφορὰν ἔχον ἐπὶ τὰ διάφορα ἤθη τῶν λογικῶν,ᶠ διδάσκει τούσδε μὲν τροφίμους ἡμῖν τυγχάνειν τούσδε δὲ ἐναντίως ἔχειν, ἕως καθαρίσας πάντας ποιήσῃ τροφίμους ὁ θεὸς ἢ τοὺς ἀπὸ "παντὸς γένους."ᵍ

a  행 10:11-12; 11:5-6.
b  행 10:13; 11:7.
c  행 11:8; 참조 행 10:14.
d  행 10:28.
e  행 10:15; 11:9.
f  참조. 레 11:2 이하; 신 14:3-20.
g  참조. 마 13:47.

의 말씀을 나누어주게 될 베드로는 "네 귀퉁이가" [매달려서] 하늘로부터 "그릇이" "드리워져" 내려오는 것을 보았습니다. "그 안에는" "온갖 네 발 짐승들과" "기어 다니는 것들"과 땅의 짐승들이 들어 있었습니다.[a] 그때에 "일어나서" 잡아 먹어라 하는 명령을 받았는데,[b] 그는 거부하면서 이렇게 말했습니다. "'속되고 부정한 것은 한 번도' '내 입으로' 들어간 적이 없다는 것을[c] 당신은 아십니다.' 이 후에 베드로는 "사람을 속되다거나 부정하다거나 하지 말라고" 지시받았습니다.[d] 베드로가 하나님에 의해 깨끗하게 된 것을 속되다고 해서는 안 되기 때문입니다. 그 구절은 이렇게 말합니다: "하나님께서 깨끗하게 하신 것을 속되다고 하지 말아라."[e] 따라서 분명 모세의 율법이 많은 동물들의 이름을 들어 깨끗한 음식과 부정한 음식을 구별하는데, 이는 이성적인 존재들의 서로 다른 습성들과 관련됩니다.[31f] 율법은 가르치기를, 어떤 것들은 우리에게 음식이 되고, 반면에 어떤 것들은 하나님께서 모든 것을 깨끗하게 하신 후에 음식으로 만드시거나 모든 종류의 것들을 그렇게 하실 때까지 우리에게 적대적이라고 합니다.[32g]

---

31   『켈수스 반박』 IV.93; V.49; 『레위기 강해』 7.4-7.
32   만유회복론이 암시된다.

XXVII. 13.

τούτων δὴ οὕτως ἐχόντων καὶ τοσαύτης διαφορᾶς βρωμάτων οὔσης, εἷς παρὰ πάντας τοὺς εἰρημένους ἐστὶν ὁ ἐπιούσιος ἄρτος, περὶ οὗ εὔχεσθαι δεῖ, ἵνα ἐκείνου ἀξιωθῶμεν καὶ τρεφόμενοι τῷ "ἐν ἀρχῇ" "πρὸς θεὸν" θεῷ λόγῳ[a] θεοποιηθῶμεν. ἐρεῖ δέ τις τὸ "ἐπιούσιον" παρὰ τὸ ἐπιέναι κατεσχηματίσθαι, ὥστε αἰτεῖν ἡμᾶς κελεύεσθαι τὸν ἄρτον τὸν οἰκεῖον τοῦ μέλλοντος αἰῶνος, ἵνα προλαβὼν αὐτὸν ὁ θεὸς ἤδη ἡμῖν δωρήσηται, ὥστε τὸ οἱονεὶ αὔριον δοθησόμενον "σήμερον" ἡμῖν δοθῆναι, "σήμερον" μὲν τοῦ ἐνεστῶτος αἰῶνος λαμβανομένου αὔριον δὲ τοῦ μέλλοντος.

ἀλλὰ βελτίονος οὔσης τῆς προτέρας ἐκδοχῆς ὅσον ἐπ᾽ ἐμοὶ κριτῇ, τὸ περὶ τῆς "σήμερον"[b] παρὰ τῷ Ματθαίῳ τούτοις προσκείμενον ἢ τὸ "καθ᾽ ἡμέραν"[c] παρὰ τῷ Λουκᾷ γεγραμμένον ἐξετάσωμεν. ἔθος δὴ πολλαχοῦ τῶν γραφῶν τὸν πάντα αἰῶνα "σήμερον" καλεῖσθαι, ὥσπερ ἐν τῷ "οὗτος πατὴρ Μωαβιτῶν ἕως τῆς σήμερον ἡμέρας"[d] καὶ "οὗτος πατὴρ Ἀμμανιτῶν ἕως τῆς σήμερον ἡμέρας"[e] καὶ "ἐφημίσθη ὁ λόγος οὗτος παρὰ Ἰουδαίοις

---

a  요 1:1.          d  창 19:37.
b  마 6:11.        e  창 19:38.
c  눅 11:3.

# 오늘/날마다(XXVII.13-17)

## XXVII. 13.[1]

이제 이것들이 그러하다면, 또한 음식에 이러한 차이가 있다면, [지금까지] 언급된 모든 것보다 뛰어난 하나의 필요한 빵이 있으며 우리는 그것을 위해 기도해야만 합니다. 이는 우리가 그것을 받을 만하게 되어 태초부터 하나님과 함께 계신 하나님이신 말씀에 의해[a] 양육을 받아 신과 같이 되기 위해서입니다. 한편 어떤 사람은 ἐπιούσιον이 ἐπιέναι로부터 파생된 것이며, 따라서 우리는 다가올 세대에 어울리는 빵을 구하도록 명령 받는다고 말합니다. 하나님이 그것을 미리 취해서 우리에게 주심으로 내일 주어질 빵이 "오늘" 우리에게 주어지도록 말입니다. "오늘"은 이미 와 있는 세대로 이해되고, 내일은 다가올 세대로 이해됩니다. 그러나 내가 판단하기에는 이전 해석이[2] 더 좋습니다. 그러므로 이제 마태가 이 구절에 덧붙인 "오늘"[b] 또는 누가가 기록한 "날마다"[c]라는 표현에 대해 연구해 봅시다. 성경의 여러 곳에서 일반적으로 모든 세대를 "오늘"이라고 부릅니다.[3] 예를 들자면, "그가 바로 오늘날[4] 모압 사람의 조상이다."[d] 그리고 "그가 바로 오늘날 암몬 사람의 조상이다"[e] 그리고 "이

---

1 마태복음의 "오늘"과 누가복음의 "날마다"에 대한 다양한 해석이 제시된다. 성경에서는 모든 세대가 현재형인 오늘로 표시되고, 어제는 지나간 세대이며, 내일은 올 세대로 이해된다.

2 ἐπιούσιον이 οὐσία에서 나왔다는 해석.

3 참조. 필론,『알레고리 규칙』III.25; 오리게네스,『요한복음 주해』XXXII.32.396

4 본문에는 σήμερον 다음에 ἡμέρας가 있으므로 "오늘날"이라고 해석하는 것이 좋겠다.

⌜ἕως⌝ τῆς σήμερον,"ᵃ καὶ ἐν τοῖς ψαλμοῖς· "σήμερον ἐὰν τῆς φωνῆς αὐτοῦ ἀκούσητε, μὴ σκληρύνητε τὰς καρδίας ὑμῶν."ᵇ ἐν δὲ τῷ Ἰησοῦ σαφέστατα οὕτω τοῦτο εἴρηται· "μὴ ἀπόστητε ἀπὸ κυρίου"ᶜ "ἐν ταῖς σήμερον ἡμέραις."ᵈ εἰ δὲ "σήμερον" ὁ πᾶς οὗτος αἰών, μή ποτε "ἐχθὲς" ὁ παρεληλυθώς ἐστιν αἰών. τοῦτο δὲ ἐν ψαλμοῖς καὶ παρὰ τῷ Παύλῳ ἐν τῇ πρὸς Ἑβραίους λέγειν ὑπειλήφαμεν, ἐν ψαλμοῖς οὕτως· "χίλια ἔτη ἐν ὀφθαλμοῖς σου ὡσεὶ ἡμέρα ἡ ἐχθές, ἥτις διῆλθεν"ᵉ (ἥτις ποτέ ἐστιν ἡ διαβόητος χιλιονταετηρὶς, <ἢ> ὁμοιοῦται τῇ "ἐχθὲς" ἡμέρᾳ, διαφερούσῃ τῆς "σήμερον"), παρὰ δὲ τῷ ἀποστόλῳ γέγραπται· "Ἰησοῦς Χριστὸς χθὲς καὶ σήμερον ὁ αὐτὸς καὶ εἰς τοὺς αἰῶνας."ᶠ καὶ οὐδὲν θαυμαστὸν τῷ θεῷ τὸν ὅλον αἰῶνα τῆς παρ' ἡμῖν μιᾶς ἡμέρας διαστήματος λόγον ἔχειν, ἐγὼ δ' οἶμαι ὅτι καὶ ἐλάττονος.

XXVII. 14.

καὶ ἐξεταστέον εἰ ἐπὶ αἰῶνας ἀναφέρονται οἱ λόγοι τῶν κατὰ τὰς "ἡμέρας" ἢ "μῆνας" ἢ "καιροὺς" ἢ "ἐνιαυτοὺς"ᵍ

a   마 28:15.                    e   시 89:4(시 90:4).
b   시 94:7-8(시 95:7-8).       f   히 13:8.
c   수 22:19.                    g   갈 4:10.
d   수 22:29.

말이 오늘까지 유대인들 사이에 널리 퍼져 있다."[a] 그리고 시편에서 "오늘 너희는 그의 음성을 들어보아라. 너희의 마음을 완고하게 하지 말아라."[b] 한편, 여호수아서에서는 이것이 가장 분명하게 그런 의미로 말해졌습니다. "오늘"이라고 하는 날에"[d] "주님을 떠나지 말아라."[c] 오늘이 이 모든 세대를 뜻한다면, 아마도 어제는 이미 지나간 세대를 뜻할 것입니다. 우리는 이것이 시편과, 바울이 히브리인들에게 보낸 편지에서 뜻하는 바라고 가정하였습니다. 시편에는 이렇게 나옵니다. "주님 앞에서는 천 년도 지나간 어제와 같습니다."[e] (아마도 이것이 오늘과는 다르고, 어제와 유사한 그 유명한 천 년일 것입니다). 사도는 이렇게 기록합니다. "예수 그리스도께서는 어제나 오늘이나 영원히 한결같은 분이십니다."[f] 하나님에게는 온 세대가, 우리가 한 날이라고 여기는 기간에 지나지 않는다는 것이 전혀 놀라운 일이 아닙니다. 오히려 나는 그보다 더 짧다고 생각합니다.[5]


XXVII. 14.[6]

또한 "날"이나 "달"이나 "계절"이나 "해"를 따라 정해진[g] 명절이나 국가적 축제에 관한 말들이 세대와 관련되는지를 살펴보아야 합

---

5  오리게네스가 전제한 플라톤 철학의 무시간적인 영원 개념에 대해서는 플로티노스, 『엔네아데스』 III.7을 보라.
6  "오늘"이라는 단어와 관련하여 날, 달, 계절, 해에 관한 어원적 연구를 보여준다.

ἀναγεγραμμένων ἑορτῶν ἢ πανηγύρεων. εἰ γὰρ "σκιὰν" ἔχει "ὁ νόμος τῶν μελλόντων,"[a] ἀνάγκη τὰ πολλὰ σάββατα πολλῶν τινων ἡμερῶν εἶναι "σκιὰν" καὶ τὰς νουμηνίας διὰ χρονικῶν διαστημάτων ἐνίστασθαι, οὐκ οἶδα ὑπὸ ποίας σελήνης συνοδευούσης τινὶ ἡλίῳ ἐπιτελουμένας. εἰ δὲ καὶ "πρῶτος" "μὴν" καὶ δεκάτη ἡμέρα "ἕως τεσσαρεσκαιδεκάτης" καὶ τῶν ἀζύμων ἑορτὴ ἀπὸ τεσσαρεσκαιδεκάτης "ἕως μιᾶς καὶ εἰκάδος"[b] "σκιὰν" περιέχει "μελλόντων,"[c] "τίς σοφὸς καὶ"[d] ἐπὶ τοσοῦτον θεῷ "φίλος,"[e] ὡς πλειόνων μηνῶν τὸν πρῶτον ἰδεῖν καὶ τὴν δεκάτην αὐτοῦ ἡμέραν καὶ τὰ ἑξῆς; τί δέ με δεῖ λέγειν περὶ τῆς ἑορτῆς τῶν ἑπτὰ ἑβδομάδων ἡμερῶν[f] καὶ περὶ τοῦ ἑβδόμου μηνὸς[g] (οὗ ἡ νεομηνία ἡμέρα "σαλπίγγων" ἐστὶ, "τῇ" δὲ "δεκάτῃ" "ἡμέρα ἱλασμοῦ"[h]), τῷ μόνῳ νομοθετήσαντι αὐτὰ θεῷ ἐγνωσμένων; τίς δὲ ἐπὶ τοσοῦτον τὸν "Χριστοῦ" κεχώρηκε "νοῦν,"[i] ὡς τοὺς ἑβδόμους ἐνιαυτοὺς τῆς ἐλευθερίας τῶν Ἑβραίων οἰκετῶν καὶ "τῆς ἀφέσεως" τῶν χρεῶν ἀνέσεώς τε ἀπὸ γεωργίας τῆς ἁγίας γῆς ἐκλαβεῖν;[j] ἔστι δέ τις καὶ ἀνωτέρω τῆς διὰ ἑπτὰ ἐτῶν ἑορτῆς ὁ καλούμενος Ἰωβηλαῖος,[k] ὅντινα κἂν ἐπὶ ποσὸν φαντασθῆναι

| | | | |
|---|---|---|---|
| a | 히 10:1. | g | 참조. 레 16:29-34. |
| b | 출 12:2, 6, 18. | h | 레 23:24, 27-28. |
| c | 히 10:1. | i | 고전 2:16. |
| d | 호 14:10(70인역; 호 14:9.) | j | 참조. 출 21:2; 레 25:4-7, 10-17; 신 15:1-3. |
| e | 약 2:23. | k | 참조. 레 25:8-13; 27:17-24. |
| f | 참조. 신 16:9-12. | | |

니다. 율법이 "장차 올 것들의" "그림자"에 해당한다면,[a] 많은 안식일은 마땅히 어떤 종류의 많은 날들의 그림자이어야 하며, 비록 내가 태양과 함께 운행하는 몇 번째 달에 의해 이 월삭이 되는지 모르지만, 월삭은 마땅히 [어떤] 시간의 간격을 두고서 제정되어야 합니다. "첫째" "달" 열흘날, "열나흗날까지", 또한 열나흗날부터 "스무하룻날까지" 무교절이[7b] "장차 올 것들"의 "그림자"를 제공한다면,[c] 많은 달들 중의 첫째 달과 그 달의 열흘날과 그 외의 것들을 알 정도로 "누가 지혜롭고"[d] 그토록 하나님께 "벗"이 되는가?[e] 일곱 이레의 명절에[f] 대해서, 또한 일곱째 달에 대해서[g] (일곱째 달의 첫째 날은 "나팔절"이고, "십일"은 "속죄일"이다)[h] 내가 무엇을 말해야 합니까? 그것은 오직 그것을 율법으로 정하신 하나님에게만 알려져 있습니다. 그 누가 히브리 종들의 해방과 빚의 면제, 거룩한 땅이 경작으로부터 휴경되는 일곱째 해들을 이해할 정도로 그렇게 그리스도의 마음[i]에 들어갔습니까?[j] 7년마다 돌아오는 명절보다 더 중요한 절기가 있는데, 그것은 희년이라고 불립니다.[k] "그분의 헤아릴 수 없는 판단"과 더듬어 찾아낼 수 없는 길에 따라 [그 모든 절기들을] 모든 세대에 배열하신 것에 대해서는 아버지의 뜻을 숙고하는 자 외에는, 그 누구도 그것이 분명하게 무엇인지, 또 그것 안에서 참되게 성취되는 율법들이

---

7    참조. 『켈수스 반박』 VII.22f; 『예레미야 강해』 12.23; 『레위기 강해』 9.5; 『시편 73편 강해』 1.8; 2.2; 『시편 77편 강해』 1.3; 1.4.

εἶναί τι τρανῶς ἢ τοὺς ἐν αὐτῷ νόμους πληρωθησομένους ἀληθινοὺς οὐδενός ἐστι <πλὴν> τοῦ τὴν πατρικὴν βουλὴν περὶ τῆς ἐν ἅπασι τοῖς αἰῶσι διατάξεως κατὰ "τὰ" "ἀνεξερεύνητα" "αὐτοῦ" "κρίματα"ª καὶ τὰς ἀνεξιχνιάστους αὐτοῦ ὁδοὺς τεθεωρηκότος.

## XXVII. 15.

πολλάκις δέ μοι ἐπῆλθεν ἀπορεῖν, συγκρούοντι δύο λέξεις ἀποστολικὰς, πῶς συντέλεια "αἰώνων" ἐστὶν, ἐφ᾽ ᾗ "ἅπαξ" "εἰς ἀθέτησιν" τῶν ἁμαρτιῶν Ἰησοῦς "πεφανέρωται," εἰ μέλλουσιν εἶναι αἰῶνες μετὰ τοῦτον ἐπερχόμενοι. ἔχουσι δὲ αἱ λέξεις αὐτοῦ οὕτως, ἐν μὲν τῇ πρὸς Ἑβραίους· "νυνὶ δὲ ἅπαξ ἐπὶ συντελείᾳ τῶν αἰώνων εἰς ἀθέτησιν ⌐τῶν ἁμαρτιῶν⌐ διὰ τῆς θυσίας αὐτοῦ πεφανέρωται,"ᵇ ἐν δὲ τῇ πρὸς Ἐφεσίους· "ἵνα ἐνδείξηται ἐν τοῖς αἰῶσι τοῖς ἐπερχομένοις τὸ ὑπερβάλλον πλῆθος τῆς χάριτος αὐτοῦ ἐν χρηστότητι ἐφ᾽ ἡμᾶς."ᶜ καὶ περὶ τηλικούτων στοχαζόμενος νομίζω ὅτι, ὥσπερ συντέλεια τοῦ ἐνιαυτοῦ ὁ τελευταῖός ἐστι μὴν, μεθ᾽ ὃν ἀρχὴ μηνὸς ἑτέρου ἐνίσταται· οὕτω μή ποτε, πλειόνων αἰώνων οἱονεὶ ἐνιαυτὸν αἰώνων συμπληρούντων, συντέλειά ἐστιν ὁ ἐνεστὼς αἰών, μεθ᾽ ὃν

a   롬 11:33.          c   엡 2:7.
b   히 9:26.

무엇인지를 조금도 상상할 수 없습니다.[8a]


## XXVII. 15.[9]

예수께서는 단번에 "죄를 없이하시기 위하여" "시대들의" 종말에 "나타나셨습니다." 한편 이후에도 뒤따라오는 세대가 있을 것입니다. 그렇다면 사도의 두 진술을 묶어서 생각해볼 때, 어떻게 해서 그것이 시대들의 종말이 되는지 나는 미궁에 빠졌습니다. 그의 진술들은 다음과 같습니다. 한편으로 히브리서에는 이렇게 나옵니다: "이제 그는 자기를 희생제물로 드려서 죄를 없이하시기 위하여 시대의 종말에 단 한 번 나타나셨습니다."[b] 다른 한편으로 에베소서에는 이렇게 나옵니다. "우리에게 자비로 베풀어주신 그 은혜가 얼마나 큰지를[10] 장차 올 세대들에게 드러내 보이시기 위함입니다."[c] 그렇게 큰 문제에 대해 내가 추측해 본다면 나는 이렇게 생각합니다. 한 해의 끝은 마지막 달인데, 그 뒤에는 새로운 달의 시작이 있습니다. 마찬가지로, 아마도 세대들의 한 순환처럼 더 많은 세대들이 채워졌을 때, 그 세대가 끝이 나고 그 후에 앞으로 올 세대들이 있을 것입니다. 그다음 세대가 뒤따라오게 될 세대들의 시작이 됩니다.[11]


8  참조. 『마태복음 주해』 XV.31.
9  성경에 나타나는 다양한 예들을 통해 세대라는 단어의 뜻을 밝힌다.
10  비평본에서 Koetschau는 πλῆθος로 나온 필사본을 따르지 않고 πλοῦτος라고 표기하였지만, 후에 다시 필사본대로 πλῆθος로 읽고 번역하였다. 성경에는 πλοῦτος로 나온다 (Stritzky, *Origenes Über das Gebet*, 230 n. 300).
11  『요한복음 주해』 XIX.14.88; 『마태복음 주해』 XV.31.

μέλλοντές τινες αἰῶνες ἐνστήσονται, ὧν ἀρχή ἐστιν ὁ μέλλων, καὶ ἐν ἐκείνοις τοῖς μέλλουσιν ἐνδείξεται ὁ θεὸς τὸν πλοῦτον "τῆς χάριτος αὐτοῦ ἐν χρηστότητι"·ᵃ τοῦ ἁμαρτωλοτάτου καὶ εἰς τὸ ἅγιον πνεῦμα δυσφημήσαντος κρατουμένου παρὰ τῆς ἁμαρτίας ἐν ὅλῳ τῷ ἐνεστῶτι αἰῶνι καὶ ἀρχῆθεν μέχρι τέλους τῷ μέλλοντι μετὰ ταῦτα οὐκ οἶδ' ὅπως οἰκονομησομένου.ᵇ

## XXVII. 16.

ταῦτα τοίνυν ὁ ἰδὼν καὶ τῇ διανοίᾳ αἰώνων ἑβδομάδα, ἵνα σαββατισμόν τινα ἅγιονᶜ θεωρήσῃ, ἐννοήσας καὶ αἰώνων μῆνα, ἵνα τὴν ἁγίαν τοῦ θεοῦ ἴδῃ νουμηνίαν,ᵈ καὶ αἰώνων ἐνιαυτὸν, ἵνα συνίδῃ τὰς τοῦ ἐνιαυτοῦ γε ἑορτὰς, ὅτε δεῖ "πᾶν ἀρσενικὸν" ἐνώπιον φαίνεσθαι "κυρίου θεοῦ,"ᵉ καὶ τηλικούτων αἰώνων τοὺς ἀνάλογον ἐνιαυτούς,ᶠ ἵνα τὸ ἔβδομον ἅγιον ἔτος καταλαμβάνῃ, καὶ αἰώνων ἑβδοματικοὺς ἑπτά, ὅπως ὑμνήσῃ τὸν τηλικαῦτα νομοθετήσαντα, ἐξετάσας· πῶς δύναται μικρολογῆσαι περὶ τοῦ ἐλαχίστου μορίου ὥρας τῆς τοῦ τηλικούτου αἰῶνος ἡμέρας καὶ οὐχὶ πάντα ποιήσει, ἵνα ἀπὸ τῆς ἐνταῦθα παρασκευῆς ἄξιος γενόμενος τοῦ τυχεῖν τοῦ ἐπιουσίου ἄρτου ἐν τῇ "σήμερον"ᵍ

a    엡 2:7.                              e    신 16:16.
b    참조. 마 12:32; 막 3:29; 눅 12:10.      f    참조. 레 25:4-7.
c    참조. 히 4:9.                          g    마 6:11.
d    참조. 골 2:16.

그리고 저 장차 올 세대들 안에서 하나님께서 "자비로 베풀어주신 그 은혜가"ª 얼마나 풍성한지를 보여주실 것입니다. 곧 가장 큰 죄인, 곧 성령을 거슬러 악한 말을 하여 현 세대의 전 기간 동안, 또한 오게 될 세대에서 처음부터 끝까지 죄에 의해 지배를 받지만,[12] 이 세대들 후에는 내가 알지 못하는 방식으로 다뤄질 것입니다.ᵇ

## XXVII. 16.[13]

그러므로 이제 이것들을 보고 어떤 거룩한 안식을ᶜ 명상하기 위하여 마음으로 세대들의 이레를, 하나님의 거룩한 새 달을 보기 위하여ᵈ 세대들의 달을, "모든 남자"가 "주 하나님" 앞에 나타나야만 하는 해마다 돌아오는 명절을ᵉ 이해하기 위하여 세대들의 해를, 거룩한 일곱째 해를 알기 위하여 그처럼 큰 세대들의 유비적인 의미에서의 해들을,ᶠ 그와 같은 율법을 제정하신 분을 찬양하기 위하여 세대들의 일곱 이레를 숙고하고 조사한 사람이 있다고 해봅시다. 어떻게 그 사람이 그처럼 큰 세대의 날에 속한 시간의 가장 작은 부분에 대해 소홀히 생각할 수 있겠습니까? 그 사람이 여기서 준비를 통해 "오늘"이란 날에 필요한 양식을ᵍ 얻기에 합당하게 되어 그것을

---

12 성령을 거스르는 죄는 이 세대와 올 세대에서도 용서를 받지 못하지만, 그 후에는 구원을 받을 수 있으며, 이것이 앞으로 올 세대들의 풍성한 은혜라고 말하는 듯하다. 히 9:26.

13 세대, 주간, 달, 해 등 시간에 대한 일반적 연구를 오늘이라는 단어와 연관시켜 오늘의 의미를 부각시키고, 누가복음의 "날마다"가 뜻하는 바를 살핀다.

ἡμέρᾳ λάβῃ αὐτὸν καὶ "καθ' ἡμέραν,"[a] ἤδη σαφοῦς ἐκ τῶν

προειρημένων γινομένου τοῦ "καθ' ἡμέραν"; τῷ γὰρ ἐξ ἀπείρων

ἐπ' ἄπειρον ὄντι θεῷ οὐ μόνον περὶ τῆς "σήμερον" ἀλλὰ καί πως

τοῦ "καθ' ἡμέραν" ὁ "σήμερον" εὐχόμενος, ἀπὸ τοῦ δυνατοῦ

δωρήσασθαι "ὑπὲρ" ἐκ περισσοῦ "ὧν αἰτούμεθα ἢ νοοῦμεν"[b]

λαβεῖν οἷός τε ἔσται, ἵν' οὕτως ὑπερβολικῶς εἴπω, καὶ τὰ ὑπὲρ "ἃ

ὀφθαλμὸς οὐκ εἶδε καὶ" τὰ ὑπὲρ ἃ "οὓς οὐκ ἤκουσε καὶ" τὰ ὑπὲρ

ἃ "ἐπὶ καρδίαν ἀνθρώπου οὐκ ἀνέβη."[c]


## XXVII. 17.

καὶ ταῦτα δέ μοι δοκεῖ ἀναγκαιότατα ἐξητάσθαι, ἵνα τό τε

"σήμερον" νοηθῇ καὶ τὸ "καθ' ἡμέραν," ὅτε "τὸν ἐπιούσιον"

"ἄρτον" δοθῆναι "ἡμῖν" ἀπὸ τοῦ πατρὸς αὐτοῦ εὐχόμεθα. εἰ κατὰ

τελευταῖον δὲ βιβλίον πρότερον ἐξετάζομεν τὸ "ἡμῶν," ἐπεὶ

λέγεται οὐχί· "τὸν ἄρτον ἡμῶν τὸν ἐπιούσιον δὸς ἡμῖν σήμερον"[d]

ἀλλὰ "τὸν ἄρτον ἡμῶν τὸν ἐπιούσιον δίδου ἡμῖν καθ' ἡμέραν,"[e]

ὅμως γε ἐξεταστέον, πῶς "ἡμῶν" ἐστιν ὁ ἄρτος οὗτος. διδάσκει

a   눅 11:3.                    d   마 6:11.
b   엡 3:20.                    e   눅 11:3.
c   고전 2:9; 참조. 사 64:3.

얻고 또한 "날마다"ª 얻게 되도록 모든 것을 하지 않겠습니까? 앞서 말한 것으로부터 "날마다"라는 말은 이미 분명해졌습니다. 무한으로부터 무한까지 계시는 하나님께 "오늘"뿐만 아니라 "날마다"를 위해서 "오늘" 기도하는 사람은 "우리가 구하거나 생각하는 것 이상으로 더욱 넘치게 주실 수 있는 있는 분"에게서ᵇ, 과장적으로 말해도 된다면, "눈으로 보지 못하고, 귀로 듣지 못한 것들, 사람의 마음에 떠오르지 않은" 위대한 "것들을" 받을 수 있을 것입니다.ᶜ

## XXVII. 17.¹⁴

그분의 아버지로부터 필요한 양식이 우리에게 주어지기를 우리가 기도할 때, "오늘"과 "날마다"라는 말의 의미가 이해되도록, 이러한 것들을 조사한 것은 매우 필수적인 것으로 보입니다. 그럼에도 불구하고 우리가 뒷 책에¹⁵ 따라 먼저 "우리의"라는 말을 조사해본다면, 어떻게 이 빵이 우리의 것이 되는지를 조사해야 합니다. 누가복음에는 "우리의 필요한 양식을 오늘 우리에게 주소서"가ᵈ 아니라, "우리의 필요한 양식을 날마다 우리에게 [계속해서] 주소서"ᵉ라고 되어 있기 때문입니다.¹⁶ 사도는 "삶이나 죽음이나 현재 것이나 장

---

14   오리게네스 성경해석의 전형적인 영적 해석방식(ἀναγωγή)을 보여준다. 이는 언어적, 어원적 연구를 선행하고 그 연구결과를 바탕으로 본문의 문자적 의미를 해석하고, 이를 바탕으로 본문의 더 깊은 영적인 의미를 찾아내는 방식이다.

15   누가복음을 가리킴.

16   "주소서"라는 명령형 동사가 마태복음에서는 단순과거형태로 되어 있고, 누가복음에서는 현재형태로 되어 있다. 따라서 "오늘"과 "날마다"라는 어구 차이 외에도 명령형의

δὴ ὁ ἀπόστολος ὅτι "εἴτε ζωὴ εἴτε θάνατος εἴτε ἐνεστῶτα εἴτε μέλλοντα, πάντα"[a] τῶν ἁγίων ἐστί· <περὶ οὗ> οὐκ ἀναγκαῖον ἐπὶ τοῦ παρόντος λέγειν.

a    고전 3:22

래 것이나 모든 것이 다 성도의 것입니다"라고 가르칩니다.[a] 지금 당장은 이것에 대해서 말할 필요는 없습니다.[17]

시제가 다르다.
17  오늘을 날마다 경험하는 자들에게는 오늘이라는 말을 강조할 필요가 없이 날마다 필요한 양식을 달라고 기도해야 한다는 것이 누가의 생각이며, 이것은 바울의 로마서 말씀에 의해서도 뒷받침되고 있다. 즉 경건자의 삶은 오늘과 매일매일이 현재형이라는 것이다.

XXVIII. 1.

"Καὶ ἄφες ἡμῖν τὰ ὀφειλήματα ἡμῶν, ὡς καὶ ἡμεῖς ἀφήκαμεν τοῖς ὀφειλέταις ἡμῶν,"ᵃ ἢ ὡς ὁ Λουκᾶς· "καὶ ἄφες ἡμῖν τὰς ἁμαρτίας ἡμῶν, καὶ γὰρ αὐτοὶ ἀφήκαμεν παντὶ ὀφείλοντι ἡμῖν."ᵇ περὶ τῶν ὀφειλημάτων καὶ ὁ ἀπόστολος λέγει· "ἀπόδοτε πᾶσι τὰς ὀφειλὰς, ⌜τῷ τὸν φόρον τὸν φόρον, τῷ τὸν φόβον τὸν φόβον, τῷ τὸ τέλος τὸ τέλος⌝, τῷ τὴν τιμὴν τὴν τιμήν· μηδενὶ μηδὲν ὀφείλετε εἰ μὴ τὸ ἀλλήλους ἀγαπᾶν."ᶜ ὀφείλομεν τοιγαροῦν ἔχοντές τινα καθήκοντα οὐ μόνον ἐν τῇ δόσει ἀλλὰ καὶ λόγῳ προσηνεῖ καὶ τοῖσδέ τισι τοῖς ἔργοις, ἀλλὰ καὶ διάθεσίν τινα τοιάνδε ὀφείλομεν ἔχειν πρὸς αὐτούς. ταῦτα δὴ ὀφείλοντες ἤτοι ἀποδίδομεν διὰ τοῦ ἐπιτελεῖν τὰ προστασσόμενα ὑπὸ τοῦ θείου νόμου, ἢ τῷ καταφρονεῖν τοῦ ὑγιοῦς λόγου μὴ ἀποδιδόντες μένομεν ἐν τῷ ὀφείλειν.

a    마 6:12.              c    롬 13:7-8.
b    눅 11:4.

## 우리가 우리에게 빚진 자를 용서하여 준 것 같이
## 우리의 빚도 용서하여 주소서(XXVIII)

### XXVIII. 1.[1]

"우리가 우리의 빚진 자를 용서하여 준 것 같이 우리의 빚도 용서하여 주시옵고"[2a] 혹은 누가처럼 "우리가 우리에게 빚진 모든 자를 용서하오니 우리 죄도 용서하여 주시옵고."[b] 빚에 대해서는 사도도 말합니다. "여러분은 모든 사람에게 의무를 다하십시오. 조세를 바쳐야 할 이에게는 조세를 바치고, 두려워해야 할 이는 두려워하고, 관세를 바쳐야 할 이에게는 관세를 바치고, 존경해야 할 이는 존경하십시오. 서로 사랑하는 것 외에는 아무에게도 빚을 지지 마십시오."[c] 그러므로 주는 일만 아니라 적절한 말과 이러저러한 행위에서도 마땅히 행해야 할 것이[3] 있다면, 우리는 빚을 지는 것이며, 또한 그들에 대해 이러저러한 마음가짐을 [지녀야 할] 빚을 집니다. 이러한 일들을 빚 질 때, 우리는 신적인 법이 명령한 바를 이루어 [빚을] 갚던지, 또는 온전한 말씀을 경멸하여 [빚을] 갚지 않아 빚진 상태에 머무를 수 있습니다.

---

1    빚이라는 단어에 대한 어원적 연구를 통해 다섯째 간구의 기본적 의미를 보여준다. 롬 13장에 비추어 빚과 세금의 연관성을 보여준다.
2    우리 성경에는 "우리가 우리에게 죄지은 사람을 용서하여 준 것 같이 우리 죄를 용서하여 주시옵고"라고 되어 있고, 새로운 주님의 기도 번역에는 "우리가 우리에게 잘못한 사람을 용서하여 준 것 같이 우리 죄를 용서하여 주시고"라고 나와있지만, 오리게네스는 원어에 충실하게 "빚"이란 의미를 부각시키고 있어 이렇게 번역하고자 한다.
3    참조. VI.3.

XXVIII. 2.

τὸ παραπλήσιον δὲ νοητέον ἐν τοῖς πρὸς τοὺς ἀδελφοὺς ὀφειλήμασι, τούς τε κατὰ τὸν τῆς θεοσεβείας λόγον ἐν Χριστῷ ἡμῖν συναγεγεννημένους καὶ τοὺς ὁμομητρίους ἢ ὁμοπατρίους ἡμῖν. ἔστι τις καὶ πρὸς πολίτας ὀφειλὴ καὶ ἄλλη κοινὴ πρὸς πάντας ἀνθρώπους, ἰδίᾳ μὲν ξένους ἰδίᾳ δὲ καὶ ἡλικίαν πατέρων ἔχοντας, καὶ ἄλλη πρός τινας, οὓς εὔλογον ὡς υἱοὺς ἢ ὡς ἀδελφοὺς τιμᾶν. ὁ οὖν τὰ ὀφειλόμενα ἀδελφοῖς ἐπιτελεῖσθαι μὴ ποιῶν μένει ὀφειλέτης ὧν μὴ πεποίηκεν. οὕτως δέ, εἰ καὶ ἀνθρώποις ἀπὸ τοῦ φιλανθρώπου τῆς σοφίας πνεύματος ἐπιβαλλόντων τινῶν ἀφ᾽ ἡμῶν ἐλλείποιμεν, πλείων γίνεται ἡ ὀφειλή. ἀλλὰ καὶ ἐν τοῖς εἰς ἡμᾶς αὐτοὺς ὀφείλομεν τῷ μὲν σώματι οὑτωσὶ χρῆσθαι, οὐχὶ εἰς τὸ κατατρίβειν σάρκας σώματος διὰ τῆς φιληδονίας· ὀφείλομεν δὲ καὶ τῇ ψυχῇ τήνδε τὴν ἐπιμέλειαν προσάγειν καὶ τοῦ νοῦ τῆς ὀξύτητος πρόνοιαν ποιεῖσθαι τοῦ τε λόγου, ἵν᾽ ἄκεντρος καὶ ὠφέλιμος ᾖ καὶ μηδαμῶς ἀργός.[a] ἐπὰν δὴ καὶ τὰ εἰς ἡμᾶς ὑφ᾽ ἡμῶν αὐτῶν ὀφειλόμενα μὴ πράττωμεν, βαρύτερον ἡμῖν τὸ ὄφλημα γίνεται.

a   참조. 마 12:36.

# XXVIII. 2.[4]

형제들, 즉 그리스도 안에서 경건한 말씀에 따라 우리와 더불어 거듭난 자들과 또한 우리와 같은 부모를 지닌 사람들에 대한 빚에 있어서도 비슷한 것을 깨달아야 합니다. 시민들에 대한 의무가 있으며, 모든 사람들 특히 나그네와 아버지 연배의 사람들에 대한 공통 의무가 있으며, 아들이나 형제로 존경하는 것이 합당한 사람들에 대한[5] [의무가 있습니다.] 형제에게 빚진 바를 다 갚기 위해 [할 수 있는 바를] 행하지 않은 사람은 행하지 않은 것에 대해 빚진 자로 남습니다.[6] 마찬가지로 지혜의 영으로부터 [일반적으로] 사람들에게 주어지는 어떤 것이 우리에게 부족하다면, 빚이 더 늘어납니다. 또한 우리 자신에 대해서도 우리는 한편으로는 몸에 대해서 쾌락을 통해 몸의 기력을 소진하지 않도록 사용해야 할 의무가 있으며, 다른 한편으로는 혼에 대해서도 그러한 주의를 기울이고 예리한 정신과 분별 있는 말을 실행하여 혼이 가시가 없고 유용하며 결코 게으르지 않게 해야 할 의무가 있습니다.[a] 우리에 대해 우리 자신이 빚진 바를 행하지 않을 때마다 우리에게 빚은 더욱 무거워집니다.

---

4   "빚"이라는 개념은 곧 의무와 연결된다. 부모, 시민, 나그네, 연장자, 자녀와 형제에 대한 의무뿐만 아니라 몸과 혼에 대한 의무도 언급된다.
5   디오게네스 라에르티오스 VII.108.
6   참조.『예레미야 강해』14.3.

## XXVIII. 3.

καὶ ἐπὶ τούτοις πᾶσι τὸ ὑπὲρ πάντα "ποίημα"[a] καὶ "πλάσμα" ὄντες τοῦ θεοῦ[b] ὀφείλομέν τινα διάθεσιν σῴζειν πρὸς αὐτὸν καὶ ἀγάπην τὴν "ἐξ ὅλης καρδίας" "καὶ ἐξ ὅλης ἰσχύος" "καὶ ἐξ ὅλης διανοίας"·[c] ἅτινα ἐὰν μὴ κατορθώσωμεν, ὀφειλέται μένομεν θεοῦ, ἁμαρτάνοντες εἰς κύριον. καὶ τίς ἐπὶ τούτοις εὔξεται περὶ ἡμῶν; "ἐὰν" γὰρ "ἁμαρτάνων ἁμάρτῃ ἀνὴρ εἰς ἄνδρα, καὶ προσεύξονται ⌜περὶ⌝ αὐτοῦ·" "ἐὰν ⌜<δὲ> εἰς κύριον⌝ ἁμάρτῃ, τίς προσεύξεται ⌜περὶ⌝ αὐτοῦ;"[d] ὥς φησιν ἐν τῇ πρώτῃ τῶν Βασιλειῶν ὁ Ἠλεί. ἀλλὰ καὶ Χριστοῦ ὠνησαμένου ἡμᾶς τῷ ἰδίῳ αἵματι[e] ὀφειλέται ἐσμὲν, ὥσπερ καὶ πᾶς οἰκέτης τοῦ ὠνησαμένου ἐστὶν ὀφειλέτης τοῦ τοσοῦδε δοθέντος ὑπὲρ αὐτοῦ χρήματος. ἔστι τις ἡμῖν καὶ πρὸς τὸ ἅγιον πνεῦμα ὀφειλὴ, ἀποδιδομένη, ὅτε οὐ λυποῦμεν αὐτὸ, "ἐν ᾧ" ἐσφραγίσθημεν "εἰς ἡμέραν ἀπολυτρώσεως,"[f] καὶ μὴ λυποῦντες αὐτὸ φέρομεν τοὺς καρπούς, οὓς ἀπαιτούμεθα,[g] συνόντος αὐτοῦ ἡμῖν καὶ ζωοποιοῦντος ἡμῶν τὴν ψυχήν.[h] εἰ καὶ μὴ ἴσμεν δὲ ἐπιμελῶς, τίς ὁ ἑκάστου ἡμῶν ἄγγελος βλέπων "τοῦ" "ἐν οὐρανοῖς" "πατρὸς" "τὸ πρόσωπον,"[i] ἀλλὰ φανερόν γε ἐπισκοπήσαντι ἑκάστῳ ἡμῶν

| | | | |
|---|---|---|---|
| a | 엡 2:10. | e | 참조. 계 5:9; 행 20:28; 고전 6:20. |
| b | 롬 9:20. | f | 엡 4:30. |
| c | 막 12:30; | g | 참조. 요 15:8, 16. |
| | 참조. 마 22:37; 눅 10:27; 신 6:5; 13:3. | h | 참조. 요 6:63; 고후 3:6. |
| d | 삼상 2:25. | i | 마 18:10. |

## XXVIII. 3.[7]

또한 이 모든 것에 덧붙여서 우리는 하나님이 만물 위에 지으신 "작품"[a]이며 "만들어진 것"[b]이므로 우리는 그분에 대해 특정한 마음가짐, 곧 "마음을 다하고" "힘을 다하고" "뜻을 다한"[c] 사랑을 유지해야 할 의무가 있습니다. 이런 일을 실행하지 않으면 우리는 하나님께 빚진 자로 남고 주님에 대해 범죄하게 됩니다. 이런 경우에 누가 우리를 위해 기도할 것입니까? 엘리가 제1왕국기에서 말한 대로 "사람끼리 죄를 지으면 그들이 그를 위해 기도하여 주겠지만, 사람이 주께 죄를 지으면 누가 그를 위해 기도해 주겠느냐?"[d] 그러나 무엇보다도 그리스도께서 자신의 "피"로[e] 우리를 샀기 때문에 우리는 빚진 자들입니다.[8] 이는 모든 하인이 그를 위해 그렇게도 많은 재화를 주고 산 자의 채무자가 되는 것과 마찬가지입니다. 우리에게는 "성령"에 대한 빚이 있는데, 이는 우리가 그분을 "슬프게 하지" 않을 때 갚아집니다. "성령 안에서" 우리는 "구속의 날"까지 "인치심을 받았습니다."[f] 성령을 슬프게 하지 않으면 우리는 요구 받은 열매를 맺습니다.[9] 왜냐하면 그분이 우리와 함께하시며 우리의 혼을 살리시기 때문입니다.[h] 비록 우리가 "하늘에서" "아버지의 얼굴"을 "보고 있는" 우리 각자의 천사가 누구인지[i] 정확히 알지 못하더라도 우리 각자가 따져보면, 우리가 그[천사]에게 무언가 빚진 자라는 것은

---

7    빚과 연결된 의무라는 개념 속에는 하나님께 대한 사랑을 유지할 의무도 포함되며, 이 의무는 그리스도께서 자신의 피로 우리를 샀기 때문에 우리는 빚진 자, 즉 하나님께 대한 채무자이며, 그리스도에게 빚진 자이며, 성령에게 빚진 자이며, 천사에게도 빚진 자이며, 모든 사람들에게도 빚진 존재이다.

8    참조. 『마태복음 주해』 XVI.8.

γίνεται ὅτι κἀκείνῳ ὀφειλέται τινῶν ἐσμεν. εἰ δὲ καὶ ἐν θεάτρῳ ἐσμὲν κόσμου καὶ ἀγγέλων καὶ ἀνθρώπων,[a] ἰστέον ὅτι, ὥσπερ ὁ ἐν θεάτρῳ ὀφειλέτης ἐστὶ τοῦ τάδε τινὰ εἰπεῖν ἢ ποιῆσαι ἐν ὄψει τῶν θεατῶν, ἅπερ μὴ πράξας τις ὡς τὸ πᾶν ὑβρίσας θέατρον κολάζεται· οὕτως καὶ ἡμεῖς "τῷ" ὅλῳ "κόσμῳ" "καὶ" τοῖς πᾶσιν "ἀγγέλοις" τῷ τε τῶν ἀνθρώπων γένει ὀφείλομεν ταῦτα, ἃ βουληθέντες ἀπὸ τῆς σοφίας μαθησόμεθα.

## XXVIII. 4.

χωρὶς δὲ τούτων καθολικωτέρων ὄντων ἔστι τις χήρας προνοουμένης ὑπὸ τῆς ἐκκλησίας ὀφειλὴ καὶ ἑτέρα διακόνου καὶ ἄλλη πρεσβυτέρου, καὶ ἐπισκόπου δὲ ὀφειλὴ βαρυτάτη ἐστίν, ἀπαιτουμένη ὑπὸ τοῦ τῆς ὅλης ἐκκλησίας σωτῆρος καὶ ἐκδικουμένη,[b] εἰ μὴ ἀποδιδοῖτο. ἤδη δὲ ὁ ἀπόστολος ὀφειλήν τινα κοινὴν ὠνόμασεν ἀνδρὸς καὶ γυναικὸς λέγων· "τῇ γυναικὶ ὁ ἀνὴρ τὴν ὀφειλὴν ἀποδιδότω, ὁμοίως ʿκαὶ᾽ ἡ γυνὴ τῷ ἀνδρί"[c]· καὶ ἐπιφέρει· "μὴ ἀποστερεῖτε ἀλλήλους."[d] καὶ τί με δεῖ λέγειν, παρὸν τὰ ἑαυτῶν ἀναλέγεσθαι ἐκ τῶν εἰρημένων τοὺς ἐντυγχάνοντας τῇδε τῇ γραφῇ, ὅσα ὀφείλοντες ἤτοι μὴ

a  참조. 고전 4:9.           c  고전 7:3.
b  참조. 딤전 5:3, 16-17, 19.  d  고전 7:5.

분명합니다. 우리가 세계와 천사들과 사람들에게 구경거리가 되었다면,[a] 구경거리가 된 사람은 관객이 보는 데서 이러저러한 것을 말하고 행동해야 하는 빚진 자이며, 누구든지 그렇게 행하지 않으면 구경거리를 모두 망쳐버렸다고 해서 벌을 받듯이, 우리도 온 "세계"와 온 "천사들"과 인류에게 우리가 원하면 지혜로부터 배울 수 있는 그런 일들을 [하도록] 빚을 지고 있습니다.


## XXVIII. 4.[9]

더 일반적인 이러한 일들 외에도, 교회의 돌봄을 받는 과부의 의무가 있고,[10] 또한 집사의 [의무가] 있고 또한 장로의 [의무가] 있지만, 감독의 의무가 가장 무겁습니다. 그가 갚지 않는다면, 이는 온 교회의 구주에 의해 [갚을 것이] 요구되고 징벌되기 때문입니다.[11b] 이미 사도는 남편과 아내에게 공통된 의무를 명령하며 말했습니다 "남편은 아내에게 의무를 다하고, 아내도 그와 같이 남편에게 아내로서의 의무를 다하도록 하십시오."[c] 그리고 그는 덧붙입니다. "서로 물리치지 마십시오."[d] 이 글을 읽는 사람들은 이미 말한 내용을 자신의 상황에 유비적으로 적용하는 것이 가능한데 무엇을 더 말해야 하겠습니까? 빚을 지고서 갚지 않으면 우리는 [빚에] 매이게 될

---

9  의무의 개념을 확장하여 교회의 의무, 집사와 장로의 의무, 남편과 아내의 의무 등을 다양하게 열거한다.
10  참조. 『요한복음 주해』 XXXII.12.131.
11  감독도 의무를 다하지 못할 때 주님에 의해 징계받는다.

ἀποδιδόντες κατασχεθησόμεθα ἢ ἀποδιδόντες ἐλευθερωθησόμεθα; πλὴν οὐκ ἔστιν ἐν τῷ βίῳ ὄντα πάσης ὥρας νυκτὸς καὶ ἡμέρας μὴ ὀφείλειν.

## XXVIII. 5.

ἀλλ' ἐν τῷ ὀφείλειν ἤτοι ἀποδίδωσί τις ἢ ἀποστερεῖ τὴν ὀφειλήν· καὶ δυνατόν γε ἐν τῷ βίῳ ἀποδιδόναι, δυνατὸν δὲ καὶ ἀποστερεῖν. καὶ τινὲς μὲν οὐδενὶ ὀφείλουσιν οὐδέν·[a] τινὲς δὲ τὰ πλεῖστα ἀποτιννύντες <ὀλίγα ὀφείλουσι, τινὲς δὲ> ὀλίγα ἀποδιδόντες τὰ πλείονα ὀφείλουσι· καὶ τάχα ἔστιν ὁ μηδὲν ἀποδιδοὺς ἀλλὰ πάντα ὀφείλων. καὶ ὁ ἀποδιδοὺς μέντοι γε πάντα, ὥστε μηδὲν ὀφείλειν, χρόνῳ ποτὲ τοῦτο κατορθοῖ, δεόμενος ἀφέσεως περὶ τῶν προτέρων ὀφειλῶν· ἧστινος ἀφέσεως εὐλόγως δύναται τυχεῖν ὁ φιλοτιμησάμενος ἀπό τινος χρόνου τοιοῦτος γενέσθαι, ὥστε μηδὲν ὀφείλειν τῶν ἐπιβαλλόντων ὡς οὐκ ἀποδιδομένων. αὗται δὲ αἱ παράνομοι ἐνέργειαι, ἐν τῷ ἡγεμονικῷ τυπούμεναι, "τὸ καθ' ἡμῶν" γίνονται "χειρόγραφον,"[b] ἀφ' οὗ δικασθησόμεθα, δίκην βίβλων τῶν ὑπὸ πάντων, ἵν' οὕτως εἴπω, κεχειρογραφημένων προαχθησομένων, ὅτε "πάντες

---

a  참조. 롬 13:8.          b  골 2:14.

것이고, 갚으면 자유롭게 될 것입니다. 그러나 인생을 살면서 밤낮으로 항상 빚지지 않는 것은 불가능합니다.

## XXVIII. 5.[12]

빚졌을 때 어떤 사람은 그 빚을 갚거나 떼어 먹습니다. 또한 살아 있는 동안에 갚을 수도 있고, 떼어 먹을 수도 있습니다. 한편으로 어떤 사람들은 누구에게 아무런 빚도 지지 않습니다.[a] 또 어떤 사람들은 대부분은 갚고 조금만 빚을 지고, 또 어떤 사람들은 조금만 갚고 더 많은 부분을 빚집니다. 그리고 아마도 아무것도 갚지 않고 모든 것을 빚지는 사람이 있을 수 있습니다.[13] 물론 아무것도 빚지지 않으려고 모든 것을 갚는 사람은 언젠가 시간이 되었을 때에 이것을[14] 성취합니다. 그래서 이전의 빚에 대해서는 유예기간을 필요로 합니다. 갚을 날이 되었을 때 갚지 못해서 빚지게 되는 일이 없도록, 언젠가 그렇게 되기를 열렬히 애쓰는 사람은 유예기간을 당연히 받을 수 있습니다. 또한 이와 같은 실제적인 범죄행위들은 우리의 얼에[15] 새겨져서, "우리에게 불리한 조문"이 되며,[b] 이로부터 우

---

12 빚진 자들은 일정한 유예기간 동안 빚을 갚을 수 있으며, 그 후에는 죄에 대하여 그리스도의 심판을 받게 된다.
13 『예레미야 강해』 14.4.
14 다 갚는 것을.
15 얼에 대해서는 IX.1; XII.1; XIII.3; XXV.1; XXVIII.5; XXIX.2을 참조하라. 영혼 안에 새겨지는 인상에 대해서는 플라톤, 『테아이테토스』 191c-d를 보라. 스토아철학의 창시자 제논이 이러한 사상을 이어갔다(참조. 『초기 스토아 철학자들의 단편집』 II.56.

παραστησόμεθα τῷ βήματι"ᵃ "τοῦ Χριστοῦ, ἵνα κομίσηται ἕκαστος τὰ διὰ τοῦ σώματος πρὸς ἃ ἔπραξεν, εἴτε ἀγαθὸν εἴτε φαῦλον."ᵇ κατὰ ταύτας τὰς ὀφειλὰς καὶ τὸ ἐν ταῖς Παροιμίαις λέγεται· "μὴ δίδου σεαυτὸν εἰς ἐγγύην ὁ αἰσχυνόμενος πρόσωπον· εἰ γὰρ οὐχ ἕξει πόθεν ἀποδώσει, λήψονται τὸ σὸν στρῶμα τὸ ὑπὸ τὰς πλευράς σου."ᶜ

XXVIII. 6.

εἰ δὲ τοσούτοις ὀφείλομεν, πάντως καὶ ἡμῖν τινες ὀφείλουσιν· οἱ μὲν γὰρ ὀφείλουσιν ἡμῖν ὡς ἀνθρώποις οἱ δὲ ὡς πολίταις, ἄλλοι δὲ ὡς πατράσι καί τινες ὡς υἱοῖς, καὶ μετὰ τούτους ὡς ἀνδράσι γυναῖκες ἢ ὡς φίλοις φίλοι. ἐπὰν οὖν ἀπὸ τῶν πλείστων ἡμῖν ὀφειλετῶν ἀσθενέστερόν τινες περὶ τὴν ἀπόδοσιν τῶν πρὸς ἡμᾶς καθηκόντων ἀναστραφῶσι, φιλανθρωπότερον ποιήσομεν ἀμνησικάκως ἐνεχθέντες πρὸς αὐτοὺς καὶ ἰδίων μεμνημένοι ὀφειλῶν, ὅσας πολλάκις παραλελοίπαμεν οὐ μόνον πρὸς ἀνθρώπους ἀλλὰ καὶ πρὸς αὐτὸν τὸν θεόν. μεμνημένοι γὰρ ὧν ὀφειλέται ὄντες οὐκ ἀποδεδώκαμεν ἀλλὰ ἀπεστερήσαμεν παραδραμόντος τοῦ χρόνου, ἐν ᾧ ἐχρῆν ἡμᾶς τάδε τινὰ πρὸς τὸν

a   롬 14:10.            c   잠 22:26-27.
b   고후 5:10.

리는, 말하자면 모든 사람이 친필로 보증하여 제출하게 될 책에 따라 심판을 받을 것입니다.[16] 이 일은 "우리가 모두 다" 그리스도의 "심판대 앞에 서게 되어"[a] "각 사람은 선한 일이든지 악한 일이든지, 몸으로 행한 모든 일에 따라 마땅한 보응을 받을"[b] 때 일어납니다. 잠언은 이러한 빚들에 대해서 말합니다: "체면치레하는 사람아, 보증을 서지 말아라. 너에게 갚을 것이 아무것도 없다면, 네가 누운 침대까지도 빼앗길 것이다."[c]

## XXVIII. 6.[17]

우리가 이러한 사람들에게 빚을 지는가 하면, 확실히 우리에게도 어떤 사람들이 빚을 집니다. 왜냐하면 어떤 사람들은 사람들에게 [빚지듯] 우리에게 빚지고, 어떤 사람들은 정치가에게 하듯 빚지며, 어떤 사람들은 아버지에게, 어떤 사람들은 자녀들에게 하듯, 그 다음에는 아내들이 남편들에게, 친구가 친구들에게 하듯 [빚을 집니다]. 우리에게 빚진 많은 자 가운데 어떤 사람들이 우리에게 마땅한 것을 갚는 데서 더 미약하게 돌려주었을 때, 우리는 [그것을] 기억하지 않으면서 그들에 대해 참고, 우리 자신의 빚과, 우리가 얼마나 자주 사람들뿐만 아니라 하나님 자신에게 소홀히 대했는지를 기

---

16 참조. 『예레미야 강해』 15.5; 16.10. Bentley는 προαχθησομένων을 προαχθησόμενον로 읽을 것을 제안하는데, 이 경우 "우리에게 불리한 조문"이 되어 제출될 것입니다. 이로부터, 우리는 말하자면, 모든 사람이 친필로 보증한 책에 따라 심판을 받을 것입니다"로 옮길 수 있다(Stritzky, *Origenes Über das Gebet*, 237 n. 321).
17 우리 모두가 서로에게 빚진 자라는 것을 기억하면, 남들에 대하여 더 온유해질 것이다.

πλησίον πεποιηκέναι, πραότεροι ἐσόμεθα πρὸς τοὺς καὶ ἡμῖν ὀφλήσαντας καὶ μὴ ἀποδεδωκότας τὴν ὀφειλήν· καὶ μάλιστα ἐὰν μὴ ἐπιλανθανώμεθα τῶν εἰς τὸ θεῖον ἡμῖν παρανενομημένων καὶ τῆς "εἰς τὸ ὕψος" ἀδικίας ἡμῖν λελαλημένης[a] ἤτοι κατὰ ἄγνοιαν τῆς ἀληθείας ἢ κατὰ δυσαρέστησιν τὴν πρὸς τὰ συμβάντα ἡμῖν περιστατικά.

## XXVIII. 7.

εἰ δὲ μὴ βουλόμεθα πραότεροι γίνεσθαι πρὸς τοὺς ἡμῖν ὀφλήσαντας, πεισόμεθα τὰ τοῦ τὰ "ἑκατὸν δηνάρια" τῷ ὁμοδούλῳ μὴ συγχωρήσαντος,[b] ὅντινα προσυγχωρηθέντα κατὰ τὴν κειμένην ἐν τῷ εὐαγγελίῳ παραβολὴν[c] ἐνειλήσας ἐκπράσσει ὁ δεσπότης τὰ προσυγκεχωρημένα, λέγων αὐτῷ· "πονηρὲ δοῦλε καὶ ὀκνηρὲ," "οὐκ ἔδει ⌜ἐλεῆσαί σε⌝ τὸν σύνδουλόν σου, ὡς κἀγώ σε ἠλέησα;" βάλετε αὐτὸν "εἰς" τὴν "φυλακὴν," "ἕως ἀποδῷ πᾶν τὸ ὀφειλόμενον."[d] ἐπιφέρει δὲ τούτοις ὁ κύριος· "οὕτως καὶ ⌜ὑμῖν ὁ πατὴρ ὁ οὐράνιος ποιήσει⌝, ἐὰν μὴ ἀφῆτε ἕκαστος τῷ ἀδελφῷ αὐτοῦ ἀπὸ τῶν καρδιῶν ὑμῶν."[e] λέγουσι μέντοι γε μετανοεῖν τοῖς εἰς ἡμᾶς ἡμαρτηκόσιν ἀφετέον, κἂν

a  시 72:8(시 73:8).   d  마 25:26; 18:33, 30, 34.
b  마 18:28.           e  마 18:35.
c  참조. 마 18:23-35.

억하며 더 자비롭게 행할 것입니다. 왜냐하면 우리가 빚진 자로서 이웃에 대해 무언가를 했어야 하는 시간이 다 지나도록 갚지 않고 [갚기를] 거절했던 것을 기억한다면, 우리는 우리에게 빚지고 빚을 갚지 않은 자들에 대해서도 더 온유해질 것이기 때문입니다. 특히 진리에 대한 무지 때문이든지 혹은 우리에게 일어난 일들에 대한 불만족 때문이든지,[18] 우리가 하나님에 대해 법을 어긴 일과 "거만하게" 말했던 "폭언"[a]을 잊지 않는다면, [더욱 그럴 것입니다.]

## XXVIII. 7.[19]

만약 우리가 빚진 자들에게 더 온유해지기를 원하지 않는다면, "동료 종"에게 "100데나리온"을 탕감해주지 않은 자의 일을 겪을 것입니다.[b] 복음서에 나오는 비유에 따르면[c] 주인은 먼저 탕감해준 그 사람을 책망하고 이미 탕감해준 것을 요구하시며 그에게 말했습니다: "악하고" 게으른 "종아", "내가 너를 불쌍히 여긴 것처럼, 너도 네 동료를 불쌍히 여겼어야 할 것이 아니냐?" "빚진 것을" "다 갚을 때까지" 그를 "감옥에" 던지라.[d] 주님은 여기에 덧붙이십니다. "너희가 각각 진심으로 형제나 자매를 용서하여 주지 않으면 하늘 아버지께서도 너희에게 그와 같이 하실 것이다."[e] 우리에게 죄 짓고 회

---

18  참조. X.1
19  모두에게 빚진 우리가 타인에게 온유해지고 관용을 베풀지 않으면, 성경에 나타난 바와 같이 감옥에 던져지고 벌을 받게 될 것이다. 우리는 타인이 지속적으로 빚을 질 지라도 이를 용서해야 한다. 채드윅 371쪽 해설 참조.

πολλάκις τοῦτο ὁ ὀφειλέτης ἡμῶν ποιῇ· "ἐὰν" γὰρ "ἑπτάκις τῆς ἡμέρας ἁμάρτῃ," φησὶν, "εἰς σὲ" "ὁ ἀδελφός σου" "καὶ ἑπτάκις ἐπιστρέψῃ" "λέγων· μετανοῶ, ἀφήσεις αὐτῷ."[a] οὐχ ἡμεῖς δὲ χαλεποὶ πρὸς τοὺς μὴ μετανοοῦντας, ἀλλ᾿ ἑαυτοῖς οἱ τοιοῦτοί εἰσι πονηροί· "ὁ" γὰρ ἀπωθούμενος "παιδείαν μισεῖ ἑαυτόν"·[b] πλὴν καὶ ἐπὶ τῶν τοιούτων τὴν θεραπείαν παντὶ τρόπῳ ζητητέον ἐγγενέσθαι τῷ τὰ πάντα διαστραφέντι, ὡς μηδὲ συναισθέσθαι τῶν ἰδίων κακῶν μεθύειν δὲ μέθην ὀλεθριωτέραν τῆς "ἀπὸ οἴνου,"[c] τὴν ἀπὸ τοῦ σκοτισμοῦ τῆς κακίας.


XXVIII. 8.

ὁ δὲ Λουκᾶς εἰπών· "ἄφες ἡμῖν τὰς ἁμαρτίας ἡμῶν"[d] (ἐπεὶ τὰ ἁμαρτήματα ὀφειλόντων ἡμῶν καὶ μὴ ἀποδιδόντων συνίσταται) τὸ αὐτὸ λέγει τῷ Ματθαίῳ, ὅστις οὐκ ἔοικε χώραν διδόναι τῷ βουλομένῳ μετανοοῦσιν ἀφιέναι τοῖς ὀφείλουσι μόνον, λέγων ὑπὸ τοῦ σωτῆρος νενομοθετῆσθαι τὸ ἡμᾶς δεῖν ἐν τῇ εὐχῇ προστιθέναι· "καὶ γὰρ αὐτοὶ ⸀ἀφίεμεν⸃ παντὶ ὀφείλοντι ἡμῖν."[e] πάντες μέντοι γε ἐξουσίαν <ἔχομεν> ἀφιέναι τὰ εἰς ἡμᾶς ἡμαρτημένα· ὅπερ

a   눅 17:3-4.                     마 24:49; 눅 12:45; 살전 5:7
b   잠 15:32.              d   눅 11:4.
c   사 29:9, 51:21; 참조. 잠 20:1; 사 28:1, 7;   e   눅 11:4.

개한다고 말하는 자들은, 우리에게 빚진 자가 이것을 여러 번 반복할지라도, 용서를 받아야 합니다. 왜냐하면 네 형제가 "네게 하루에 일곱 번 죄를 짓고 일곱 번 네게 돌아와서 '회개한다'고 하면 너는 용서해주어야 한다"고 그분께서 말씀하시기 때문입니다.[a] 그렇지만 회개하지 않는 자에게는 우리가 엄격한 것이 아니라, 오히려 이런 자들이 자신에게 악한 것입니다. 왜냐하면 "훈계를 싫어하는 사람은 자기를 미워하기" 때문입니다.[b] 그러한 사람들의 경우에도, [심지어] 완전히 비뚤어져서 자신의 악을 전혀 느끼지 못하고 포도주에서 나온 독주보다 더 독한 악의 어둠에서 나온 독주에 취한 자에게도 모든 방식으로 돌봄이 베풀어지도록 노력해야 합니다.[c]

## XXVIII. 8.[20]

누가가 "우리의 죄도 용서하여 주시옵고"[d]라고 말할 때 (우리가 빚지고도 갚지 않을 때 죄가 성립하기 때문에) 마태와 똑같은 것을 말합니다. 누가는 빚지고 회개하는 빚진 사람들만 용서하기를 원하는 사람에게 어떤 여지도 주지 않은 듯합니다. 그는 우리가 기도에서 "우리 자신이 우리에게 빚진 모든 사람을 용서하오니"[e]라고 덧붙여야 한다고 구주께서 정하셨다고 말합니다.[21] 우리 모두는 [누군

20  죄 용서에 대한 간구에서 마태복음과 누가복음의 차이를 언급한다. 누가복음은 "우리에게 빚진 모든 사람을 용서하오니"를 덧붙였다는 것을 지적하면서, 우리 모두가 타인을 용서할 힘과 권리를 가지고 있다고 강조한다.
21  누가복음에 따르면 주님은 회개하는 자만 아니라 모든 빚진 자를 용서해야 한다고 가르치셨다는 것을 강조한다. 눅 11:4.

δῆλόν ἐστιν ἔκ τε τοῦ "ὡς καὶ ἡμεῖς ⸢ἀφίεμεν⸣ τοῖς ὀφειλέταις ἡμῶν"[a] καὶ ἐκ τοῦ "καὶ γὰρ αὐτοὶ ⸢ἀφίεμεν⸣ παντὶ ὀφείλοντι ἡμῖν."[b] ὁ δὲ ἐμπνευσθεὶς ὑπὸ τοῦ Ἰησοῦ[c] ὡς οἱ ἀπόστολοι καὶ "ἀπὸ τῶν καρπῶν" γινώσκεσθαι δυνάμενος,[d] ὡς χωρήσας τὸ πνεῦμα τὸ ἅγιον καὶ γενόμενος "πνευματικὸς"[e] τῷ ὑπὸ τοῦ πνεύματος ἄγεσθαι τρόπον υἱοῦ θεοῦ[f] ἐφ᾽ ἕκαστον τῶν κατὰ λόγον πρακτέων, ἀφίησιν ἃ ἐὰν ἀφῇ ὁ θεὸς καὶ κρατεῖ τὰ ἀνίατα τῶν ἁμαρτημάτων,[g] ὑπηρετῶν ὥσπερ οἱ προφῆται ἐν τῷ λέγειν οὐ τὰ ἴδια ἀλλὰ τὰ τοῦ θείου βουλήματος τῷ θεῷ οὕτω καὶ αὐτὸς τῷ μόνῳ ἐξουσίαν ἔχοντι ἀφιέναι θεῷ.


XXVIII. 9.

ἔχουσι δὲ ἐν τῷ κατὰ Ἰωάννην εὐαγγελίῳ αἱ περὶ τῆς τῶν ἀποστόλων γινομένης ἀφέσεως φωναὶ οὕτως· "λάβετε πνεῦμα ἅγιον· ἄν τινων ἀφῆτε τὰς ἁμαρτίας, ἀφίενται αὐτοῖς· ἄν τινων κρατῆτε, κεκράτηνται."[h] εἰ δέ τις ἀβασανίστως ἐκλαμβάνει ταῦτα, ἐγκαλέσαι τις ἂν τοῖς ἀποστόλοις μὴ πᾶσιν ἀφιεῖσιν, ἵνα πᾶσιν ἀφεθῇ, ἀλλά "τινων" "τὰς ἁμαρτίας" κρατοῦσιν, ὡς δι᾽

| | | | |
|---|---|---|---|
| a | 마 6:12. | e | 참조. 고전 2:15. |
| b | 눅 11:4. | f | 참조. 고전 2:14-15; 롬 8:14; 갈 5:18. |
| c | 참조. 요 20:22. | g | 참조. 요 20:23. |
| d | 마 7:16, 20; 참조. 마 6:44. | h | 요 20:22-23. |

가가] 우리에게 지은 죄들을 용서할 권세를 가지고 있습니다. 이는 "우리가 우리에게 빚진 자를 용서하여 준 것 같이"ᵃ와 "우리 자신이 우리에게 빚진 모든 사람을 용서하오니"ᵇ로부터 분명합니다. 사도들처럼 예수에 의해 영감을 받아ᶜ 성령을 지니고 "신령하게"ᵉ 된 자, "열매로"ᵈ 식별될 수 있는 자는 "하나님의 아들"의 방법으로 이성을 따르는 모든 행위에서 영에 이끌리기 때문에ᶠ 하나님이 "용서한" 모든 것을 용서하고, 치료받을 수 없는 죄는 "그대로 남아 있"도록 하며,ᵍ 자기 자신의 일이 아니라 하나님의 뜻에 속한 일을 말함으로써 하나님을 섬기는 예언자처럼 그 자신도 홀로 용서할 수 있는 권세를 지닌 하나님을 섬깁니다.


XXVIII. 9.²²

요한복음에 사도들에 의해 이루어지는 죄 용서에 대해 다음과 같은 말씀이 있습니다. "성령을 받아라. 너희가 누구의 죄든지 용서해 주면 그 죄가 용서될 것이요, 용서해 주지 않으면 그대로 남아 있을 것이다."ʰ 만약 누군가 분별없이 이 말씀을 받아들인다면, 사도들이 모든 사람에게 [죄가] 없어지도록 모든 사람을 용서하지 않고 어떤 사람들의 죄는 그대로 남아 있게 하여, 그들[사도들] 때문에, 죄가

---

22  용서받을 수 있는 죄가 있지만, 성경에서는 용서받을 수 없는 죄, 즉 간음이나 의도적 살인 등도 있음을 언급하며, 제사장 엘리의 아들 홉니와 비느하스처럼 하나님께 범죄하면 용서받을 수 없다고 가르친다.

αὐτοὺς καὶ παρὰ θεῷ κρατεῖσθαι αὐτάς. χρήσιμον δὲ παράδειγμα ἀπὸ τοῦ νόμου λαβεῖν πρὸς τὸ νοηθῆναι τὴν δι' ἀνθρώπων ἄφεσιν ὑπὸ θεοῦ γινομένην ἀνθρώποις ἁμαρτημάτων. οἱ κατὰ νόμον ἱερεῖς κωλύονται περί τινων προσφέρειν ἁμαρτημάτων θυσίαν, ἵνα ἀφεθῇ τοῖς, περὶ ὧν αἱ θυσίαι, τὰ πλημμελήματα. καὶ οὐ δή που τὴν περί τινων ἐξουσίαν ὁ ἱερεὺς ἀκουσίων ἢ πλημμελημάτων ἀναφορὰν ἔχων ἤδη καὶ περὶ μοιχείας ἢ ἑκουσίου φόνου ἢ τινος ἄλλου χαλεπωτέρου πταίσματος προσφέρει "ὁλοκαύτωμα καὶ περὶ ἁμαρτίας."[a] οὕτω τοιγαροῦν καὶ οἱ ἀπόστολοι καὶ οἱ τοῖς ἀποστόλοις ὡμοιωμένοι, ἱερεῖς ὄντες κατὰ τὸν "μέγαν" "ἀρχιερέα,"[b] ἐπιστήμην λαβόντες τῆς τοῦ θεοῦ θεραπείας, ἴσασιν, ὑπὸ τοῦ πνεύματος διδασκόμενοι, περὶ ὧν χρὴ ἀναφέρειν θυσίας ἁμαρτημάτων καὶ πότε καὶ τίνα τρόπον, καὶ γινώσκουσι, περὶ ὧν οὐ χρὴ τοῦτο ποιεῖν. ὁ γοῦν ἱερεὺς Ἠλεὶ ἁμαρτάνοντας ἐπιστάμενος τοὺς υἱοὺς Ὀφνεὶ καὶ Φινεὲς, ὡς μηδὲν δυνάμενος εἰς ἄφεσιν ἁμαρτημάτων αὐτοῖς συνεργῆσαι, καὶ τὸ ἀπογινώσκειν τοῦτ' ἔσεσθαι ὁμολογεῖ δι' ὧν φησιν· "ἐὰν ἁμαρτάνων ἁμάρτῃ ἀνὴρ εἰς ἄνδρα, καὶ προσεύξονται περὶ αὐτοῦ· ἐὰν δὲ εἰς κύριον ἁμάρτῃ, τίς προσεύξεται περὶ αὐτοῦ;"[c]

a    시 39:7(시 40:6); 히 10:6.          c    삼상 2:25.
b    히 4:14.

하나님 곁에 그대로 남아 있게 된다고 비난할 것입니다.[23] 하나님이 사람들을 통해 이루시는 죄 용서를 생각하기 위해 율법에서 한 예를 드는 것이 유익합니다. 어떤 죄에 대해서는 율법에 따라 [세워진] 제사장이 이를 위해 제사를 드려 [범죄한] 자들의 허물이 사해지도록 제사를 드리는 것이 금지됩니다. 제사장은 원하지 않은 죄나 허물에 대해 드리는 제사와 관련해서는 권한을 갖고 있지만, 간음이나 의도적 살인이나 다른 더 심한 잘못에 대해서는 번제나 속죄제를 결코 드리지 않았습니다.[a] 마찬가지로 사도들과 사도와 같은 자들은 "위대한" "대제사장"[b]을 따라 제사장이 되어 하나님을 섬기는 것에 대한 지식을 받고 성령에 의해 가르침을 받아 어떤 죄에 대해, 언제, 어떻게 예물을 드려야 하는지 알게 되며, 어떤 죄에 대해서는 이를 행하지 말아야 하는지를 압니다. 제사장 엘리는 아들 홉니와 비느하스가 범죄한 것을 알았을 때, 결국 죄의 용서를 위해 그들에게 아무런 도움을 줄 수 없었으므로, 이 일이 일어나리라는 것에 대한 희망을 버린다고 고백하며 다음과 같이 말했습니다. "사람끼리 범죄하면 그를 위해 기도할 것이지만, 주께 죄를 지으면 누가 그를 위해 기도해주겠느냐?"[c]

---

23  참조. 『마태복음 주해』 XIII.30.

οὐκ οἶδ᾽ ὅπως ἑαυτοῖς τινες ἐπιτρέψαντες τὰ ὑπὲρ τὴν ἱερατικὴν

ἀξίαν, τάχα μηδὲ ἀκριβοῦντες τὴν ἱερατικὴν ἐπιστήμην,

αὐχοῦσιν ὡς δυνάμενοι καὶ εἰδωλολατρείας συγχωρεῖν μοιχείας

τε καὶ πορνείας ἀφιέναι, ὡς διὰ τῆς εὐχῆς αὐτῶν περὶ τῶν ταῦτα

τετολμηκότων λυομένης καὶ τῆς "πρὸς θάνατον" ἁμαρτίας· οὐ

γὰρ ἀναγινώσκουσι τὸ "ἔστιν ἁμαρτία πρὸς θάνατον· οὐ περὶ

ἐκείνης λέγω ἵνα τις ἐρωτήσῃ."ᵃ οὐκ ἀποσιωπητέον καὶ τὸν

ἀνδρειότατον Ἰὼβ περὶ τῶν υἱῶν ἀναφέροντα θυσίαν, λέγοντα·

"μή ποτε οἱ υἱοί μου ἐν τῇ διανοίᾳ αὐτῶν κακὰ ἐνενόησαν πρὸς

θεόν"·ᵇ περὶ γὰρ δισταζομένων εἰ ἡμάρτηται, καὶ ταῦτα οὐδὲ

μέχρι τῶν χειλέων ἐφθακότων, ἀναφέρει τὴν θυσίαν.

a   요일 5:16.                         b   욥 1:5.

## XXVIII. 10.[24]

어떻게 어떤 사람들이 제사장의 지위를 넘어서는 [권한]을 자기에게 부여하여, 아마도 제사장에 걸맞은 지식을 철저하게 알지 못하면서 우상숭배와 간음과 음행을 사하고 용서할 수 있는지, 또한 이러한 일을 저지른 자들을 위해 자신들이 기도하여 "죽음에 이르게 하는" 죄까지도 용서받는다고 자랑하는지, 도대체 나는 모르겠습니다.[25] "죽음에 이르게 하는 죄가 있습니다. 이 죄를 두고 간구하라고 하는 말은 아닙니다"[a]라는 말씀을 참으로 그들은 읽지 않습니다. 지극히 용감한 욥에 대해서도 잠잠해서는 안 됩니다. 그는 자식을 위해 제사를 드리면서 말했습니다. "내 자식이 마음으로 하나님에 대해 악한 일을 생각했을 수도 있다."[b] 참으로 그는 죄를 지었는지 미심쩍은 일들에 대해, 심지어 입술로까지 옮겨지지 않았을 때에도 이와 관련해서 제사를 드렸습니다.

---

24  욥은 자녀들이 실제로 행하지 않았지만 생각으로라도 지었을지도 모르는 죄를 용서해달라고 기도한 것을 들어 죄 용서를 구하는 것의 중요성을 강조한다.
25  테르툴리아누스, 『정숙』 1.19-21; 오리게네스, 『레위기 강해』 15.2

## XXIX. 1.

"Καὶ μὴ εἰσενέγκῃς ἡμᾶς εἰς πειρασμὸν, ἀλλὰ ῥῦσαι ἡμᾶς ἀπὸ τοῦ πονηροῦ"·[a] τὸ δὲ "ἀλλὰ ῥῦσαι ἡμᾶς ἀπὸ τοῦ πονηροῦ" παρὰ τῷ Λουκᾷ σεσιώπηται. εἰ μὴ ἀδύνατα προστάττει ὁ σωτὴρ ἡμᾶς εὔχεσθαι, ζητήσεώς μοι ἄξιον φαίνεται, πῶς κελευόμεθα, παντὸς τοῦ ἐπὶ γῆς ἀνθρώπων βίου πειρατηρίου ὄντος,[b] προσεύχεσθαι μὴ εἰσελθεῖν "εἰς πειρασμόν." ᾗ γάρ ἐσμεν ἐπὶ γῆς περικείμενοι[c] τὴν στρατευομένην[d] σάρκα[e] "κατὰ τοῦ πνεύματος,"[f] ἧς "τὸ φρόνημα" "ἔχθρα" ἐστὶν "εἰς θεὸν," μηδαμῶς δυναμένης ὑποτάσσεσθαι "τῷ νόμῳ τοῦ θεοῦ,"[g] ἐν πειρασμῷ ἐσμεν.

## XXIX. 2.

ὅτι δὲ "πειρατήριον" πᾶς "ὁ" "ἐπὶ γῆς" ἀνθρώπινος "βίος,"

a    마 6:13; 눅 11:4.
b    욥 7:1.
c    참조. 히 5:2.
d    참조. 약 4:1; 벧전 2:11.
e    참조. 갈 5:17.
f    갈 5:17.
g    롬 8:7.

## 우리를 시험에 빠지지 않게 하시고 우리를 악한 자로부터 구하소서 (XXIX-XXX)

## 우리를 시험에 빠지지 않게 하소서(XXIX)

### XXIX. 1.[1]

"우리를 시험에 빠지지 않게 하시고 악에서 구하소서."[a] "우리를 악에서 구하소서"는 누가에서는 언급되지 않았습니다. 구주께서 우리에게 불가능한 것을 기도하도록 명하지 않으신다면, "인간이 땅 위에서 산다는 것이 시련일진대"[b] 어떻게 "시험에 빠지지 않도록 기도하라"고 명령하시는지 탐구할 만하다고 여겨집니다. 왜냐하면 우리는 "성령을 거슬러"[e] "싸우고 있는"[d] "육체"[f]에 "휘말려 있으며"[c] 육체에 속한 "생각"이 "하나님께 품는 적대감"이며 결코 "하나님의 법에 복종할 수 없는" 한,[g] 우리는 시험 가운데 있기 때문입니다.[2]

### XXIX. 2.[3]

인간이 땅 위에서 산다는 것이 시련이라는 것을 우리는 다음과 같

---

1    인간은 언제나 시험 가운데 존재하는데, 어떻게 시험에 빠지지 않도록 기도해야 하는지 탐구해야 한다.

2    참조. 『원리론』 III.4.4-5

3    인간이 시험과 시련을 경험하며 산다는 것을 다양한 성경구절을 통해 보여준다. 하나님은 인간이 능력에 넘치게 시험 당하도록 허용하지 않고 벗어날 길을 보여주시지만, 인간은 시험 받는 것으로부터 자유로울 수 없다.

ἀπὸ τοῦ Ἰὼβ μεμαθήκαμεν διὰ τούτων· "πότερον οὐχὶ πειρατήριόν ἐστιν ὁ βίος ⌜τῶν⌝ ἀνθρώπων ἐπὶ γῆς;"[a] καὶ ἀπὸ τοῦ ἑπτακαιδεκάτου ψαλμοῦ τὸ αὐτὸ δηλοῦται ἐν τῷ· "ἐν σοὶ ῥυσθήσομαι ἀπὸ πειρατηρίου."[b] ἀλλὰ καὶ ὁ Παῦλος Κορινθίοις γράφων οὐχὶ τὸ μὴ πειράζεσθαι ἀλλὰ τὸ μὴ παρὰ δύναμιν πειράζεσθαί φησι χαρίζεσθαι τὸν θεόν, λέγων· "πειρασμὸς ὑμᾶς οὐκ εἴληφεν εἰ μὴ ἀνθρώπινος· πιστὸς δὲ ὁ θεός, <ὃς> οὐκ ἐάσει ὑμᾶς πειρασθῆναι ὑπὲρ ὃ δύνασθε, ἀλλὰ ποιήσει σὺν τῷ πειρασμῷ καὶ τὴν ἔκβασιν τοῦ δύνασθαι ὑπενεγκεῖν."[c] εἴτε γὰρ "ἡ πάλη" "ἐστὶ" "πρὸς"[d] τὴν ἐπιθυμοῦσαν ἢ στρατευομένην[e] "κατὰ τοῦ πνεύματος"[f] "σάρκα"[g] ἢ πρὸς τὴν ψυχὴν "πάσης σαρκὸς"[h] (ἥτις ἐστὶν ὁμωνύμως ᾧ ἐγκατοικεῖ σώματι τὸ ἡγεμονικόν, ὃ καλεῖται καρδία), ὁποία ἐστὶν "ἡ πάλη" τοῖς τοὺς ἀνθρωπίνους πειραζομένοις πειρασμούς,[i] εἴτε ὡς διαβεβηκόσι καὶ τελεωτέροις ἀθληταῖς, οὐκέτι "πρὸς αἷμα καὶ σάρκα"[j] παλαίουσιν οὐδὲ ἐν τοῖς ἀνθρωπίνοις πειρασμοῖς[k] ἐξεταζομένοις, οὓς καταπεπατήκασιν[l] ἤδη, "πρὸς τὰς ἀρχὰς" καὶ "τὰς

a  욥 7:1.
b  시 17:30(시 18:29).
c  고전 10:13.
d  엡 6:12.
e  약 4:1; 벧전 2:11.
f  갈 5:17.
g  엡 6:12.
h  레 17:11("생물의 생명").
i  참조. 고전 10:13.
j  엡 6:12.
k  참조. 고전 10:13.
l  시 90:12(시 91:13).

이 욥에게서 배웠습니다. "인간이 땅 위에서 산다는 것이 시련과 다른 것이 무엇이냐?"[a] 또한 시편 17편에서도 같은 것이 밝혀집니다. "주 안에서 나는 시험으로부터 구원받을 것입니다."[b] 또한 바울은 고린도인들에게 쓰면서, 하나님이 "시험 당하지 않도록"이 아니라 능력에 넘치게 시험 당하도록 허용하지 않으신다고 말했습니다. "사람이 흔히 겪는 시련 말고는, 여러분에게 덮친 시련이 없었습니다. 하나님은 신실합니다. 그분은 여러분이 감당할 수 있는 능력 이상으로 시련을 겪는 것을 허락하지 않습니다. 그분은 시련과 함께 벗어날 길도 마련하여 주십니다."[c] 왜냐하면 [우리의] "싸움"[d]이 "욕망을 품거나" "성령에 거슬러"[f] "싸우고 있는"[e] "육체"나[g] "모든 육체의 혼"[h](이것은 육체 안에 거하는 얼과[4] 동의어로 마음이라고 불린다[5])을 상대로 하여, "사람이 흔히 겪는 시련"[i]에서 시험 당하는 사람들에게 속한 싸움이든지, 혹은 [한 단계를] 뛰어넘고 보다 완전한 경주자로서 "피와 살을 가진 사람들을 상대로 하는 것이 아니며"[j] "사람이 흔히 겪는 시련"[k]에서 검증 받지 않고(그들은 이미 이를 "짓밟았다"[l]) "통치자"와 "권세자들"과 "이 어두운 세계의 지배자

---

4 참조. IX.1; XII.1; XIII.3; XXV.1; XXVIII.5; XXIX.2.
5 참조. 디오게네스 라에르티오스(VII.159); 오리게네스, 『요한복음 주해』 II.35.315.

ἐξουσίας" καὶ "τοὺς κοσμοκράτορας τοῦ σκότους τούτου" καὶ "τὰ πνευματικὰ τῆς πονηρίας"[a] ἐστὶν ἡμῖν τὰ ἀγωνίσματα, τοῦ πειράζεσθαι οὐκ ἀπηλλάγμεθα.

## XXIX. 3.

πῶς οὖν κελεύει ἡμᾶς ὁ σωτὴρ εὔχεσθαι μὴ εἰσελθεῖν "εἰς πειρασμόν,"[b] πειράζοντός πως πάντας τοῦ θεοῦ; "μνήσθητε" γὰρ, φησὶν ἡ Ἰουδαία [εἰ] οὐ πρὸς τοὺς τότε πρεσβυτέρους μόνον ἀλλὰ καὶ πρὸς πάντας τοὺς ἐντυγχάνοντας αὐτῆς τῇ γραφῇ, "ὅσα ἐποίησε μετὰ Ἀβραὰμ, καὶ ὅσα ἐπείρασε τὸν Ἰσαὰκ, καὶ ὅσα ἐγένετο τῷ Ἰακὼβ ἐν Μεσοποταμίᾳ τῆς Συρίας, ποιμαίνοντι Λάβαν τὰ πρόβατα τοῦ ἀδελφοῦ τῆς μητρὸς αὐτοῦ·[c] ⸢οὐ γὰρ⸣ καθὼς ἐκείνους ἐπύρωσεν εἰς ἐτασμὸν καρδίας αὐτῶν, καὶ ἡμᾶς ⸢ἐκδικεῖ ὁ⸣ εἰς νουθέτησιν ⸢μαστιγῶν⸣ κύριος τοὺς ἐγγίζοντας αὐτῷ."[d] καὶ ὡς καθολικὸν δὲ ἀποφαίνεται περὶ πάντων δικαίων ὁ μὲν Δαυὶδ λέγων· "πολλαὶ αἱ θλίψεις τῶν δικαίων,"[e] ὁ δὲ ἀπόστολος ἐν ταῖς Πράξεσιν· "ὅτι διὰ πολλῶν θλίψεων δεῖ ἡμᾶς εἰσελθεῖν εἰς τὴν βασιλείαν τοῦ θεοῦ."[f]

---

a   엡 6:12.
b   눅 22:40; 마 26:41; 막 14:38.
c   참조 창 29:10.
d   유딧기 8:26-27.
e   시 33:20(34:19).
f   행 14:22.

들"과 "악한 영들을 상대로"[a] 싸우는 사람들에게[6] 속한 경주이든지,
우리는 시험 당하는 것으로부터 해방되지 못했습니다.


## XXIX. 3.[7]

하나님께서 모든 자들을 시험하신다면 어째서 구주께서는 "우리가
시험에 들어가지 않도록"[8b] 기도하라고 명령하십니까? 참으로 유대
인 여성 유다이아[유딧]는 당시 노인뿐만 아니라 자기의 글을 접하
는 모든 자들에게 말합니다. "그분이 아브라함에게 어떻게 하셨는
지, 이삭을 어떻게 시험하셨는지, 그리고 야곱이 시리아의 메소포
타미아에서 외숙 라반의 양 떼를 칠 때에 무슨 일이 일어났는지 생
각해보십시오.[c] 그들의 마음을 시험하시려고 그들에게 불 같은 시
련을 주신 것처럼, 주님은 그렇게 보복하지 않으시며, 그분을 가까
이 하는 이들을 깨우쳐 주시려고 채찍질하시는 것입니다."[d] 다윗은
모든 의로운 사람에 대하여 일반적인 것으로 나타내면서 "의로운
사람에게는 고난이 많다"[e]고 말했습니다. 반면, 사도는 사도행전에
서 "우리가 하나님 나라에 들어가려면, 반드시 많은 환란을 겪어야
합니다"[f]라고 말합니다.

---

6    오리게네스는 설교에서 악령들에 대한 싸움을 강조했다. 참조. 『민수기 강해』 26.2;
『누가복음 강해』 30.1.
7    유딧의 예를 살펴보면 하나님이 시험을 주시는 것은 죄에 대한 보복이 아니라 믿는
자를 깨우치려는 데 목적이 있다는 것을 알 수 있다.
8    오리게네스는 εἰσελθεῖν εἰς πειρασμὸν과 εἰσενέγκῃς ἡμᾶς εἰς πειρασμὸν의 표현의 차이
에 주목하기 때문에, 전자는 "시험에 들어가다"로 후자는 "시험에 빠지다"로 번역하였다.

XXIX. 4.

καὶ ἐὰν μὴ συνῶμεν τὸ τοὺς πολλοὺς λανθάνον περὶ τοῦ μὴ εἰσελθεῖν "εἰς πειρασμὸν" προσεύχεσθαι, ὥρα λέγειν ὅτι οἱ ἀπόστολοι εὐχόμενοι οὐκ ἐπηκούοντο, μυρία ὅσα ἐν παντὶ τῷ χρόνῳ ἑαυτῶν πεπονθότες, "ἐν κόποις περισσοτέρως ⸀ἐν πληγαῖς περισσοτέρως ἐν φυλακαῖς⸃ ὑπερβαλλόντως ἐν θανάτοις πολλάκις," ὁ δὲ Παῦλος ἰδίᾳ "ὑπὸ Ἰουδαίων πεντάκις τεσσαράκοντα παρὰ μίαν" εἴληφε, "τρὶς" ἐρραβδίσθη, "ἅπαξ" ἐλιθάσθη, "τρὶς" ἐναυάγησε, "νυχθήμερον ἐν τῷ βυθῷ" πεποίηκεν,[a] ἄνθρωπος "ἐν παντὶ" θλιβόμενος καὶ ἀπορούμενος καὶ διωκόμενος καὶ καταβαλλόμενος[b] ὁμολογῶν τε τό· "ἄχρι τῆς ἄρτι ὥρας πεινῶμεν καὶ διψῶμεν καὶ γυμνητεύομεν καὶ κολαφιζόμεθα καὶ ἀστατοῦμεν καὶ κοπιῶμεν ἐργαζόμενοι ταῖς ἰδίαις χερσί· λοιδορούμενοι εὐλογοῦμεν, διωκόμενοι ἀνεχόμεθα, ⸀βλασφημούμενοι⸃ παρακαλοῦμεν."[c] τῶν δὲ ἀποστόλων ἐν τῷ εὔχεσθαι μὴ ἐπιτετευχότων, τίς ἐλπὶς τῶν ὑποδεεστέρων τινὶ παρ' ἐκείνους εὐχομένῳ ἐπηκόου θεοῦ τυχεῖν;

a   고후 11:23-25.          c   고전 4:11-13.
b   고후 4:8-9.

XXIX. 4.[9]

만약 "시험에 들어가지 않도록" 기도하는 것과 관련해서 많은 사람들이 놓치는 점을 우리가 이해하지 못하고 있다면,[10] 사도들이 그렇게 기도했는데도 [그 기도가] 응답되지 않았다고 이야기할 때가 되었습니다. 그들은 온 생애 동안 수없이 많은 일을 겪었으며, "수고도 더 많이 하고, 매도 더 많이 맞고, 감옥살이도 더 많이 하고,[11] 여러 번 죽을 뻔하였고", 특히 바울은 "유대 사람들에게서 마흔에서 하나를 뺀 매를 맞은 것이 다섯 번이요, 채찍으로 맞은 것이 세 번이요, 돌로 맞은 것이 한 번이요, 파선을 당한 것이 세 번이요, 밤낮 꼬박 하루를 망망한 바다를 떠다녔으며",[a] "여러 가지로" 환란을 당하고 "난처한 일을 당하고" "박해를 당하고" "거꾸러뜨림을 당한" 사람으로서[b] "우리는 오늘 바로 이 시각까지도 주리고, 목마르고, 헐벗고, 얻어맞고 정처 없이 떠돌아다닙니다. 우리는 우리의 손으로 일을 하면서 고된 노동을 합니다. 우리는 욕을 먹으면 도리어 축복하여 주고, 박해를 받으면 참고, 비방을 받으면 좋은 말로 응답합니다"[c]라고 고백합니다. 사도들이 기도할 때에 얻지 못했다면, 그들보다 못한 사람 중 어느 누가 기도한다고 해서 하나님께 응답 받을 소망을 가질 수 있겠습니까?

---

9    사도들은 기도를 해도 많은 시련과 고난을 겪었다.
10   비평본과 달리 Koetschau는 ἐὰν μὴ를 ἐὰν ἡμεῖς로 제안하여 번역했고, 이 경우, "우리가 제대로 이해한다면"으로 옮길 수 있다(Stritzky, Origenes Über das Gebet, 245 n. 336).
11   "매"와 "감옥살이"의 순서가 성경과 다르다.

τὸ δὲ ἐν τῷ εἰκοστῷ πέμπτῳ ψαλμῷ· "δοκίμασόν με, κύριε,

καὶ πείρασόν με, πύρωσον τοὺς νεφρούς μου καὶ τὴν καρδίαν

μου"ᵃ εὐλόγως τις ὑπολήψεται τῶν μὴ ἀκριβούντων, τί τὸ

βούλημα τῆς προστάξεως τοῦ σωτῆρος, ἐναντίως γεγονέναι οἷς

ὁ κύριος ἡμῶν περὶ εὐχῆς ἐδίδαξε. πότε δέ τις νενόμικεν εἶναι

ἔξω πειρασμῶν ἀνθρώπους, ὧν ᾔδει τὸν λόγον συμπεπληρωκώς;

καὶ ποῖος καιρός ἐστιν, ἐν ᾧ ὡς μὴ ἀγωνιζόμενος περὶ τοῦ μὴ

ἁμαρτήσεσθαι καταπεφρόνηκε; πένεταί τις; εὐλαβείσθω, μή

ποτε κλέψας ὀμόσῃ "τὸ ὄνομα τοῦ θεοῦ"· ἀλλὰ πλουτεῖ; μὴ

καταφρονείτω· δύναται γὰρ "πλησθεὶς ψευδὴς" γενέσθαι καὶ

ἐπαρθεὶς εἰπεῖν· "τίς με ὁρᾷ;"ᵇ οὐδὲ Παῦλος γοῦν πλουτῶν "ἐν

παντὶ λόγῳ καὶ πάσῃ γνώσει"ᶜ κινδύνου ἀπήλλακται τοῦ ὡς ἐπὶ

τούτοις ἐν τῷ ὑπεραίρεσθαι ἁμαρτάνειν, ἀλλὰ δεῖται σκόλοπος τοῦ

σατανᾶ κολαφίζοντος αὐτὸν, "ἵνα μὴ" ὑπεραίρηται.ᵈ κἂν συνειδῇ

τις ἑαυτῷ τὰ κρείττονα καὶ ἀναπτερωθῇ ἀπὸ τῶν κακῶν,

ἀναγινωσκέτω τὸ εἰρημένον ἐν τῇ δευτέρᾳ τῶν Παραλειπομένων

περὶ Ἐζεκίου, ὅστις πεπτωκέναι λέγεται "ἀπὸ τοῦ ὕψους τῆς

a    시 25:2(시 26:2).        c    고전 1:5.
b    잠 30:9.                 d    고후 12:7.

XXIX. 5.[12]

시편 25편에 있는 "주여, 나를 달아 보시고, 시험하여 보십시오. 나의 속 깊은 곳과 마음을 단련하여 보십시오"[a]라는 말씀에 대해 구주의 명령이 무슨 뜻인지 철저하게 알지 못하는 사람 중 어떤 사람은 이것이 우리 주님께서 기도에 대해 가르치신 것과 반대된다고 생각하게 되는 것은 당연합니다. 도대체 언제, 그 누가 사람이 흔히 겪는 시련에서 벗어날 수 있다고 생각하며, 이러한 시련에 대한 셈을 다 치렀다고 자신하겠습니까? 어느 때고 앞으로는 죄를 짓지 않으려고 싸우지 않아도 되는 것처럼 [시험을] 가볍게 생각했던 적이 있습니까? 누군가가 "가난"합니까? "도둑질하고 하나님의 이름으로 [거짓] 맹세하지 않도록" 주의하게 하십시오.[b] 반대로 그가 "부유"합니까? 무시하지 않도록 하십시오. 왜냐하면 부풀어올라 거짓말쟁이가 되고 높이 올려져서 "누가 나를 보랴?" 하고 말할 수 있기 때문입니다. "온갖 언변과 온갖 지식에 풍족한"[c] 바울도 이러한 이유로 "교만해져서" 죄를 짓는 위험으로부터 자유롭지 못했으며, 너무 교만해지지 않도록 그를 괴롭히는 사탄의 가시가 필요했습니다.[d] 누구든지 자신과 관련해서 더 우월한 점을 의식하고 악으로부터 훨훨 날아오른다면,[13] 역대하에서 히스기야에 대한 말씀을 읽도

---

12 시 25(26)편은 하나님의 뜻을 철저하게 알지 못한 사람이 잘못 이해할 수 있는 본문이다. 시험에 들지 않게 기도하라고 하신 구주의 기도와 "나를 시험하여 보십시오"라는 시편의 기도는 무지한 사람에게는 모순으로 보이기 때문이다. 하지만 인간은 언제나 시험으로부터 자유로울 수 없으며, 교만해지지 않기 위해 사탄의 가시가 필요했던 바울을 생각하면 늘 넘어지지 않도록 주의할 것을 강조한다.

13 이 비유는 플라톤까지 소급된다(『파이드로스』249d).

καρδίας αὐτοῦ."[a]


## XXIX. 6.

εἰ δὲ, ἐπεὶ μὴ πλείονα περὶ τοῦ πένητος εἰρήκαμεν, καταφρονεῖ

τις, ὡς μὴ πειρασμοῦ τοῦ περὶ τῆς πενίας, ἴστω ὅτι ὁ

ἐπιβουλεύων ἐπιβουλεύει ὑπὲρ "τοῦ καταβαλεῖν πτωχὸν

καὶ πένητα,"[b] καὶ μάλιστα ἐπεὶ κατὰ τὸν Σολομῶντα. "ʳὁ˥

πτωχὸς οὐχ ὑφίσταται ἀπειλήν."[c] τί δὲ δεῖ λέγειν, ὅσοι διὰ τὸν

σωματικὸν πλοῦτον, μὴ καλῶς αὐτὸν οἰκονομήσαντες, τὴν μετὰ

τοῦ ἐν τῷ εὐαγγελίῳ πλουσίου[d] χώραν ἐν τῇ κολάσει εἰλήφασι,

καὶ ὅσοι ἀγεννῶς τὴν πενίαν φέροντες, δουλοπρεπέστερον

καὶ ταπεινότερον ἢ κατὰ τὰ ἐν τοῖς "ἁγίοις" πρέποντα[e]

ἀναστρεφόμενοι, τῆς ἐπουρανίου ἐλπίδος[f] ἀποπεπτώκασιν;

οὐδὲ οἱ μεταξὺ δὲ τούτων καθ᾽ ἑκάτερον, πλοῦτον καὶ πενίαν,

τοῦ κατὰ τὴν σύμμετρον κτῆσιν ἁμαρτάνειν πάντως εἰσὶν

ἀπηλλαγμένοι.

a   역대기하 32:26.                  d   참조. 눅 16:19, 22-24.

b   시 36:14(시 37:14).            e   엡 5:3.

c   잠 13:8                        f   참조. 골 1:5.

록 하십시오. 그는 "마음이 교만하여" 넘어졌다고 말합니다.[a]


XXIX. 6.[14]

우리가 가난한 자에 대해 더 많이 말하지 않기 때문에 어느 누가 마치 가난과 관련된 시험이 없는 것처럼 무시한다면, 그로 하여금 시험하는 자는 "가난한 자와 궁핍한 자를 넘어뜨리기 위해"[b] 계략을 꾸민다는 것을 알도록 하십시오. 특별히 솔로몬에 따르면, "가난한 사람은 협박을 견디지 못하기" 때문입니다.[15c] 얼마나 많은 사람들이 물질적인 부 때문에, 이를 잘 관리하지 못하여 복음서에 나오는 부자와 함께[d] 징벌에 처하는 상황에 이르렀습니까? 또한 얼마나 많은 사람들이 가난을 부끄럽게 짊어져서 "성도에게 합당한"[e] 것보다 더 굴종적이고 비천하게 [가난에] 거하여 하늘의 "소망"[f]으로부터 떨어졌습니까? 이들에 대해 무엇을 더 말할 필요가 있겠습니까? 또한 부와 궁핍, 둘 중간에 있는 사람들도 보통 수준의 소유를 했다고 해서 죄 짓는 것으로부터 전적으로 자유롭지는 않습니다.


14  가난한 사람은 시험에 빠지기 쉽다고 하지만 물질적인 부 때문에도 시험을 받게 되는 상황이 많으므로, 가난과 부가 시험의 경중을 가리는 기준은 아니다.
15  우리 성경에는 "가난한 자는 협박을 받을 일이 없다"고 나온다.

XXIX. 7.

ἀλλὰ ὑγιαίνων τῷ σώματι καὶ εὐεκτῶν ἔξω παντὸς πειρασμοῦ κατ᾽ αὐτὸ τὸ ὑγιαίνειν καὶ εὐεκτεῖν ὑπολαμβάνει τυγχάνειν· καὶ τίνων ἄλλων ἢ τῶν εὐεκτούντων καὶ ὑγιαινόντων ἐστὶν ἁμάρτημα τὸ φθείρειν "τὸν ναὸν τοῦ θεοῦ,"[a] οὐ τολμήσει τις διὰ τὸ ἐκκεῖσθαι πᾶσι σαφῶς τὰ κατὰ τὸν τόπον εἰπεῖν. νοσῶν δὲ τίς τοὺς εἰς τὸ φθείρειν "τὸν ναὸν τοῦ θεοῦ"[b] [τίς] ἐρεθισμοὺς ἐκπέφευγε, σχολάζων κατ᾽ ἐκεῖνο καιροῦ καὶ πάνυ τι δεχόμενος τοὺς περὶ τῶν ἀκαθάρτων πραγμάτων λογισμούς; ἀλλ᾽ ὅσα παρὰ τούτους ταράττει αὐτὸν, ἐὰν μὴ "πάσῃ φυλακῇ" τηρῇ τὴν "καρδίαν,"[c] τί δεῖ καὶ λέγειν; πολλοὶ γὰρ ὑπὸ τῶν πόνων νικώμενοι καὶ ἀνδρείως νόσους φέρειν οὐκ ἐπιστάμενοι μᾶλλον τὴν ψυχὴν ἠλέγχθησαν τότε νενοσηκότες ἢ τὰ σώματα· πολλοὶ δὲ καὶ διὰ τὸ φεύγειν τὴν ἀδοξίαν, ἐπαισχυνόμενοι τὸ Χριστοῦ εὐγενῶς ὄνομα φέρειν, εἰς αἰσχύνην[d] αἰώνιον καταπεπτώκασιν.

a  고전 3:17.            c  잠 4:23.
b  고전 3:17.            d  참조 빌 3:19; 눅 9:26.

## XXIX. 7.[16]

그럼에도 몸이 건강하고 좋은 상태에 있는 사람은 건강하고 좋은 상태에 있다는 것 자체로 온갖 시험에서 벗어나 있다고 생각합니다. 하지만 좋은 상태에 있고 건강한 자 말고 또 누구에게 "하나님의 성전을 파괴하"는[a] 죄가 해당되겠습니까? 이는 모든 사람에게 분명하게 널리 알려져 있기 때문에, 그 누구도 이 주제와 관련하여 감히 말하려고 하지 않을 것입니다. 그렇다면 그 누가 병들었다고 해서 그때 더러운 일들에 대한 생각을 받아들일 모든 기회가 있음에도 불구하고 "하나님의 성전을 파괴하"라는[b] 자극을 물리칠 수 있겠습니까? "정신 바짝 차리고" "마음을 지키"지 않으면,[c] 이러한 생각 이외에도 얼마나 많은 것이 그를 괴롭히는지 무엇을 더 말할 필요가 있겠습니까? 많은 사람들이 고통에 의해 정복되어, 용기 있게 맞서 질병을 견디지 못합니다. 이는 병에 걸렸을 때에 몸보다는 영혼과 관련해서 상처를 입었기 때문입니다. 또한 많은 사람들은 그리스도의 이름을 숭고하게 짊어지는 것을 부끄러워하여 수치를 피하려고 하다가 영원한 수치로 떨어졌습니다.[17d]

---

16  건강한 사람도 하나님의 성전인 몸을 망가뜨리는 죄를 지을 수 있고, 병든 사람도 용기 있게 질병을 견디지 못하기 때문에 건강이라는 척도도 시험에서 해방되는 기준이 아니다.

17  기독교가 불법종교(religio illicita)였던 시대를 반영한다. 기독교인은 정부에 의해 그리스도의 이름이냐, 자신의 안녕이냐에 대한 선택이 강요될 수 있었다. 『예레미야 강해』 4.3에서 오리게네스는 이전보다 참된 신자가 적다고 한탄한다.

XXIX. 8.

ἀλλ' οἴεταί τις ἀναπαύεσθαι ὡς μὴ πειραζόμενος, ὅτε δεδόξασται παρὰ τοῖς ἀνθρώποις· καὶ πῶς οὐ χαλεπὸν τὸ "ἀπέχουσι τὸν μισθὸν" ἀπὸ "τῶν ἀνθρώπων,"ᵃ ἀπαγγελλόμενον τοῖς ἐπαιρομένοις ὡς ἐπ' ἀγαθῷ τῇ παρὰ τοῖς πολλοῖς δόξῃ; πῶς δ' οὐκ ἐπιπληκτικὸν τὸ "πῶς δύνασθε ὑμεῖς πιστεῦσαι, δόξαν παρ' ἀλλήλων λαμβάνοντες, καὶ τὴν δόξαν τὴν παρὰ τοῦ μόνου θεοῦ οὐ ζητεῖτε;"ᵇ καὶ τί με δεῖ καταλέγειν τὰ τῶν νομιζομένων εὐγενῶν ἐν ὑπερηφανίᾳ πταίσματα καὶ τῶν λεγομένων δυσγενῶν διὰ τὸ ἀνεπίστημον τὴν πρὸς τοὺς ὑπερέχειν νομιζομένους ὑπόπτωσιν θωπευτικήν, ἀφιστᾶσαν θεοῦ τοὺς γνησίαν μὲν φιλίαν οὐκ ἔχοντας τὸ δὲ κάλλιστον τῶν ἐν ἀνθρώποις, τὴν ἀγάπην, ὑποκρινομένους;

XXIX. 9.

πᾶς τοίνυν "ὁ βίος," καθὼς προείρηται, τοῦ "ἀνθρώπου ἐπὶ τῆς γῆς" "ἐστι" "πειρατήριον"·ᶜ διόπερ εὐχώμεθα ῥυσθῆναι

---

a  마 6:2.                    c  욥 7:1.

b  요 5:44.

## XXIX. 8.[18]

어떤 사람은 사람들에게 영광을 받게 될 때, 마치 시험을 받지 않은 듯 안식을 누릴 것이라고 생각합니다. 하지만 마치 좋은 일이나 되는 것처럼 많은 사람으로부터 영광으로 높여진 자들에게 선포된 말씀, 즉 "사람들에게" "상을 받았다"는 말씀이[a] 어찌 어렵지 않습니까? 너희가 서로 영광을 주고 받으면서 오직 한 분이신 하나님께로부터 오는 영광은 구하지 않으니 어떻게 믿을 수 있겠느냐?"[19b]는 것이 어찌 비난의 말이 아니겠습니까? 출생이 좋다고 여겨지는 자들이 오만으로 추락하고, 출신이 나쁘다고 말해지는 자들이 위에 있다고 보이는 자들에 대해 아첨하며 굽실거리는 일에 대해 더 이야기할 [무슨] 필요가 있습니까? 이는 참된 우정을 지니지 않으면서도, 사람들 가운데 가장 좋은 것, 즉 사랑을 가식적으로 보여주는 자들을 하나님으로부터 떼어놓습니다.

## XXIX. 9.[20]

앞에서 말한 대로[21] "땅 위에서 인간이 산다는 것은" 모두 "시련"[c]입

---

18  출생이 좋은 자들이나 사람들에게 영광을 받는 것은 하나님께로 오는 영광에 비해 영광스럽거나 좋은 일이 아니다.

19  참조. XIX.2.

20  인간의 삶은 시련 그 자체임을 다시 확인한 후 시험을 당하지 않는 것이 아니라 시험에서 지지 않게 기도해야 한다고 강조한다. 하나님의 말씀을 주야로 묵상하고 그 말씀대로 살기 위해 노력하는 자도 시험 당하는 것에서 해방되지 않는다.

21  참조. XXIX.1-2.

πειρατηρίου,[a] οὐκ ἐν τῷ μὴ πειράζεσθαι (τοῦτο γὰρ ἀμήχανον, μάλιστα τοῖς "ἐπὶ γῆς") ἀλλὰ ἐν τῷ μὴ ἡττᾶσθαι πειραζομένους. τὸν δὲ ἡττώμενον ἐν τῷ πειράζεσθαι εἰσέρχεσθαι "εἰς" τὸν "πειρασμὸν,"[b] ἐνεχόμενον τοῖς δικτύοις αὐτοῦ, ὑπολαμβάνω· εἰς ἅπερ δίκτυα διὰ τοὺς προκατειλημμένους ἐν αὐτοῖς εἰσελθὼν ὁ σωτὴρ, "ἐκκύπτων διὰ τῶν δικτύων"[c] κατὰ τὸ ἐν τῷ Ἄισματι τῶν ἀσμάτων εἰρημένον, "ἀποκρίνεται" τοῖς προκατειλημμένοις ὑπ᾽ αὐτῶν καὶ εἰσελθοῦσιν "εἰς" τὸν "πειρασμὸν,"[d] "καὶ λέγει" οὖσι νύμφῃ αὐτοῦ· "ἀνάστα, ἐλθὲ ἡ πλησίον μου, καλή μου, περιστερά μου."[e] προσθήσω δὲ εἰς τὸ πειρασθῆναι πάντα καιρὸν πειρασμοῦ εἶναι τοῖς ἀνθρώποις καὶ ταῦτα· οὐδὲ ὁ τὸν νόμον τοῦ θεοῦ μελετῶν "ἡμέρας καὶ νυκτὸς"[f] καὶ ἀσκῶν κατορθῶσαι τὸ εἰρημένον· "στόμα δικαίου ⸀μελετήσει⸀ σοφίαν"[g] τοῦ πειράζεσθαι ἀπήλλακται.

---

a    마 6:13.              e    아 2:10.
b    마 26:41 등.          f    시 1:2.
c    아 2:9.               g    잠 10:31.
d    마 26:41 등.

니다. 따라서 우리는 시험 당하지 않는다는 점에서가 아니라 (이것은 특히 땅 위에 사는 사람들에게는 가능하지 않습니다), 시험 당하는 자가 지지 않는다는 점에서 시험에서 "구해지도록"[a] 기도합시다. 시험 당할 때에 패배하는 자는 "시험에 들어가서"[b] 그 그물에 사로잡힌다고 생각합니다. 주님은 이전에 이 그물에 사로잡힌 자들 때문에 그곳으로 들어가시며, 아가에서 말해진 바에 따르면 그분은 "그물을 끊고"[22c] 그것에 사로잡혀 "시험에 들어간"[d] 사람들에게 "응답하시며" 그의 신부가 된 자에게 "말씀하십니다." "일어나오. 나의 동료, 나의 어여쁜 이, 나의 비둘기여."[23e] 나는 인간에게는 모든 시간이 시험의 [시간]이라는 것을 증명하기 위해 다음과 같이 덧붙이고 싶습니다.[24] 하나님의 "율법을" "밤낮으로" "묵상하고"[f] "의인의 입은" "지혜를" 묵상할 것이라는 말씀[25g]을 이루기 위해 노력하는 자도 시험 당하는 것으로부터 해방되지는 않습니다.

---

22  우리 성경에는 "창살 틈으로 엿보는구나"라고 나온다.
23  참조. 『아가서 강해』 2.12; 『아가서 주해』 III.14.28.
24  비평본과 달리 Koetschau는 προσθήσω δὲ εἰςτὸ πειρασθῆναι πάντα καιρὸν πειρασμοῦ를 προσθήσω δὲ <τῷ> εἰςτὸ πειρασθῆναι πάντα καιρὸν <καιρὸν> πειρασμοῦ로 읽을 것을 제안하였고, 이 경우 "나는 인간에게는 모든 시간이 시험의 [시간]이라는 생각에 다음 내용도 덧붙이고 싶습니다"로 옮길 수 있다(Stritzky, *Origenes Über das Gebet*, 250 n. 346).
25  우리 성경에는 "의인의 입에서는 지혜가 나오거늘"이라고 나온다.

ὅσοι γοῦν παρεκδεξάμενοι ἐν τῷ ἀνατεθεικέναι αὐτοὺς τῇ

ἐξετάσει τῶν θείων γραφῶν τὰ ἐν νόμῳ καὶ προφήταις

ἀπηγγελμένα ἀθέοις καὶ ἀσεβέσι δόγμασιν ἑαυτοὺς

ἀνατεθείκασιν <ἢ> ἠλιθίοις καὶ γελοίοις, τί δεῖ καὶ λέγειν, τῶν

δοκούντων τῷ τῆς ἀμελείας τῶν ἀναγνωσμάτων ἐγκλήματι μὴ

εἶναι ἐνόχων μυρίων ὅσων τὰ τοιαῦτα πταιόντων; τὸ δ᾽ αὐτὸ καὶ

ἐπὶ τῶν ἀποστολικῶν καὶ εὐαγγελικῶν ἀναγνωσμάτων πολλοὶ

πεπόνθασι, διὰ τὰς ἰδίας ἀνοίας ἀναπλάττοντες ἕτερον παρὰ τὸν

θεολογούμενον καὶ κατὰ τὴν ἀλήθειαν νενοημένον τοῖς ἁγίοις

υἱὸν ἢ πατέρα. ὁ γὰρ μὴ τὰ ἀληθῆ φρονῶν περὶ θεοῦ ἢ Χριστοῦ

αὐτοῦ τοῦ μὲν ἀληθινοῦ ἀποπέπτωκε θεοῦ καὶ τοῦ μονογενοῦς[a]

αὐτοῦ· ὃν δὲ ἀνέπλασεν ἡ ἄνοια αὐτοῦ, νομίζουσα εἶναι πατέρα

καὶ υἱόν, οὐκ ὄντως προσκυνεῖ, τοῦτο παθὼν διὰ τὸ τὸν ἐν τῷ

ἀναγινώσκειν τὰ ἅγια πειρασμὸν μὴ νενοηκέναι μηδὲ ὡς πρὸς

ἀγῶνα καὶ τότε αὐτῷ ἐνεστηκότα ὁπλισάμενος καὶ στάς.

a   요 1:14, 18; 3:16, 18; 요일 4:9.

## XXIX. 10.[26]

얼마나 많은 사람들이 거룩한 경전을 탐구하는 데 전념하면서도 율법과 예언서에서 약속된 것을 잘못 받아들이고 신성하지 못하고 불경하고 어리석고 우스꽝스러운 가르침에 몰두하는지에 대해서 무엇을 더 말해야 합니까? 왜냐하면 이러한 글을 부주의하게 [읽었다고] 비난하기 어려운 허다한 사람들이 그러한 가르침에 빠졌기 때문입니다. 사도의 글과 복음서에 대해서도 많은 사람들이 같은 일에 넘어져서, 성도들이 신이라고 말하며 진리에 따라 이해한 분과 다른 아들이나 아버지를 자신의 무지로 만들어냈습니다.[27] 왜냐하면 하나님과 그분의 그리스도에 대해 참된 것을 생각하지 않는 사람은 참된 하나님과 그분의 유일하신 아들[a]로부터 떨어졌기 때문입니다. 더 나아가 그는 무지로 말미암아 그분을 만들어내고, 그것을 아버지와 아들이라고 생각하면서, 그분을 참으로 예배하지 않습니다.[28] 그가 이러한 일을 겪는 것은 거룩한 글을 읽을 때 이러한 시험을 전혀 생각하지 못했으며, 그때 그에게 닥치는 싸움에 대해 대비하면서 굳게 서지 못했기 때문입니다.

26 성경을 탐구하지만 잘못된 해석을 만들어 내는 사람은 하나님과 독생자로부터 멀어진 사람이며, 무식한 해석을 통해 만들어진 아버지와 아들을 믿는 자들은 하나님을 진정으로 예배하지 않는 자들이다. 이것은 성경을 읽으며 연구하며 겪게 되는 시험이다.

27 『켈수스 반박』 VIII.16.

28 οὐκ ὄντως προσκυνεῖ를 οὐκ ὄντ<α>ς προσκυνεῖ로 읽는 경우 "아버지와 아들이 아닌데도 그들을 예배합니다"로 옮길 수 있다(Stritzky, *Origenes Über das Gebet*, 251 n. 348).

XXIX. 11.

χρὴ τοίνυν εὔχεσθαι οὐχ ἵνα μὴ πειρασθῶμεν (τοῦτο γὰρ ἀδύνατον) ἀλλ' ἵνα μὴ ὑπὸ τοῦ πειρασμοῦ περιβληθῶμεν, ὅπερ πάσχουσιν οἱ ἐνεχόμενοι αὐτῷ καὶ νενικημένοι. ἐπεὶ οὖν ἔξω μὲν τῆς εὐχῆς γέγραπται "μὴ εἰσελθεῖν εἰς πειρασμὸν,"ᵃ ὅπερ ἐκ τῶν εἰρημένων δύναταί πως εἶναι σαφές, ἐν δὲ τῇ εὐχῇ λέγειν ἡμᾶς δεῖ· "μὴ εἰσενέγκῃς ἡμᾶς εἰς πειρασμὸν"ᵇ τῷ πατρὶ θεῷ· ἄξιον ἰδεῖν, πῶς χρὴ νοεῖν τὸν θεὸν εἰσάγειν τὸν μὴ εὐξάμενον ἢ τὸν μὴ ἐπακουόμενον "εἰς" τὸν "πειρασμόν." ἀπεμφαίνει γὰρ, τοῦ νικωμένου εἰσερχομένου "εἰς" τὸν "πειρασμὸν", τὸν θεὸν νομίζειν εἰσάγειν τινὰ "εἰς πειρασμὸν," οἱονεὶ τῷ νικᾶσθαι αὐτὸν παραδόντα. ἡ δ' αὐτὴ ἀπέμφασις περιμένει καὶ τὸν ὅπως ποτὲ ἐξηγούμενον τὸ "⌜εὔχεσθε⌝ μὴ εἰσελθεῖν εἰς πειρασμόν."ᶜ εἰ γὰρ κακὸν τὸ ἐμπεσεῖν "εἰς πειρασμὸν," ὅπερ ἵνα μὴ πάθωμεν εὐχόμεθα, πῶς οὐκ ἄτοπον νοεῖν τὸν ἀγαθὸν θεόν, μὴ δυνάμενον "καρποὺς" φέρειν "πονηρούς,"ᵈ περιβάλλειν τινὰ τοῖς κακοῖς;

---

a   눅 22:40; 참조. 막 14:38; 마 26:41.     c   눅 22:40.
b   막 6:13; 눅 11:4.                        d   마 7:17.

## XXIX. 11.[29]

그러므로 '시험 당하지 않도록'이 아니라(이것은 불가능하기 때문입니다), 시험에 의해 에워싸이지 않도록 기도해야 합니다. 후자는 시험에 잡혀서 정복당한 자들이 겪습니다. 이 기도[30] 밖에서는 "시험에 들어가지 않도록"이라고 기록되었는데,[a] 이는 이미 언급한 내용으로부터 어떤 식으로든 명확해질 수 있습니다. 이 기도 안에서는 하나님 아버지께 "우리를 시험에 빠지지 않게 하소서"[b]라고 말해야 하기 때문에, 하나님이 어떤 방식으로 기도하지 않는 자 혹은 [기도에] 응답 받지 못한 자를 시험으로 이끈다고 생각해야 하는지를 살펴보는 것이 마땅합니다. 왜냐하면 정복된 사람이 "시험"에 들어가게 되는데, 하나님이 어떤 사람을 마치 정복되도록 넘겨주듯이 시험으로 이끄신다고 생각하는 것은 불합리하기 때문입니다. 똑같은 모순이 "시험에 들어가지 않도록"[c] 기도하라는 말씀을 어떻게든지 해석하려는 사람까지도 둘러싸고 있습니다. 만약 시험에 떨어지는 것이 악이어서 우리가 그것을 경험하지 않도록 기도한다면, "나쁜 열매를" 맺게 하실 수 없는 좋으신 하나님이[d] 어떤 사람을 악한 것들로 에워싼다고 생각하는 것이 어찌 이상하지 않습니까?

---

29  우리는 시험을 당하지 않기 위해서가 아니라 시험에 에워싸이지 않기 위해 기도해야 한다. 하나님은 인간을 시험으로 이끄시지는 않는다. 하나님은 나쁜 열매를 맺게 할 수 없는 분이므로 하나님이 인간을 악에 에워싸이게 한다는 것은 모순이다.
30  주님의 기도를 말함.

XXIX. 12.

χρήσιμον οὖν εἰς ταῦτα παραθέσθαι τὰ ἐν τῇ πρὸς Ῥωμαίους

ὑπὸ τοῦ Παύλου εἰρημένα τοῦτον τὸν τρόπον· "φάσκοντες εἶναι

σοφοὶ ἐμωράνθησαν, καὶ ἤλλαξαν τὴν δόξαν τοῦ ἀφθάρτου

θεοῦ ἐν ὁμοιώματι εἰκόνος φθαρτοῦ ἀνθρώπου καὶ πετεινῶν καὶ

τετραπόδων καὶ ἑρπετῶν. διὸ παρέδωκεν αὐτοὺς ὁ θεὸς ἐν ταῖς

ἐπιθυμίαις τῶν καρδιῶν αὐτῶν εἰς ἀκαθαρσίαν, τοῦ ἀτιμάζεσθαι

τὰ σώματα αὐτῶν ἐν ἑαυτοῖς,"ᵃ καὶ μετ᾽ ὀλίγα· "διὰ τοῦτο

παρέδωκεν αὐτοὺς ὁ θεὸς εἰς πάθη ἀτιμίας· αἵ τε γὰρ θήλειαι

αὐτῶν μετήλλαξαν τὴν φυσικὴν χρῆσιν εἰς τὴν παρὰ φύσιν·

ὁμοίως καὶ οἱ ἄρσενες ἀφέντες τὴν φυσικὴν χρῆσιν τῆς θηλείας

ἐξεκαύθησαν"ᵇ καὶ τὰ ἑξῆς· καὶ πάλιν μετ᾽ ὀλίγα· "καὶ καθὼς

οὐκ ἐδοκίμασαν τὸν θεὸν ἔχειν ἐν ἐπιγνώσει, παρέδωκεν αὐτοὺς

ὁ θεὸς εἰς ἀδόκιμον νοῦν, ποιεῖν τὰ μὴ καθήκοντα."ᶜ πλὴν ταῦτα

πάντα προσεκτέον τοῖς διακόπτουσι τὴν θεότητα, καὶ λεκτέον

πρὸς αὐτούς, ἕτερον νομίζοντας εἶναι τὸν ἀγαθὸν πατέρα τοῦ

κυρίου ἡμῶν παρὰ τὸν τοῦ νόμου θεόν, εἰ ὁ ἀγαθὸς θεὸς τὸν μὴ

τυγχάνοντα τῆς εὐχῆς εἰσάγει "εἰς πειρασμὸν," καὶ εἰ ὁ πατὴρ

τοῦ κυρίου παραδίδωσιν "ἐν ταῖς ἐπιθυμίαις τῶν καρδιῶν"

τοὺς προημαρτηκότας τι "εἰς ἀκαθαρσίαν, τοῦ ἀτιμάζεσθαι τὰ

---

a  롬 1:22-24.　　　　c  롬 1:28.

b  롬 1:26-27.

XXIX. 12.[31]

바울이 다음과 같이 로마서에서 말한 내용을 여기에 덧붙이는 것이 유익합니다. "사람들은 스스로 지혜가 있다고 주장하지만, 실상은 어리석어서 썩지 않는 하나님의 영광을, 썩을 사람이나 새나 네 발 달린 짐승이나 기어 다니는 동물의 형상으로 바꾸어놓았습니다. 그러므로 하나님께서는 사람들이 마음의 욕정대로 하도록 더러움에 그대로 내버려두시니, 서로의 몸을 욕되게 하였습니다."[a] 조금 뒤에는 "이런 까닭에, 하나님께서는 사람들을 부끄러운 정욕 속에 내버려두셨습니다. 여자들은 남자와의 바른 관계를 바르지 못한 관계로 바꾸고, 또한 남자들도 이와 같이 여자와의 바른 관계를 버리고 [욕정에] 불탔습니다" 등등.[b] 또 다시 조금 뒤에는 "사람들이 하나님을 인정하기를 싫어하므로, 하나님께서는 사람들을 해서는 안 될 일들을 하게 타락한 마음 자리에 내버려두셨습니다."[c] 그러나 이 모든 말은 신성을 둘로 나누는 사람들에게 적용해야 하며, 우리 주님의 좋으신 아버지가 율법의 하나님과 다르다고 생각하는 사람들에게 말해야 합니다.[32] 좋으신 하나님께서 기도가 응답되지 않은 사람을 "시험으로" 이끄시고, 주님의 아버지께서 이전에 무엇인가 죄 지은 사람들을 "마음의 욕정대로" "더러움에 그대로 내버려두시니, 그

---

31 로마서처럼, 인간은 스스로 지혜가 있다고 생각하지만, 실제로는 어리석어 하나님을 형상화시키는 잘못을 저지른다. 죄 지은 사람들을 타락 속에 내버려 둔 것이 하나님이었는가, 하나님이 악의 주체가 되는 것인가 반문한다.
32 마르키온파의 가르침으로(참조. 이레나이오스, 『이단 반박』 III.12.2), 오리게네스는 성경의 통일성을 옹호하며 이들을 공격했다. 참조. 『원리론』 II.4-5; 『요한복음 주해』 I.13.82; 『예레미야 강해』 9.1.

σώματα αὐτῶν ἐν αὐτοῖς,"ᵃ καὶ εἰ, ὡς αὐτοί φασι, τοῦ κρίνειν

καὶ κολάζειν ἀπηλλαγμένος παραδίδωσινᵇ "εἰς πάθη ἀτιμίας"ᶜ

καὶ "εἰς ἀδόκιμον νοῦν, ποιεῖν τὰ μὴ καθήκοντα,"ᵈ οὐκ ἂν "ἐν

ταῖς ἐπιθυμίαις τῶν καρδιῶν ἑαυτῶν" γεγενημένων τῶν μὴ

παραδοθέντων αὐταῖς ὑπὸ τοῦ θεοῦ, οὐδ᾽ ἂν πάθεσιν "ἀτιμίας"

ὑποπεπτωκότων τῶν μὴ ὑπὸ τοῦ θεοῦ παραδοθέντων αὐτοῖς, οὐδ᾽

ἂν "εἰς ἀδόκιμον νοῦν" καταπιπτόντωνᵉ χωρὶς τοῦ παραδίδοσθαι

αὐτῷ ὑπὸ θεοῦ τοὺς οὕτω καταδικασθέντας.


## XXIX. 13.

ἐκείνους μὲν οὖν εὖ οἶδα ὅτι σφόδρα ταράξει ταῦτα, διὰ τοῦτο

ἄλλον ἀναπλάσαντας παρὰ τὸν ποιητὴν οὐρανοῦ καὶ γῆς θεόν,ᶠ

ἐπεὶ πολλὰ τοιαῦτα εὑρίσκοντες ἐν τῷ νόμῳ καὶ τοῖς προφήταις

προσέκοψαν ὡς οὐκ ἀγαθῷ τῷ τοιαύτας προφερομένῳ φωνάς·

ἡμῖν δὲ ἤδη διὰ τὰ ἐπαπορηθέντα περὶ τοῦ "μὴ εἰσενέγκῃς

εἰς πειρασμὸν ἡμᾶς,"ᵍ δι᾽ ἅπερ καὶ τὰς ἀποστολικὰς λέξεις

παρεθέμεθα, θεωρητέον εἰ καὶ ἡμεῖς εὑρίσκομεν ἀξιολόγους

τῶν ἀπεμφάσεων λύσεις. ἡγοῦμαι δὴ τὸν θεὸν ἑκάστην λογικὴν

---

a  롬 1:24.
b  참조. 롬 1:28
c  롬 1:26.
d  롬 1:28.

e  롬 1:28.
f  참조 창 1:1.
g  마 6:13; 눅 11:4.

들이 서로의 몸을 욕되게 하였고"[a] 또한 그들이 말한 대로 심판하는 것과 징벌하는 것은 제쳐 두고 그분이 그들이 "해서는 안 될 일들을 하게"[d] "부끄러운 정욕"[c]과 "타락한 마음 자리에" 내버려 두셨다고 합시다.[b] 그러면 하나님이 욕정대로 내버려두지 않은 사람들은 마음의 욕정 안에 있지 않을 것이고, 하나님이 부끄러운 정욕 속에 내버려두지 않은 사람들은 부끄러운 정욕에 떨어지지 않을 것이며, 하나님이 그렇게 정죄 받은 사람들을 내버려두는 일이 없다면, "타락한 마음 자리로"[e] 떨어지지 않게 되는 것입니다.[33]

## XXIX. 13.[34]

나는 이러한 말이 그들을 심하게 흔들어놓을 것이라는 것을 잘 압니다. 그들이 하늘과 땅의 창조주 하나님과[f] 다른 분을 만들어낸 것은 율법과 예언자에게서 그러한 내용을 많이 발견하고 이와 같은 말씀을 꺼내시는 분을 선하지 않다고 공격했기 때문입니다.[35] 반면 우리로서는 "우리를 시험에 빠지지 않게 하시옵고"[g]에 대한 당황스러운 점 때문에(우리는 바로 그것 때문에 사도의 말씀을 덧붙였다), 이러한 모순에 대한 적절한 해법을 발견할 수 있는지 살펴보아

---

33  비평본에는 καταδικασθέντας 다음에 물음표(;)가 나와 있지만, 마침표(.)로 읽는 것이 더 자연스럽다고 판단하여 원문에 반영하고 번역하였다.
34  앞의 질문에 대해 인간의 영혼은 자유로운 능력을 지니기 때문에 하나님이 악의 주체가 아니며, 인간이 타락에 빠지고 악에 빠지는 것은 하나님이 아닌 인간의 책임이라고 답변한다.
35  참조.『예레미야 강해』1.6; 12.5;『마태복음 주해』XV.11.

οἰκονομεῖν ψυχὴν, ἀφορῶντα εἰς τὴν ἀΐδιον αὐτῆς ζωὴν, ἀεὶ

ἔχουσαν τὸ αὐτεξούσιον καὶ παρὰ τὴν ἰδίαν αἰτίαν ἤτοι ἐν τοῖς

κρείττοσι κατ' ἐπανάβασιν ἕως τῆς ἀκρότητος τῶν ἀγαθῶν

γινομένην <ἢ> καταβαίνουσαν διαφόρως ἐξ ἀπροσεξίας ἐπὶ

τὴν τοσήνδε ἢ τοσήνδε τῆς κακίας χύσιν. ἐπεὶ οὖν ἡ ταχεῖα

θεραπεία καὶ συντομωτέρα καταφρόνησίν τισιν ἐμποιεῖ τῶν,

εἰς ἃ ἐμπεπτώκασι, νοσημάτων ὡς εὐθεραπεύτων, ὥστε καὶ

δεύτερον ἂν μετὰ τὸ ὑγιᾶσθαι τοῖς αὐτοῖς περιπεσεῖν, εὐλόγως

ἐπὶ τῶν τοιούτων περιόψεται τὴν ἐπί τι κακίαν αὔξουσαν,

καὶ ἐπὶ πλεῖστον χεομένην ἐν αὐτοῖς ἀνίατον ὑπερορῶν, ἵνα

τῷ προσδιατρῖψαι τῷ κακῷ καὶ ἐμφορηθῆναι ἧς ἐπιθυμοῦσιν

ἁμαρτίας κορεσθέντες αἰσθηθῶσι τῆς βλάβης, καὶ μισήσαντες

ὅπερ πρότερον ἀπεδέξαντο δυνηθῶσι θεραπευθέντες βεβαιότερον

ὄνασθαι τῆς ἐν τῷ θεραπευθῆναι ὑπαρχούσης ὑγείας τῶν ψυχῶν

αὐτοῖς· οἷον "ὁ ἐπίμικτός" ποτε ἐν τοῖς υἱοῖς Ἰσραὴλ "ἐπεθύμησαν

ἐπιθυμίαν, καὶ καθίσαντες ἔκλαιον καὶ οἱ υἱοὶ Ἰσραὴλ καὶ εἶπαν·

τίς ἡμᾶς ψωμιεῖ κρέα; ἐμνήσθημεν τοὺς ἰχθύας, οὓς ἠσθίομεν

δωρεὰν ἐν Αἰγύπτῳ, καὶ τοὺς ⌜σικυοὺς⌝ καὶ τοὺς πέπονας καὶ

τὰ πράσα καὶ τὰ κρόμμυα καὶ τὰ σκόροδα· νυνὶ δὲ ἡ ψυχὴ

ἡμῶν κατάξηρος, οὐδὲν πλὴν εἰς τὸ μάννα οἱ ὀφθαλμοὶ ἡμῶν."[a]

εἶτα μετ' ὀλίγα λέγεται· "καὶ ἤκουσε Μωϋσῆς κλαιόντων

a   민 11:4-6.

야 합니다. 하나님은 이성적 혼 각각을 영원한 생명을 목표로 삼아 지도하며, 영혼은 늘 자유로운 능력을[36] 지니고 있으며, 부주의 때문에 이리저리 내려가 악이 이러저러하게 넘쳐나게 된다고 나는 생각합니다. 그런데 신속하고 더 간단한 치료가 그들이 걸렸던 질병이 고치기 쉬운 것이라고 가벼이 여기도록 만들어 건강하게 된 다음에 또다시 여기에 떨어지기 때문에,[37] [하나님은] 이러한 경우에 어떤 점에서는 악이 커지는 것을 [보아] 넘기시고, [그것이] 더욱더 심해져서 그들 안으로 들어가 나올 수 없게 되도록 무시하십니다. 이렇게 되면 그들은 악에서 시간을 보내고 빠져들어감으로 말미암아 자신들이 욕망했던 죄로 꽉 채워져서 그 해악을 느끼고, 이전에는 즐겨 받아들였던 것을 미워하게 되며, 치료를 받은 후에는 치료를 받을 때 얻어지는 영혼의 건강으로부터 더 확실하게 유익을 얻게 됩니다.[38] 예를 들자면, 예전에 "이스라엘 자손 가운데" "섞여 살던" 사람들이 "탐욕을 품으니 이스라엘 자손들도 주저 앉아 울며 말했습니다. 누가 우리에게 고기를 먹여 줄까? 이집트에서 생선을 공짜로 먹던 것이 기억에 생생한데, 그 밖에도 오이와 수박과 부추와 파와 마늘이 눈에 선한데, 이제 우리 눈에 보이는 것이라고는 이 만나 밖에 없으니 입맛마저 떨어졌다."[a] 조금 지나서는 이렇게 말해집니다. "모세는, 백성이 각 가족 별로 제각기 자기 장막 어귀에서 우

---

36  참조. VI.1-4 『원리론』 III.1.1-24.
37  갈 5:17에 근거하여 영혼의 의지가 육체와 영 사이에 있다는 것에 대해서는 『원리론』 III.4.2; 『에스겔 강해』 1.3; 『켈수스 반박』 V.31을 참조하라.
38  참조. 『원리론』 III.1.13; 『필로칼리아』 27.4-5; 『원리론』 III.1.17.

αὐτῶν κατὰ δήμους αὐτῶν· ⌜ἕκαστος⌝ ἐπὶ τῆς θύρας αὐτοῦ."[a]

καὶ πάλιν μετ' ὀλίγα κύριός φησι τῷ Μωϋσεῖ· "καὶ τῷ λαῷ
ἐρεῖς· ἁγνίσασθε ⌜αὔριον⌝, καὶ φάγεσθε κρέα, ὅτι ἐκλαύσατε
⌜ἐναντίον⌝ κυρίου λέγοντες· τίς ἡμᾶς ψωμιεῖ κρέα; ὅτι καλὸν
ἡμῖν ἐστιν ἐν Αἰγύπτῳ· καὶ δώσει ⌜ὑμῖν κύριος⌝ κρέα φαγεῖν,
καὶ φάγεσθε κρέα. οὐχ ἡμέραν μίαν φάγεσθε οὐδὲ δύο οὐδὲ
πέντε ἡμέρας οὐ<δὲ> δέκα ἡμέρας οὐδὲ εἴκοσιν ἡμέρας· ἕως
μηνὸς ἡμερῶν φάγεσθε, ἕως ἂν ἐξέλθῃ ἐκ τῶν μυκτήρων ὑμῶν·
καὶ ἔσται ὑμῖν εἰς χολέραν, ὅτι ἠπειθήσατε κυρίῳ, ὅς ἐστιν
ἐν ὑμῖν, καὶ ἐκλαύσατε ἐναντίον αὐτοῦ λέγοντες· ἵνα τί ἡμῖν
ἐξελθεῖν ἐξ Αἰγύπτου;"[b]


XXIX. 14.

ἴδωμεν οὖν τὴν ἱστορίαν, εἰ χρησίμως ὑμῖν παρεβάλομεν αὐτὴν
πρὸς λύσιν τοῦ ἀπεμφαίνοντος ἐν τῷ "μὴ εἰσενέγκῃς ἡμᾶς εἰς
πειρασμὸν"[c] καὶ ἐν ταῖς ἀποστολικαῖς λέξεσιν.[d] ἐπιθυμήσαντες
"ἐπιθυμίαν" "ὁ ἐπίμικτος ὁ" ἐν υἱοῖς Ἰσραὴλ "ἔκλαιον καὶ

a   민 11:10.          c   마 6:13; 눅 11:4.
b   민 11:18-20.       d   참조. 롬 1:22-28.

는 소리를 들었다."ª 또다시 조금 지나서 주께서 모세에게 대답하셨다. "너는 또 백성에게 이렇게 말하여라. 내일을 맞이하여야 하니, 너희는 스스로를 거룩하게 하여라. 너희가 고기를 먹게 될 것이다. '누가 우리에게 고기를 먹이려나? 이집트에서는 우리가 참 좋았었는데' 하고 울며 한 말이 주께 들렸다. 이제 주께서 너희에게 고기를 주실 터이니, 너희가 먹게 될 것이다. 하루만 먹고 그치지는 아니할 것이다. 이틀만도 아니고, 닷새만도 아니고, 열흘만도 아니고, 스무 날 동안만도 아니다. 한달 내내, 냄새만 맡아도 먹기 싫을 때까지 줄곧 그것을 먹게 될 것이다. 너희가 너희 가운데 계신 주를 거절하고, 그분 앞에서 울면서 '우리가 왜 이집트를 떠났던가?'ᵇ 하고 후회하였기 때문이다."

## XXIX. 14.³⁹

이제 "우리를 시험에 빠지지 않게 하소서"ᶜ에서 불분명한 것을 해결하기 위해 이 이야기를 사도의 말씀과⁴⁰ᵈ 비교하는 것이 유익한지, 그 이야기를 살펴보도록 합시다. 이스라엘 자손 가운데 "섞여 살던 무리들이" "탐욕을 품으며" "울었고" 이스라엘 자손도 그들과

---

39  하나님은 이스라엘 백성이 고기를 원했을 때, 고기를 이스라엘인들에게 하루만 제공하여 그들을 행복하게 만드시지 않고 코에서 넘쳐날 때까지 고기를 주어 탐욕에서 정결하게 되고, 탐욕을 통해 겪었던 일을 기억나게 하셨다. 그 목적은 인간이 욕망에서 벗어나 하늘의 양식으로 돌아오도록 하기 위해서였다. 성경의 문자적 의미에서 시작하여 영적인 의미를 이끌어내는 오리게네스의 성경해석방식이 그대로 묻어난다.
40  XXIX.12에서 인용됨.

οἱ υἱοὶ Ἰσραὴλ"ᵃ σὺν αὐτοῖς. καὶ φανερὸν ὅτι ὅσον οὐκ εἶχον
τὰ ἐπιθυμούμενα, κόρον οὐκ ἠδύναντο αὐτῶν λαβεῖν οὐδὲ
παύσασθαι τοῦ πάθους· ἀλλὰ καὶ ὁ φιλάνθρωπος καὶ ἀγαθὸς
θεός, διδοὺς αὐτοῖς τὸ ἐπιθυμούμενον, οὐχ οὕτως ἐβούλετο
διδόναι, ὥστε καταλιπέσθαι ἐν αὐτοῖς ἐπιθυμίαν. διόπερ φησὶ
μὴ "μίαν ἡμέραν" φάγεσθαι αὐτοὺς τὰ "κρέα" (ἔμενε γὰρ ἂν
τὸ πάθος αὐτῶν ἐν τῇ ψυχῇ πεπυρωμένῃ καὶ φλεγομένῃ ὑπ'
αὐτοῦ, εἰ ἐπ' ὀλίγον τῶν κρεῶν μετειλήφεσαν), ἀλλ' οὐδὲ ἐπὶ
"δύο" δίδωσιν αὐτοῖς τὸ ἐπιθυμούμενον "ἡμέρας"· βουλόμενος
δὲ αὐτὸ προσκορὲς αὐτοῖς ποιῆσαι, οἱονεὶ οὐκ ἐπαγγέλλεται
ἀλλὰ τῷ συνιέναι δυναμένῳ ἀπειλεῖ δι' ὧν χαρίζεσθαι αὐτοῖς
ἐδόκει, λέγων· "οὐδὲ πέντε" μόνας ποιήσετε "ἡμέρας"
ἐσθίοντες τὰ "κρέα" οὐδὲ τὰς τούτων διπλασίους οὐδὲ ἔτι τὰς
ἐκείνων διπλασίους, ἀλλ' ἐπὶ τοσοῦτον "φάγεσθε," ἐφ' ὅλον
κρεωφαγοῦντες μῆνα, "ἕως ἐξέλθῃ ἐκ τῶν μυκτήρων"ᵇ μετὰ
χολερικοῦ πάθους τὸ νενομισμένον ὑμῖν καλὸν καὶ ἡ περὶ αὐτὸ
ψεκτὴ καὶ αἰσχρὰ ἐπιθυμία· ἵν' ὑμᾶς ἀπαλλάξω τοῦ βίου
μηκέτι ἐπιθυμοῦντας, καὶ τοιοῦτοι ἐξελθόντες δυνηθῆτε ὡς
καθαροὶ ἀπὸ ἐπιθυμίας μεμνημένοι τε, δι' ὅσων πόνων αὐτῆς
ἀπηλλάγητε, ἤτοι μηδαμῶς αὐτῇ περιπεσεῖν ἔτι ἢ, εἰ ἄρα τοῦτό
ποτε γίνεται, μακραῖς χρόνων περιόδοις, ἐπιλανθανόμενοι ὧν

a  민 11:4.                    b  민 11:18-20.

함께 울었습니다.[a] 그들은 바라던 바를 얻지 못하는 한, 만족을 얻거나 정욕을 멈출 수 없었다는 것은 분명합니다. 하지만 자비롭고 좋으신 하나님께서는 그들에게 바라는 바를 주실 때 그들 안에 탐욕을 남겨두는 그러한 방식으로 주기를 원하지 않으셨습니다. 따라서 그분은 그들에게 고기를 하루만 먹을 것이라고 말씀하지 않으십니다(참으로 그들이 짧은 기간 동안 고기를 먹는다면, 그로 말미암아 그들의 정욕이 불 붙어 불타는 영혼에 머물렀을 것입니다). 또한 그분은 그들에게 바라던 것을 이틀만 주지도 않았습니다. 그분은 그것이 그들에게 만족스러운 것이 되도록 만들기 원하시어, 말하자면, 약속하지 않으시고, 오히려 깨달을 수 있는 자에게 그들에게 베풀어주실 것을 통해 위협하시면서 말씀하셨습니다. '또한 너희들은 "닷새만" 고기를 먹으며 보내지 않을 것이며, 그 두 배나 혹은 그 두 배도 아니요 "한 달 내내" 고기를 "먹게 될 것이며," 너희가 좋아하던 것과 이에 대한 탓할 만한 부끄러운 욕심이 역겨운 감정으로 "코에서 나올 때"까지 먹게 될 것이다.[b] 이는 내가 너희를 삶에서 자유롭게 하여, 더 이상 욕심을 내지 않도록 하고, 너희가 탐욕에서 정결하게 되고 어떠한 고통을 겪으며 이로부터 해방되었는지를 기억하는 사람으로 나타나서 결코 탐욕에 떨어지지 않을 수 있도록 하기 위해서다.[41] 그렇지 않으면 너희가 오랜 기간 후 탐욕을 통해 겪었던 일을 잊어버리는 일이 언젠가 일어나는 경우에, 너희가 자신에게 주의하거나 모든 정념으로부터 온전히 해방시키는 말씀을 받

---

41  참조. 『민수기 강해』 27.12.

πεπόνθατε διὰ τὴν ἐπιθυμίαν, ἐὰν μὴ ἑαυτοῖς προσέχητε καὶ

τὸν τελείως ἀπαλλάττοντα πάθους παντὸς λόγον ἀναλάβητε,

τοῖς κακοῖς περιπέσητε ὕστερόν τε τῆς γενέσεως ἐπιθυμήσαντες

πάλιν δεηθῆτε τοῦ δὶς τυχεῖν ὧν ἐπιθυμεῖτε, μισήσαντες τὸ

ἐπιθυμούμενον, καὶ τότε οὕτω παλινδρομεῖν ἐπὶ τὰ καλὰ καὶ τὴν

οὐράνιον τροφήν, ἧς καταφρονήσαντες τῶν χειρόνων ὠρέχθησαν.


XXIX. 15.

τὸ ὅμοιον οὖν τούτοις πείσονται οἱ ἀλλάξαντες "τὴν δόξαν

'τοῦ θεοῦ τοῦ ἀφθάρτου' ἐν ὁμοιώματι εἰκόνος φθαρτοῦ

ἀνθρώπου καὶ πετεινῶν καὶ τετραπόδων καὶ ἑρπετῶν,"[a] διὰ

τοῦ ἐγκαταλείπεσθαι παραδιδόμενοι "ἐν ταῖς ἐπιθυμίαις τῶν

καρδιῶν αὐτῶν εἰς ἀκαθαρσίαν, τοῦ ἀτιμάζεσθαι τὰ σώματα"[b]

τῶν εἰς ἄψυχον σῶμα καὶ ἀναίσθητον καταβιβασάντων

τὸ ὄνομα τοῦ πᾶσι τοῖς αἰσθομένοις λογικοῖς οὐ μόνον τὸ

αἰσθέσθαι ἀλλὰ καὶ τὸ λογικῶς αἰσθέσθαι τισὶ δὲ καὶ τελείως

καὶ ἐναρέτως αἰσθέσθαι καὶ νοεῖν χαρισαμένου. καὶ εὐλόγως οἱ

τοιοῦτοι παραδίδονται ὑπὸ τοῦ καταλειφθέντος ὑπ' αὐτῶν θεοῦ,

ἀντικαταλειπόμενοι ὑπ' αὐτοῦ, εἰς τὰ τῆς "ἀτιμίας" "πάθη," "τὴν

ἀντιμισθίαν" "τῆς πλάνης" δι' ἧς ἠγάπησαν ψωρώδους ἡδονῆς


a  롬 1:23.                    b  롬 1:24.

아들이지 않아서 나쁜 일에 빠지고, 후에 창조물을 욕망하고, 또 다시 너희가 욕망하는 바를 두 번째로 얻도록 간구하더라도,[42] 너희가 욕망했던 바를 미워하고 아름다운 것과 하늘의 양식으로 돌아올 수 있도록 하기 위해서이다. 그들은[43] 이 양식을 경멸하고 더 열등한 것을 열망했었다.'

## XXIX. 15.[44]

"썩지 않는 하나님의 영광을 썩을 사람이나 새나 네발 달린 짐승이나 기어 다니는 동물의 형상으로 바꾸어 놓은"[a] 사람들은 이들과 같은 일을 겪을 것입니다. 그들은 버림을 받아 "마음의 욕정대로 하도록 더러움"에 내버려졌습니다. 그리하여 감각적이고 이성적인 모든 것들에게 감각 능력뿐만 아니라[45] 이성적으로 지각할 수 있는 능력을 주시며, 어떤 것들에게는 온전하고 덕스럽게 지각하고 생각하는 능력을 베풀어주시는 분의 이름을 업신여기는 사람들의 "몸을 욕되게 하였습니다."[b] 그러한 사람들은 자신들이 버린 하나님에 의해 내버려지는 것이 합당합니다. 하나님께서 그들을 "부끄러운 정욕"의 일 속에 남겨두시니 그들은 쾌락의 부추김을 사랑하게 했던

---

42  참조. 『켈수스 반박』 VII.46.
43  이스라엘 백성을 가리킴
44  우상숭배를 하는 자들은 하나님에 의해서도 버려진다. 하지만 하나님은 시온의 아들과 딸의 부정을 씻어주시고, 그들이 자발적으로 선을 행하기를 원하신다.
45  스토아철학에서 감각적인 지각은 얼로 전달되기 때문에 인식과정에 특별한 역할을 한다.

"ἀπολαμβάνοντες."[a] μᾶλλον γὰρ ἡ ἀντιμισθία "τῆς πλάνης"[b] αὐτοῖς ἐγγίνεται, παραδιδομένοις "εἰς πάθη ἀτιμίας,"[c] ἥπερ τῷ φρονίμῳ πυρὶ[d] καθαιρομένοις καὶ ἐν τῇ φυλακῇ ἐκπρασσομένοις μέχρι τοῦ ἐσχάτου κοδράντου ἕκαστον τῶν ὀφλημάτων.[e] ἐν γὰρ τῷ πάθεσιν "ἀτιμίας" οὐ μόνον τοῖς κατὰ φύσιν ἀλλὰ καὶ πολλοῖς τῶν παρὰ φύσιν παραδίδοσθαι μολύνονται καὶ ὑπὸ τῆς σαρκὸς παχύνονται,[f] οἱονεὶ οὐκέτι ἔχοντες τότε ψυχὴν οὐδὲ νοῦν ἀλλ᾽ ὅλοι γινόμενοι σάρκες· ἐν δὲ τῷ πυρὶ καὶ τῇ φυλακῇ οὐκ "ἀντιμισθίαν" "τῆς πλάνης"[g] ἀλλ᾽ εὐεργεσίαν ἐπὶ καθάρσει τῶν ἐν τῇ πλάνῃ κακῶν μετὰ σωτηρίων λαμβάνοντες πόνων, ἑπομένων τοῖς φιληδόνοις, ἀπαλλάττονται παντὸς ῥύπου καὶ αἵματος,[h] ἐν οἷς ἐρρυπωμένοι καὶ πεφυρμένοι οὐδὲ τὸ ἐννοῆσαι περὶ τοῦ σῴζεσθαι ἐδύναντο "τῇ" σφῶν "ἀπωλείᾳ."[i] "ἐκπλυνεῖ" τοιγαροῦν ὁ θεὸς "τὸν ῥύπον τῶν υἱῶν καὶ τῶν θυγατέρων Σιών, καὶ τὸ αἷμα ἐκκαθαριεῖ ἐκ μέσου αὐτῶν πνεύματι κρίσεως καὶ πνεύματι καύσεως"·[j] "εἰσπορεύεται" γὰρ "ὡς πῦρ χωνευτηρίου καὶ ὡς πόα πλυνόντων,"[k] ἀποπλύνων καὶ καθαίρων τοὺς τοιούτων φαρμάκων δεδεμένους διὰ τὸ μὴ δεδοκιμασμένως θέλειν "ἔχειν ἐν ἐπιγνώσει" "τὸν θεόν"·[l] οἷς παραδοθέντες

| | | | |
|---|---|---|---|
| a | 롬 1:26-27. | g | 롬 1:27. |
| b | 롬 1:27. | h | 참조. 사 4:4. |
| c | 롬 1:26. | i | 에 8:6. |
| d | 참조. 사 4:4; 말 3:2; 고전 3:13. | j | 사 4:4. |
| e | 참조. 마 5:25-26; 참조. 눅 12:58-59. | k | 말 3:2-3. |
| f | 참조. 사 6:10. | l | 롬 1:28. |

"잘못"의 "대가"를 "받았습니다."[a] 분별의 불로[46d] 깨끗해지고 감옥에서 마지막 한 푼까지 빚을 다 갚을 때보다[e] 오히려 참으로 "부끄러운 정욕"[c] 속에 내버려졌을 때에 "잘못의" 대가가[b] 그들에게 이루어집니다. 왜냐하면 본성을 따르는 정욕뿐만 아니라 본성을 거스르는 일들에 대한 허다한 "부끄러운" 정욕에 내버려지면 그들은 더러워지고 육신에 의해 무거워져서[f] 마치 더 이상 혼이나 정신을 지니지 않고 완전히 육체가 되어버린 것처럼 그렇게 됩니다. 하지만 불과 감옥에서는 "잘못"의 "대가"가 아니라[g] 쾌락을 좋아하는 사람들에게 따르는 구원의 고통과 함께 "잘못" 안에 있는 악한 일로부터 깨끗해지기 위한 자비를 얻어 온갖 더러움과 피에서 해방됩니다.[h] 그들은 이로 인해 더럽혀지고 뒤죽박죽 섞여 자신이 멸망에서 구원받는다[i]고 생각도 할 수 없었습니다. 따라서 하나님은 "시온의 아들과 딸의 부정을 씻어주시고" "심판"과 "불의 영을[47] 보내셔서 그들 가운데서 죄를 말끔히 닦아주실 것이기" 때문입니다.[j] 또한 그분은 "화로의 불 같이" "표백하는 잿물과 같이"[48] "나타날 것이며"[k] "하나님을" "인정하기를"[l] 확고하게 바라지 않기 때문에 그러한 약을 필요로 하는 사람들을 희게 씻고 닦아주십니다. 이 약에 자발적으로

46  참조. 미누키우스 펠릭스, 『옥타비우스』 35.3; 클레멘스, 『교육자』 III.44.2; 『양탄자』 VII.34.4; 『예언 시선집』 25.4; 오리게네스, 『에스겔』 1.3.
47  참조. 『예레미야 강해』 2.2.
48  참조. 『켈수스 반박』 IV.13; 『예레미야 강해』 16.6.

ἑκόντες μισήσουσι τὸν "ἀδόκιμον νοῦν"·[a] οὐ γὰρ βούλεται ὁ θεός
τινι τὸ ἀγαθὸν ὡς κατὰ ἀνάγκην γενέσθαι ἀλλὰ ἑκουσίως, τάχα
τινῶν ἐκ τοῦ ἐπὶ πλεῖον ὡμιληκέναι τῇ κακίᾳ μόγις τὸ αἶσχος
αὐτῆς κατανενοηκότων καὶ ἀποστρεφομένων αὐτὴν ὡς ψευδῶς
ὑποληφθεῖσαν εἶναι καλήν.


## XXIX. 16.

ἐπίστησον δὲ εἰ διὰ τοῦτο καὶ σκληρύνει τὴν τοῦ Φαραὼ
καρδίαν ὁ θεός,[b] ἵν' ὅπερ εἶπε μὴ σκληρυνθεὶς δυνηθῇ εἰπεῖν·
"ὁ κύριος δίκαιος, ἐγὼ δὲ καὶ ὁ λαός μου ⌜ἀσεβής⌝."[c] ἀλλ'
ἐπὶ πλεῖον δέεται τοῦ σκληρύνεσθαι καὶ ἐπὶ πλεῖον πάσχειν
τινὰ, ἵνα μὴ ἐκ τοῦ τάχιον τοῦ σκληρύνεσθαι παύεσθαι
καταφρονῶν ὡς κακοῦ τοῦ σκληρύνεσθαι ἔτι πλεονάκις ἄξιος
τοῦ σκληρύνεσθαι γίνηται. εἰ τοίνυν "⌜οὐκ⌝ ἀδίκως ἐκτείνεται
δίκτυα πτερωτοῖς"[d] κατὰ τὰ ἐν ταῖς Παροιμίαις εἰρημένα, ἀλλὰ
εὐλόγως εἰσάγει ὁ θεὸς "εἰς τὴν παγίδα" κατὰ τὸν εἰπόντα·
"εἰσήγαγες ἡμᾶς εἰς τὴν παγίδα,"[e] καὶ "ἄνευ" τῆς βουλῆς "τοῦ

a  롬 1:28.
b  참조. 출 4:21; 7:3, 22; 8:19; 9:12, 35;
   10:1, 20, 27; 11:10.
c  출 9:27.
d  잠 1:17(70인역).
e  시 65:11(시 66:11).

맡길 때에는 그들은 "타락한 마음 자리"를 미워합니다.[a] 왜냐하면 하나님은 어떤 사람에게는 마지 못해서가 아니라 자발적으로 행하는 선을 원하시기 때문입니다.[49] 그렇지만 아마도 어떤 사람들은 더 오랫동안 악과 연합하여 거의 그 악의 부끄러움을 경멸하고 거짓으로 좋다고 이해된 악에서 돌이키기가 어려운 듯합니다.

## XXIX. 16.[50]

바로 이런 이유로 파라오가 강퍅해지지 않았을 때 말했던 바, 곧 "주께서 옳으셨고 나와 나의 백성이 옳지 못하였다"[c]고 말할 수 있도록 하나님께서 파라오의 마음을 강퍅하게 하신 것인지를[b] 확인해 보십시오. 하지만 그는 더욱더 고집을 부려 더욱더 어떤 것을 겪어야 했습니다. 이는 고집 부리는 것을 빨리 중지하게 되면, 고집 부리는 것을 악한 것으로 경멸하지 않게 되고, [그래서] 나중에 더 자주 고집 부리는 일이 당연한 것이 되는 일이 없도록 하기 위해서였습니다.[51] 잠언에서 말해진 바에 따르면, 그러므로 "까닭 없이 새에게 그물을 치는 것은 아닙니다."[52][d] 하지만 "우리를 그물에 걸리게 하시며"[e]라는 말씀에 따르면 하나님은 우리를 합당하게 그물에

---

49  참조. 클레멘스, 『양탄자』 VII.42.4; 오리게네스, 『예레미야 강해』 20(19).2.
50  하나님은 파라오의 마음을 강퍅하게 함으로써 파라오의 입으로 "주께서 옳았고, 나와 내 백성이 옳지 못하였다"고 말하게 한 것을 볼 때, 하나님은 합당한 이유로 인간을 "그물에 걸리게" 하신다. 따라서 하나님의 심판에 의해 시험에 빠질 어떤 일도 하지 않도록 기도해야 한다.
51  파라오의 강퍅함에 대해서는 『원리론』 III.17-11을 참조하라.
52  『켈수스 반박』 VIII.70.

πατρὸς" οὐδὲ τὸ εὐτελέστερον τῶν ἐπτερωμένων στρουθίον[a]

ἐμπίπτει "εἰς τὴν παγίδα" (τοῦ ἐμπίπτοντος "εἰς τὴν παγίδα"[b]

διὰ τοῦτο ἐμπίπτοντος, ἐπεὶ μὴ καλῶς τῇ τῶν πτερῶν ἐχρήσατο

δεδομένων ἐπὶ τὸ ὑψοῦσθαι ἐξουσίᾳ), εὐχώμεθα μηδὲν ἄξιον

ποιῆσαι τοῦ ὑπὸ τῆς δικαίας κρίσεως τοῦ θεοῦ εἰσενεχθῆναι "εἰς"

τὸν "πειρασμὸν,"[c] εἰσφερομένου παντός τε τοῦ παραδιδομένου

ὑπὸ τοῦ θεοῦ "ἐν ταῖς ἐπιθυμίαις" τῆς καρδίας ἑαυτοῦ "εἰς

ἀκαθαρσίαν"[d] καὶ παντὸς τοῦ παραδιδομένου "εἰς πάθη ἀτιμίας"[e]

καὶ παντὸς τοῦ, "καθὼς οὐκ ἐδοκίμασε τὸν θεὸν ἔχειν ἐν" ἑαυτῷ,

παραδιδομένου "εἰς ἀδόκιμον νοῦν, ποιεῖν τὰ μὴ καθήκοντα."[f]


XXIX. 17.

ἡ δὲ χρεία τοῦ πειράζεσθαι τοιαύτη τις ἐστίν. ἅπερ ἐδέξατο

ἡμῶν ἡ ψυχή, λανθάνοντα πάντας πλὴν τοῦ θεοῦ ἀλλὰ καὶ

ἡμᾶς αὐτούς, φανερὰ διὰ τῶν πειρασμῶν γίνεται· ἵνα μηκέτι

λανθάνωμεν, ὁποῖοί ποτε ἐσμέν, ἀλλὰ καὶ αὐτοὺς ἐπιγινώσκοντες

συναισθώμεθα, ἐὰν βουλώμεθα, τῶν ἰδίων κακῶν καὶ

εὐχαριστῶμεν ἐπὶ τοῖς φανερουμένοις ἡμῖν διὰ τῶν πειρασμῶν

ἀγαθοῖς. ὅτι δὲ οἱ γενόμενοι πειρασμοὶ ὑπὲρ τοῦ ἀναφανῆναι

a   마 10:29; 눅 12:6.          d   롬 1:24.
b   시 65:11(시 66:11).          e   롬 1:26.
c   마 6:13; 눅 11:4.            f   롬 1:28.

걸리게 하십니다. 또한 "아버지의" 뜻이 "없이는" 나는 것 중에서 가장 싼 참새도<sup>a</sup> "그물에" 걸리지 않습니다. ("그물에" 걸리는<sup>b</sup> 사람은 다음과 같은 이유로, 즉 높이 오르도록 주어진 날개의 권세를 충분히 사용하지 못했기 때문에 [그물에] 걸립니다.)<sup>53</sup> 그렇다면 하나님의 의로우신 심판에 의해 시험에 빠지게 될 만한 어떤 일도 행하지 않도록 기도합시다.<sup>c</sup> 하나님께서 "마음의 욕정대로 하도록 더러움에 그대로 두신" 모든 사람,<sup>d</sup> "부끄러운 정욕 속에 내버려 두신" 모든 사람,<sup>e</sup> 그리고 자기 "안에 하나님 두기를 싫어하므로" "타락한 마음 자리에 내버려 두신" 모든 사람은 해서는 안 될 일을 하도록 스스로 이끌립니다.<sup>f</sup>


## XXIX. 17.<sup>54</sup>

시험 당하는 것이 필요한 이유는 다음과 같습니다. 우리 영혼이 무엇을 받아들여 품고 있는지는 하나님 밖에는 아무도, 심지어 우리 자신도 알지 못합니다. 이것은 바로 시험을 통해 드러나게 되며, 이로써 우리는 자신이 도대체 어떤 사람인지 잊지 않고, 또한 자신을 알고, 우리가 원한다면 자신의 악도 깨달아 시험을 통해 우리에게 나타난 선에 대해 감사하게 됩니다. 시험을 당하는 자들이 우리가 어떤 사람인지 드러나도록 혹은 우리 마음 속에 감춰진 것이 알

---

53 플라톤의 영혼의 날개 비유를 생각나게 한다(『파이드로스』 251b-c).
54 인간의 영혼의 본 모습은 시험을 당하지 않고는 드러나지 않기 때문에, 시험을 통해 우리에게 나타난 선에 대해 감사해야 한다.

ἡμᾶς, οἵτινές ποτε ἐσμὲν, ἢ διαγνωσθῆναι τὰ ἐγκεκρυμμένα

τῇ καρδίᾳ ἡμῶν γίνονται, παρίστησι τὸ ὑπὸ τοῦ κυρίου ἐν τῷ

Ἰὼβ λεγόμενον καὶ τὸ ἐν τῷ Δευτερονομίῳ γεγραμμένον, οὕτως

ἔχοντα· "οἴει δέ με ἄλλως σοι κεχρηματικέναι ἢ ἵνα ἀναφανῇς

δίκαιος;"ᵃ καὶ ἐν τῷ Δευτερονομίῳ οὕτως· "ἐκάκωσέ σε καὶ

ἐλιμαγχόνησέ σε καὶ ἐψώμισέ σε τὸ μάννα"ᵇ "καὶ διήγαγέ σε"

"ἐν τῇ ἐρήμῳ,"ᶜ "οὗ ὄφις δάκνων καὶ σκορπίος καὶ δίψα,"ᵈ "ὅπως"

"διαγνωσθῇ τὰ ἐν τῇ καρδίᾳ σου."ᵉ


XXIX. 18.

εἰ δὲ καὶ ἀπὸ τῆς ἱστορίας ἀναμνησθῆναι βουλόμεθα, ἰστέον ὅτι τὸ

<τῆς Εὔας> εὐεξαπάτητον καὶ τὸ σαθρὸν τοῦ λογισμοῦ αὐτῆς οὐχ,

ὅτε παρακούσασα τοῦ θεοῦ τοῦ ὄφεως ἤκουσεν,ᶠ ὑπέστη ἀλλὰ καὶ

πρότερον ὃν ἠλέγχθη, τοῦ ὄφεως διὰ τοῦτο αὐτῇ προσεληλυθότος,

ἐπεὶ τῇ ἰδίᾳ φρονιμότητι ἀντελάβετο τῆς ἀσθενείας αὐτῆς. ἀλλ᾽ οὐδὲ

ἐν τῷ Κάϊν πονηρία ἤρξατο γίνεσθαι, ὅτε "ἀπέκτεινε" "τὸν ἀδελφὸν

αὐτοῦ"ᵍ (καὶ πρότερον γὰρ "ἐπὶ τῷ Κάϊν καὶ" "ταῖς θυσίαις

αὐτοῦ οὐ προσέσχεν"ʰ "ὁ καρδιογνώστης θεὸς"ⁱ), εἰς φανερὸν δὲ

a   욥 40:8(70인역).        f   참조. 창 3:1–6.
b   신 8:3.                g   창 4:8.
c   신 8:2.                h   창 4:5.
d   신 8:15.               i   행 15:8.
e   신 8:2.

려지도록 [시험을] 당한다는 것은, 주께서 욥기에서 말씀하신 바와 신명기에 기록된 말씀이 다음과 같이 제시합니다. "네가 옳다고 드러내도록 내가 네게 대답했다고 생각하느냐?"[55a] 또한 신명기에서는 "너를 낮추시고 굶기시다가" "만나를 먹이셨고"[b] "쏘는 뱀과 전갈과 갈증이 있는"[d] "광야에서" "너를 인도하여주어"[c] 네 마음속을 알아보려고"[e] 하셨다고 합니다.

## XXIX. 18.[56]

우리가 역사로부터 기억하기를 원한다면, 하와가 쉽게 속고 그녀의 생각이 타락한 것은 하나님께 주의를 기울이지 않고 뱀의 말을 들었을 때가 아닙니다.[f] 오히려 하와에게 비난 받을 점이 먼저 존재했으며, 뱀은 그녀의 연약함을 스스로의 판단으로 파악했기 때문에 그녀에게 가까이 갔다는 것을 알아야 합니다. 또한 가인 안에 악이 일어나기 시작한 것은 그가 자신의 "아우를 쳐죽였"을 때가 아니었습니다.[g] 왜냐하면 먼저 "가인과" 그의 "제물을"[h] "사람의 마음 속을 아시는 하나님께서는"[i] 반기지 않으셨기 때문입니다. 가인의 악

---

55 우리 성경에는 "네가 자신을 옳다고 하려고 내게 잘못을 덮어씌우려느냐?"라고 나온다.

56 파라오를 통해 보여준 교훈(XXIX.16)을 다양한 사례로 증명한다. 하와의 타락은 뱀의 꼬임에 넘어갔을 때가 아니라 이미 하와에게 비난 받을 점이 존재했을 때 일어났으며, 가인의 악의 시작은 아벨을 죽였을 때가 아니라 하나님이 그의 제물을 반기지 않았을 때 나타났고, 노아가 포도주를 마시고 벌거벗었을 때 함의 성급함과 불효가 드러났으며, 에서의 영혼은 음란하고 속된 자가 될 뿌리를 가졌으며, 요셉은 여주인의 꾀임이 있기 전에 내면적인 절제를 지니고 있었다.

ἦλθεν ἡ κακία αὐτοῦ, ὅτε ἀνεῖλε τὸν Ἄβελ. ἀλλὰ καὶ εἰ μὴ πιὼν

οὗ ἐγεώργησεν "οἴνου" "ἐμεθύσθη" ὁ Νῶε καὶ ἐ<γε>γύμνωτο,[a]

οὐκ ἂν ἀνεφάνη οὔτε ἡ τοῦ Χὰμ προπέτεια καὶ εἰς τὸν πατέρα

ἀσέβεια οὔτε ἡ τῶν ἀδελφῶν αὐτοῦ σεμνότης καὶ αἰδὼς πρὸς

τὸν γεγεννηκότα.[b] καὶ ἡ κατὰ τοῦ Ἰακὼβ τοῦ Ἡσαῦ ἐπιβουλὴ

πρόφασιν ἔδοξεν ἐσχηκέναι τὴν "τῆς εὐλογίας" ἀφαίρεσιν,[c] καὶ

πρότερον δὲ τούτου ῥίζας τοῦ "πόρνος" καὶ "βέβηλος"[d] εἶναι εἶχεν

αὐτοῦ ἡ ψυχή· τήν τε λαμπρότητα τῆς τοῦ Ἰωσὴφ σωφροσύνης,

παρεσκευασμένου πρὸς τὸ μὴ ἁλῶναι ὑπό τινος ἐπιθυμίας, οὐκ

ἂν ἐγνώκειμεν, μὴ ἐρασθείσης αὐτοῦ τῆς δεσποίνης.[e]

XXIX. 19.

διὰ τοῦτο ἐν τοῖς μεταξὺ καιροῖς τῆς τῶν πειρασμῶν διαδοχῆς

ἱστάμενοι πρὸς τὰ ἐνεστηκότα, παρασκευαζώμεθα πρὸς τὰ

δυνατὰ πάντα συμβῆναι, ἵν' ὅ τι ποτ' ἂν γένηται, μὴ ἐλεγχθῶμεν

ὡς ἀνέτοιμοι ἀλλὰ φανερωθῶμεν ὡς ἐπιμελέστατα ἑαυτοὺς

συγκροτήσαντες· τὸ γὰρ ἐλλεῖπον διὰ τὴν ἀνθρωπίνην ἀσθένειαν,

ἐπὰν πάντα τὰ καθ' ἑαυτοὺς ἐπιτελέσωμεν, πληρώσει ὁ θεός, ὁ "τοῖς

a  창 9:21.
b  참조. 창 9:22-23.
c  창 27:41.
d  히 12:15-16; 참조. 신 29:18.
e  참조. 창 39:7-18.

은 그가 아벨을 죽였을 때 밝히 드러났습니다. 또한 노아가 농사지은 "포도주를" "마시고 취하여" "벌거벗지" 않았더라면ᵃ 함의 성급함과 아버지에 대한 불효나 함의 형제들의 낳아주신 분에 대한 공경과 존경이 드러나지 않았을 것입니다.ᵇ 야곱에 대한 에서의 계략은 축복을 빼앗긴 것과 관련해서 구실을 얻은 것처럼 보이지만,ᶜ 이보다 먼저 에서의 영혼은 "음란한 자"나 "속된 자"가ᵈ 될 뿌리를 가졌습니다. 어떤 욕정에도 붙잡히지 않도록 준비된 요셉의 절제의 광채는 여주인이 그에 대한 사랑에 빠지지 않았더라면 알 수 없었을 것입니다.ᵉ

## XXIX. 19.[57]

이러한 이유로 연속된 시험들 사이에서 우리는 공격해 들어오는 것에 대해 굳게 맞서서 일어날 가능한 모든 일에 대비해야 합니다. 그리하여 어떤 일이 일어날 때 준비하지 못한 사람으로 비난 받지 않고, 전심을 다하여 자신을 훈련한 자로 드러나도록 해야 합니다. 왜냐하면 인간적인 연약함[58] 때문에 부족한 것은, 우리가 능력을 다하여 모든 것을 이룰 때 하나님께서 채워주시기 때문입니다. 하나님은 그분을 "사랑하는 사람들" 즉 거짓이 없는 예지에 따라 그들이 스스로 어떻게 될 것인지를 그분이 미리 본 사람들에게 모든 일이

---

57  시험과 시련은 모두에게 일어나므로 자신을 훈련시키는 것이 필요하다. 인간의 연약함은 하나님께서 채우신다.
58  참조. XI.2.

ἀγαπῶσιν" αὐτὸν "πάντα" συνεργῶν "εἰς ἀγαθὸν, τοῖς κατὰ"[a]
τὴν ἀψευδῆ πρόγνωσιν αὐτοῦ, ὅ τι ποτὲ ἔσονται παρ' αὐτοὺς,
προεωραμένοις.

a    참조 롬 8:28.

서로 협력해서 선을 이루게 하시는 분입니다.[59a]

59  하나님의 은혜와 인간적 노력의 협력이 표현된다.

# XXX. 1.

Δοκεῖ δέ μοι ὁ Λουκᾶς διὰ τοῦ "οτ εἰσενέγκῃς ἡμᾶς εἰς πειρασμὸν"[a] δυνάμει δεδιδαχέναι καὶ τὸ "ῥῦσαι ἡμᾶς ἀπὸ τοῦ πονηροῦ."[b] καὶ εἰκός γε πρὸς μὲν τὸν μαθητήν,[c] ἅτε δὴ ὠφελημένον, εἰρηκέναι τὸν κύριον τὸ ἐπιτομώτερον, πρὸς δὲ τοὺς πλείονας,[d] δεομένους τρανοτέρας διδασκαλίας, τὸ σαφέστερον. ῥύεται δ᾽ "ἡμᾶς" ὁ θεὸς "ἀπὸ τοῦ πονηροῦ"[e] οὐχὶ, ὅτε οὐδαμῶς ἡμῖν πρόσεισιν ἀντιπαλαίων ὁ ἐχθρὸς[f] δι᾽ οἵων δή ποτε μεθοδειῶν ἑαυτοῦ καὶ ὑπηρετῶν τοῦ θελήματος αὐτοῦ, ἀλλ᾽ ὅτε νικῶμεν ἀνδρείως ἱστάμενοι πρὸς τὰ συμβαίνοντα. οὕτως δὲ ἐξειλήφαμεν καὶ τὸ "πολλαὶ αἱ θλίψεις τῶν δικαίων, καὶ ἐκ πασῶν αὐτῶν ῥύεται αὐτούς."[g] "ῥύεται" γὰρ ἀπὸ τῶν θλίψεων ὁ θεός, οὐχὶ μὴ γινομένων ἔτι θλίψεων (εἴ γε καὶ ὁ Παῦλός φησι τό· "ἐν παντὶ θλιβόμενοι"[h] ὡς μηδὲ πώποτε οὐ "θλιβόμενοι"), ἀλλ᾽ ὅτε "θλιβόμενοι" βοηθείᾳ θεοῦ <οὐ> μὴ στενοχωρούμεθα, τοῦ μὲν θλίβεσθαι κατά τι πάτριον παρ᾽ Ἑβραίοις οὕτω σημαινομένου ἐπὶ τοῦ ἀπροαιρέτως συμβαίνοντος

---

| | | | |
|---|---|---|---|
| a | 눅 11:4. | e | 마 6:13. |
| b | 마 6:13. | f | 참조. 엡 6:11-12. |
| c | 참조. 눅 11:1. | g | 시 33:20(34:19). |
| d | 참조. 마 5:1. | h | 고후 4:8. |

# 우리를 악한 자로부터 구하소서(XXX)

## XXX. 1.[1]

내가 보기에 누가는 "우리를 시험에 빠지지 않게 하소서"를 통해[a] 실제로는 "우리를 악한 자로부터 구하소서"까지도[b] 가르쳤던 것 같습니다. 아마도 이미 도움을 받았으므로 주님께서는 제자에게는[c] 더 간단한 말씀을 전하셨고,[2] 더 많은 사람들,[d] 더 명확한 가르침을 요청하는 자들에게는 더 분명한 말씀을 전하셨습니다. 하나님께서 "우리를 악한 자로부터 구하시는" 것은[e] 어떤 방식으로든 자신의 간교함과 자신의 뜻을 [따르는] 종을 내세워 원수가 [우리와] 맞서 겨루면서 우리에게 결코 가까이 다가오지 않는다는 뜻이 아닙니다.[f] 오히려 일어나는 일들에 대해 우리가 남자답게 맞서서 이긴다는 뜻입니다.[3] 우리는 "의로운 사람에게는 고난이 많지만, 주께서는 그 모든 고난에서 그를 건져주신다"[g]는 말씀을 이렇게 이해합니다. 왜냐하면 하나님께서 고난에서부터 구하시는 것은 고난이 일어나지 않는다는 뜻이 아니라(바울도 "사방으로 죄어들어도"[h]라고 말하지, 전혀 "죄어들지" 않는다고 말하지는 않는다면), "죄어들지만" 하나님의 도움으로 결코 움츠러들지 않는다는 뜻입니다. 죄어드는 것이

---

1   누가복음에는 "우리를 악한 자로부터 구하소서"가 빠져 있지만, 이는 "우리를 시험에 빠지지 않게 하소서"에 포함되어 있다고 볼 수 있다. 우리를 악한 자로부터 구하는 것은 원수가 결코 다가오지 않는 것이 아니라 우리에게 일어나는 고난과 곤경에 맞서 이긴다는 뜻이다.

2   참조. XVIII,3.

3   오리게네스는 악한 자로부터의 구원에 대한 간구를 개인적인 관점에서 이해한다. 참조. 『시편 36편 강해』 2.4.

περιστατικοῦ, τοῦ δὲ στενοχωρεῖσθαι ἐπὶ τοῦ προαιρετικοῦ,[a] ὑπὸ τῆς θλίψεως νενικημένου καὶ ἐνδεδωκότος αὐτῇ. ὅθεν καλῶς ὁ Παῦλός φησιν· "ἐν παντὶ θλιβόμενοι ἀλλ' οὐ στενοχωρούμενοι."[b] ὅμοιον δὲ τούτῳ εἶναι νομίζω καὶ τὸ ἐν ψαλμοῖς· "ἐν θλίψει ἐπλάτυνάς ⌜με.⌝"[c] συνεργίᾳ γὰρ καὶ παρουσίᾳ τοῦ παραμυθουμένου καὶ σώζοντος ἡμᾶς λόγου θεοῦ τὸ τῆς διανοίας ἡμῶν ἱλαρὸν καὶ εὔθυμον ἐν τῷ καιρῷ τῶν περιστατικῶν ἀπὸ θεοῦ γινόμενον πλατυσμὸς ὠνόμασται.

## XXX. 2.

ὁμοίως οὖν νοητέον καὶ τὸ ῥυσθῆναί τινα "ἀπὸ τοῦ πονηροῦ."[d] ἐρρύσατο ὁ θεὸς <τὸν Ἰὼβ> οὐχὶ τῷ μὴ εἰληφέναι <τὸν διάβολον> ἐξουσίαν τοῖσδέ τισι τοῖς πειρασμοῖς αὐτὸν περιβαλεῖν (εἴληφε γάρ), ἀλλὰ <τῷ> "ἐν ⌜πᾶσι τοῖς⌝ συμβεβηκόσι" μηδὲν ἁμαρτεῖν αὐτὸν ἐνώπιον "τοῦ κυρίου" ἀλλὰ ἀναφανῆναι δίκαιον·[e] τοῦ εἰπόντος· "μὴ δωρεὰν σέβεται Ἰὼβ τὸν κύριον; οὐ σὺ περιέφραξας τὰ ἔξω αὐτοῦ καὶ τὰ ἔσω τῆς οἰκίας αὐτοῦ καὶ τὰ ἔξω πάντων τῶν ὄντων αὐτῷ κύκλῳ, <τὰ ⌜δὲ⌝> ἔργα ⌜αὐτοῦ⌝ εὐλόγησας καὶ τὰ κτήνη αὐτοῦ πολλὰ ἐποίησας ἐπὶ τῆς γῆς; ἀλλὰ ἀπόστειλον τὴν χεῖρά σου καὶ ἅψαι πάντων ὧν ἔχει, ⌜ἦ⌝ μὴν

---

a  고후 4:8.          d  마 6:13.
b  고후 4:8.          e  욥 1:22.
c  시 4:2(시 4:1).

히브리인의 고유한 어법에 따르면 의지와 관계 없이 일어나는 결정적인 상황을 가리킨다면, 움츠러드는 것은 스스로의 의지에 따른 것, 고난에 져서 이에 굴복하는 자를 가리킵니다.[a] 바울은 [이에 대해] 적절하게 말해줍니다: "우리는 사방으로 죄어들어도 움츠러들지 않으며…."[b] 또한 나는 시편에 있는 말씀이 이것과 비슷하다고 생각합니다: "내가 곤궁에 빠졌을 때에, 주께서 나를 너그럽게 보아 주십시오."[c] 참으로 위기의 순간에 우리를 권면하시고 구원하시는 하나님의 말씀의 협력과 현존으로 인해 하나님으로부터 오는 우리 생각의 기쁨과 즐거움이 '너그러움'이라고 일컬어졌습니다.


XXX. 2.[4]

어떤 사람을 "악한 자로부터"[d] 구하는 것도 같은 방식으로 생각해야 합니다. 하나님께서 [욥을] 구원하시는 것은, 이러한 사람들에게 시험으로 그를 에워싸는 권한을 사탄이 받지 못한다는 뜻이 아니라 (왜냐하면 그는 이러한 권한을 이미 받았기 때문입니다), 모든 일어나는 사건에서 그가 주님 앞에서 어떤 죄도 짓지 않고 의로운 자로 드러난다는 뜻입니다.[e] "욥이 아무것도 바라는 것이 없이 하나님을 경외하겠습니까? 주께서 그와 그의 집 안에 있는 것과 그가 가진 모든 것을 울타리로 감싸주시고, 그가 하는 일이면 무엇에나 복

---

4    욥이 시험을 이겨내고 입술로 죄짓지 않은 것을 언급한다. 욥은 두 번의 싸움을 이겼지만, 그리스도만이 세 번의 싸움을 이길 수 있다.

εἰς πρόσωπόν σε εὐλογήσει"[a] καταισχυνθέντος, ὡς καὶ τότε καταψευσαμένου κατὰ τοῦ Ἰώβ· ὅστις τοσαῦτα παθὼν οὐχ, ὡς ἔλεγεν ὁ ἀντικείμενος, "εἰς πρόσωπον" εὐλογεῖ τὸν θεὸν[b] ἀλλὰ καὶ παραδοθεὶς τῷ πειράζοντι ἐπιμένει εὐλογῶν τὸν κύριον,[c] ἐπιτιμῶν τῇ γυναικὶ λεγούσῃ· "εἰπόν τι ῥῆμα πρὸς κύριον, καὶ τελεύτα"[d] καὶ ἐπιπλήσσων ἐν τῷ φάσκειν· "ὥσπερ μία τῶν ἀφρόνων γυναικῶν ἐλάλησας· εἰ τὰ ἀγαθὰ ἐδεξάμεθα ἐκ χειρὸς κυρίου, τὰ κακὰ οὐχ ὑποίσομεν;"[e] καὶ δεύτερον δὲ περὶ τοῦ Ἰὼβ "ὁ διάβολος εἶπε τῷ κυρίῳ· δέρμα ὑπὲρ δέρματος, ὅσα ὑπάρχει ⸢τῷ⸣ ἀνθρώπῳ ὑπὲρ τῆς ψυχῆς αὐτοῦ ⸢ἐκτίσει⸣. οὐ μὴν δὲ ἀλλὰ ἀπόστειλον τὴν χεῖρά σου ⸢καὶ⸣ ἅψαι τῶν ὀστῶν αὐτοῦ καὶ τῶν σαρκῶν αὐτοῦ, ⸢ἦ⸣ μὴν εἰς πρόσωπόν σε εὐλογήσει."[f] νενικημένος δὲ ὑπὸ τοῦ τῆς ἀρετῆς ἀθλητοῦ ψευδὴς ἀποδείκνυται· καίτοι γὰρ τὰ χαλεπώτατα πεπονθὼς ἐπέμεινε, μηδὲν ἁμαρτὼν "τοῖς χείλεσιν" ἐνώπιον "τοῦ θεοῦ."[g] δύο δὲ παλαίσματα παλαίσας ὁ Ἰὼβ καὶ νικήσας τρίτον οὐκ ἀγωνίζεται τηλικοῦτον ἀγῶνα· ἔδει γὰρ τὴν περὶ τῶν τριῶν πάλην τηρηθῆναι τῷ σωτῆρι, ἥτις ἐν τοῖς τρισὶν εὐαγγελίοις ἀναγέγραπται,[h] τὰ τρία νικήσαντος τοῦ κατὰ τὸν ἄνθρωπον σωτῆρος ἡμῶν νοουμένου τὸν ἐχθρόν.

a   욥 1:9-11.               e   욥 2:10.
b   욥 1:11.                  f   욥 2:4-5.
c   욥 1:21.                  g   욥 2:10.
d   욥 2:9e(70인역).         h   참조. 마 4:1-11; 막 1:12-13; 눅 4:1-13.

을 주셔서 그의 소유를 온 땅에 넘치게 하지 않으셨습니까? 이제라도 주께서 손을 드셔서 그가 가진 모든 것을 치시면, 그는 주님 앞에서 주님을 저주할 것입니다"[a]라고 말한 자는 수치를 당했습니다. 그때 그가 욥에 대해 거짓말을 했기 때문입니다. 이러한 일을 겪은 그 사람은 대적자가 말한 대로 "앞에서" 하나님을 저주하지 않고,[b] 비록 시험하는 자에게 넘겨졌지만 계속해서 주님을 찬양했으며,[c] "차라리 주님에게 무언가 이야기하고 죽으십시오"[d]라고 말하는 아내를 꾸짖고 책망하며 말했습니다. "당신까지도 어리석은 여자들처럼 말하는구려. 우리가 누리는 복도 하나님께로부터 받았는데, 어찌 재앙이라고 해서 못 받는다 하겠소?"[e] 또한 두 번째로 마귀가 욥에 대해 주님께 말했습니다. "가죽은 가죽으로 대신할 수 있습니다. 사람은 자기 생명을 지키는 일이면 자기가 가진 모든 것을 버립니다. 참으로 이제라도 주께서 손을 들어서 그의 뼈와 살을 치시면, 그는 당장 주님 앞에서 주님을 저주하고 말 것입니다."[f] 그는 덕의 용사에게 패배하여 거짓말쟁이로 드러나게 되었습니다. 왜냐하면 욥은 지극히 어려운 일들을 당하고서도 견뎌내고 "하나님 앞에서" "입술로" "죄를 짓지 않았기" 때문입니다.[g] 욥은 두 번의 싸움을 싸우고 이겼지만, 세 번째 그와 같은 투쟁을 치르지는 않았습니다. 왜냐하면 세 번의 싸움은 구세주에게 유보되어야 했기 때문입니다. 이 싸움은 세 복음서에서 읽을 수 있습니다.[h] 인성에 따라 우리의 구세주로 여겨지는 분은 세 번 원수를 이겼습니다.

## XXX. 3.

ἵν᾽ οὖν νοοῦντες αἰτῶμεν τὸν θεὸν τὸ μὴ εἰσελθεῖν "εἰς
πειρασμὸν"ᵃ καὶ τὸ ῥυσθῆναι "ἀπὸ τοῦ πονηροῦ,"ᵇ ἐπιμελέστερον
ταῦτα ἐξετάσαντες καὶ παρ᾽ ἑαυτοῖς ἐρευνήσαντες, ἄξιοι διὰ τοῦ
ἀκούειν θεοῦ τοῦ ἀκούσεσθαι ὑπ᾽ αὐτοῦ γινόμενοι, παρακαλῶμεν
πειραζόμενοι μὴ θανατοῦσθαιᶜ καὶ βαλλόμενοι ὑπὸ τῶν "τοῦ
πονηροῦ" πεπυρωμένων βελῶνᵈ μὴ ἀνάπτεσθαι ὑπ᾽ αὐτῶν.
ἀνάπτονται δὲ ὑπ᾽ αὐτῶν πάντες, ὧν κατά τινα τῶν δώδεκα
"αἱ καρδίαι" "ὡς κλίβανος"ᵉ ἐγενήθησαν· οὐκ ἀνάπτονται δὲ οἱ
τῷ θυρεῷ "τῆς πίστεως" πάντα σβεννύντες τὰ ἐπιπεμπόμενα
αὐτοῖς "πεπυρωμένα" ὑπὸ "τοῦ πονηροῦ" "βέλη"·ᶠ ἐπὰν ἔχωσιν
ἐν ἑαυτοῖς ποταμοὺς "ὕδατος ἁλλομένου εἰς ζωὴν αἰώνιον,"ᵍ
τοὺς μὴ ἐῶντας ἰσχῦσαι τὸ "τοῦ πονηροῦ" ἀλλὰ εὐχερῶς αὐτὸ
λύοντας τῷ κατακλυσμῷ τῶν ἐνθέων καὶ σωτηρίων λογισμῶν,
ἐντυπουμένων ἀπὸ τῶν τῆς ἀληθείας θεωρημάτων τῇ τοῦ
ἀσκοῦντος εἶναι πνευματικοῦ ψυχῇ.ʰ

---

a   마 6:13, 26, 41; 막 14:38; 눅 11:4; 22:46.   e   호 7:6.

b   마 6:13.   f   엡 6:16.

c   참조. 고후 6:9.   g   요 4:14; 참조. 슥 14:8

d   엡 6:16.   h   참조. 고전 2:13, 15; 14:37; 갈 6:1.

XXX. 3.[5]

그러므로 우리가 깨달아 알고서 "시험에 들어가지 않고"[a] "악한 자에게서 구해달라"고[b] 하나님께 간구하기 위해서는 더욱더 주의 깊게 이러한 말씀들을 살피고 스스로 탐구하여 하나님의 [말씀을] 잘 들어 그분에게 응답 받기에 합당한 자가 됩시다. 그리하여 시험 당하지만 죽음을 당하지 않고,[c] "악한 자의 불화살"[d]로 공격을 당하지만 이로 인해 타버리지 않도록 힘을 냅시다. 모두가 불화살에 의해 타버렸습니다. 열두 [예언자] 중 한 사람에 따르면 그들의 "마음은" "화덕처럼" 되었습니다.[e] 하지만 믿음의 방패로 악한 자가 쏴 보낸 모든 불화살을 막아[f] 끈 사람들은 타지 않습니다. 이는 그들이 자기 안에 "영생에 이르도록 흘러 나오는"[g] 샘물의 강을 가질 때 그렇습니다. 그 강은 악한 자의 화살이 이기지 못하도록 하고, 진리에 대한 관상으로부터 신령한 사람이 되기 위해 힘쓰는 자의 영혼에 새겨지는[6] 신성하고 구원하는 생각이 흘러넘치게 해서[7] 그 화살을 쉽게 물리칩니다.[h]

---

5 결론적으로 인간이 시험에 빠지지 않기 위해서는 하나님의 말씀을 깊이 탐구하여야 한다. 악한 자의 불화살로 공격을 당해도 믿음의 방패로 막고 영생에 이를 수 있다.
6 참조. XXVIII.5
7 참조. 『창세기 강해』 1.2.

XXXI. 1.

Δοκεῖ δέ μοι μετὰ ταῦτα οὐκ ἄτοπον εἶναι ὑπὲρ τοῦ πληρωθῆναι τὸ περὶ τῆς εὐχῆς πρόβλημα διαλαβεῖν εἰσαγωγικώτερον περὶ τῆς καταστάσεως καὶ τοῦ σχήματος, ὃ δεῖ ἔχειν τὸν εὐχόμενον, καὶ τόπου, οὗ εὔχεσθαι χρή, καὶ κλίματος, εἰς ὃ ἀφορᾶν δεῖ χωρὶς πάσης περιστάσεως, καὶ χρόνου εἰς εὐχὴν ἐπιτηδείου καὶ ἐξαιρέτου, καὶ εἴ τι τούτοις ἐστὶν ὅμοιον. καὶ τὸ μὲν τῆς καταστάσεως εἰς τὴν ψυχὴν ἐγκαταθετέον, τὸ δὲ τοῦ σχήματος εἰς τὸ σῶμα. φησὶ τοίνυν ὁ Παῦλος, ὡς ἐν τοῖς ἀνωτέρω ἐλέγομεν, τὴν κατάστασιν ὑπογράφων ἐν τῷ δεῖν "προσεύχεσθαι" "χωρὶς ὀργῆς καὶ διαλογισμοῦ," τὸ δὲ σχῆμα ἐν τῷ "ἐπαίροντας ὁσίους χεῖρας"·[a] ὅπερ εἰληφέναι μοι δοκεῖ ἀπὸ τῶν ψαλμῶν, οὕτως ἔχον· "ἔπαρσις τῶν χειρῶν μου θυσία ἑσπερινή"·[b] περὶ δὲ τόπου· "βούλομαι οὖν προσεύχεσθαι τοὺς ἄνδρας ἐν παντὶ τόπῳ"·[c] περὶ δὲ κλίματος ἐν τῇ Σοφίᾳ Σολομῶντος· "ὅπως γνωστὸν ᾖ ὅτι δεῖ φθάνειν τὸν ἥλιον ἐπ᾽ εὐχαριστίαν σου καὶ ⌜πρὸ ἀνατολῆς⌝ φωτὸς ἐντυγχάνειν σοι."[d]

a  딤전 2:8.                    c  딤전 2:8.
b  시 140:2(141:2).           d  지혜서 16:28.

# 후기(XXXI-XXXIV)

## 기도자의 마음가짐과 몸의 자세(XXXI.1-3)

### XXXI. 1.[1]

내게는 이러한 내용 다음에 기도에 대한 논증을 완성하기 위해 기도하는 자가 가져야 하는 마음가짐과 자세, 기도해야 하는 장소, 주변 상황이 허락한다면 바라보아야 하는 방향, 기도를 위해 적절하고 특별한 시간, 그리고 이와 비슷한 것들에 대해 보다 초보적인 방식으로 서술하는 것이 합당하다고 여겨집니다. 마음가짐은 영혼과 관련되며 자세는 몸과 관련됩니다. 따라서 바울은 우리가 앞에서 말한 대로[2] "화를 내거나 말다툼을 하는 일이 없이" 기도해야 한다고 말하면서 마음가짐을 나타내고, "거룩한 손을 들고"라고 말하면서 자세를 나타내며 권했습니다.[a] 내가 보기에 이는 시편에서 받아들인 것입니다: "손을 위로 들고서 드리는 기도는 저녁 제물로 받아주십시오."[b] 장소에 대해서는 "그러므로 나는 남자들이 모든 곳에서 기도하기를 바랍니다."[c] 방향에 대해서는 솔로몬의 지혜서에서 "주께 감사하기 위해 해 뜨기 전에 일어나야 하고 동틀 녘에 주께 간구해야 함을 알게 하시려는 것이었습니다."[d]

---

1    마지막 부분은(XXXI-XXXIV) 추신 또는 부록에 해당하는 부분으로 기도자의 마음가짐과 자세, 기도 장소, 기도자의 방향과 기도시간 등이 성경을 토대로 설명된다. 기원후 3세기의 기도 형태를 엿볼 수 있는 대목이다.
2    참조. II; IX.

XXXI. 2.

δοκεῖ τοίνυν μοι τὸν μέλλοντα ἥκειν ἐπὶ τὴν εὐχήν, ὀλίγον

ὑποστάντα καὶ ἑαυτὸν εὐτρεπίσαντα, ἐπιστρεφέστερον καὶ

εὐτονώτερον πρὸς τὸ ὅλον γενέσθαι τῆς εὐχῆς· πάντα πειρασμὸν

καὶ λογισμῶν ταραχὴν ἀποβεβληκότα ἑαυτόν τε ὑπομνήσαντα

κατὰ τὸ δυνατὸν τοῦ μεγέθους, ᾧ προσέρχεται, καὶ ὅτι ἀσεβές

ἐστι τούτῳ χαῦνον καὶ ἀνειμένον προσελθεῖν καὶ ὡσπερεὶ

καταφρονοῦντα, ἀποθέμενον πάντα τὰ ἀλλότρια, οὕτως ἥκειν

ἐπὶ τὸ εὔξασθαι, πρὸ τῶν χειρῶν ὡσπερεὶ τὴν ψυχὴν ἐκτείναντα

καὶ πρὸ τῶν ὀφθαλμῶν τὸν νοῦν πρὸς τὸν θεὸν ἐντείναντα

καὶ πρὸ τοῦ στῆναι διεγείραντα χαμόθεν τὸ ἡγεμονικὸν καὶ

στήσαντα αὐτὸ πρὸς τὸν τῶν ὅλων κύριον, πᾶσαν μνησικακίαν

τὴν πρός τινα τῶν ἠδικηκέναι δοκούντων ἐπὶ τοσοῦτον

ἀποθέμενον,[a] ὅσον τις καὶ αὐτῷ <ἀ>μνησικακεῖν τὸν θεὸν

βούλεται, ἠδικηκότι καὶ εἰς πολλοὺς τῶν πλησίον ἡμαρτηκότι

ἢ ὁποῖα δή ποτε παρὰ τὸν ὀρθὸν λόγον πεπραγμένα ἑαυτῷ

συνειδότι. οὐδὲ διστάσαι γὰρ χρὴ ὅτι, μυρίων καταστάσεων

---

a    참조 마 6:14-15; 막 11:25; 눅 7:10.

XXXI. 2.[3]

따라서 내가 보기에는 기도로 나아가려고 하는 사람은[4] 잠시 동안 물러나 자신을 잘 준비했을 때 기도 전체에 대해 보다 주의 깊고, 보다 열정적이 됩니다. 그는 모든 시험과 무질서한 생각을 떨쳐버리고 자신이 가까이 다가가는 그 위대한 분을 [그분의] 능력에 따라 기억하며,[5] 그분에게 마치 업신여기듯 나아가는 것은 경박하고 불경한 일이므로 모든 이질적인 것을[6] 제거하고 이렇게 기도로 나아가게 됩니다. 즉 손 이전에 영혼을 펼치고, 눈 이전에 정신을 하나님께로 주목하고, 일어서기 전에 [자신의] 얼을[7] 땅에서부터 일으키고, 그것을 만유의 주님을 향해 세웁니다. 또한 잘못을 저질렀다고 여겨지는 그 누구에 대해서도 악의를 모두 버립니다. 이는 그 자신도 잘못을 저지르고 많은 이웃에 대해 죄를 짓게 되거나, 혹은 무엇이든 그가 스스로 바른 이성에 어긋나게 행동한 일을 깨닫게 될 때에 하나님이 그 악을 기억하지 않기를[8a] 다른 사람도 바라도록 하기 위함입니다. 참으로 몸에는 수많은 자세가 있지만, 손을 뻗

---

3    기도자의 내적 자세에 대해서 설명한다. 무질서한 생각을 떨쳐버리고, 이질적인 것을 제거하고 기도에 임해야 하며, 손을 올리기 전에 영혼을 들어올리고, 눈보다 먼저 우리의 정신과 마음을 하나님께로 향해야 한다. 몸의 자세로는 손을 뻗치고 눈을 들어 기도하는 자세가 좋다. 상황이 허락되지 않을 때, 즉 발에 병이 있거나 질병이 있을 때는 앉거나 누워서 기도할 수 있으며, 심지어 기도의 형태를 빌리지 않고도 기도할 수 있다.
4    IX.3.
5    하나님을 기억하는 것은 기도자를 정결하게 만든다. 참조. VIII.2; IX.1; XIII.3; XXIV.32.
6    참조. XX.2.
7    참조. IX.1; XII.1; XIII.3; XXV.1; XXVIII.5; XXIX.2.
8    참조. IX.3.

οὐσῶν τοῦ σώματος, τὴν κατάστασιν τὴν μετ’ ἐκτάσεως τῶν χειρῶν καὶ ἀνατάσεως τῶν ὀφθαλμῶν πάντων προκριτέον, οἱονεὶ τὴν εἰκόνα τῶν πρεπόντων ἰδιωμάτων τῇ ψυχῇ κατὰ τὴν εὐχὴν φέροντα καὶ ἐπὶ τοῦ σώματος. ταῦτα δὲ λέγομεν χωρὶς πάσης περιστάσεως δεῖν γενέσθαι προηγουμένως· μετὰ γὰρ περιστάσεως δέδοται καθηκόντως ποτὲ καθεζόμενον εὔξασθαι διά τινα νόσον τῶν ποδῶν οὐκ εὐκαταφρόνητον ἢ καὶ κατακείμενον διὰ πυρετοὺς ἢ τοιαύτας ἀσθενείας, καὶ διὰ περιεστῶτα δὲ, φέρε εἰπεῖν, ἐὰν πλέωμεν, ἢ τὰ πράγματα μὴ ἐπιτρέπῃ ἀναχωροῦντας ἡμᾶς ἀποδοῦναι τὴν ὀφειλομένην εὐχήν, ἔστιν εὔξασθαι μηδὲ προσποιούμενον τοῦτο ποιεῖν.


## XXXI. 3.

καὶ ἡ γονυκλισία δὲ ὅτι ἀναγκαία ἐστὶν, ὅτε τις μέλλει τῶν ἰδίων ἐπὶ θεοῦ ἁμαρτημάτων κατηγορεῖν, ἱκετεύων περὶ τῆς ἐπὶ τούτοις ἰάσεως καὶ τῆς ἀφέσεως αὐτῶν, εἰδέναι χρὴ ὅτι σύμβολον τυγχάνει τοῦ ὑποπεπτωκότος καὶ ὑποτεταγμένου, Παύλου λέγοντος· “τούτου χάριν κάμπτω τὰ γόνατά μου

치고 눈을 드는 자세가, 마치 기도할 때 그 영혼에 어울리는 독특한 표상을 몸에도 새기는 것으로서 다른 모든 자세보다 선호되어야 한다는 것은 조금도 의심할 필요가 없습니다.[9] 우리는 상황이 허락하면 이것이 우선적으로 행해져야 한다고 말합니다. 상황이 허락하지 않을 경우에는, 이를테면 쉽게 무시할 수 없는 발의 병 때문에 앉아서 기도하는 것이나, 열병이나 그러한 질병 때문에 심지어 누워서 기도하는 것도 합당하게 허용됩니다. 또한 상황 때문에, 말하자면 항해할 때나 혹은 갖가지 일들이 우리가 물러나 의무적인 기도를 드리도록 허용하지 않을 경우에는, 그렇게 하지 않고서도 기도하는 것이 가능합니다.[10]

## XXXI. 3.[11]

또한 무릎 꿇기는 하나님에 대한 죄를 스스로 책망하면서 이에 대한 치유와 죄 용서에 대해 간구하려고 할 때 필요하므로, 무릎 꿇기는 굴복하는 자와 복종하는 자의 상징을 지닌다는 것을 알아야 합

---

9   이는 지중해 지역에서 흔히 행해졌던 기도 자세였다. 참조. 호메로스, 『일리아스』 VIII.346-47; 위-아리스토텔레스 『세계』 6.400 a 16-17; 테르툴리아누스, 『변증서』 30.4. 또한 이러한 자세는 고대 교회 예술에도 나타난다.
10   『마태복음 주해 단편집』116.
11   회개 기도는 자신의 죄를 하나님 앞에 스스로 책망하며 용서를 구하는 것이므로 무릎을 꿇어 기도하는 것이 좋다. 이때는 정신적으로도 예수님의 이름으로 하나님 앞에 무릎을 꿇어야 한다. 하늘에 있는 이들도 예수님의 이름 앞에 무릎을 꿇게 된다는 말씀을 이들이 마치 신체적인 무릎을 지니는 것처럼 이해해서는 안 된다고 경계하고, 플라톤적 세계관에 의해 이들이 질료를 지닌 구형체라고 이해한 당시 철학자들의 견해를 언급한다. 중요한 것은 표면적인 형태보다도 내면적인 자세라고 강조한다.

πρὸς τὸν πατέρα, ἐξ οὗ πᾶσα πατριὰ ἐν οὐρανοῖς καὶ ἐπὶ γῆς ὀνομάζεται."[a] τὴν δὲ νοητὴν γονυκλισίαν, οὕτως ὀνομαζομένην παρὰ τὸ ὑποπεπτωκέναι τῷ θεῷ "ἐν τῷ ὀνόματι Ἰησοῦ"[b] [καὶ] ἕκαστον τῶν ὄντων <καὶ> αὐτῷ ἑαυτὸν τεταπεινωκέναι, δηλοῦν μοι ὁ ἀπόστολος φαίνεται ἐν τῷ "ἵνα ἐν τῷ ὀνόματι Ἰησοῦ πᾶν γόνυ κάμψῃ ἐπουρανίων καὶ ἐπιγείων καὶ καταχθονίων." ἐσχηματίσθαι γὰρ τῶν ἐπουρανίων τὰ σώματα, ὡς καὶ γόνατα σωματικὰ ἔχειν αὐτὰ, ὑπολαμβάνειν οὐ πάνυ τι χρὴ, σφαιροειδῶν παρὰ τοῖς ἀκριβῶς περὶ τούτων διειληφόσιν ἀποδεδειγμένων αὐτῶν τῶν σωμάτων. ὁ δὲ μὴ βουλόμενος τοῦτο παραδέξασθαι, καὶ τὰς χρείας ἑκάστου τῶν μελῶν, ἵνα μὴ μάτην ᾖ τι δεδημιουργημένον αὐτοῖς ὑπὸ τοῦ θεοῦ, ἐὰν μὴ ἀναιδεύηται πρὸς τὸν λόγον, παραδέξεται, ἑκατέρωθεν πταίων, εἴτε φήσει μέλη σώματος μάτην καὶ μὴ ἐπὶ τῷ ἰδίῳ ἔργῳ γεγονέναι αὐτοῖς ὑπὸ τοῦ θεοῦ, εἴτε ἐρεῖ τὰ ἔγκατα καὶ τὸ ἀπευθυσμένον ἔντερον

a    엡 3:14-15.        b    빌 2:10.

니다. 바울은 말합니다. "그러므로 나는 무릎을 꿇고 아버지께 빕니다. 아버지는 하늘과 땅에 있는 각 족속에게 이름을 주신 분이십니다."[a] 정신적 무릎 꿇기는 "예수의 이름"으로 하나님께 굴복하는 것이며 존재하는 것 각자가 그분에게 자신을 낮추는 것이기 때문에 이렇게 불립니다. 내가 보기에는 "하늘과 땅 위와 땅 아래 있는 이들 모두가 예수의 이름 앞에 무릎을 꿇게 하시고"[b]라는 말씀에서 사도가 이를 보여줍니다. 참으로 하늘에 있는 이들의 몸이 마치 신체적인 무릎을 지니고 있는 것처럼 형성되었다고 미루어 생각해서는 안 됩니다. 이 문제에 대해 자세하게 조사한 사람들은 이들의 몸이 구형(球形)이라고 밝혔기 때문입니다.[12] 이를 받아들이려 하지 않는 사람도, 이성에 거슬러 경솔하게 행하는 경우가 아니라면, 하나님께서 이들을 위해 지어주신 어떤 것도 헛되지 않도록 각 지체가 모두 쓸모가 있다고 인정할 것입니다.[13] 이러한 사람은 다음 두 가지 중 한 가지 오류에 빠지게 됩니다. 그는 하나님께서 몸의 지체를 쓸모 없게, 고유한 기능 없이 지으신다고 말하든지, 혹은 하늘에 있는 이들에게도 내장과 "직장"이 고유한 용도가 있다고 말하게 될 것입니다. 누군가가 사람의 조각상처럼 표면적으로만 사람의 모양을 지니고 있지, 속으로는 그렇지 않다고 생각한다면 매우 어리석

---

12 참조. 플라톤, 『티마이오스』 33b; 아리스토텔레스, 『분석론 후서』 I.13.78 b 4-11; 『자연학 논문집』(Phys. Ausc.) II.2.286 b 10; II.8.290 a 7; 『문제집』 XV.8.912 a 28. 유스티니아누스 황제는(『메나스에게 보낸 편지』(ACO III.213.25-26)에서 부활체가 구형이라는 명제를 오리게네스주의적인 오류라고 정죄했다(참조. 『콘스탄티노플공의회 정죄문』 10(ACO IV/1, 249.19-22).
13 갈렌, 『해부 절차』 VI.9; 『자궁 절개』 1; 『인체 기관의 활용』 IV.17.19.

τὰς ἰδίας χρείας ἐπιτελεῖν καὶ ἐν τοῖς ἐπουρανίοις. σφόδρα δὲ μωρῶς ἀναστραφήσεται, ἐὰν τρόπον ἀνδριάντων τις νομίζῃ τὴν μὲν ἐπιφάνειαν μόνην εἶναι ἀνθρωποειδῆ οὐκέτι δὲ καὶ τὰ ἐν βάθει. ταῦτα δέ μοι λέγεται ἐξετάζοντι τὴν γονυκλισίαν καὶ ὁρῶντι ὅτι "ἐν τῷ ὀνόματι Ἰησοῦ πᾶν γόνυ ⌜κάμψει⌝ ἐπουρανίων καὶ ἐπιγείων καὶ καταχθονίων."ᵃ ἀλλὰ καὶ τὸ ἐν τῷ προφήτῃ γεγραμμένον· "ἐμοὶ κάμψει πᾶν γόνυ"ᵇ ταὐτόν ἐστι.

a   빌 2:10.                    b   사 45:23; 참조. 롬 14:11.

게 행동하는 것이 될 것입니다. 이것이 내가 무릎 꿇기에 대해 탐구하고 "하늘과 땅 위와 땅 아래 있는 이들 모두가 예수의 이름 앞에 무릎을 꿇게 하시고"라는 말씀을 살피고 말할 수 있는 바입니다.[a] "모두가 내 앞에 무릎을 꿇을 것이다"라는 예언서에 기록되어 있는 말씀도 같은 뜻을 지니고 있습니다.[14b]

---

14 『민수기 강해』 5.1에서 오리게네스는 왜 우리가 무릎을 꿇고 기도하는지, 모든 방향 중에서 동쪽을 향하여 기도해야 하는지에 대해 모든 사람에게 합리적인 근거를 제시하기 어렵다고 말한다.

## XXXI. 4.

καὶ περὶ τόπου δὲ ἰστέον ὅτι πᾶς τόπος ἐπιτήδειος εἰς τὸ εὔξασθαι ὑπὸ τοῦ καλῶς εὐχομένου γίνεται· "ἐν παντὶ" γὰρ "τόπῳ θυμίαμά ῾μοι προσάγετε᾿," "λέγει κύριος,"[a] καὶ "βούλομαι οὖν προσεύχεσθαι τοὺς ἄνδρας ἐν παντὶ τόπῳ."[b] ἔχει δὲ καὶ τεταγμένον ὑπὲρ τοῦ ἐφ᾽ ἡσυχίας μὴ περισπώμενον τὰς εὐχὰς ἐπιτελεῖν ἕκαστον, ἐπιλεξάμενον τοῦ ἰδίου οἴκου, ἐὰν ἐγχωρῇ, τὸ σεμνότερον, ἵν᾽ οὕτως εἴπω, χωρίον, οὕτως εὔχεσθαι, πρὸς τῷ καθολικῷ τῆς περὶ αὐτοῦ ἐξετάσεως ἐπισκοποῦντα εἰ ἐν τῷδε τῷ τόπῳ, ᾧ εὔχεται, οὐ παρανενόμηταί ποτε καὶ παρὰ τὸν ὀρθὸν λόγον πεποίηται· οἱονεὶ γὰρ οὐ μόνον ἑαυτὸν ἀλλὰ καὶ τὸν τόπον τῆς ἰδίας εὐχῆς τοιοῦτον πεποίηκεν, ὡς φυγεῖν ἐκεῖθεν τὴν ἐπισκοπὴν τοῦ θεοῦ. ἐπισκοποῦντι δέ μοι ἐπὶ πλεῖον καὶ περὶ τούτου τοῦ τόπου λεκτέον δόξαν μὲν ἄν τι εἶναι βαρὺ τάχα δὲ τῷ ἐπιμελῶς αὐτὸ βασανίζοντι οὐκ εὐκαταφρόνητον. ἐν γὰρ τῷ τόπῳ τῆς <οὐ> παρανόμου μίξεως ἀλλὰ ὑπὸ τοῦ ἀποστολικοῦ λόγου "κατὰ συγγνώμην οὐ κατ᾽ ἐπιταγὴν"[c] συγκεχωρημένης ἐξεταστέον εἰ ὅσιόν ἐστι καὶ καθαρὸν ἐντυγχάνειν τῷ θεῷ· εἰ

---

a  말 1:11.    c  고전 7:6.

b  딤전 2:8.

# 기도의 장소(XXXI.4)

XXXI. 4.[1]

장소에 대해서는, 모든 장소가 올바르게 기도하는 자에게는 기도하기에 적당하다는 것을 알아야 합니다.[2] 왜냐하면 너희는 "곳곳에서 나에게 분향하라"고 주님께서 말씀하시며, "나는 남자들이 모든 곳에서 기도하기를 바[란다]"고 하시기 때문입니다.[b] 하지만 각자가 산만해지지 않고 평온하게 기도를 완수하기 위해 지정된 곳, 가능한 경우 자기 집에서, 말하자면 더 거룩한 곳을 택할 수 있으며, 그렇게 기도할 수 있습니다. 우선 그곳에 대한 일반적인 조사에 더하여 기도하는 그 장소에서 언젠가 죄를 저지르고 바른 이성에 어긋나게 행동한 적이 없는지를 살펴보아야 합니다. 마치 자신뿐만 아니라 기도처까지도 하나님의 돌보심이 거기서 떠나도록 만들었을 수 있기 때문인 것처럼 말입니다. 나는 이러한 장소에 대해서도 더 자세히 살피면서, 언뜻 보기에 심한 것이 될 수도 있고, 다른 한편 이를 주의 깊게 조사하는 자에게는 무시할 수 없는 견해를 이야기할 필요가 있습니다. 불법적인 [성적] 결합이 아니라 사도의 말에 따라 "명령으로가 아니라 해도 좋다는 뜻으로"[c] 인정된 결합이 일어난 장소에서 하나님께 간구하는 것이 거룩하고 정결한 지에 대해

---

1 기도의 장소에 대한 다양한 성경 구절에 따르면 기도는 일반적으로 어디서나 가능하다. 하지만 산만하지 않기 위해 지정된 거룩한 곳을 선택하는 것이 합당하고, 이 곳은 이전에 죄를 짓지 않은 곳이어야 한다.
2 클레멘스, 『양탄자』 VII.43.1; 오리게네스, 『켈수스 반박』 VII.44.

γὰρ σχολάσαι "τῇ προσευχῇ" ὃν τρόπον χρὴ οὐχ οἷόν τε ἐστὶν, ἐὰν μὴ "ἐκ συμφώνου πρὸς καιρὸν"[a] τούτῳ τις ἑαυτὸν ἐπιδῷ, τάχα καὶ περὶ τοῦ τόπου, ἐὰν ἐγχωρῇ, θεωρητέον.

a   고전 7:5.

살펴보아야 합니다. 누구든지 "얼마 동안 떨어져 있기로 합의하여" 헌신하지 않을 경우, 합당한 방식으로 "기도에 전념하는" 것이 가능하지 않다면[a] 아마도 [기도] 장소에 대해서도, 사정이 허락한다면, 똑같이 생각해야 할 것입니다.[3]

---

3    참조. 『민수기 강해』 23.3. 육체적 결합이 있는 장소에서는 무엇보다 그곳이 기도장소로 거룩하고 정결한 장소인지를 고려해 본 후에 기도 장소로 정해야 한다. 기도에 전념하는 것이 가능하지 않을 경우는 기도 장소를 변경하도록 암시된다.

제2부 오리게네스 기도론 원문-번역

## XXXI. 5.

ἔχει δέ τι ἐπίχαρι εἰς ὠφέλειαν τόπος εὐχῆς, τὸ χωρίον τῆς ἐπὶ τὸ αὐτὸ τῶν πιστευόντων συνελεύσεως, ὡς εἰκός, καὶ ἀγγελικῶν δυνάμεων ἐφισταμένων τοῖς ἀθροίσμασι τῶν πιστευόντων καὶ αὐτοῦ τοῦ κυρίου καὶ σωτῆρος ἡμῶν δυνάμεως[a] ἤδη δὲ καὶ πνευμάτων ἁγίων, οἶμαι δὲ ὅτι καὶ προκεκοιμημένων, σαφὲς δὲ ὅτι καὶ ἐν τῷ βίῳ περιόντων, εἰ καὶ τὸ πῶς οὐκ εὐχερὲς εἰπεῖν. καὶ περὶ μὲν ἀγγέλων οὕτως ἐπιλογιστέον· εἰ "παρεμβαλεῖ ἄγγελος κυρίου κύκλῳ τῶν φοβουμένων αὐτὸν καὶ ῥύσεται αὐτούς,"[b] καὶ ἀληθεύει ὁ Ἰακὼβ οὐ περὶ ἑαυτοῦ μόνον ἀλλὰ καὶ περὶ πάντων τῶν ἀνακειμένων τῷ θεῷ τῷ συνιέντι λέγων· "ὁ ἄγγελος ὁ ῥυόμενός με ἐκ πάντων τῶν κακῶν,"[c] εἰκός ἐστι, πλειόνων συνεληλυθότων γνησίως εἰς δόξαν Χριστοῦ, παρεμβαλεῖν τὸν ἑκάστου ἄγγελον τὸν "κύκλῳ" ἑκάστου "τῶν φοβουμένων" μετὰ τούτου τοῦ ἀνδρός, ὃν φρουρεῖν καὶ οἰκονομεῖν πεπίστευται· ὥστ' εἶναι ἐπὶ τῶν ἁγίων συναθροιζομένων διπλῆν ἐκκλησίαν, τὴν μὲν

a  참조. 고전 5:4.  c  창 48:16.
b  시 33:8(시 34:7).

## 신자들의 집회(XXXI.5-7)

XXXI. 5.[1]

어떤 기도처, 즉 "한 곳에" [모이는] 신자들의 모임 장소는 유용함을 위한 어떤 매력을 지니고 있는 듯합니다. 신자들의 집회에는 천사적 권능들이 함께하며, 또한 우리 주님 구세주 자신의 권능과[a] 거룩한 영들, 또한 내가 생각하기엔 이미 잠든 사람들과[2] 분명히 이생에 사는 자들이 함께 합니다만 어떻게 그러한지 말하기는 쉽지 않습니다. 또한 천사에 대해서는 다음과 같이 결론을 내려야 합니다. "주의 천사가 주님을 경외하는 사람을 둘러 진을 치고, 그들을 건져 내셨다."[b] 야곱은 자신에 대해서뿐만 아니라 [사정을] 알아주시는 하나님에게 헌신한 모든 자들에 대해 진실을 전하며 "온갖 어려움에서 나를 건져 주신 천사"라고 말합니다.[c] 그렇다면 많은 사람들이 진실로 그리스도의 영광을 위해 함께 모였을 때, [하나님을] 경외하는 사람들 각 사람의 주위에는 그를 지켜주며 돌보는 일을 맡은 각 사람의 천사가 그 사람과 함께 둘러 진을 친다고 여겨집니다. 따라서 성도들이 함께 모일 때에는 사람들의 교회와 천사들의 교회,

---

1   믿는 자들이 모이는 장소는 천사들이 함께하고, 그리스도의 권능과 성령, 그리고 이미 죽은 자들과 살아 있는 사람들이 모두 함께한다. 하지만 이 모든 존재가 이 기도처에 함께 하는 이유는 설명하기 어렵다. 야곱의 표현, "온갖 어려움에서 나를 건져 주신 천사"를 살펴볼 때, 그리스도와 하나님을 위해 함께 모였을 때는 천사가 그들을 보호하며, 또한 죽은 자들도 육체 안에 있는 자들보다 먼저 교회에 와서 기도로 함께 하기 때문에 공동체의 기도는 중요하며 특별하다.

2   참조. XI.1; 『아가서 주해』 III.7.30; 『요한복음 주해』 XIII.58.403.

ἀνθρώπων τὴν δὲ ἀγγέλων. καὶ εἰ μόνου τοῦ Τωβὴτ ὁ Ῥαφαὴλ φησιν εἰς "μνημόσυνον" ἀνενηνοχέναι τὴν προσευχὴν καὶ μετ᾽ αὐτὸν Σάρρας,[a] τῆς ὑστέρως νύμφης γενομένης αὐτοῦ διὰ τὸ γεγαμῆσθαι αὐτὴν τῷ Τοβίᾳ, τί λεκτέον, πλειόνων "ἐν τῷ αὐτῷ νοΐ καὶ ⌜τῇ⌝ αὐτῇ γνώμῃ"[b] συνοδευόντων καὶ σωματοποιουμένων ἐν Χριστῷ;[c] περὶ δὲ τῆς δυνάμεως τοῦ κυρίου συμπαρούσης τῇ ἐκκλησίᾳ ὁ Παῦλός φησι· "συναχθέντων ὑμῶν καὶ τοῦ ἐμοῦ πνεύματος σὺν τῇ δυνάμει τοῦ κυρίου Ἰησοῦ,"[d] ὡς δυνάμεως "τοῦ κυρίου Ἰησοῦ" συναπτομένης οὐ μόνον μετὰ Ἐφεσίων ἀλλὰ καὶ Κορινθίων. καὶ εἰ ὁ ἔτι τὸ σῶμα περικείμενος Παῦλος συνάρασθαι νενόμικε τῷ ἑαυτοῦ πνεύματι ἐν τῇ Κορίνθῳ, οὐκ ἀπογνωστέον οὕτω καὶ τοὺς ἐξεληλυθότας μακαρίους φθάνειν τῷ πνεύματι τάχα μᾶλλον τοῦ ὄντος ἐν τῷ σώματι ἐπὶ τὰς ἐκκλησίας· διόπερ οὐ καταφρονητέον τῶν ἐν αὐταῖς εὐχῶν, ὡς ἐξαίρετόν τι ἐχουσῶν τῷ γνησίως συνερχομένῳ αὐτῶν.


XXXI. 6.

ὥσπερ δὲ δύναμις Ἰησοῦ καὶ τὸ πνεῦμα Παύλου καὶ τῶν

---

a   토빗기 12:12; 3:16-17.          c   참조. 롬 12:5.
b   고전 1:10.                       d   고전 5:4.

두 교회가 있습니다.[3] 따라서 라파엘이 오직 토빗에 대해서만 그의 "기도"가 [하나님에게] "기억"되도록 올려졌다고 말하고, 또한 토빗 다음에는 나중에 토비야와 결혼해서 그의 며느리가 된 사라의 기도가 그렇게 되었다고 말했다면,[a] 허다한 무리가 "같은 마음과 같은 생각으로"[b] 그리스도 안에서 동행하며 조직되었을 때 이에 대해서는 무엇을 더 말해야 합니까?[c] 주님의 권능이 교회에 함께 한다는 것에 대해서는 바울이 "나의 영이 우리 주 예수의 권능과 더불어 여러분과 한 자리에 있으니"라고[d] 말하며 주 예수의 권능이 에베소 교인뿐만 아니라 고린도 교인과도 연합한다고 알려줍니다. 또한 만약 바울이 몸을 입고 있으면서 자신의 영으로 고린도에 참여했다고 생각했다면,[4] [우리보다] 먼저 떠난 복된 사람들이 몸 안에 있는 사람보다 더 먼저 교회에 온다는 것을 부인하지 않아야 합니다. 따라서 교회 안에서 [드리는] 기도를 가벼이 여기지 말아야 합니다. 이 기도는 참되게 모이는 사람에게는 특별한 의미를 지닐 수 있기 때문입니다.

## XXXI. 6.[5]

예수의 권능, 바울과 그와 같은 사람들의 영, 그리고 성도 각 사람

---

3  참조. 『누가복음 강해』 23.8.

4  Anglus는 ἐν τῇ Κορίνθῳ를 τοῖς ἐν τῇ Κορίνθῳ로 읽도록 제안하였고, 이 경우 "자신의 영으로 고린도에 있는 〈사람들에게〉 참여했다고 생각했다면"으로 옮길 수 있다 (Stritzky, *Origenes Über das Gebet*, 277 n. 402).

5  하나님에 대해 범죄할 때, 범죄자의 잘못은 드러나게 되고 하나님은 범죄자를 돌보

ὁμοίων καὶ οἱ παρεμβάλλοντες ἑκάστου τῶν ἁγίων "κύκλῳ"
ἄγγελοι "κυρίου"[a] συνοδεύουσι καὶ συνέρχονται τοῖς γνησίως
συναθροιζομένοις, οὕτω στοχαστέον μή ποτε, ἐὰν ἁγίου
ἀγγέλου ἀνάξιός τις ᾖ καὶ ἐπιδῷ ἑαυτὸν ἀγγέλῳ διαβόλῳ
δι᾽ ὧν ἁμαρτάνει καὶ θεοῦ καταφρονῶν παρανομεῖ· ὅτι ὁ
τοιοῦτος, σπανίων μὲν τῶν ὁμοίων αὐτῷ τυγχανόντων, οὐκ
ἐπὶ πολὺ λήσεται τῆς τῶν ἀγγέλων προνοίας, ὑπηρεσίᾳ τοῦ
θείου βουλήματος, ἐπισκοποῦντος τὴν ἐκκλησίαν, φερούσης
εἰς γνῶσιν τῶν πολλῶν τοῦ τοιούτου τὰ πταίσματα· ἐὰν
δὲ πλῆθος γενόμενοι οἱ τοιοῦτοι καθ᾽ ἑταιρείας ἀνθρωπικὰς
καὶ σωματικώτερόν τι πραγματευόμενοι συνέρχωνται, οὐκ
ἐπισκοπηθήσονται. ὅπερ δηλοῦται ἐν τῷ Ἡσαΐᾳ τοῦ κυρίου
λέγοντος· "οὐδὲ ἐὰν ἔρχησθε ὀφθῆναί μοι,"[b] "ἀποστρέψω"
γὰρ, φησί, "τοὺς ὀφθαλμούς μου ἀφ᾽ ὑμῶν· καὶ ἐὰν πληθύνητε
τὴν δέησιν, οὐκ εἰσακούσομαι ὑμῶν."[c] τάχα γὰρ ἀντὶ τῆς
προειρημένης διπλῆς συντάξεως ἀνθρώπων ἁγίων καὶ μακαρίων
ἀγγέλων πάλιν διπλῆ γίνεται ἐπὶ τὸ αὐτὸ σύνοδος ἀνθρώπων
ἀσεβῶν καὶ πονηρῶν ἀγγέλων, καὶ λέγοιτο ἂν ἐπὶ τῆς τῶν
τοιούτων συναγωγῆς ὑπό τε τῶν ἁγίων ἀγγέλων καὶ τῶν
ἱερῶν ἀνθρώπων· "οὐκ ἐκάθισα μετὰ συνεδρίου ματαιότητος,

---

a   시 33:8(시 34:7). 참조. 고전 5:4.        c   사 1:15.
b   사 1:12.

을 "둘러 진치고 있는" "주의 천사들이"[a] 참되게 모인 사람들과 동행하고 함께 움직입니다. 그렇듯이 아마도 어떤 사람이 거룩한 천사에 합당하지 않고, 무고(誣告)하는 천사에게[6] 자신을 내주어 이러한 일들로 말미암아 죄 짓고 하나님을 업신여기며 범죄한다고 생각해봅시다. 그와 같은 사람들이 드물다면, 그 사람은 천사들의 보살핌을 오랫동안 벗어나지는 못할 것입니다.[7] 교회를 돌보시는 하나님의 뜻을 받들어[8] 수종을 드는 천사들이 그 사람의 허물을 많은 사람들이 알게 만들 것이기 때문입니다. 하지만 만약 그러한 사람들이 인간적인 연합에[9] 따라 무리를 이루고 더 육적인 일에 전념하며[10] 모인다면, 이들은 돌봄을 받지 못합니다. 이것은 이사야에서 밝혀지는데 주님은 말씀하십니다: "너희가 나의 앞에 보이러 오지만"[b] "나는 거들떠보지도 않겠다. 너희가 아무리 많이 기도를 한다 하여도 나는 듣지 않겠다."[c] 아마도 앞에서 언급한 거룩한 사람들과 복된 천사들의 이중 집회 대신, 불경한 사람들과 악한 천사들이 한

---

지 않고 그들의 기도는 응답 받지 못한다.

6    마귀를 말한다. 참조. 『누가복음 강해』 12.4; 『마태복음 주해』 XIII.28; 『누가복음 강해』 35.3.

7    인간사와 공동체를 보살피는 천사에 대해서는 『누가복음 강해』 12.3-6.

8    Anglus는 ἐπισκοποῦντος를 ἐπισκοποῦντων로 읽도록 제안하였는데, 이 경우 "교회를 돌보는 수종자들이 하나님의 뜻을 받들어"로 옮길 수 있다(Stritzky, *Origenes Über das Gebet*, 278 n. 405).

9    ἑταιρεία는 로마의 직업이나 제의 조합을 나타내는 단어이다. 오리게네스가 이 단어를 이단자들을 염두에 두고 사용했는지, 혹은 이교도의 신으로 되돌아간 기독교인을 염두에 두고 사용했는지는 확실하지 않다.

10    비평본과 달리 Koetschau는 πραγματευόμενοι를 πραγματευσόμενοι로 제안하고 번역하였는데, 이 경우 "더 육적인 일에 전념하려고"로 옮길 수 있다(Stritzky, *Origenes Über das Gebet*, 279 n. 407).

καὶ μετὰ παρανομούντων οὐ μὴ εἰσέλθω· ἐμίσησα ἐκκλησίαν
πονηρευομένων, καὶ μετὰ ἀσεβῶν οὐ μὴ καθίσω."[a]


## XXXI. 7.

διὰ τοῦτο οἶμαι καὶ τοὺς ἐν Ἰερουσαλὴμ καὶ πάσῃ τῇ Ἰουδαίᾳ
ἐν πλείοσιν ἁμαρτήμασι γεγενημένους ὑποχειρίους γεγονέναι
τοῖς ἐχθροῖς τῷ καταλελεῖφθαι τοὺς καταλιπόντας τὸν νόμον
λαοὺς ὑπὸ τοῦ θεοῦ καὶ τῶν ὑπερασπιζόντων ἀγγέλων καὶ τῆς
σωτηρίας τῶν ἁγίων ἀνθρώπων. οὕτω γὰρ καὶ ὅλα ἀθροίσματά
ποτε καταλείπεται ἐμπεσεῖν εἰς πειρασμούς, ἵνα "καὶ ὃ"
δοκοῦσιν "ἔχειν" ἀρθῇ ἀπ' αὐτῶν,[b] ὁμοίως τῇ κατηραμένῃ συκῇ
καὶ "ἐκ ῥιζῶν" ἀρθείσῃ διὰ τὸ μὴ δεδωκέναι τῷ Ἰησοῦ πεινῶντι
καρπόν,[c] ξηραινόμενοι καὶ εἴ τι εἶχον ὀλίγον ζωτικῆς κατὰ τὴν
πίστιν δυνάμεως ἀπολλύντες. ταῦτα δέ μοι ἀναγκαίως εἰρῆσθαι

a   시 25:4-5(26:4-5).
b   눅 8:18; 참조. 마 13:12; 25:29;
    막 4:25; 눅 19:26.
c   막 11:20;
    참조. 막 11:12-14, 20-21;
    마 21:18-19.

곳에 모인 이중적 모임이 이루어질 것입니다. 그리고 이들의 모임에 대해서 거룩한 천사들과 헌신된 사람들은 다음과 같이 말할 수 있을 것입니다: "나는 헛된 것을 좋아하는 자들과 한자리에 앉지 않았으니, 음흉한 자들과 결코 어울리지 않겠습니다. 나는 악인들의 모임에는 어울리기를 싫어했으니, 불경한 사람들과는 결코 한자리에 있지 않겠습니다."[a]

## XXXI. 7.[11]

나는 예루살렘과 온 유대에서 허다한 죄에 빠진 사람들이 적들에게 넘겨진 것은 바로 이러한 이유, 즉 율법을 버린 백성이 하나님과 수호 천사들과 구원의 수단이 되는 거룩한 사람들에게 버림을 받았기 때문이라고 생각합니다. 그때에는 온갖 집회가 시험에 빠지도록 그냥 내버려집니다. 그래서 마치 예수께서 "시장하실" 때 "열매"를 맺지 못했기 때문에 "뿌리째" 뽑힌[12] 저주 받은 무화과나무처럼,[c] "가진 줄로 생각하는 것마저"[b] 빼앗기게 됩니다. 믿음에 따르는 생명의 능력을 조금이라도 가진 것이 있다면 "말라 버려서" 그것마저도 잃

---

11    죄에 빠진 사람들이 쓰러진 것은 하나님의 천사와 거룩한 자들에게 버림을 받았기 때문이다. 신자들이 함께 모여 기도할 때는 천사와 이미 세상을 떠난 거룩한 자들이 함께 하므로, 이들의 버림을 받아 불경한 사람들과 악한 천사들의 집회가 되지 않도록 노력해야 한다. 따라서 기도 행위는 개인의 행위일 뿐 만 아니라, 천사나 거룩한 자들이 함께 하는 공동체의 행위로 이해된다.

12    Anglus는 ἀρθείσῃ 대신 ξηρανθείσῃ를 제안하였는데 이 경우 "말라버린"으로 옮길 수 있다(Stritzky, *Origenes Über das Gebet*, 279 n. 409).

φαίνεται, τόπον εὐχῆς ἐξετάζοντι καὶ τὸ ἐξαίρετον ὡς ἐν τόπῳ παριστάντι ἐπὶ τῆς τῶν ἁγίων καὶ εὐλαβέστερον ἐπὶ τὸ αὐτὸ τῇ ἐκκλησίᾳ γινομένων συνελεύσεως.

어버리게 됩니다.[13] 이것이 [일반적인] 기도 장소를 조사하고, 또한 성도들이 더 경건하게 "한 곳" 교회에 함께 모일 때처럼 특별한 경우를 설명하면서 내가 필수적으로 말해야 하는 바라고 여겨집니다.

13  오리게네스는 당시 다수 존재했던 이단적, 특히 영지주의적 집단을 암시한다. 참조.
『시편 77편 강해』 2.4.

제2부 오리게네스 기도론 원문-번역

499

## XXXII. 1.

Ἤδη δὲ καὶ περὶ τοῦ κλίματος, εἰς ὃ ἀφορῶντα εὔχεσθαι δεῖ, ὀλίγα λεκτέον. τεσσάρων δὲ ὄντων κλιμάτων, τοῦ τε πρὸς ἄρκτον καὶ μεσημβρίαν καὶ τοῦ πρὸς δύσιν καὶ ἀνατολήν, τίς οὐκ ἂν αὐτόθεν ὁμολογήσαι τὸ πρὸς ἀνατολὴν ἐναργῶς ἐμφαίνειν τὸ δεῖν ἐκεῖ νεύοντας συμβολικῶς, ὡς τῆς ψυχῆς ἐνορώσης τῇ τοῦ ἀληθινοῦ φωτὸς ἀνατολῇ,[a] ποιεῖσθαι τὰς εὐχάς; ἐὰν δέ τις ὅπου δή ποτε τῶν θυρῶν τοῦ οἴκου νευουσῶν βούληται μᾶλλον κατὰ τὸ ἀνεῳγὸς τῆς οἰκίας προσφέρειν τὰς ἐντεύξεις, λέγων τὴν εἰς τὸν οὐρανὸν ὄψιν ἔχειν τι μᾶλλον προκαλούμενον ἐφ' ἑαυτὴν τῆς ἐπὶ τὸν τοῖχον ἐπιβλέψεως, εἰ τύχοιεν μὴ διανεῳγότα τοῦ οἴκου τὰ πρὸς ἀνατολάς, λεκτέον πρὸς αὐτὸν ὅτι θέσει τῶν οἰκοδομημάτων ἀνθρώπων κατὰ τάδε τὰ κλίματα ἢ τάδε διανοιγομένων, φύσει δὲ τῆς ἀνατολῆς τῶν λοιπῶν προκεκριμένης κλιμάτων, τὸ φύσει τοῦ θέσει προτακτέον. ἀλλὰ καὶ ὁ ἐν πεδίῳ εὔξασθαι βουλόμενος,

---

a    참조 요 1:9; 참조 슥 6:12; 눅 1:78.

# 기도의 방향(XXXII)

## XXXII. 1.[1]

이제는 기도할 때 바라보면서 기도해야 하는 방향에 대해서도 조금 말해야 합니다.[2] 네 방향이 있습니다. 북쪽과 남쪽을 향한 방향과 서쪽과 동쪽을 향한 방향이 있습니다. 그런데 동쪽을 향하는 것은 참된 빛이 떠오르는 것을 보는 동안에 영혼이 상징적으로 동쪽을 바라보면서 기도를 드려야 한다는 것을 명백하게 나타낸다고 그 누가 즉각적으로 고백하지 않겠습니까?[3a] 어떤 사람은 집의 문이 어디로 향하든지 대문에 따라 간구 드리기를 원하면서 대문이 동쪽 방향이 아닌 경우에는 하늘을 바라보는 것이 벽을 바라보는 것보다 더 선호되어야 한다고 말합니다. 그런 사람에게는 관행적으로 사람들의 건축물은 이러저러한 방향에 맞춰 향을 갖지만, 자연적으로는 동쪽이 다른 방향보다 선호되므로 자연이 관습보다 더 선호되어야 한다고 말해주어야 합니다. 하지만 평지에서 기도하려고 하는 사람이 있다고 합시다. 이러한 추론에 따르면 그 사람은 서쪽보다

---

1   기도할 때 동서남북 중 어느 방향을 보고 기도해야 하는지를 다룬다. 기도는 동쪽 방향으로 해야 한다고 가르치는데, 이는 동쪽에서 태양이 떠오르기 때문이다. 참된 빛이 동쪽에서 떠오르는 것을 상징적으로 형상화하며 동쪽으로 기도를 해야 한다. 부차적으로는 건축물의 방향에 따라 방향을 선택해야 하지만, 대문이 동쪽으로 향하지 않은 경우에는 벽을 볼 것이 아니라 하늘을 보고 기도하는 것을 더 선호해야 한다. 결국 자연적 방향인 동쪽을 선호해야 하지만, 관습적인 방향도 인정된다. 당시의 일반적인 기도방향에 대한 관습을 엿볼 수 있다.

2   참조. 『민수기 강해』 5.1; 테르툴리아누스, 『변증서』 16.10.

3   참조. 『레위기 강해』 9.10.; 『민수기 강해』 15.1

<οὐχὶ> μᾶλλον κατὰ τοῦτον τὸν λόγον ἐπ' ἀνατολὰς ἢ ἐπὶ δύσιν προσεύξεται; εἰ δὲ ἐκεῖ προκριτέον τὰς ἀνατολὰς κατὰ τὸ εὔλογον, διὰ τί τοῦτο οὐ πανταχοῦ ποιητέον; καὶ ταῦτα μὲν ἐπὶ τοσοῦτον.

는 동쪽을 향해 기도해야 하지 않겠습니까?[4] 평지에서 마땅히 동쪽을 선호해야 한다면, 도대체 왜 어디서나 이렇게 행하지 않아야 합니까?[5] 이 정도로 해둡시다.

---

4    비평본과 달리 Koetschau는 $\tau\acute{\iota}\ \mu\tilde{\alpha}\lambda\lambda o\nu$ 대신 $o\dot{\upsilon}\chi\grave{\iota}\ \mu\tilde{\alpha}\lambda\lambda o\nu$을 제안하여 번역하였는데, 이것이 더 자연스럽다고 판단하여 원문에 반영하여 번역하였다. 필사본에 따르면 "이러한 추론에 따르면, 그 사람이 서쪽보다 동쪽을 바라보며 기도할 이유가 무엇입니까? 하지만 평지에서 마땅히⋯"로 번역할 수 있다(Stritzky, *Origenes Über das Gebet*, 281 n. 413).

5    클레멘스, 『양탄자』 VII.43.6.

# XXXIII. 1.

Δοκεῖ δέ μοι ἔτι περὶ τῶν τόπων τῆς εὐχῆς διαλαβόντα οὕτω καταπαῦσαι τὸν λόγον. τέσσαρες δή μοι τόποι ὑπογραπτέοι φαίνονται, οὓς εὗρον διεσκεδασμένους ἐν ταῖς γραφαῖς, καὶ σωματοποιητέον ἑκάστῳ κατὰ τούτους εὐχήν. εἰσὶ δὲ οἱ τόποι οὗτοι· κατὰ δύναμιν δοξολογίας ἐν τῇ ἀρχῇ καὶ τῷ προοιμίῳ τῆς εὐχῆς λεκτέον τοῦ θεοῦ διὰ Χριστοῦ συνδοξολογουμένου ἐν τῷ ἁγίῳ πνεύματι συνυμνουμένῳ· καὶ μετὰ τοῦτο τακτέον ἑκάστῳ εὐχαριστίας τε κοινὰς, <τὰς> πρὸς πολλοὺς εὐεργεσίας προσάγοντα ἐπὶ τῆς εὐχαριστίας, καὶ ὧν ἰδίᾳ τέτευχεν ἀπὸ θεοῦ· μετὰ δὲ τὴν εὐχαριστίαν φαίνεταί μοι πικρόν τινα δεῖν γινόμενον τῶν ἰδίων ἁμαρτημάτων κατήγορον ἐπὶ θεοῦ αἰτεῖν πρῶτον μὲν ἴασιν πρὸς τὸ ἀπαλλαγῆναι τῆς τὸ ἁμαρτάνειν ἐπιφερούσης ἕξεως δεύτερον <δὲ> ἄφεσιν τῶν παρεληλυθότων· μετὰ δὲ τὴν ἐξομολόγησιν τέταρτόν μοι συνάπτειν φαίνεται δεῖν τὴν περὶ τῶν μεγάλων καὶ ἐπουρανίων αἴτησιν, ἰδίων τε καὶ καθολικῶν, καὶ περί τε οἰκείων καὶ φιλτάτων· καὶ ἐπὶ πᾶσι

# 공중 기도의 네 주제: 송영, 감사, 고백, 간구(XXXIII)

## XXXIII. 1.[1]

기도의 주제들에 대해 파악하면서 이 논문을 끝내는 것이 좋을 듯합니다. 내가 보기에는 네 주제가 개관되어야 합니다. 나는 이 주제들이 경전 안에 흩어져 있는 것을 발견하는데, 우리 각자는 이 주제에 따라 기도를 조직해야 합니다. 주제는 다음과 같습니다. 기도의 처음과 서두에는 힘 닿는 대로 하나님에 대한 송영을, 함께 영광 받으시는 그리스도를 통해, 함께 찬미를 받으시는 성령 안에서 드려야 합니다. 그다음에는 누구나 일반적인 감사를 드려야 하며, 많은 사람에 대한 축복과 또한 그가 개인적으로 하나님으로부터 받은 축복까지도 이 감사에 덧붙입니다. 감사 다음에는 내가 보기에는 자신의 죄에 대한 통렬한 고소자가 되어 우선은 죄를 짓도록 이끄는 성향으로부터 해방되도록 치유를 구하고, 둘째로는 지난 일에 대한 용서를 구해야 합니다. 고백 다음에는 크고 하늘에 속한 일,[2] 개인적인 일과 일반적인 일, 그리고 가족과 친밀한 사람들에 대한 간구를 결합시키는 것이 좋을 듯합니다. 이 모든 것 다음에 그리스도를 통해

---

1   공중 기도의 주제와 의미에 대하여 간략히 나열한다. 기도의 네 주제는 송영, 감사, 고백(회개), 그리고 간구이다. 기도하는 방식은 다음과 같다. 첫째, 하나님의 이름을 그리스도를 통하여 성령 안에서 "송영"을 드리고, 둘째, 하나님께 받은 사람들과 자신의 선행에 대하여 "감사"하고, 셋째, 자신의 죄를 "고백(회개)"하고, 넷째, 하늘의 것을 "간구"하되 자신 뿐만 아니라 가족과 친구들을 위해서도 간구해야 한다. 마지막으로 그리스도를 통하여 성령 안에서 하나님을 찬양하고 기도를 마쳐야 한다.

2   참조. II.2와 XIV.1.

τὴν εὐχὴν εἰς δοξολογίαν θεοῦ διὰ Χριστοῦ ἐν ἁγίῳ πνεύματι καταπαυστέον.


## XXXIII. 2.

τούτους δὲ τοὺς τόπους, ὡς προείπομεν, διεσπαρμένους εὕρομεν ἐν ταῖς γραφαῖς, τὸν μὲν τῆς δοξολογίας διὰ τούτων ἐν ἑκατοστῷ τρίτῳ ψαλμῷ·[a] "κύριε, ὁ θεός μου, ⸀ὡς⸀ ἐμεγαλύνθης σφόδρα· ἐξομολόγησιν καὶ ⸀μεγαλοπρέπειαν⸀ ἐνεδύσω, ⸀ὁ⸀ ἀναβαλλόμενος φῶς ὡς ἱμάτιον, ⸀ὁ⸀ ἐκτείνων τὸν οὐρανὸν ὡσεὶ δέριν, ὁ στεγάζων ἐν ὕδασι τὰ ὑπερῷα αὐτοῦ, ὁ τιθεὶς νέφη τὴν ἐπίβασιν αὐτοῦ, ὁ περιπατῶν ἐπὶ πτερύγων ἀνέμων, ὁ ποιῶν τοὺς ἀγγέλους αὐτοῦ πνεύματα καὶ τοὺς λειτουργοὺς αὐτοῦ ⸀πυρὸς φλόγα, ὁ θεμελιῶν⸀ τὴν γῆν ἐπὶ τὴν ἀσφάλειαν αὐτῆς, οὐ κλιθήσεται εἰς τὸν αἰῶνα τοῦ αἰῶνος· ἄβυσσος ὡς ἱμάτιον τὸ περιβόλαιον αὐτοῦ, ἐπὶ τῶν ὀρέων στήσονται ὕδατα· ἀπὸ ἐπιτιμήσεώς σου φεύξονται, ἀπὸ φωνῆς βροντῆς σου δειλιάσουσι"[b]· καὶ τὰ πλεῖστα δὲ τούτου τοῦ ψαλμοῦ δοξολογίαν περιέχει τοῦ πατρός. ἔνεστι δέ τινα ἑαυτῷ πλείονα ἀναλεγόμενον ὁρᾶν, ὡς ὁ τόπος τῆς δοξολογίας πολλαχοῦ διέσπαρται.

---

a   시 104편.                    b   시 103:1-7(시 104:1-7).

성령 안에서 하나님께 송영을 올려드리는 것으로 기도를 마무리해야 합니다.


## XXXIII. 2.[3]

우리는 이미 말한 대로 이 주제들이 경전 안에 흩어져 있는 것을 발견합니다. 송영의 주제는 시편 103편[a]에서 다음과 같이 나타납니다. "주 나의 하나님, 주님은 더없이 위대하십니다. 존귀와 권위를 갖추셨습니다. 빛으로 휘감으셨습니다. 옷감을 펼치시듯 하늘을 펼치시고, 물 위에 누각의 들보를 놓으시고, 구름으로 병거를 삼으시며, 바람 날개를 타고 다니십니다. 바람을 심부름꾼으로 삼으시며, 번갯불을 시종으로 삼으셨습니다. 땅의 기초를 든든히 놓으셔서 땅이 영원히 흔들리지 않게 하셨습니다. 옷으로 몸을 감싸듯, 깊은 물로 땅을 덮으시더니, 물이 높이 솟아서 산들을 덮었습니다. 그러나 주께서 한 번 꾸짖으시니 물이 도망 치고, 주의 천둥소리에 물이 서둘러서 물러갑니다."[b] 이 시편은 대부분 아버지에 대한 송영을 포함합니다. 누군가가 스스로를 위해 더 많은 구절을 모아 본다면 송영의 주제가 곳곳에 흩어져 있다는 것을 볼 수 있습니다.


---

3    이후로는 기도의 네 가지 주제를 성경을 통해 보여준다. "찬양"기도는 시 103편(70인역)에 나타난다.

## XXXIII. 3.

τῆς δὲ εὐχαριστίας ἐκκείσθω τοῦτο παράδειγμα ἐν τῇ δευτέρᾳ τῶν Βασιλειῶν κείμενον, μετὰ τὰς διὰ τοῦ Νάθαν πρὸς τὸν Δαυῒδ ἐπαγγελίας ὑπὸ τοῦ Δαυῒδ ἀπαγγελλόμενον,[a] ἐκπλαγέντος τὰς τοῦ θεοῦ δωρεὰς καὶ εὐχαριστοῦντος ἐπ' αὐταῖς διὰ τούτων· "τίς εἰμι ἐγώ, κύριέ μου κύριε, καὶ τίς ὁ οἶκός μου, ὅτι ⌜ἠγάπησάς⌝ με ἕως τούτων; καὶ κατεσμικρύνθην μικρὸν ἐνώπιόν σου, κύριέ ⌜μου⌝, καὶ ἐλάλησας ὑπὲρ τοῦ οἴκου τοῦ δούλου σου εἰς μακράν· οὗτος δὲ ὁ νόμος τοῦ ἀνθρώπου, κύριέ μου κύριε. καὶ τί προσθήσει Δαυῒδ ἔτι τοῦ λαλῆσαι πρός σε; καὶ νῦν σὺ οἶδας τὸν δοῦλόν σου, ⌜κύριε⌝· διὰ τὸν ⌜δοῦλόν⌝ σου πεποίηκας, καὶ κατὰ τὴν καρδίαν σου ἐποίησας πᾶσαν τὴν μεγαλωσύνην ⌜σου⌝ ταύτην γνωρίσαι τῷ δούλῳ σου ⌜ἕνεκα⌝ τοῦ μεγαλῦναί σε, κύριέ μου κύριε."[b]

## XXXIII. 4.

τῶν δὲ ἐξομολογήσεων παράδειγμα· "ἀπὸ πασῶν τῶν ἀνομιῶν μου ῥῦσαί με,"[c] καὶ ἐν ἄλλοις· "προσώζεσαν καὶ ἐσάπησαν οἱ μώλωπές μου ἀπὸ προσώπου τῆς ἀφροσύνης μου· ἐταλαιπώρησα καὶ κατεκάμφθην ἕως τέλους, ὅλην τὴν ἡμέραν σκυθρωπάζων ἐπορευόμην."[d]

---

| | | | |
|---|---|---|---|
| a | 참조. 삼하 7:4-17. | c | 시 38:9(시 39:8). |
| b | 삼하 7:18-22. | d | 시 37:6-7(시 38:5-6). |

## XXXIII. 3.[4]

감사에 대한 사례는 제2왕국기에 있는 이 구절이 제시되어야 합니다. 이 말씀은 나단을 통해 다윗에게 주어진 약속 다음에[a] 다윗에 의해 선언되었는데, 그는 하나님의 선물에 놀라고 이에 대해 다음과 같이 감사합니다. "내 주님, 주님이여, 내가 누구이며 또 내 집안이 무엇이기에 주께서 나를 여기까지 이르도록 사랑하십니까? 내 주님, 나는 주 앞에서 작은 자입니다. 하지만 주는 주의 종의 집안에 있을 먼 장래의 일까지 말씀하셨습니다. 내 주님, 주님이여, 이것이 어찌 주께서 사람을 대하시는 일상적인 방법이겠습니까? 다윗이 주님께 무슨 말씀을 더 드릴 필요가 있겠습니까? 주님이여, 주께서는 주의 종을 잘 아십니다. 주께서 주의 종을 통해 행하셨으며, 주께서 주의 마음대로 이렇게 크나큰 일을 하시고, 또 그것을 이 종에게까지 알려주셨습니다. 내 주님, 주님이여, 이는 주를 영화롭게 하기 위해서입니다."[b]


## XXXIII. 4.[5]

[다음은] 고백에 대한 본보기입니다. "내가 지은 그 모든 죄악에서 나를 건져주십시오."[c] 또한 다른 곳에서는 "내 몸의 상처가 곪아터져 악취를 내니 이 모두가 나의 어리석음 때문입니다. 더 떨어질 데 없이 무너져 내린 이 몸, 온종일 슬픔에 잠겨 있습니다."[d]

---

4    감사기도의 예는 삼하 7장에 드러난 나단의 예언과 다윗의 감사기도에서 찾을 수 있다.
5    고백의 예는 시 38편 다윗의 탄식기도에 나타난다.

## XXXIII. 5.

τῶν δὲ αἰτήσεων ἐν εἰκοστῷ ἑβδόμῳ ψαλμῷ· "μὴ συνελκύσῃς
με μετὰ ἁμαρτωλῶν," "καὶ μετὰ ἐργαζομένων ἀδικίαν μὴ
συναπολέσῃς με,"[a] καὶ εἴ τι τούτοις ὅμοιον.


## XXXIII. 6.

εὔλογον δὲ ἀρξάμενον ἀπὸ δοξολογίας εἰς δοξολογίαν
καταλήγοντα καταπαύειν τὴν εὐχήν, ὑμνοῦντα καὶ δοξάζοντα
τὸν τῶν ὅλων πατέρα "διὰ Ἰησοῦ Χριστοῦ" ἐν ἁγίῳ πνεύματι, "ᾧ
ἡ δόξα εἰς τοὺς αἰῶνας."[b]

---

a  시 27:3(시 28:3).

b  참조. 롬 16:27; 히 13:21;
참조. 갈 1:5; 딤후 4:18.

## XXXIII. 5.[6]

간구에 대해서는 시편 27편에 [본보기가] 있습니다: "나를 죄인들과 함께 선고하지 마시고 못된 일을 저지른 자들 같이 나를 끌어가지 마십시오."[a] 또한 이와 비슷한 말씀들이 해당됩니다.

## XXXIII. 6.[7]

송영으로 시작해서 송영으로 마무리하며 기도를 마치고, 만유의 아버지를 예수 그리스도로 말미암아 성령 안에서 찬송하며 ("그분에게 영광이 영원무궁 하도록 있기를 빕니다"[b]) 영광을 돌리는 것이 이치에 맞습니다.[8]

---

6  간구의 예는 시 27편(70인역)에서 찾는다.

7  송영에 대한 예는 롬 16:27과 히 13:21을 들고 있다.

8  이는 오리게네스가 자신의 설교를 마칠 때 사용했던 벧전 4:11의 송영을 떠올리게 한다. 아마도 그는 기도에 대한 탐구를 이러한 관점에서 끝마치기를 원했을 것이다. 『왕국기 강해』(그리스어) 10에서는 아들에게 영광과 능력을 영원토록 기원하면서 끝마친다.

XXXIV. 1.

Ταῦτα κατὰ δύναμιν ἐμὴν εἰς τὸ τῆς εὐχῆς πρόβλημα καὶ εἰς τὴν ἐν τοῖς εὐαγγελίοις εὐχὴν τά τε πρὸ αὐτῆς παρὰ τῷ Ματθαίῳ εἰρημένα[a] ἡμῖν διήθληται, φιλομαθέστατοι καὶ γνησιώτατοι ἐν θεοσεβείᾳ ἀδελφοί, Ἀμβρόσιε καὶ Τατιανή. οὐκ ἀπογινώσκω δὲ, "τοῖς ἔμπροσθεν" ὑμῶν ἐπεκτεινομένων καὶ τῶν ὄπισθεν ἐπιλανθανομένων[b] εὐχομένων τε ἐν τούτοις ὄντων περὶ ἡμῶν, πλείονα καὶ θειότερα εἰς πάντα ταῦτα δυνηθῆναι χωρῆσαι ἀπὸ τοῦ διδόντος θεοῦ καὶ λαβὼν πάλιν περὶ τῶν αὐτῶν διαλαβεῖν μεγαλοφυέστερον καὶ ὑψηλότερον καὶ τρανότερον· πλὴν ἐπὶ τοῦ παρόντος μετὰ συγγνώμης τούτοις ἐντεύξεσθε.

a   참조. 마 6:9-13;          b   빌 3:13.
    눅 11:2-4.

# 나가는 말(XXXIV)

XXXIV. 1.[1]

배우기를 너무나 좋아하고 경건에 있어서 가장 진실한 형제인 암브로시우스와 타티아나여, 이것이 기도에 대한 문제와 복음서에 나오는 기도,[2] 또한 마태가 이 기도 이전에 말한 내용과 관련되어 우리가 능력껏 논의한 내용입니다.[a] 그대들이 "앞에 있는 것을" 바라보고 뒤에 있는 것을 잊어버리며[b] 우리를 위해 이 일을 잘 하도록 기도해 줄 때, 나는 [은혜를] 베푸시는 하나님으로부터 이 모든 일들을 위해 더 많이 더 경건하게 [다룰] 시간을 얻어 다시 같은 주제에 대해 더 고상하고, 더 고귀하며, 더 분명하게 논의할 수 있을 것에 대한 희망을 버리지 않습니다. 그러나 현재로서는 그대들이 너그러운 마음으로 이것을 읽을 수 있기를 바랍니다.

---

1   나가는 말에서 오리게네스는 이 편지를 받는 수신자인 암브로시우스와 타티아나를 다시 한번 언급하여, 이 글이 기도의 일반적인 내용과 주님의 기도에 대한 해설을 담고 있다고 말한다. 이 글을 통해서는 기도에 관하여 간단히 언급하지만(실제로는 전혀 적지 않은 분량이지만) 다음에 조용한 기회에 더 자세하고 분명하게 논의할 의도가 있다고 밝히며 이 글을 마감한다. 수신자들의 요청에 의해 신속히 이 글을 작성했다는 것을 알 수 있다(II와 V를 참조하라).
2   주님의 기도를 말한다.

# 참고문헌

## I. 원문 및 번역본

### 1. 『기도론』: 원문과 번역본

*Origenes Werke, Zweiter Band: Buch V-VIII gegen Celsus. Die Schrift
vom Gebet.* Hg. P. Koetschau, 297-403. (Die griechischen christlichen
Schriftsteller der ersten Jahrhunderte 3=Orig. 2). Leipzig 1899.

*Origenes: Werke mit deutscher Übersetzung, Band 21: Über das Gebet.*
Eingeleitet und übers. von Maria-Barbara von Stritzky. Berlin u. a. 2014.

*Origenes. De Oratione Liber et Exhortatio ad Martyrium.* Vol. II of *Chefs-
d'oeuvre des Pères de l'église ou choix d'ouvrages complets des Docteurs
de l'église.* Traduction de M. P. Labesse. Paris 1837.

Origenes, *Über das Gebet.* Übers. von P. Koetschau. (Bibliothek der
Kirchenväter ²48). München 1926 (=Origenes, Vom Gebet, neu
durchgesehen von G. Emmeneger. (Kleine Bibliothek der Kirchenväter
1). Freiburg 2009.

Origène, *De la prière. Exhortation au martyre.* Introduction, traduction et
notes par G. Bardy. Paris 1932.

Origen, *Prayer, Exhortation to Marytrdom.* Translated & annotated by J. J.

O'meara. (Ancient Christian Writers 19). Westminster MD/ London 1954.

*Alexandrian Christianity. Selected Translations of Clement and Origen.* Introductions and notes by J. E. L. Oulton/H. Chadwick. London 1954; 『기독교 고전 총서 2, 알렉산드리아 기독교: 클레멘스와 오리게네스』, 정용석, 주승민 옮김.. 두란노아카데미 2011 (오리게네스. "기도," 219-458쪽).

Origène, *La prière.* Intro. traduc. et notes A. Hamman. (Les pères de la foi 2). Paris 1977.

Origen, *An Exhortation to Martyrdom, Prayer and Selected Works.* Translated & Introduction by R. A. Greer. New York 1979.

Origenes, *De Oratione. Exhortatio ad martyrium.* Übers. von T. Odaka. Tokio 1985.

Origene, *La preghiera.* Introduzione, traduzione e note a cura di N. Antoniono. Roma 1997.

## 2. 기타 원천자료

『70인역』 *Septuaginta.*

   *Septuaginta: id est Vetus Testamentum Graece iuxta LXX interpretes.* Hg. von Alfred Ralfs; recognovit et emendavit Robert Hanhart. Editio altera. Stuttgart: Deutsche Bibelgesellschaft, 2006.

『신약성경』 *Novum Testamentamentum.*

   *Novum Testamentamentum Graece, begründet von Eberhard und Erwin Nestle; herausgegeben von Barbara und Kurt Aland et al.* 28th revidierte Aufl. Stuttgart: Deutsche Bibelgesellschaft, 2012.

『초기 스콜라주의 단편집』 *Stoicorum veterum fragmenta.*

   *Stoicorum veterum fragmenta.* Hg. H. F. A. von Arnim. 4 Bde. Leipzig: Teubner, 1905-1924; (Repr.) Stuttgart: Teubner, 1968.

디오게네스 라에르티오스 Diogenes Laertius, 『철학자들의 생애』 *Vitae Philosophorum.*

*Diogenesii Laertii Vitae Philosophorum.* Ed. H. S. Long. 2 vols. Oxford: Clarendon Press, 1964; (Repr.) 1966.

*Leben und Meinungen berühmter Philosophen* (Bd. 1: Kap. I-VI; Bd. 2: Kap. VII-X). Übers. von O. Apelt. Berlin: Akademie Verlag, 1955; (2 Aufl.) Neu hg. Von K. Reich. Hamburg: F. Meiner, 1967.

디오니시오스(알렉산드리아), 『단편집』

*Reliquiae sacrae.* Ed. M. J. Routh. Vol. 1. 2nd edn. Oxford: Oxford University Press, 1846; (repr.) Hildesheim: Olms, 1974.

*Dionysius von Alexandrien. Das erhaltene Werk.* (Bibliothek der griechischen Literatur 2: Abteilung Patristik). Stuttgart: Hiersemann, 1972.

막시모스(티로스) Maximus Tyrius, 『강연집』 *Dialexeis.*

*Maximi Tyrii Philosophumena.* Hg. H. Hobein. Leipzig: Teubner, 1910.

*Philosophumena–dialexeis.* Hg. G. L. Koniaris. (Texte und Kommentare 17). Berlin/NewYork: de Gruyter, 1995.

*Philosophische Vorträge.* Übers. O. und E. Schönberger, Würzburg: önigshausen und Neumann, 2001.

세네카 Seneca, 『단편집』 *Fragmenta.*

*Untersuchungen zu Senecas Fragmenten.* Hg. M. Lausberg. (Untersuchungen zur antiken Literatur und Geschichte 7). Berlin: de Gruyter, 1970.

_____ 『자연학 질문들』 *Naturales Quaestiones.L. Annaei Senecae Naturalium quaestionum libros.* Recognovit H. M. Hine.(Bibliotheca scriptorum Graecorum et Romanorum Teubneriana). Stuttgart: B. G. Teubner, 1996; *L. Annaei Senecae Naturalium quaestionum libri VIII.* Edidit A. Gerke. Editio stereotypa editionis 1907, cum addendis. (Bibliotheca scriptorum Graecorum et Romanorum Teubneriana). Stuttgart: Teubner, 1986, c1970.

_____ 『대화』 *Dialogi.*

*Philosophische Schriften I: Dialoge I-VI; II: VII-VII; III: Dialoge, Briefe an Lucilius (1-81)*. Übers. O. Apelt, Hamburg 1993.

*Sénèque. Dialogues*. Texte établi et traduit par A. Bourgery. (Collection des universités de France). Paris : Les Belles Lettres, 2003.

에우세비오스 Eusebius Caesariensis, 『교회사』 *Historia ecclesiastica*.

*Eusèbe de Césarée. Histoire ecclésiastique*. Ed. G. Bardy. 3 vols. (Sources chrétiennes 31, 41, 55). Paris: Cerf, 1:1952; 2:1955; 3:1958 (repr. 3:1967) *Eusebius Werke, Band 2: Die Kirchengeschichte*. Hg. von Eduard Schwartz und Theodor Mommsen. (Die Griechischen christlichen Schriftsteller der ersten Jahrhunderte. Neue Folge). Berlin: Akademie Verlag, 1991.

———— 『복음의 준비』 *Praeparatio Evangelica*.

*Eusebius Werke, Band 8. Die Praeparatio evangelica*. Hg. K. Mras. (Die griechischen christlichen Schriftsteller der ersten drei Jahrhunderte 43.1 & 43.2). Berlin: Akademie Verlag, 43.1: 1954; 43.2: 1956.

에피파니오스 Epiphanius, 『약상자』 *Panarion Haeresium*.

*Epiphanius. Ancoratus und Panarion*. Ed. K. Holl. Bde 3. (Die griechischen christlichen Schriftsteller der ersten drei Jahrhunderte 25, 31, 37). Leipzig: Hinrichs, 1:1915; 2:1922; 3:1933; 2. Aufl. hg. J. Dummer, Berlin: Akademie Verlag, ²1980.

오리게네스 Origenes, 『켈수스 반박』 *Contra Celsum*.

*Origenes Werke*. Hg. P. Koetschau. Bd. 1: Buch I-VI, Bd. 2: Buch V-VIII. (Die Griechischen christlichen Schriftsteller der ersten drei Jahrhunderte 2-3). Leipzig, Hinrichs, 1899.

*Origène. Contre Celse*. Ed. M. Borret. 4 vols. (Sources chrétiennes 132, 136, 147, 150). Paris: Cerf, 1:1967; 2:1968; 3-4:1969.

*Origenes. Contra Celsum. Gegen Celsus*. Eingl. und Komm. von Michael Fiedrowicz; Übers. Claudia Barthold. Bde 3. (Fontes Christiani 50/1).

Freiburg im Breisgau: Herder, 2011.

유스티누스 Justinus, 『호교론』 *Apologia.*

*Die ältesten Apologeten.* Hg. E. J. Goodspeed. Göttingen: Vandenhoeck
& Ruprecht, 1914; Reprint, 1984.

*Iustini Maryris Apologiae pro Christianis.* Ed. Miroslav Marcovich.
(Patristische Texte und Studien 38). Berlin/New York: de Gruyter, 1994.

클레멘스(알렉산드리아) Clemens Alexandrinus, 『양탄자』 *Stromata.*

*Clemens Alexandrinus,* Hg. Otto Stählin. Bd. 2: Buch I-VI; Bd. 3:
Buch VII-VIII. (Die Griechischen christlichen Schriftsteller der ersten drei
Jahrhunderte 15, 17). Leipzig: Hinrichs, 1905-1909; Neu hg. von L.
Früchtel. Berlin: Akademie Verlag, 41985 (von U. Treu durchgesehen).

_____ 『예언 시선집』 *Eclogae propheticae.*

*Clemens Alexandrinus,* Hg. Otto Stählin. Bd. 3. (Die Griechischen
christlichen Schriftsteller der ersten drei Jahrhunderte 17. Leipzig:
Hinrichs, 1909; 2 Aufl. hg. L. Früchtel; durchgearbeitet U. Treu, Berlin:
Akademie Verlag, 1970.

키케로 Cicero, 『신들의 본성』 *De natura deorum.*

*Vom Wesen der Götter: 3 Bücher. Lateinisch-deutsch.* Hg., übers. u. erl.
von W. Gerlach u. K. Bayer. (Tusculum-Bücherei). München: Heimeran,
1978.

*De natura deorum. Liber I.* Ed. A.R. Dyck, Cambridge: Cambridge
University Press, 2003;

*Ciceros verlorene Götterlehre: das vierte Buch De natura deorum.*
Einleitung, Ediution, Übersetzung met Erläuterungen von Reihold F.
Glei. (Bochumer altertumswissenschafliches Colloquium 76). Trier: WVT,
2008.

*De natura deorum. Über das Wesen der Götter: latenisch-deutsch.* Hg. &
Übers. Von U. Blank-Sangmeister; Nachw. von Klaus Thraede. Bibliogr.

erg. Ausg. (Reclams Universal-Bibliothek 6881). Stuttgart: Reclam, 1995.

테르툴리아누스 Tertullianus, 『영혼론』 *De anima.*

*Qunti Septimi Florentis Tertulliani De anima.* Ed. with intro. and comm. by J. H. Waszink. (Supplements to Vigiliae Christianae 100). Leiden/ Boston, Brill, 2010.

팔라디오스 Palladius, 『라우소스 이야기』 *Historia Lausiaca.*

*Palladio. La storia Lausiaca.* Ed. G. J. M. Bartelink. Verona: Fondazione Lorenzo Valla, 1974.

*Historia Lausiaca: die frühen Heiligen in der Wüste.* Übers. & hg. J. Laager. (Manesse-Bibliothek der Weltliteratur). Zürich: Manesse, 1987.

팜필로스(카이사레아) Pamphilus Caesariensis, 『오리게네스를 위한 변론』 *Apologia pro Origene.*

*Apologia pro Origene.* Übers. und eingel. Georg Röwekamp. (Fontes Christiani 80). Turnhout: Brepols, 2005.

필론 Philo, 『꿈』 *De Somniis.*

*Philonis Alexandrini opera quae supersunt, Vol. 3: De somniis (lib. iii).* Berlin: Reimer, 1898; (Repr.) De Gruyter, 1962.

*Philo, Vol 5: On Flight and Finding; Change of Names; On Dreams.* Trans. F. H. Colson & G. H. Whitaker. (Loeb Classical Library 275). Cambridge, MA: Harvard Univeristy Press, 1934.

*Les Oeuvres de Philon D'Alexandrie, Tome 19, De somiis: I-II.* Traduction et notes par Piere Savinel.. Paris: Cerf, 1962.

포세이도니오스 Posidonius, 『단편집』 *Fragmenta.*

*Posidonius.* Ed. L. Edelstein & I. G. Kidd. 3 vols. (Cambridge classical texts and commentaries 13, 14, 36). Cambridge: Univeristy Press, 1972-1999.

*Die Fragmente.* Hg. W. Theiler. (Texte und Kommentare 10/1 [Texte] und 10/2 [Erläuterungen]). Berlin/NewYork: de Gruyter, 1982.

포티오스 Photius, 『장서 편람』 *Bibliotheca.*

*Photius*. Bibliothèque. Ed. R. Henry. 8 vols. Paris: Les Belles Lettres, 1:1959; 2:1960; 3:1962; 4:1965; 5:1967; 6:1971; 7:1974; 8:1977.

플라톤 Plato, 『법률』 *Leges*.

*Platonis opera, vol. 5: Leges*. Ed. J. Burnet. Oxford: Clarendon, 1907 (repr. 1967).

*Planton, Nomoi X*. Übers. & komm. von P. M. Steiner: Eingeleitet von Helmut Kuhn, Berlin: Akademie Verlag, 1992.

호메로스 Homerus, 『일리아스』 *Ilias*.

*Homeri Ilias*. Ed. T. W. Allen. Vols.2-3. Oxford: Clarendon, 1931.

*Ilias: griechisch und deutsch*. Übers. von H. Rupé. & Winkler. (Sammlung Tusculum). Düsseldorf: Artemis & Winkler, 152008.

*Homer. Ilyias*. Übers. P. Mauritsch & R. Schrott. München: Hanser, 2008.

_____ 『오디세이아스』 *Odyssa*.

*Homeri Odyssea*. Ed. P. Von der Mühl. Basel: Helbing & Lichtenhahn, 1962.

*Odysee: griechisch und deutsch*. Übers. von A. Weiher. (Sammlung Tusculum). Düsseldorf: Artemis & Winkler, 132007.

히에로니무스 Hieronymus, 『루피노스 저서 반박 변론』 *Apologia contra Rufinum*.

*S. Hieronymi Presbyteri Opera, Pars III: Opera polemica , Contra Rufinum*. Edidit P. Lardet. (Corpus Chrisianorum Series Latina 79). Turnhout, Brepols, 1982.

*Saint Jérôme. Apologie contre Rufin*. Introduction, texte critique. traduction et index par P. Lardet. (Sources chrétiennes 303). Paris: Cerf, 1983.

_____ 『명인록』 *De viris illustribus*.

*Hieronymus und Gennadius: De viris inlustribus*. Hg. von C.A. Bernoulli (Sammlung kirchen- und dogmengeschichtlicher Quellenschriften 1/11). Frankfurt 1968 (Freiburg/Leipzig: J. C. B. Mohr, 1895).

참고문헌

_____ 『서간집』 *Epistulae*.

*Lettres*. Texte établi et traduit par Jérôme Labourt. 3 vols. Paris: Les Belles Lettres, 1949-53.

## II. 연구서적 및 논문

Amand, B. *Fatalisme et liberté dans l'antiquité grecque. Recherches sur la survivance de l'argumentation morale antifataliste de Carnéade chez les philosophes grecs et les théologiens chrétiens des quatre premiers siècles. Louvain:* Louvain Bibliothéque de l'Université, 1945.

Antoniono, N. *Il 'De oratione' di Origene*, 1955.

Baltes, M. *Die Weltentstehung des Platonischen Timaios nach den antiken Interpreten*. 2 Bde. (Philosophia antiqua 30, 35). Leiden: Brill, 1976, 1978.

Balz, H. "παρρησία." In *Exegetisches Wörterbuch zum Neuen Testament III*, 105-112. Stuttgart: Kohlhammer, 1983.

Bauer, W. *Griechisch-deutsches Wörterbuch zu den Schriften des Neuen Testaments und der frühchristlichen Literatur*. 6. völlig neu bearb. Aufl. Berlin/New York: de Gruyter, 1988.

Bauernfeind, O. "τυγχάνω, ἐντυγχάνω, ὑπερἐντυγχάνω, ἔντευξις." In *Theologisches Wörterbuch Neuen Testament VIII*, 238-245. Stuttgart: W. Kohlhammer, 1969.

Benjamins. H. S. *Eingeordnete Freiheit: Freiheit und Vorsehung bei Origenes*. (Supplements to Vigiliae Christianae 28). Leiden: Brill, 1994.

Beyer-Moses, M. *Teacher of Holiness: The Holy Spirit in Origen's Commentary on the Epistle to the Romans*. Piscataway NJ: Gorgias Press, 2005.

Bienert, W. A. *Dionysius von Alexandrien. Zur Frage des Origenismus*

*im dritten Jahrhundert.* (Patristische Texte und Studien 21). Berlin/
NewYork: de Gruyter, 1978.

_____ *Allegoria und Anagoge bei Didymos dem Blinden von Alexandria*
(Patristische Texte und Studien 13). Berlin/New York: de Gruyter, 1972.

_____ *Dionysius von Alexandrien. Das erhaltene Werk* (Bibliothek der
griechischen Literatur 2: Abteilung Patristik). Stuttgart: Hiersemann, 1972.

Brashear, W. "Horos." In *Reallexikon für Antike und Christentum XVI,* 574-
597. Stuttgart : A. Hiersemann: 1994.

Bruns, Ch. *Trinität und Kosmos: Zur Gotteslehre des Origenes.* (Adamantiana
3). Münster: Aschendorff, 2013.

Buchinger, H. "Gebet und Identität bei Origenes: Das Vaterunser im
Horizont der Auseinandersetzung um Liturgie und Exegese." In *Identität
durch Gebet: Zur gemeinschaftsbildenden Funktion institutionalisierten
Betens in Judentum und Christentum,* hg. A. Gerhards u. a., 307-354.
(Studien zu Judentum und Christentum). Paderborn u.a.: Schöningh,
2003.

Chadwick, H. "Enkrateia." In *Reallexikon für Antike und Christentum V,*
343-365. Stuttgart : A. Hiersemann, 1962.

Chang, Y. J. "Origenes: Über das Gebet. Studien zur Theologie und
Frömmigkeit in der frühen Kirche." Philipps-Universität Marburg, diss.,
2011.

Colpe, C. "Gnosis II." In *Reallexikon für Antike und Christentum XI,* 642-
648. Stuttgart: A. Hiersemann, 1981.

Crouzel, H. *Théologie de l'image de Dieu chez Origène.* (Thèologie 34).
Paris: Aubier, 1956.

_____ *Origène et la "connaissance mystique."* (Thèologie 52). Paris/
Brügge: Desclée de Brouwer, 1961.

_____ "L'apocatastase chez Origène." In Les fins dernières selon Origène.

(Variorum collected studies series 320). Hamshire/Aldershot: Variorum, 1990.

_____ *Origène et Plotin. Comparaisons doctrinales.* Paris: Téqui 1992.

_____ "Diable et demon dans les homélies d'Origène." *Bulletin de literature ecclésiastique* 95 (1994): 303-331.

Cullmann, O. *Das Gebet im Neuen Testament: Zugreich Versuch einer vom Neuen Testament aus zu erteilenden Antwort auf heutige Fragen.* 2., verb. und erg. Aufl. Tübingen: Mohr 1997.

Daniélou, J. *Origène.* Paris: Table Ronde, 1948.

Diels, H. *Doxographi Graeci.* 3 ed. [Reprogr. d. 1 Aufl. v. 1879]. Berlin: de Gruyter, 1958;

Dörrie, H. "Pythagoreismus." In *Paulys Real-Encyclopädie der classischen Alterthumswissenschaft* XXIV/1(47), 263-277. Stuttgart: Alfred Druckenmüller, 1963.

_____ "Spätantike Metaphysik als Theologie." In *Kirchengeschichte als Missionsgeschichte I,* hg. H. Frohnes & U. W. Knorr, 262-282. München: Chr. Kaiser, 1974.

Fédou, M. *La sagesse et le monde: Essai sur la christologie d'Origène.* Paris: Desclée, 1995.

Fischer, S. E. *Seneca als Theologe.* (Beiträge zur Altertumskunde 259). Berlin: de Gruyter, 2008.

Foerster, W. "ἐπιούσιος." In *Theologisches Wörterbuch Neuen Testament II,* 587-595. Stuttgart: W. Kohlhammer, 1935.

Forschner, M. *Die stoische Ethik: Über den Zusammenhang von Natur-, Sprach- und Moralphilosophie im altstoischen System.* Stuttgart: Klett-Cotta, 1981; (Nachdruck) Darmstadt: Wissenschaftliche Buchgesellschaft, 1995.

Frank, K. S. Ἀγγελικὸς Βίος. *Begriffsanalytische und begriffsgeschichtliche*

*Untersuchung zum "engelgleichen Leben" im frühen Mönchtum.* (Beiträge zur Geschichte des alten Mönchtums und des Benediktinerordens 26). Münster: Aschendorff , 1964.

Gamauf, R. "Castratio." In *Der Neue Pauly. Enzyklopädie der Antike II,* 1026-1027. Stuttgart - Weimar: Metzelr, 1997.

Genet, D. *L'enseignement d'Origène sur la prière.* Cahors: impr. De A. Coueslant, 1903.

Gessel, W. *Die Theologie des Gebetes nach 'De Oratione' von Origenes.* Paderbon u. a.: Schöningh, 1975.

Greeven, H. "εὔχομαι, εὐχή, προσεύχομαι, προσευχή." In *Theologisches Wörterbuch Neuen Testament II,* 774-808. Stuttgart: W. Kohlhammer, 1960.

Gruber, G. ZΩH. *Wesen, Stufen und Mitteilung des wahren Lebens bei Origenes.* (Münchener theologische Studien / 2; 23). München: Hueber, 1962.

Hamman, A. *La prière II. Les trios premiers siècles.* Paris/Tournai: Desclée et Cie, 1963.

Hammerstaedt, J. "Der trinitarische Gebrauch des Hypostasenbegriffs bei Origenes." *Jahrbuch für Antike und Christentum* 34 (1991): 12-20.

Harnack, A. von. *Geschichte der altchristlichen Literatur bis Eusebius, Teil I (2 Bde.): Die Überlieferung und der Bestand der altchristlichen Literatur bis Eusebius.* Leipzig: Hinrichs, 1893 ²1958; *Teil II/1: Die Chronologie der Literatur bis Irenäus nebst einleitenden Untersuchungen.* Leipzig: Hinrichs, 1897 ²1958; *Teil II/2: Die Chronologie der Literatur von Irenäus bis Eusebius.* Leipzig: Hinrichs, 1904 ²1958.

Heine, R. E. "Origen's Alexandrian Commentary on Genesis." In *Origeniana Octava. Origen and the Alexandrian Tradition,* ed. L. Perrone, 63-73. (Bibliotheca ephemeridum theologicarum Lovaniensium 164). Leuven:

Univ. Press (u.a.), 2003.

Hengstermann, Ch. "Leben des Einen. Der Tugendbegriff des Origenes." In *Ethische Normen des frühen Christentums. Gut – Leben – Leib – Tugend. Kontexte und Normen neutestamentlicher Ethik IV,* hg. F. W. Horn, U. Volp, and R. Zimmermann, 433-453. (Wissenschaftliche Untersuchungen zum Neuen Testament 313). Tübingen: Mohr Siebeck, 2013.

Hitzig, H. F. "Castratio." In *Paulys Real-Encyclopädie der classischen Alterthumswissenschaft* III/2(6), 1772-1773. Stuttgart: Metzler, 1899.

Hofius, O. "Agrapha." In *Theologische Realenzyclopädie II,* 103-110. Berlin/ New York: de Gruyter, 1978.

Hornschuh, M. "Das Leben des Origenes und die Entstehung der alexandrinischen Schule." *Zeitschrit für Kirchengeschichte* 71 (1960): 1-25; 193-214.

Junod, E. "L'impossible et le possible. Étude de la declaration préliminaire du De oration." In *Origeniana secunda,* hg. H. Crouzel & A. Quaquarelli, 81-93. (Quaderni di "Vetera Christianorum" 15). Rom: Edizioni dell'Ateneo, 1980.

_____ "La construction du Περὶ εὐχῆς d'Origène et le problem de la Prière." In *Origeniana Nona. Origen and the Religious Practice of his Time,* hg. G. Heidl & R. Somos, 429-446. (Bibliotheca Ephemeridum theologicarum Lovaniensium 228). Leuven (u. a.): Peeters, 2009.

Kaiser, O. "ραδφν." In *Theologisches Wörterbuch zum Alten Testament V,* 261-274. Stuttgart: W. Kohlhammer, 1986.

Kiley, M. *Prayer from Alexander to Constantine: A Critical Anthology.* London/NewYork: Routledge , 1997.

Koch, H. "Origenes." in *Paulys Real-Encyclopädie der classischen Alterthumswissenschaft* XVIII/1(35), 1033-1059. Stuttgart: Metzler, 1939.

_____ *Pronoia und Paideusis. Studien über Origenes und sein Verhältnis* zum *Plantonismus*. (Arbeiten zur Kirchengeschichte 22). Berlin/ Leipzig: de Gruyter, 1932.

Kötting, B. "Gelübde." In *Reallexikon für Antike und Christentum IX,* 1055-1099. Stuttgart : A. Hiersemann, 1976.

_____ "Wohlgeruch der Heiligkeit." In *Jenseitsvorstellungen in Antike und Christentum. Gedenkschrift für A. Stuiber,* 168-175. (Jahrbuch für Antike und Christentum: Ergänzungsband 9). Münster: Aschendorff, 1982; Erneut in: ebd. 23-33.

Korting, G. *Das Vaterunser und die Unheilabwehr. Ein Beitrag zur ἐπιούσιον – Debatte (Mt 6,11/Lk 11,3).* (Neutestamentliche Abhandlungen NF 48). Münster: Aschendorff, 2004.

Kroll, W. "Maximos von Tyrios." In *Paulys Real-Encyclopädie der classischen Alterthumswissenschaft* XIV/2(28), 2555-2562. Stuttgart: Metzler, 1930.

Lampe, G. W. H. A Patristic *Greek Lexicon*. Oxford: Clarendon, 1961.

Largarde, P. de. *Onomastica sacra.* Göttingen: Dieterich, 21887; (Nachdruck) Hildesheim 1966.

Le Boulluec, A. "Les reflections de Clément sur la prière et le traité d'Origène." In *Alexandrie antique et chrétienne. Clément et Origène,* 137-149. (Collection des études augustiniennes / Série antiquité 178). Paris Inst. d'Études Augustiniennes, 2006.

Ledegang, F. *Mysterium ecclesiae. Images of Church and Its Members in Origen.* Leuven: Leuven University Press, 2001.

Liddell, H. G., R., R. Scott, H. S. Jones, and R. McKenzie, *A Greek-English Lexicon. Revised Supplement.* Oxford: Clarendon, 91996.

Lohse, E. *Vater unser. Der Gebet der Christen.* Darmstadt: WBG, 22010.

Lubac, H. De. *Geist aus der Geschichte. Das Schriftverständnis des Origenes.* Einsideln: Johannes Verl., 1968.

Maas, W. *Unveränderlichkeit Gottes. Zun Verhältnis von griechisch-*

*philosophischer und christlicher Gotteslehre.* (Paderborner theologische Studien 1). München/ Paderborn/Wien: Schöningh, 1974.

Mayer, G. "rzn." in *Theologisches Wörterbuch zum Alten Testament V,* 329-334. Stuttgart: W. Kohlhammer, 1986.

Markschies, C. Origenes und sein Erbe: Gesammelte Studien. (Texte und Untersuchungen zur Geschichte der altchristlichen Literatur 160). Berlin: de Gruyter, 2007.

Meredith, A. "Origen and Gregory of Nyssa on The Lord's Prayer." *Heythrop Journal* 43/3 (2002): 344-356.

Merki, H. Ὁμοίωσις θεῷ. *Von der platonischen Angleichung an Gott zur Gottebenbildlichkeit bei Gregor von Nyssa.* (Jahresbericht der Stiftsschule Einsiedeln/ Paradosis 7). Freiburg i,d. Schweiz: Paulusverlag, 1952.

Müller, J. *Willensschwäche in Antike und Mittelalter. Eine Problemgeschichte von Sokrates bis Johannes Duns Scotus.* (Ancient and medieval philosophy 1; 40). Leuven : Leuven Univ. Press, 2009.

Nautin, P. *Origène. Sa vie et son oeuvre.* (Christianisme antique 1). Paris: Beauchesne, 1977.

Neuschäfer, B. *Origenes als Philologe.* 2 vols. (Schweizerische Beiträge zur Altertumswissenschaft 18). Basel: Reinhardt, 1987.

Noel, V. L. "Nourishment in Origen's *On Prayer.*" In *Origeniana Quinta,* hg. R. J. Daly, 481-487. (Bibliotheca ephemeridum theologicarum Lovaniensium 105). Leuven: University Press, 1992.

Pastorelli, D. "Les deux sens du terme 'paraclet' dans le corpus johannique selon Origène, Traité des principles II 7,3-4. Une polémique anti-montaniste." *Adamantius* 12 (2006): 239-262.

Pépin, J. "Prière et providence au 2e siècle (Justin, Dial. I 4)." In *Images of Man in Ancient and Medieval Thought. Festschrift G. Verbeke,* hg. F. Boissier & W. Wachter, 111-125. Louvain: Leuven University Press, 1976;

erneut in *De philosophie ancienne à la théologie patristique*. London: *Variorum Reprints*, 1986.

Perrone, L. "Prayer in Origen's *Contra Celsum:* The Knowledge of God and the Truth of Christianity." *Vigiliae Chrisianae* 55/1 (2001): 1-19.

_____ "Goldene Shalen voll von Räucherwerk.' Das Bild vom Gebet bei Origenes." *Jahrbuch für Antike und Christentum* 50 (2007): 51-71.

_____ "Zur Edition von Περὶ εὐχῆς des Origenes. Rückblick und Ausblick." In *Vom Homer bis Landino. Beiträge zur Antike und Spätantike sowie zu deren Rezeptions- und Wirkungsgeschichte, Festschrift für A. Wlosok,* hg. B. R. Suchla, 269-318. Berlrin: Pro Business GmbH, 2011.

Pohlenz, M. *Die Stoa. Geschichte einer geistigen Bewegung.* 2 vols. Göttingen: Vandenhoeck & Ruprecht, 61984.

Poschmann, B. *Paenitentia secunda. Die Kirchliche Buße im ältesten Christentum bis Cyprian und Origenes.* (Theophaneia 1). Bonn: Hanstei, 1940; Nachdruck, 1964.

Ramelli, I. "Christian Soteriology and Christian Platonism. Origen, Gregory of Nyssa, and the Biblical and Philosophical Basis of the Doctrine of Apokatastasis." *Vigiliae Chrisianae* 61 (2007): 313-356.

Resch, A. (hg.) *Agrapha. Aussercanonische Schriftfragmente. Gesammelt u. untersucht u. in zweiter, völlig neu bearbeiteter durch alttestamentliche Agrapha vermehrter Auflage.* (Texte und Untersuchungen zur Geschichte der altchristlichen Literatur 30,3/4). Darmstadt: Wiss. Buchges 1967; Leipzig: Hinrichs, 1906.

Rist, J. M. *Stoic Philosophy.* Cambridge: Cambridge Univ. Press, 1969.

Ropes, J. H. *Die Sprüche Jesu, die in den kanonischen Evangelien nicht überliefert sind....*(Texte und Untersuchungen zur Geschichte der altchristlichen Literatur 14,2). Leipzig: Hinrichs, 1896.

Schendel, E. *Herrschaft und Unterwerfung Christi. 1 Korinther 15,24-28 in*

*Exegese und Theologie der Väter bis zum Ausgang des 4. Jahrhunderts.* (Beiträge zur Geschichte der biblischen Exegese 12). Tübingen: Mohr, 1971.

Schlier, H. "παρρησία, παρρησιάζομαι." In *Theologisches Wörterbuch Neuen Testament V,* 869-884. Stuttgart: W. Kohlhammer,1954).

Schnurr, K. B. *Hören und Handeln. Lateinische Auslegungen des Vaterunsers in der Alten Kirche bis zum 5. Jahrhunderts.* (Freiburger theologische Studien 132). Freiburg i.Br.: Herder, 1985.

Schockenhoff. *Zum Fest der Freiheit. Theologie des christlichen Handelns bei Origenes.* (Tübinger theologische Studien 333), Mainz: Matthias-Grünewald-Verl., 1990.

Schütz, W. *Die christliche Gottesdienst bei Origenes.* (Calwer theologische Monographien / B; 8), Stuttgart: Calwer Verlag, 1984.

Scott, A. *Origen and the Life of the Stars. A History of an Idea.* (Oxford early Christian studies). Oxford: Oxford University Press, 2001.

Sevenster, J. N. *Paul and Seneca.* (Novum Testamentum. Supplements 4). Leiden: Brill, 1961.

Severus, E. von. "Gebet I." In *Reallexikon für Antike und Christentum VIII,* 1134-1258. Stuttgart: A. Hiersemann, 1972.

Spanneut, M. *Le Stoïcisme des Pères de l'Église. De Clément de Rome à Clément d'Alexandrie.* (Patristica Sorbonensia 1), Paris: Du Seuil, 21969.

Stritzky, M.-B. von. "Die Bedeutung der Phaidrosinterpretation für die Apokatastasislehre des Origenes." *Vigiliae Chrisianae* 31 (1977): 282-297.

_____ *Studien zur Überlieferung und Interpretation des Vaterunsers in der frühchristlichen Literatur.* (Münsterische Beiträge zur Theologie 57). Münster: Aschendorff, 1989.

Tavard, G. *Handbuch der Dogmengeschichte: Bd. 2. Der Trinitarische Gott -*

*Die Schöpfung - Die Sünde, Fasc. 2b. Die Engel.* Freiburg: Herder, 1968.

Teichtweier, G. *Die Sündenlehre des Origenes.* (Studien zur Geschichte der katholischen Moraltheologie 7). Regensburg: Pustet, 1958.

Tørjesen, K. J. *Hermeneutical Procedure and Theological Method in Origen's Exegesis.* (Patristische Texte und Studien 28). Berlin: de Gruyter, 1986.

Trapp, M. "Maximos von Tyrios." In *Der Neue Pauly. Enzyklopädie der Antike VII,* 1074-1075. Stuttgart - Weimar: Metzelr, 1999.

Tzmalikos, P. *The Concept of Time in Origen.* Frankfurt a.M. (u.a.): Lang, 1991.

Van der Ejik, Ph. "Origene's Verteidigung des freien Willens in *De oratione* 6,1-2." *Vigiliae Chrisianae* 42 (1988): 339-351.

Van Winden, J. C. M. "Origen's Definition of εὐχαρστία in *De oration* 14,2." *Vigiliae Chrisianae* 28 (1974): 139-140.

Vogt, H. J. *Origenes als Exeget.* Hg. W. Geerling. Paderborn (u.a.): Schöningh, 1999.

_____ "Ein-Geist-Sein (1 Kor 6,17b) in der Christologie des Origenes." *Trier theologische Zeitschrift* 93 (1984): 251-265; erneut in: ebd. 207-223.

Wallraff, M. "Die Ursprünge der christlichen Gebetsostung." *Zeitschrift für Kirchengeschichte* 111 (2000): 169-184.

Walther, G. *Untersuchungen zur Geschichte der griechischen Vaterunser-Exegese.* (Texte und Untersuchungen zur Geschichte der altchristlichen Literatur 40,3). Leipzig: Hinrichs, 1914.

Williams, R. D. "Origenes/Origenismus." In *Theologische Realenzyclopädie XXV,* 397-420. Berlin/New York: de Gruyter, 1995.

_____ "Origenes - ein Kirchenvater zwischen Orthodoxie und Häresie." *Zeitschrift für Antikes Christentum* 2 (1998): 49-64.

Witt, R. E. *Albinus and the History of Middle Platonism.* Cambridge: Cambridge University Press, 1937; Paperback, 2013.

그리스도교문헌총서 001

# 오리게네스 기도론

**Copyright ⓒ 장로회신학대학교 기독교사상과문화연구원 2018**

**1쇄발행** 2018년 4월 30일
**지은이** 오리게네스
**옮긴이** 이두희
**펴낸이** 김요한
**펴낸곳** 새물결플러스

**편집** 왕희광 정인철 최율리 박규준 노재현 한바울 신준호 정혜인
　　　김태윤 이형일 서종원
**디자인** 이성아 이재희 박슬기 이새봄
**마케팅** 박성민 조광수
**총무** 김명화 이성순
**영상** 최정호 조용석 곽상원
**아카데미** 유영성 최경환 이윤범

**홈페이지** www.holywaveplus.com
**이메일** hwpbooks@hwpbooks.com
**출판등록** 2008년 8월 21일 제2008-24호
**주소** (우) 07214 서울특별시 영등포구 양평로 11, 4층(당산동5가)
**전화** 02) 2652-3161
**팩스** 02) 2652-3191

979-11-6129-061-4　04230
979-11-86409-01-5　04230 (세트)

책값은 뒤표지에 있습니다.

이 도서의 국립중앙도서관 출판예정도서목록(CIP)은 서지정보유
통지원시스템 홈페이지(seoji.nl.go.kr)와 국가자료공동목록시스템
(nl.go.kr/kolisnet)에서 이용하실 수 있습니다. CIP2018012299